21 世纪全国高等院校财经管理系列实用规划教材

税收筹划

主　编　都新英
副主编　张秀清　何　亮
参　编　王雍欣　徐杰华

北京大学出版社
PEKING UNIVERSITY PRESS

内容简介

本书立足于新企业所得税法实施后的税收政策，论述了企业所得税、个人所得税、增值税、营业税、消费税等主要税种的税收筹划，阐述了企业投资、融资、企业资产重组的税收筹划。本书与同类教材、出版物相比，具有很高的准确性、实用性和针对性，融理论与实务、知识性与启发性于一体，适合我国经济管理类各专业教学需要。

本书可以作为高等院校会计学专业、财务管理专业及相关专业的必修课用书，也可供开展税收筹划业务的纳税人提供方案参考。

图书在版编目(CIP)数据

税收筹划/都新英主编．—北京：北京大学出版社，2012.9
(21世纪全国高等院校财经管理系列实用规划教材)
ISBN 978-7-301-21238-7

Ⅰ.①税… Ⅱ.①都… Ⅲ.①税收筹划—高等学校—教材 Ⅳ.①F810.423

中国版本图书馆CIP数据核字(2012)第215518号

书　　名：税收筹划
著作责任者：都新英　主编
策 划 编 辑：林章波　李　虎
责 任 编 辑：葛　方
标 准 书 号：ISBN 978-7-301-21238-7/F·3335
出　版　者：北京大学出版社
地　　址：北京市海淀区成府路205号　100871
网　　址：http://www.pup.cn　http://www.pup6.cn
电　　话：邮购部62752015　发行部62750672　编辑部62750667　出版部62754962
电 子 邮 箱：pup_6@163.com
印　刷　者：河北滦县鑫华书刊印刷厂
发　行　者：北京大学出版社
经　销　者：新华书店
787毫米×1092毫米　16开本　20.5印张　471千字
2012年9月第1版　2012年9月第1次印刷
定　　价：38.00元

21世纪全国高等院校财经管理系列实用规划教材

丛书序

我国越来越多的高等院校设置了经济管理类学科专业，这是一个包括经济学、管理科学与工程、工商管理、公共管理、农业经济管理、图书档案学6个二级学科门类和22个专业的庞大学科体系。2006年教育部的数据表明，在全国普通高校中，经济类专业布点1518个，管理类专业布点4328个。其中除少量院校设置的经济管理专业偏重理论教学外，绝大部分属于应用型专业。经济管理类应用型专业主要着眼于培养社会主义国民经济发展所需要的德智体全面发展的高素质专门人才，要求既具有比较扎实的理论功底和良好的发展后劲，又具有较强的职业技能，并且又要求具有较好的创新精神和实践能力。

在当前开拓新型工业化道路，推进全面小康社会建设的新时期，进一步加强经济管理人才的培养，注重经济理论的系统化学习，特别是现代财经管理理论的学习，提高学生的专业理论素质和应用实践能力，培养出一大批高水平、高素质的经济管理人才，越来越成为提升我国经济竞争力、保证国民经济持续健康发展的重要前提。这就要求高等财经教育要更加注重依据国内外社会经济条件的变化，适时变革和调整教育目标和教学内容；要求经济管理学科专业更加注重应用、注重实践、注重规范、注重国际交流；要求经济管理学科专业与其他学科专业相互交融与协调发展；要求高等财经教育培养的人才具有更加丰富的社会知识和较强的人文素质及创新精神。要完成上述任务，各所高等院校需要进行深入的教学改革和创新。特别是要搞好有较高质量的教材的编写和创新工作。

出版社的领导和编辑通过对国内大学经济管理学科教材实际情况的调研，在与众多专家学者讨论的基础上，决定编写和出版一套面向经济管理学科专业的应用型系列教材，这是一项有利于促进高校教学改革发展的重要措施。

本系列教材是按照高等学校经济类和管理类学科本科专业规范、培养方案，以及课程教学大纲的要求，合理定位，由长期在教学第一线从事教学工作的教师编写，立足于21世纪经济管理类学科发展的需要，深入分析经济管理类专业本科学生现状及存在的问题，探索经济管理类专业本科学生综合素质培养的途径，以科学性、先进性、系统性和实用性为目标，其编写的特色主要体现在以下几个方面：

（1）关注经济管理学科发展的大背景，拓宽理论基础和专业知识，着眼于增强教学内容与实际的联系和应用性，突出创造能力和创新意识。

（2）体系完整、严密。系列涵盖经济类、管理类相关专业以及与经管相关的部分法律类课程，并把握相关课程之间的关系，整个系列丛书形成一套完整、严密的知识结构体系。

（3）内容新颖。借鉴国外最新的教材，融会当前有关经济管理学科的最新理论和实践经验，用最新知识充实教材内容。

（4）合作交流的成果。本系列教材是由全国上百所高校教师共同编写而成，在相互进行学术交流、经验借鉴、取长补短、集思广益的基础上，形成编写大纲。最终融合了各地特点，具有较强的适应性。

（5）案例教学。教材具备大量案例研究分析内容，让学生在学习过程中理论联系实际，特别列举了我国经济管理工作中的大量实际案例，这可大大增强学生的实际操作能力。

（6）注重能力培养。力求做到不断强化自我学习能力、思维能力、创造性解决问题的能力以及不断自我更新知识的能力，促进学生向着富有鲜明个性的方向发展。

作为高要求，财经管理类教材应在基本理论上做到以马克思主义为指导，结合我国财经工作的新实践，充分汲取中华民族优秀文化和西方科学管理思想，形成具有中国特色的创新教材。这一目标不可能一蹴而就，需要作者通过长期艰苦的学术劳动和不断地进行教材内容的更新才能达成。我希望这一系列教材的编写，将是我国拥有较高质量的高校财经管理学科应用型教材建设工程的新尝试和新起点。

我要感谢参加本系列教材编写和审稿的各位老师所付出的大量卓有成效的辛勤劳动。由于编写时间紧、相互协调难度大等原因，本系列教材肯定还存在一些不足和错漏。我相信，在各位老师的关心和帮助下，本系列教材一定能不断地改进和完善，并在我国大学经济管理类学科专业的教学改革和课程体系建设中起到应有的促进作用。

劉詩白

2007 年 8 月

刘诗白　现任西南财经大学名誉校长、教授，博士生导师，四川省社会科学联合会主席，《经济学家》杂志主编，全国高等财经院校资本论研究会会长，学术团体“新知研究院”院长。

前　言

目前，税收筹划得到社会各界的广泛关注，税收筹划理论和实务不断在发展，税收筹划已经成为会计学专业、财务管理专业及相关专业的必修课。许多税务师事务所、税务研究机构、咨询公司等也纷纷开展税收筹划业务，为纳税人提供税收筹划方案。但是，我国对税收筹划的研究还不太成熟，税收筹划的实践也在不断探索之中，许多理论与实务问题有待于更深入地开展调查研究。另外，自 2009 年 1 月 1 日以来，我国实施了修订后的《增值税暂行条例》、《消费税暂行条例》、《营业税暂行条例》，以及 3 个条例的实施细则；2011 年 9 月 1 日开始实施修订后的《中华人民共和国个人所得税法》，在增值税、消费税、营业税、企业所得税和个人所得税领域都实施了一系列最新的税收政策。为了反映税收政策的最新变化，也为了促进我国经济管理类学科建设，提高教学质量，规范教学内容，为了编写出一套高水平、高质量、上台阶，融理论与实务、知识性与启发性于一体，适合我国经济管理类各专业教学需要的真正的税收筹划教材，各位编者积极开展调查研究，征求各方意见，讨论教材编写大纲和知识点。本书立足于 2008 年新企业所得税法实施以后的税收政策，论述了企业所得税、个人所得税、增值税、营业税、消费税等主要税种的税收筹划，阐述了企业投资、融资、企业资产重组的税收筹划。本书倾注了各位编者的心血和汗水，是集体智慧的结晶。本书与同类教材、出版物相比，具有很高的准确性、实用性和针对性。希望全国各高等院校经济管理专业的广大教师继续关心和支持这项工作，同时将使用本书遇到的问题和改进意见向主编反映，以供修订参考。

本书由安阳工学院的都新英担任主编；安阳工学院的张秀清、何亮担任副主编，安阳工学院的王雍欣、徐杰华担任参编。

本书共分 11 章：第 1 章、第 3 章、第 10 章由都新英编写；第 2 章、第 4 章由张秀清编写；第 5 章、第 6 章、第 8 章由王雍欣编写；第 7 章、第 9 章由何亮编写；第 11 章由徐杰华编写。都新英对全书进行了修改和总纂。

限于编者学识和认识水平，对某些问题可能存在理解不透彻之处，本书虽经认真审阅，但不妥之处在所难免，恳切希望广大读者和学界专家批评指正！

编　者

2012 年 8 月

前 言

目　录

第1章 税收筹划的理论基础

教学目标

通过本章的学习，理解税收筹划的特点及意义，了解税收筹划的目标和原则，熟悉税收筹划的动因及制约因素，掌握税收筹划的概念，掌握税收筹划与避税、节税的区别，掌握税收筹划的类型，掌握税收筹划的前提条件。

教学要求

知识要点	能力要求	相关知识
税收筹划的概念和特点	了解税收筹划的特点及意义 熟悉避税、节税、税务代理、税务咨询的概念 掌握税收筹划的概念 掌握税收筹划与避税、节税的区别	税收筹划的概念 税收筹划与避税、节税、税务代理、税务咨询的区别 税收筹划的特点 税收筹划的意义
税收筹划的目标和原则	了解税收筹划的目标 掌握税收筹划的原则	税收筹划的目标 税收筹划的原则
税收筹划的类型	掌握围绕税种类别进行的税收筹划 掌握围绕投资决策和经营活动方式进行的税收筹划 掌握围绕企业核算方式进行的税收筹划	围绕税种类别进行的税收筹划 围绕投资决策和经营活动方式进行的税收筹划 围绕企业核算方式进行的税收筹划
税收筹划的前提条件和动因	了解税收筹划的主观原因 了解国际税收筹划的客观原因 熟悉国内税收筹划的客观原因 掌握税收筹划的外部条件和内部条件	税收筹划的前提条件 税收筹划的动因
税收筹划的制约因素	了解税收筹划的制约因素	纳税人自身因素 税制因素 税收筹划实施的复杂性 社会对税收筹划的法律认可程度

导入案例

避税港英属维尔京群岛

在世界地图上，英属维尔京只是加勒比海上的一个小点，但这个仅有153平方千米的弹丸之地却汇集了35万家公司。有人做过计算，这个小岛平均每个居民拥有近20家企业，一个篮球场的面积上就有一家公司。英属维尔京群岛自然资源稀缺、经济基础薄弱，为发展当地经济，该岛政府1984年通过了《国际商业公司法》，允许外国企业在本地设立“离岸公司”，并提供极为优惠的政策：在当地设立的公司除每年缴纳营业执照续牌费外，免交所有当地税项；公司无注册资本最低限制，任何货币都可作为资本注册；注册公司只需一位股东和董事，公司人员中也不必有当地居民；无须申报管理者资料，账目和年报也不必公开。在英属维尔京注册的公司中约有1万家与我国有关。有的实际上就是民营企业，通过在此注册摇身变为外资企业，得以享受国家对外资企业的税收优惠；还有一些读者耳熟能详的著名企业，通过在此注册达到海外上市的目的；此外，一些台湾企业为摆脱当局阻挠，先把资金转移到在英属维尔京注册的离岸公司，再绕道流入祖国大陆。但是，由于这些离岸金融中心没有外汇管制，保密程度高，资金转移不受任何限制，所以也成为国际洗钱活动最猖獗的地方。据估计，每年大约有5 000亿到1.5万亿美元的资金通过洗钱改头换面。在“9·11”事件后，一些人士批评这些地方为恐怖分子帮了大忙。2000年6月26日，经合组织发布的题为《认定和消除有害税收行为的进程》的报告，将35个国家和地区列入了避税地黑名单，英属维尔京群岛榜上有名。在国际压力下，英属维尔京最近对《国际商业公司法》进行了修改。新规则的变化主要有两处：一是将股票无记名制度取消，无记名股票必须由托管机构集中保管，公司必须把最终受益人的资料提供给官方；二是如果政府认为某个公司或账户涉嫌洗黑钱，当地最高法院发出搜查令后，离岸公司的资料必须公开。这个著名的“避税天堂”正面临着注册企业流失的威胁。

案例评析：避税港出现的原因有两个方面：一方面，一些国家和地区自然资源稀缺、经济基础薄弱，为发展当地经济而对外国投资给予极为优惠的税收政策，如英属维尔京群岛；另一方面，国际资金流动的加速和扩大及各国税收政策的差异，产生了对国际避税港的强烈需求。这些资金中不仅包括以避税为目的的国际投资资金，也包括一些以洗黑钱为目的的资金。

（案例来源：http：//www.off—shore.cn/cn/news36.htm）

税收筹划应理解为纳税人在法律框架内开展的一切旨在节约税收的计划，而避税则应理解为政府对纳税人税收筹划的进一步划分。避税是税收筹划的一个子集，是其中不符合立法精神的行为，是政府下一步完善税法的重点。只不过由于避税具有相当大的风险，它所利用的税法漏洞可能在近期税法修订中得以修补，从而使其由合法行为变为违法行为。因此，避税不是税收筹划的首选。如果通过其他手段也可以达到税收筹划目的的话，纳税人不应当选择避税。

1.1 税收筹划的概念与特点

1.1.1 税收筹划的概念

税收筹划(Tax Planning)又称纳税筹划、税收规划，是指纳税人为节省纳税支出而进行的投资、经营、理财等活动的计划和安排，其中心内容是在正确地理解政府的税收法律法规及立法思想的前提下，尽量减少自己的纳税负担。

对于税收筹划的含义，不同的学者有不同的理解和表述。

荷兰国际财政文献局所编的《国际税收辞汇》中对税收筹划的表述是："税收筹划是指企业通过经营活动和私人事务活动的安排，实现缴纳最低的税收的一种安排方法。"

美国南加州大学的 W.B. 梅格斯博士在与他人合著的《会计学》一书中认为："人们合理而又合法地安排自己的经营活动，使之缴纳可能最低的税款，他们使用的方法可称为税收筹划。少缴税和递延纳税是税收筹划的目标所在。"他还提到："在纳税发生之前，有系统地对企业经营或投资行为做出事先安排，以达到尽量少缴纳所得税的目的，这个过程就是税收筹划。例如，选择企业的组织形式和资本结构，投资采取租用还是购入的方式以及交易的时间。"

印度税务专家 N.J. 雅萨斯威在《个人投资和税务筹划》一书中说："税收筹划是纳税人通过财务活动的安排，以充分利用税收法规所提供的包括减免税在内的一切优惠，从而享得最大的税收利益。"而另一位印度税务专家 E.A. 史林瓦斯在他所编著的《公司税收筹划手册》中说道："税收筹划是经营管理整体中的一个组成部分……"

国内税务专家唐腾翔则对税收筹划做了如下的概括："税收筹划指的是在法律规定许可的范围内，通过对经营、投资、理财活动的事先筹划和安排，尽可能地取得'节税'的税收利益。其要点在于合法性、筹划性和目的性。"

方卫平在其《税收筹划》一书中开篇指出："税收筹划是指制订可以尽量减少纳税人税负的纳税人的税务计划，即制定可以尽量减少纳税人税收的纳税人的投资、经营或其他活动的方式、方法和步骤。"

蔡昌在其主编的《企业税收筹划方案设计技巧》一书中指出："所谓税收筹划，是指纳税人或其代理机构在既定的税制框架内，合理规划纳税人的战略、经营、投资活动，巧妙安排相关理财、涉税事项，以实现纳税人价值最大化和涉税风险最小化的财税管理活动。"

从国内外学者对税收筹划的表述中，可以看出，虽然各人所表述的侧重点有所不同，但都认为税收筹划是纳税人在合法的前提下，为获得一定的税收利益而进行的一种计划或经济活动。

1.1.2 税收筹划与相关概念的区别

1. 税收筹划与避税

1）避税的概念

避税一词译自英文 Tax Avoidance，传统理论认为，它是指纳税人以合法手段减轻税负的行为。把避税定义为合法的行为，通常是从法律角度而言，根据法学理论上"法律无明文规定不为罪"的原则来做出的。若从经济分析角度而论，避税会减少财政收入，并造成正常经济活动的扭曲。所以，自 20 世纪 70 年代开始，西方一些重要国家，如美国、德国、澳大利亚等逐步地以立法的形式否认了避税。1977 年联合国《发达国家与发展中国家间避免双重征税的协定范本》中的互相协商程序和情况交换条款被税务专家界广泛地称为是反避税。进入20世纪80年代后，越来越多的国家在税法中加入了反避税，或对避税行为进行限制的条款，其中，既有运用于各种不同交易活动的全面限制，也有针对个别滥用税法行为的特别限制，并提出了一些基本原则，如"实质重于形式原则"、"商品目的原则"、"确认所得原则"等。所以，从政府反避税的角度来说，已无法用"合法"一词来定义避税行为了。1988年，国际财政文献局出版的《国际税收辞汇》将避税定义为："避税一词指的是用合法手段以减少税收负担的形为。该词含有贬义，通常表示纳税人通过个人或企业活动的巧妙安排，钻税法上的漏洞、特例和缺陷，规避或减轻其纳税义务的行为。"

目前我国对避税没有进行法律定义，也没有规定法律责任，但在税收法律法规中，如《税收征收管理法》、《增值税暂行条例》、《企业所得税法》中都有针对避税的反避税条款和措施。

2）税收筹划和避税的区别

尽管从法律的角度，避税活动和税收筹划活动的界定是模糊的。在实践中，具体方法和手段的运用方面，两者的区别也存在一定的困难，但两者之间还是存在实质性的区别的。

(1) 从行为性质上看，避税是一种"错用"或"滥用"税法的行为，纳税人利用税法上的漏洞，在纳税义务发生之后，钻税法空子来谋取不正当的税收利益。尽管在形式上，避税不"违法"，但其行为却违背了税法的立法意图及政府的政策导向，是税收法律法规或立法精神反对或不支持的行为。

而税收筹划则是依据国家税收法律法规，在纳税义务确立之前，对投资、经营、筹资活动的事先安排，尽管其目的是获取税收利益，但符合国家税收立法或税收政策的意图，是税法支持和鼓励的行为。

(2) 从行为目的和行为过程来看，避税的前提是税收法律法规有不完善之处，瞄准的只是税法的漏洞和缺陷，注重的是少缴或不缴某一笔税款。而税收筹划除了要通晓税法，还必然涉及与投资、经营决策相关的其他法律法规，它关注的是税后所得的最大化，而不仅是某一笔税款的少缴或不缴，它不仅要考虑税收成本的高低，还要考虑非税的成本以及企业活动所涉及的所有税收。

(3) 从行为结果来看，避税是通过钻税法空子来谋取税收利益，是一种短期的、单一的行为，无助于纳税人的长期投资和经营活动。而税收筹划不仅着眼于短期的税收利益，更重要的是在税收法律法规与政策的引导下，着眼于总体的投资、经营管理的决策，是对企业活动的长期计划和安排，它有利于纳税人合理安排投资、经营和理财活动，从而保持合理的税负。

2. 税收筹划与节税

节税(Tax Saving)从字面上理解是税款支付的节省，通常是指以合法的方式来减轻纳税义务的行为。节税是指纳税人在不违背税法立法精神的前提下，利用税法中固有的起征点、免征额、减税、免税等一系列的优惠政策和税收惩罚等倾斜调控政策，通过对企业筹资、投资及经营等活动的巧妙安排，达到少缴国家税收的目的。这种筹划是税收筹划的组成部分之一，理论界早已达成共识，国家也从各方面给予扶持。但是，以合法的方式来少缴纳税款，可以采取税收筹划方式，也可以采取避税的方法。前者不但合法，而且也符合立法精神和国家政策意图。后者虽然不违背法律规定，但却与立法精神和意图相悖，是法律所不支持或反对的。在我国的实践中，相当一部分人把税收筹划等同于节税，认为只有既合法又符合立法意图的减轻税负的行为才是节税，从而把避税排除在节税活动范围之外。但是，节税并不能与税收筹划的概念划等号。因为，如果仅以“合法”和“符合”立法精神及政策意图来定义节税，会使节税的范围相当广泛。因为税收作为国家强制的征收，它会影响纳税人的可支配收入，由此会在不同程度上引起纳税行为和经济选择的改变。可见，节税是一个相对中性的概念，它包括了在法律框架内为减轻纳税义务而采取的一切活动。当然，节税的主要内容是税收筹划。从概念的区分来说，节税是一个侧重于活动结果或目的的概念，而税收筹划、避税则是一个侧重活动过程和方法的概念。税收筹划的目的是取得节税的利益。

3. 税收筹划与税务代理、税务咨询

1）税务代理和税务咨询的概念

税务代理是指根据税法帮助纳税人履行其纳税义务的各项行为。我国1994年颁布的《税务代理试行办法》中规定：“税务代理是指税务代理人在规定的代理范围内，受纳税人、扣缴义务人的委托，代为办理税务事宜的各项行为的总称。”从我国现行法规来看，我国的税务代理业务除了包括代理纳税人的各项税务事宜，如办理税务登记、变更税务登记和注销税务登记；办理除增值税专用发票外的发票领购手续；办理纳税申报或扣缴税款报告；办理缴纳税款和申请退税；制作涉税文书；审查纳税情况；税务行政复议等之外，还包括税务咨询和建账建制、办理账务。

税务咨询是指税务专家就纳税人税务方面的问题向纳税人提供意见和建议。就税务咨询内容的范围来看，税务咨询有广义和狭义之分。狭义的税务咨询仅指就纳税人的有关税法和税务行政方面问题的咨询，向纳税人提供意见和建议。广义的税务咨询是指就纳税人所有与税收有关问题的咨询向纳税人提供意见和建议，其中包括帮助纳税人进行税收筹划。

2）税收筹划与税务代理和税务咨询的关系

从概念本身的区分来看，很显然，税务代理和税务咨询都属于为纳税人提供的一种业务活动，三者不是同一个层面上的概念。就业务活动的内容和范围来看，税务咨询与税收筹划之间有一些联系。税收筹划作为一种为了少纳税而制订的纳税人的投资、经营、筹资活动的计划，可以由企业内部的财务人员或专职人员来制定，但纳税人也可以聘请职业的税务顾问制定，也可以就税收筹划向税务顾问咨询，但不是一定要通过税务顾问或寻求税务咨询才能制定。税务咨询可以应纳税人的要求为其制定税收筹划的方案，也可以对其税收筹划提出意见和建议，但税务咨询的业务不只是税收筹划。

1.1.3 税收筹划的特点

1. 合法性

税收筹划的合法性是税收筹划最本质的特征。它有3个方面的内涵：第一，税收筹划只能在法律许可的范围内进行，国家征税是通过法律的形式规定的，税法是处理征纳双方权利和义务关系的准则，是征纳双方都必须遵守的规范，只要纳税人发生了应纳税的行为，取得了应纳税的收入，拥有了应纳税的财产，就必须依照法律规定纳税，但是，在法律规定的框架内，当存在多种纳税方案可供选择时，纳税人在尊重法律，不违反法律规定的前提下，可以通过一定的合理安排，选择少纳税负的方案，以减少纳税支出；第二，税收筹划要符合国家立法的精神及意图，纳税人通过税收筹划，对国家税收法律法规体系进行分析比较后所做出的纳税的最优选择，必定与国家税收法律的立法意图和政策精神相吻合，有利于国家社会经济发展的总体战略和长期利益，许多“钻空子”、“打擦边球”之类的筹划方法其实不是真正的筹划，那是偷税、避税甚至逃税的非法行为；第三，不能违背国家的其他经济法律法规，纳税人在进行某一项涉税活动时，可能并不违反税法，但却可能违反国家的其他经济法律法规：如利用残疾人生产、经营的行为，为了获得国家的税收优惠，滥用国家有关的税收优惠政策。这类行为与税收筹划的性质特征要求相违背，也必将受到其他法律法规的制裁。

2. 计划性

税收筹划的计划性是指纳税人在税收法律关系形成之前对本身经营、投资活动所做的事先安排。筹划本身是指事先计划、设计、安排。纳税人的纳税义务是在纳税人的经济行为及行为结果发生后发生的。当纳税人的经济行为发生并取得了一定结果后，纳税义务即告发生，税收法律关系形成。此时，纳税人必须严格依照法律规定纳税，不得少纳税，也不得迟纳税。税收筹划的计划性要求纳税人必须在国家有关税收法律关系形成之前，根据税收法律的有关规定，利用对不同经济活动和经济行为的税收待遇的差异性、弹性等，对纳税人自身的经营、投资、理财活动进行事先筹划和安排，尽可能地减少纳税义务的发生，或者降低和减轻纳税义务的程度和负担。如果纳税义务事由发生，纳税人再采取减轻或规避纳税义务的行为，就不能称为税收筹划，根据所采取的行为的性质，则有偷(逃)税、欠税或避税的嫌疑。

此外，税收筹划的计划性也可从税收筹划作为企业经营管理策略的组成部分角度去理解。企业经营管理的策略不是某个时点上的偶然行为，它要经过精心的策划，在时间上具有中长期的特点。从这一点上说，税收筹划应该是立足于中长期的规划。

3. 目的性

税收筹划的目的性是指纳税人进行税收筹划的目的是取得节税的税收利益。这里有两层意思：第一，是在纳税人的投资、经营思想和方向上进行筹划，选择低税负，避免进入税收禁区，取得尽可能高的税后报酬率；第二，是在具体的经营活动或理财活动中，选择低税点，或滞延纳税时间，降低资本成本，以取得尽可能多的财务利益。

4. 综合性

税收筹划的综合性是指税收筹划要从纳税人总体的决策和长期利益着手。首先，有效的税收筹划要考虑一项交易活动所涉及的总体税收，而不能只考虑个别税种税负的高低。

其次，有效的税收筹划需要筹划者不仅考虑税收成本，而且还要认识到非税成本的重要性。在税收筹划中，必须要考虑所有的经营成本，而不仅仅是税收成本。再次，有效的税收筹划，不仅要考虑明显的税，即直接以现金形式付给征税机构的税款支出，也要考虑隐含的税，即以较低的投资项目税前报酬率的形式间接地、隐藏地支付的税。这种隐含的税表现为减少直接支付的税金的，但这种享受明显低的税收负担待遇的投资或资产的税前报酬率往往低于不享受税收优惠的投资或资产的税前报酬率，最终使税后报酬率在两类投资活动中趋同。

1.1.4 税收筹划的意义

在市场经济条件下，纳税人希望减轻自己的税收负担，这是再正常不过的事了，问题是用什么手段达到自己的目的。偷税、骗税、抗税、欠税等手段是违法行为，不但不允许，而且还应加大惩治力度。进行税收筹划，政府应该允许，起码不必反对，因为纳税人是在不违反税法的前提下进行的。税收筹划不仅不违反税法，而且还具有积极的意义。

1. 有助于增强纳税人的纳税意识

社会经济发展到一定水平、一定规模，企业开始重视税收筹划，税收筹划与纳税意识的增强一般具有一致性和同步性的关系。企业进行税收筹划的目的是少缴税或缓缴税，但企业的这种安排采取的是合法或不违法的形式，企业对经营、投资、筹资活动进行税收筹划正是利用国家的税收调控杠杆取得成效的有力证明。

企业纳税意识强主要表现在：①财务会计账证表依法设置，做到齐全、规范；②按有关规定及时办理营业登记、税务登记手续；③及时、足额地申报缴纳各种税款；④主动配合税务机关的纳税检查；⑤接受税务机关的处罚，如上缴滞纳金及罚款等。现在，进行税收筹划的企业多是一些大、中型企业，这些企业的纳税一般比较规范，相当一部分还是纳税先进单位。也就是说，进行税收筹划或税收筹划搞得好的企业往往纳税意识也比较强。

税收筹划与纳税意识的一致性关系体现在以下几方面。

(1) 税收筹划是企业纳税意识提高到一定阶段的表现，是与经济体制改革发展到一定水平相适应的。只有税制改革与税收征管改革成效显著，税法的权威才能得以体现。否则，如果对偷、逃税等违法行为的处罚仅局限于补缴税款、缴纳滞纳金，没有严厉的惩处手段，无疑会助长偷、逃税等违法行为。在这种情况下，企业纳税意识淡薄，不用进行税收筹划就能取得较大税收利益。

(2) 企业纳税意识强与企业进行税收筹划具有共同的要求，即合乎税法规定或不违反税法规定，企业税收筹划所安排的经济行为必须合乎税法条文和立法意图或不违反税法规定，而依法纳税更是企业纳税意识强的集中体现。

(3) 依法设立完整、规范的财务会计账证表和正确进行会计处理是企业进行税收筹划的基本前提；会计账证表健全、规范，其节税的弹性一般更大，也为以后提高税收筹划效果提供依据。同时，依法建账也是企业依法纳税的基本要求。

2. 有助于实现纳税人财务收益的最大化

税收筹划可以减少纳税人税收成本(节税功能)，还可以防止纳税人陷入税法陷阱。税法陷阱是税法漏洞的对称。税收陷阱是指纳税一旦大意或无意识地落入规定的范围，将要付出更多税款的税收法规条款。税法漏洞的存在给纳税人提供了避税的机会；而税法陷阱的存在又让纳税人不得不小心，否则会落入税务当局设置的看似漏洞，实为陷阱的圈套(这也是政府反避税的措施之一)。纳税人一旦落入税法陷阱，就要缴纳更多的税款，直接影响纳税人的正常收益。税收筹划可防止纳税人陷入税法陷阱，不缴不该缴付的税款，有利于纳税人财务收益的最大化。

3. 有助于提高企业的经营管理水平和会计管理水平

资金、成本(费用)、利润是企业经营管理和会计管理的三大要素，税收筹划就是为了实现资金、成本(费用)、利润的最优效果，从而提高企业的经营管理水平的经济行为。企业进行税收筹划离不开会计，会计人员既要熟知会计法、会计准则、会计制度，也要熟知现行税法。企业设账、记账要考虑税法的要求，当会计处理方法与税法的要求不一致或允许进行会计政策、会计方法选择时，财务会计与税务会计可以分离，正确进行纳税调整，正确计税，正确编报财务报告，并进行纳税申报，从而有利于提高企业的会计管理水平，发挥会计的多重功能。

4. 有助于优化产业结构和资源的合理配置

纳税人根据税法中税基与税率的差别，根据税收的各项优惠、鼓励政策，进行投资、筹资、企业制度改造、产品结构调整等决策，尽管在主观上是为了减轻自己的税收负担，但在客观上却是在国家税收经济杠杆的作用下，逐步走向了优化产业结构和生产力合理布局的道路，体现了国家的产业政策，有利于促进资本的流动和资源的合理配置。

5. 可能会增加国家的税收收入总量

税收筹划有利于贯彻国家的宏观调控政策，实现国民经济健康、有序、稳步发展。企业进行税收筹划，虽然降低了企业税负，但是随着产业布局的合理规划，促进生产进一步发展。企业规模上去了，收入和利润增加了，从整体和发展上看，国家的税收收入也将同步增长。

总之，税收筹划是在经营中寻求企业行为与政府政策意图的最佳结合点，成功的税收筹划往往既能使经营者承担的税收负担最轻，又使政府赋予税收法律法规中的政策意图得以实现，对政府、对企业都有利。因此，政府对税收筹划持鼓励态度，税收筹划将成为企业经营管理中的有机组成部分。

1.2 税收筹划的目标和原则

1. 税收筹划的目标

谈到税收筹划的目标，人们的首要反应便是企业或个人运用各种手段直接减轻自身的税收负担，即想尽一切办法少缴税款，甚至有人很自然地将偷、漏、逃税与税收筹划联系起来，认为税收筹划就是鼓励纳税人逃避其对国家应尽的纳税义务。

这种对税收筹划目标的错误认识，将现实中的税收筹划引入了误区，使得税收筹划理论与实务工作的开展困难重重。

首先，从税务机关角度出发，由于现实生活中相当一部分纳税人打着税收筹划的旗号进行偷、漏、逃税，严重地破坏了税法的严肃性，影响了国家财政收入的及时、足额入库，使得税务机关工作人员对税收筹划产生了极大的不信任。因此，税务机关从国家利益出发，尤其是在税收任务担子相当沉重的今天，极力反对人们进行税收筹划，虽然说现在税务机关公开承认税收筹划的合理性，并且利用各大媒体进行宣传，但是这种承认也只是停留在节税筹划的层面上，即利用税法中的优惠政策进行筹划，而对避税筹划仍是防备有加，甚至对正常的避税筹划也不予承认，并给予严厉的处罚。

其次，从纳税人角度出发，由于将税收筹划的目标仅定位在直接减轻自身税收负担，实现自身经济利益最大化层面上，因而一部分纳税人的心理是只要能少缴税款，怎么做都行。纳税人的这种需求也进一步导致了中介机构税收筹划行为的扭曲。现有的很多税收筹划案例属于“暗箱操作”，其技能并不高明，其实质是偷、漏、逃税，因而经不起推敲和稽查。往往是今天请中介机构进行税收筹划，付费取得方案，暂时降低自身税负，明天税务稽查又将方案推翻，不仅要补交税款，而且还要加收滞纳金罚款，反而加重了自身税负，同时这种片面的筹划也不利于企业进行全方位的系统性筹划。

再次，从理论者和中介机构角度出发，由于将税收筹划目标仅定位于直接减轻纳税人税负上，限制了其进行理论研究和拓展业务的视野，不利于从企业全局出发进行系统筹划，不利于企业的长期可持续发展，也不利于税收筹划理论与实务水平的提升。

因此，虽然说直接减轻自身的税收负担是税收筹划最本质、最核心的目标，也是税收筹划之所以兴起与发展的根本所在，但这个目标也不可能是税收筹划目标的全部，而仅仅是筹划目标的组成部分之一。因此，税收筹划还应定位于以下目标：实现涉税零风险；获取资金时间价值；提高自身经济效益和维护主体合法权益。以下从5个方面进行具体分析。

1）减轻税收负担

纳税人对直接减轻税收负担的追求，是税收筹划产生的最初原因。毫无疑问，直接减轻税收负担也就是税收筹划所要实现的目标之一。纳税人是纳税义务的承担者，作为市场经济的主体，在产权界定清晰的前提下，追求自身利益的最大化。经济利益最大化的实现，不仅要求总收入大于总成本，而且要求总收益与总成本之间差额的最大化，在总收益一定的条件下，要实现经济利益的最大化，就要使得总成本最小化。就企业而言，其在生产经营过程中发生的各项费用，如外购原材料、外购燃料、外购动力、支付职工的各种薪酬、固定资产投资支出、销售费用、管理费用、财务费用等构成了企业的内在成本，减少内在成本可以提高总体经济效益。另外，国家凭借其权利，按照税法规定强制、无偿征收的税收，可认为是企业的外在成本，也是构成企业生产经营成本的一部分，其数额的减少同样可以增加企业的总体经济效益。因此，作为市场经济主体的纳税人，在产权界定清晰的前提下，为实现自身经济利益的最大化，进行税收筹划以减轻税收负担，是市场竞争机制健全程度的外在表现，具有一定的合理性。

需要注意的是，这种意义上的减轻税收负担，是相对地减少应纳税款数额。即使从绝对数额上看，纳税人的当年应纳税款数额比上年有所增加，只要其应纳税额与生产经营规模的比率有所降低，便认为该项筹划是成功的。如某企业上年应纳税额为200万元，今年应纳税额为300万元，但去年的销售收入仅为1000万元，而今年的销售收入为2000万元。很显然，从比率上看，企业经过税收筹划，税收负担有所减轻，尽管其绝对数额有所增加，但也应该说该筹划是成功的。

2）实现涉税零风险

涉税零风险是指纳税人账目清楚，纳税申报正确，缴纳税款及时、足额，不会出现任何关于税收方面的处罚，即在税收方面没有任何风险，或风险极小可以忽略不计的一种状态。纳税人通过一定的筹划安排，使之处于一种涉税零风险的状态，也是税收筹划应达到的目标之一。

一般而言，纳税人认为只有能够直接获取税收上好处的筹划才是成功的筹划，不能直接获取税收上好处的筹划不是成功的筹划。其实不然，有这样一种状态，纳税人虽然不能直接获取税收上的好处，但却能间接地获取一定的经济利益，更加有利于企业的长远发展与规模扩大，这种状态就是涉税零风险。因而，对涉税零风险状态的实现也应是税收筹划追求的目标之一，原因有以下几点。

(1) 实现涉税零风险可以避免发生不必要的经济损失。虽然这种筹划不会使纳税人直接获取税收上的好处，但由于纳税人进行必要的筹划之后，使自己企业账目清楚、纳税正确，不会导致税务机关的经济处罚，这样实际上相当于获取了一定的经济收益。如果纳税人不进行必要的筹划安排，就有可能出现账目不清、纳税不正确的情况，从而很容易被税务机关认定为偷、漏税行为。偷、漏税行为的认定不仅会给纳税人带来一定的经济损失(加收滞纳金、罚款)，情节严重者还会被认定为犯罪，主要负责人还会因此遭受刑事处罚。

(2) 实现涉税零风险可以避免发生不必要的名誉损坏。一旦纳税人被税务机关认定为偷、漏税，甚至是犯罪，那么该纳税人的声誉将会遭受严重的损坏。在商品经济高速发展的今天，人们的品牌意识越来越强，好的品牌便意味着好的经济效益和社会地位，企业的品牌越好，产品越容易被消费者所接受，企业的收益越好。当然，有时候纳税人的账目不清楚或纳税不正确，可能是因为纳税人根本就没有意识到或是对税法的了解不够而导致，但无论怎样，都会导致纳税人名誉上的损坏。除此之外，偷、漏税行为的认定还可能会导致税务机关更加严格的稽查，更加苛刻的纳税申报条件及程序，从而增加了纳税人的申报时间和经济成本，因而实现涉税零风险极其重要。

(3) 实现涉税零风险可以使企业账目更加清楚，使得管理更加有条不紊，更利于企业的健康发展，更利于企业的生产经营管理活动。账目不清不利于企业进行各项成本的核算，当然也不利于企业进行各项成本费用的控制，从而造成不必要的浪费及管理上的混乱。因此，从企业管理的角度出发，实现涉税零风险不应被排除在税收筹划的目标体系之外。如果纳税人账目不清，纳税不正确，即使是不被税务机关查处，不遭受任何经济损失、名誉损坏，也会使纳税人承受精神成本。每到税务稽查时，纳税人便会提心吊胆、担惊受怕，这种精神上的折磨称为精神成本。如果进行税收筹划，使其账目清楚、纳税正确，纳税人则会心情坦然，这其实也是一种无形的收益。

阅读案例 1-1

公司的车辆要加油，很多公司取得的发票都是普通发票，而没有取得增值税专用发票。可能加油站的窗口没有增值税专用发票，专用发票一般放在公司的财务部门，这样就给用户带来不便。怎样解决这一问题呢？

纳税分析：

这就需要公司根据加油站的特点，制定相应的管理措施。公司可以这样做，财务人员统一到石油公司买油票，开具增值税发票，车辆拿油票加油。这样就可取得增值税专用发票，可以为公司节省17%的增值税。

3）获取资金时间价值

资金是有时间价值的，纳税人通过一定的手段将当期应该缴纳的税款延缓到以后年度缴纳，以获取资金的时间价值，也是税收筹划目标体系中的有机组成部分。理论上讲，如果企业每期都能将后期的一笔费用在当期列支，每期都能将当期的一笔收入在下期计入应纳税所得，则每期都可以使一部分税款缓纳，相当于每期都获得一笔无息贷款，即每期都可以用新贷款偿还旧贷款，相当于一笔贷款永远不用清偿。

在信用经济高速发展的今天，企业要进行生产经营管理活动，尤其是在扩大生产经营规模时，经常会举借贷款，因为仅靠自身积累发展生产的速度不能满足生产经营的需要，此时，资金就显得极其宝贵。这样，如果企业能尽量延缓税款的缴纳，使企业的营运资金相对宽裕，会有利于企业的发展，对那些资金比较紧张的企业来说更是如此。更深一层讲，延缓税款的缴纳，无偿地使用财政资金为自己企业的生产经营服务，不存在财务风险，当然这要求企业在税法允许的范围之内进行税收筹划。只要具备可行性，企业可以尽可能多地使用这种无偿资金，而不用担心其规模超过限度。除此之外，由于税收筹划使得企业当期的总资金增加，有利于企业扩大举债规模，即企业承担财务风险的能力相对增强了，这也有利于企业扩大生产经营规模，有利于企业的长期可持续发展。

4）提高自身经济效益

纳税人从事经济活动的最终目的是使总体经济收益最大化，而不应该是少缴税款。如果纳税人从事经济活动的最终目的仅定位在少缴税款上，那么该纳税人最好不从事任何经济活动，因为这样其应负担的税款数额就会很少，甚至没有。既然获取最大的经济收益是纳税人从事经济活动的最终目的，那么提高纳税人的经济效益理所当然应该是税收筹划目标体系中不可或缺的要素之一。

进行税收筹划可以使纳税人直接或间接获取经济收益，但这种经济活动也是有成本的。应根据主体的实际情况，运用成本收益分析方法确定每次筹划的净收益，如果净收益很小或为负，则该项筹划就不值得去做。这里所说的成本，可以仅指当前的实际成本，也可以从长远看指一段时期甚至将来可能发生的显性成本与隐性成本的总和。显性成本当然是值得注意的，但隐性成本也不容忽视，尤其是对税收筹划中的转嫁筹划而言，更是这样。虽然从理论上讲，如果所销售产品的供给弹性大于需求弹性，则纳税人便可以通过提高产品售价的办法，将其承受的税负大部分转嫁到购买者头上，而且供给弹性越大，需求弹性越小，这种转嫁就越容易。但是任何事情都不是绝对的，一般而言，需求弹性比较小的产品，其长期需求比短期需求弹性要大，即消费者在持续高价的情况下，可以慢慢调整自己的消费习惯，寻找到替代消费品。如果产品售价过高，消费者迟早会减少对这种商品的消费需求。因而，在现实经济生活中，纳税人在利用转嫁方法进行筹划时应该谨慎，一定要注意这种隐性成本，即客户数量的减少，或者从原料提供者角度来说，合作者的变少。这种成本对企业的生存来说是最致命的损失。

纳税人在不能将税收负担转嫁给别人，或者预计将税收负担转嫁给别人不利于企业的长期可持续发展时，可以考虑另一种思路，即通过加强企业生产经营管理、加大科技投入、改进生产技术、寻找生产规模的最佳转折点等来提高自身经济效益，将税收负担自我消化。

5）维护纳税人合法权益

依法治税是一把“双刃剑”，它不仅要求纳税人依照税法规定，及时、足额地缴纳税款，而且要求税务机关依照税法规定合理、合法地征收税款。由于我国法制建设还不够完善，法制水平还有待进一步提高，在现实社会中，人制因素还在影响着人们的生活与工作，权利的膨胀要求纳税人利用税收筹划工具维护自身的合法权益。

对任何市场经济的主体而言，权利与义务总是相伴而生，拥有权利便要承担义务，承担义务也必然拥有权利，纳税人也不例外。作为市场经济的主体，一方面应该承担依法纳税的义务，另一方面也拥有税收筹划的权利。也就是说，应该缴纳的税款，纳税人应该一分不少地上缴国库，履行自己应尽的义务；不应该缴纳的税款，纳税人可以理直气壮地拒绝缴纳，无论对方是谁，采取什么手段，因为这是其应该享有的权利。

如果纳税人在进行税收筹划时不注重维护自身的合法权益，而任由税务机关根据自身需要征收税款，那么，无论该纳税人进行如何周密的筹划，都无济于事。因为这样下去必然会养成税务机关征税的惰性，即不注重征管水平的提高，这时，无论纳税人是否进行税收筹划，都没有任何意义。因而注意维护自身合法权益是纳税人进行税收筹划必不可少的一环。应该注意的是，这里所维护的自身合法权益并不是要纳税人无理取闹，一味地和税务机关对着干，而只是从依法治税的角度对权利与义务的失衡状态进行调整，以实现税收与经济的良性互动，促进经济的长期持续发展。

2. 税收筹划的原则

税收筹划有利于实现企业价值或股东权益最大化。但是，如果纳税人无原则地进行税收筹划，就可能达不到预期的目的。根据税收筹划的性质和特点，企业进行税收筹划应当遵循如下原则。

1）合法与合理原则

税收筹划是纳税人在不违法的前提下对纳税行为的巧妙安排。税收筹划不仅要符合税法的规定，而且要符合国家政策导向。纳税人应正确理解税收政策规定，贯彻税收法律精神，在税收法律法规允许的范围内进行税收筹划，否则，税收筹划会变成税收违法。

阅读案例 1-2

某公司由于业务量扩大，导致该公司的运输量增加，该公司的车辆已经不能满足运输的需要。公司经过研究，同意到市场上雇佣10辆货车。但这10辆货车不能提供运输发票，无法抵扣增值税进项税额。

运营部经理出了一个“计策”：让雇佣的10辆货车以公司的名义向加油站索取增值税专用发票，然后把发票交给公司，这样就可以抵扣进项税款了。于是，公司就按这种方法操作，该公司抵扣了税款。

纳税分析：

稽查局在对公司进行税务稽查时，发现进项税额中油料抵扣过多现象。通过进一步检查，发现了发票背面的签字。原来雇佣货车所消耗的油料专用发票上都签上了“雇车运输，准予报销”字样。按照规定，雇车运输的油料费不允许在公司列支，也不能抵扣增值税进项税额。最后，稽查局要求公司补缴税款，并给予公司一定数额的罚款。很明显，该公司的税收筹划措施是不合法的，应予以杜绝。

2）事前筹划原则

税收筹划必须做到与现行的税收政策法令不冲突。由于国家税法制定在先，而税收法律行为在后，在经济活动中，企业的经济行为在先，向国家缴纳税收在后，这就为筹划创造了有利的条件。纳税人完全可以根据已知的税收法律规定，调整自身的经济事务，选择最佳的纳税方案，争取最大的经济利益。如果没有事先筹划好，经济业务发生，应税收入已经确定，则税收筹划就失去了意义。此时如果想减轻自身的税收负担，就只能靠偷税、逃税了。所以，企业进行税收筹划必须在经营业务未发生时、收入未取得时先做好安排。

国家与纳税人之间围绕着征纳税所产生的利益关系，其实质是由税法所调整的征纳双方的税收法律关系。税法是引起税收法律关系的前提条件，是征纳双方都必须遵守的行为规范，但是，税法本身并不能产生具体的税收法律关系。税收法律关系的产生、变更、消灭必须由能够引起税收法律关系产生、变更、消灭的客观情况，也就是由税收法律事实来决定。

3）保护性原则

企业的账簿、凭证是记录企业经营情况的真实凭据，是税务机关进行征税的重要依据，也是证明企业没违反税收法律的重要依据。例如，《税收征收管理法》第52条规定：“因税务机关的责任，致使纳税人、扣缴义务人未缴或少缴税款的，税务机关在3年内可以要求纳税人、扣缴义务人补缴税款，但是不得加收滞纳金。因纳税人、扣缴义务人计算错误等失误，造成未缴或少缴税款的，税务机关在3年内可以追征税款、滞纳金；有特殊情况的，追征期可以延长到5年。”这里所说的特殊情况是指涉及的应纳税款额在10万元以上的。因此，企业在进行税收筹划后，要巩固已取得的成果，应妥善保管好账目、记账凭证等有关会计资料，确保其完整无缺，保管期不得短于税收政策规定的补征期和追征期。

4）经济性原则

税收筹划可以减轻企业的税收负担，使企业获得更多的经济利益，因此许多企业都千方百计加以利用税收筹划。但是，在具体操作中，许多税收筹划方案理论上虽然可以少缴纳一些税金或降低部分税负，但在实际运作中却往往不能达到预期效果，其中很多税收筹划方案不符合成本效益原则是造成税收筹划失败的原因。税收筹划归根结底是属于企业财务管理的范畴，它的目标与企业财务管理的目标是相同的——实现企业价值最大化。所以在进行税收筹划时，要综合考虑采取的该税收筹划方案是否能给企业带来绝对的利益，要考虑企业整体税负的降低，纳税绝对值的降低。

税收筹划在降低纳税人税收负担、取得部分税收利益的同时，必然要为税收筹划方案的实施付出额外的费用，导致企业相关成本的增加，以及因选择该筹划方案而放弃其他方案所损失的相应机会收益。例如，企业运用转让定价方式减轻自己的税负，需要花费一定的人力、物力、财力在低税负区内设立相应的办事机构，而这些机构的设立可能完全是出于税收方面的考虑，而非正常的生产经营需要。再如，税收筹划是一项技术很强的工作，筹划人员不仅需要有过硬的财务、会计、管理等业务知识，还要精通有关国家的税收法律法规及其他相关法律法规，并十分了解税收的征管规程及其存在的漏洞与弊端，因此，企业在税收筹划前需要进行必要的税务咨询，有些时候还可能需要聘用专业的税务专家为企业服务，或直接购买避税计划。所以，税收筹划与其他管理决策一样，必须遵循成本效益的原则，只有当筹划方案的所得大于支出时，该项税收筹划才是成功的筹划。

5）适时调整原则

税收筹划是一门科学，有其规律可循。但是，一般的规律并不能代替一切，不论多么成功的税收筹划方案，都只是一定的历史条件下的产物，不是在任何地方、任何时候、任何条件下都可适用的。税收筹划的特征是不违法性，究竟何为违法，何为不违法，这完全取决于一个国家的具体法律。随着地点的变化，纳税人从一个国家到另一个国家，其具体的法律关系是不同的；随着时间推移，国家的法律也会发生变化。企业面对的具体的国家法律法规不同，其行为性质也会因此而不同。由此可见，任何税收筹划方案都是在一定的地区、一定的时间、一定的法律法规环境条件下，以一定的企业经济活动为背景制定的，具有针对性和时效性，一成不变的税收筹划方案，终将妨碍企业财务管理目标的实现，损害企业股东的权益。所以，如果企业要想长久地获得税收等经济利益的最大化，就必须密切注意国家有关税收法律法规的变化，并根据国家税收法律环境的变化及时修订或调整税收筹划方案，使之符合国家税收政策法令的规定。

1.3 税收筹划的类型

根据各国税收筹划的实践，税收筹划的研究可以采取不同的方式。按照不同的划分标准，税收筹划有不同的类型。划分标准包括围绕税种类别进行的筹划、围绕投资决策和经营活动方式进行的税收筹划、围绕企业核算方式进行的税收筹划。

1.3.1 围绕税种类别进行的筹划

税收筹划是围绕税收制度规定展开的。在各国实行复税制的情况下，一国税收制度由多种税组成，税收筹划的成果最终要体现在具体税种中。所以，税收筹划可以按税种展开，如企业所得税筹划、个人所得税筹划、增值税筹划、营业税筹划、消费税筹划、财产税筹划等。税种的性质不同，税收筹划的途径、方法也不同，所以，按税种所进行的筹划的特点是可针对税制的具体规定逐条逐项展开，内容清晰、实用性强。但是，由于纳税人的经营活动或投资决策往往要涉及多个税种，不同投资、经营活动不仅涉及的税种不同，而且本身也还存在不同投资、经营方式的选择问题，所以，围绕具体税种进行税收筹划在实践中难以掌握要领，操作有一定困难。

对具体税种进行税收筹划主要取决于两个因素。一是特定税种在经济活动中的地位和作用。对纳税人经营决策有重大影响的税种是税收筹划的重点所在，因为税收筹划也有成本问题，进行税收筹划也要进行成本与收益的比较，所以，税收筹划的重点是对纳税人的经营活动有重大影响的税种。二是税种自身的弹性大小。税种性质不同，税负弹性大小也不同，税负弹性大的税种，税收筹划潜力也大。就这一点而言，所得税和财产税的性质特点决定了其本身的税负弹性较大，它们往往成为纳税人进行税收筹划的重点。以企业所得税为例，企业所得税的征税对象主要是企业的各类所得，其中，最主要的是生产经营所得，即营业利润，其税基的计算受企业核算和税法规定的双重影响。按惯例，当会计处理与税收法规相冲突时，要以税收法规为准，但纳税人应税所得的确定还是要以会计资料为基础，而且税收法规对会计确认和计量的某些原则与方法还是给予了承认，允许纳税人进行一些会计选择。因此，其税基的弹性较大。

从税法规定的角度来看，影响企业所得税税基的因素有：应税所得是采取分类征收还是综合计征；投资所得(股息、利息、租赁费、特许权使用费)是否分别计算征免；资本利得如何对待；境内境外所得是否合并征税；汇总损益如何纳入税基；存货计价采用何种方法；有哪些准备制度；实行什么样的亏损结转方法；对关联企业的转让定价怎么处理；有无减免税的优惠待遇；等等。成本费用的扣除方面弹性就更大了，如资本性支出是否给予一定的税收抵免；固定资产折旧采取什么方式，有何优惠；租赁费用的扣除如何规定；对利息支出如何处理，有无资本弱化的规定；捐赠支出如何对待；业务招待费用如何扣除；研发费支出有哪些扣除规定；支付给总机构的管理费用及特许权使用费怎样对待；等等。正是由于这些影响税基因素的存在，所以，企业所得税往往成为税种筹划的重点。

1.3.2 围绕投资决策和经营活动方式进行的税收筹划

就税收筹划与纳税人的生产经营活动之间的关系来看，纳税人之所以进行税收筹划，是因为税收影响纳税人从事投资、经营活动的报酬率。所以围绕不同的投资决策和不同的经营方式进行相关各税种的筹划在实践中更受人们的关注。按纳税人投资和经营活动方式进行的税收筹划可分为企业经营组织形式的税收筹划、企业融资管理的税收筹划、企业投资决策的税收筹划、企业资产重组的税收筹划等。

1. 企业经营组织形式的税收筹划

1）公司形式和合伙企业形式的选择

企业经营组织的税收筹划中，主要是以公司形式和合伙企业形式进行的选择。公司和合伙企业都是企业经营的不同组织形式，但公司形式相对于合伙企业在所得税方面存在双重或多重征税问题。合伙企业是指两个或两个以上的人订立合伙协议，共同出资、合伙经营，对企业债务负无限清偿责任的企业组织形式。合伙企业的财产为合伙人共有，其本身没有独立的财产，所以，合伙企业可以以企业名义经营、负债和进行诉讼，但一般不具有独立的法人地位。在税收上，合伙企业往往是一个具有权利的人和不具有权利能力的混合体。各国对合伙企业的征税制度有所不同，但一般而言，它要缴纳一些与企业经营有关的税收，如印花税、增值税、营业税、消费税、关税等，但在所得税方面，合伙企业不作为独立的纳税实体，而是分别按各合伙人从合伙企业中分得的利润缴纳个人所得税。而公司则不然，公司是指由两人以上集资，根据国家有关的公司法程序设立，有自己公司章程的企业组织形式。公司的具体组织形式有多种，现在的公司组织形式主要是有限责任公司和股份有限责任公司两种。与合伙企业不同，公司具有独立法人资格。在征税方面，公司除了在经营过程中要征收与合伙企业一样的增值税、印花税、营业税、消费税等以及财产税外，作为一个具有法律上独立法人资格的企业，各国一般对公司和股东都要征收所得税，既对公司征收公司所得税，又对股东从公司分得的股息征收股东的个人所得税。由于股息来源于公司的税后利润，由此产生对公司利润的双重征税问题。对于公司股东，则存在多重征税问题。但是，如果仅从这个角度出发，容易对税收筹划产生误导。第一，虽然公司形式存在重复征税问题，但各国公司所得税制中都采取了一些措施，在很大程度上减轻了重复征税的程度，如股息的归集抵免、降低公司所得税的税率及降低对股东征税的税率等。第二，公司的税后利润也并不是马上就形成对股东的征税，除非公司每期都立即把它的税后利润都作为股息支付出去。相反合伙企业的利润一经产生就要直接反映在合伙人当期的税收申报表上。第三，在大多数国家，合伙企业不具有独立的法人资格，会影响它对税收协定待遇的享有权，而且它也无法享受政府对公司提供的各种税收优惠。第四，合伙企业的非税成本要大于公司的，如组织形式不如公司灵活、合伙人负有无限责任、合伙份额不能自由转让、不能通过资本市场筹集资本扩大生产经营等。所以，对较大规模的经营来说，合伙企业不是最佳的选择。

2）母子公司与总分公司的选择

在公司组织形式的选择中，还存在公司本身的组织结构的税收筹划问题。在法律形式上，公司组织结构可以划分为母子公司结构和总分公司结构。当一个公司要进行跨国或跨地区投资经营时，通常的做法是在该国或该地区设立从属机构，这些机构的形式有子公司、分公司和常设机构 3 种。子公司对应母公司，分公司对应总公司，而常设机构是国际税收协定中的专用名词，是指一个企业进行全部或部分经营活动的固定场所，它的范围通常包括分支机构、管理机构、办事处、工厂、车间、作业场所、建筑工地等。子公司是指那些被另一家公司有效控制的下属公司或母公司直接和间接控制的一系列公司中的一家公司。在法律上，子公司本身是一个独立的法人实体，有独立的公司名称、章程，并独立编制财务报表。而分公司则不同，分公司不具备独立法人实体的资格，多是作为公司的派出机构或分支机构而存在，没有独立的经营管理权，不独立编制财务报表，其收支反映在总公司的报表上。在国际税收中，分公司或分支机构往往与“常设机构”成为同义词。由于法律地位不同，所以，子公司和分公司的税收待遇有所不同。

2. 企业投资决策的税收筹划

1）投资形式的分类

投资是人们为了获得一定的收益而进行的购买或投入行为。按购买的内容划分，它可分为实物投资和金融投资。前者是指为扩大生产能力而进行的设备和建筑物的购置与安装行为，后者是指购买各种有价证券的行为。按投资后是否参与经营活动，投资可分为直接投资和间接投资。投资于实际资产，并参与其经营活动的各种投资又称为直接投资或积极投资。而投资于金融资产，并不参与其经营活动的各种投资则称为间接投资，又称消极投资。在直接投资中，又有新建投资和并购投资之分。新建投资是指新组建或成立一家公司，而并购投资是通过资产购买或证券交易等方式获得目标企业所有权和控制权的产权交易活动。

2）公司所得税对投资的影响

如果仅从投资行为本身考虑，不考虑投资后的具体经营活动，那么，影响人们投资决策的主要是企业所得税。从理论上说，税收从资本的边际报酬率和资本的边际使用成本两个方面影响投资决策。对投资的收益征税会使税后的投资报酬率下降，从而对公司的投资产生抑制效应。而企业所得税规定允许对某些资本成本项目进行扣除或抵扣使纳税人得到税款节省的好处，实际降低了资本的使用成本。可扣除的资本成本项目包括利息的扣除、折旧的扣除以及投资税收抵免。利息和折旧的扣除属于税前扣除，而投资税收抵免属于税后对应纳税额的冲抵。所以，在进行投资的税收筹划时，首先要考虑有哪些折旧的政策，可否进行投资税收抵免。除此之外，还应考虑：各国所得税制为降低投资风险，普遍有亏损结转的条款，这些条款是如何规定的；有无可供纳税人选择的余地；对资本利得的征税有无优惠；长期投资和短期投资有无区别；政府在投资的不同地区、不同形式、不同项目之间有无区别对待的政策；等等。

3）不同投资形式选择的税收考虑

不同形式的投资活动的税收待遇不同，使不同投资活动的报酬率也有所不同。对不同形式的投资活动的税收筹划必须根据投资活动的不同税收待遇进行综合衡量，选择税负最轻的投资方案。

企业在进行实物投资时，投资者必须注意政府对固定资产投资的具体税收待遇，如投资抵免、折旧等税收政策。而直接投资往往要直接参与被投资企业的生产经营活动，投资者应该全面考虑国家对被投资企业的税收政策，包括商品劳务税和所得税等。而且这种投资的投资期较长，应该将税后投资收益折现，与不同投资项目的投资净现值进行比较，以此作为选择的依据。当然，企业在进行直接投资时要获得税收上的好处，还必须结合企业的组织形式进行选择。

间接投资的对象可以是股票、债券等各种有价证券。在证券市场上进行投资，不仅要考虑税收，而且更重要的是要考虑证券市场的风险与收益之间的对比和权衡。

3. 企业融资管理的税收筹划

围绕筹资方式进行的税收筹划既涉及投资问题，即投资决策的组成部分，也涉及企业的资本结构问题。不同的筹资方式涉及不同的税收待遇及税收利益。企业的筹资可分为外部筹资和内部筹资。内部筹资是企业的自我积累，而外部筹资包括股票筹资、债务筹资(银行借贷、发行债券、企业间拆借)、融资租赁等。按融资的方式，企业筹资可分为直接融资和间接融资。直接融资主要是指企业通过发行股票和债券在资本市场上直接向投资者筹措资金，间接融资则是指企业通过银行借贷来筹集资金。根据企业资金来源的性质，企业筹资可分为权益融资和债务融资。权益融资主要是指股票融资，债务融资则包括借贷、发行债券等方式。债务融资在税收方面的利益表现为企业债务支出的利息，可以从应税所得中扣除，从而减少应纳所得税额，而股票融资则不享有此项待遇，利润留存和利润分配均不得从企业应税所得中扣除。因此，债务融资相对于权益融资能产生一定的节税效果，并能提高权益资本的收益率。

但是，由于融资方式或渠道的不同涉及到企业的资本结构不同，所以，在进行融资方式的税收筹划时还必须注意以下几个问题。

(1) 在所得税的税前扣除中，有无对"资本弱化"的限制性规定。所谓资本弱化，是指企业借入资本超过权益资本的一种资本结构。如果有"资本弱化"的限制性规定，则意味着只能在规定的债务与股本比率的范围内采用不同的资本结构才会有税收意义。我国目前虽未明确规定债务与股本的比率，但也有一些限制性的措施，如规定为建造、购置固定资产或开发、购置无形资产而发生的债务在其投入使用前所支付的利息，为筹措注册资本而发生的债务所支付的利息，不得作为费用一次性从应税所得中扣除；企业在生产、经营期间向非金融机构借款发生的利息支出高于按金融机构同类、同期贷款利率计算的利息部分，不得从税前所得中扣除；企业从关联方取得的借款金额超过其注册资本50%的，超出部分的利息支出不得在税前扣除。

(2) 不同的融资方式带来的资本结构变化可能导致不同的财务风险。对纳税人而言，债务融资可发挥财务杠杆的作用，获得节税利益及较高的权益资本收益率。但过高的财务杠杆会造成企业财务风险的加大，并影响企业的长期发展。

(3) 不同融资方式的资本成本问题。不同融资方式带来不同的成本，必须在融资过程中综合各种因素进行综合分析。在债务融资方式上，银行信贷的筹资速度快、灵活性强、手续简单，其筹资的资本成本也相对较低。但银行出于自身对资产风险管理的要求，会在信贷合同中附加一些限制性的条款。发行企业债券具有筹资对象广、市场大的特点，但这种筹资方式相对于银行信贷或其他债务融资而言，要求严格、筹资成本高、风险大、限制性条件也相对较多。股权融资是当前资本市场上一种重要的融资方式，这种融资方式有助于资本结构的优化，但除了资本成本较高外，还可能影响公司自身的经营权和控制权，影响原有股东的利益。

融资租赁也是减轻企业税负的重要方法之一。从会计的角度来说，融资租赁是指实质上转移了与资产所有权有关的全部风险和报酬的租赁，是一种融资和财务管理相结合的财务管理行为。对承租人来说，融资租赁可以获得以下几个方面的好处：一是解决企业资金的困难，采取融资租赁不但可以获得生产经营所需的设备，而且还可以避免集中性付款，可以带来财务上的利益；二是避免因长期拥有机器设备而承担的风险；三是可通过协商确定支付租金的方式，通过租金的平衡支付来减少企业利润水平，使利润在各个年度均摊，以达到减轻税负的目的；四是融资租赁时，公司可对租赁资产提取折旧，也可产生节税的作用。与银行借贷和发行债券相比，融资租赁的手段相对简单，一般也没有什么附加条件。但要注意的是，在跨国经营中，各国对于租赁折旧及有关费用的提取还未形成一致的处理方法。有的国家认为租赁合同的目的仅在于为承租人取得资产而提供资金，这种做法实质上不存在所有权和使用权的分离问题，因而不允许租金获得减税待遇，但是，允许承租人获得资本和投资的加速折旧待遇。而有些国家则认为必须以所有权占有者为依据，即仅向法律上的租赁财产的所有者提供资本和投资的加速折旧待遇。

4. 企业资产重组的税收筹划

资产重组是一个非常复杂的概念，通常是指通过改变现有资产形态和数量的比例，调整不同资产的组合结构，以实现股东利益的最大化。资产重组的形式有并购、股权重组、资产收购(转让)、分立等。在税收筹划上，最主要的是合并、股权重组、资产收购，通常又称为并购。并购是指并购方通过证券交易或资产收购等方式获得目标企业所有权和控制权的产权交易活动。并购包括合并和收购，其中，合并可分为吸收合并和新设合并，收购包括资产收购和股权收购。当然，从并购方企业的角度考虑，并购也是一种投资活动。在企业的并购活动中，进行税收筹划主要考虑以下 3 个问题。

1）并购交易中可能涉及的税收利益

并购活动可能涉及的税收利益来源于以下几个方面。

(1) 税收优惠的继承。通过并购，目标企业原有的一些税收属性可能会转移到并购企业中去，这些转移的税收属性主要是一些税收优惠问题，如未使用完或无法使用的净经营损失及税收抵免等方面的结转。企业的净经营损失结转有向前结转和向后结转之分，但涉及并购活动的结转只能是向前结转。这样，一个具有大量净经营损失累积的企业就会成为一个具有大量赢利企业的兼并目标，通过兼并，利用目标企业的可用亏损结转以逃避部分或全部的所得税。税收抵免的情况也大致如此，一般的税收抵免包括投资抵免和外国税收抵免。现行各国的外国税收抵免通常采用限额抵免，但规定未使用完的抵免限额可以结转使用。这样，一些企业可能拥有自身无法使用的投资抵免或外国税收抵免额，合理地进行筹划，对这些企业的兼并就可以使这些税收抵免的价值得以实现或利用。其他并购可继承的税收优惠还包括减免税等。当然，一般情况下，并购企业能够继承有利的税收属性，必须满足“利益连续性”的一些条件要求，如投资者的连续性，即目标企业股东在合并后的企业中同样拥有所有权；经营的连续性，即并购是出于合法的业务目标，且企业的经营在并购后仍能连续进行下去等。

(2) 可折旧资产的市场价值高于账面价值。目标企业资产价值的改变是促使企业并购活动发生的一个强有力的动机。资产折旧的提取可作为税前扣除而减少企业利润，以此减少企业的纳税义务，按会计惯例，折旧的提取以资产的历史成本为依据。但如果资产当前的市场价值大大超过其历史成本，那么，通过并购交易将资产重新估值，在新的资产基础上计提折旧，就可产生出更大的折旧税收节省额。并购企业作为新的所有者可享受到增加的税款节省利益。

(3) 为并购进行融资引起利息节税效应的产生。这种情况主要发生在杠杆收购中。所谓杠杆收购，就是指一小群投资者主要通过大量的债务融资来收购公众公司的股票或资产。在杠杆收购中，购买价格主要是通过债务融资来支付的，而债务则由被并购企业的资产来保证，一般通过经营产生的现金或出售被并购企业的资产来偿还。在税收规定中，一般利息支出在税前扣除，所以利息的支付也可以带来税款节省的利益。高的杠杆率会带来大量的税款节省的利益，除非一国政府对由大量的利息支付所带来的纳税效应有“资本弱化”的限制性规定。由于利息支付会减少企业的纳税额，减少政府的税收收入，各国政府一般都采取一定的限制性措施，主要是规定债务与权益资本的比例，超过比例的利息支付将被视为股息的派送而征收预提所得税。即便如此，在通货膨胀持续的情况下，债务融资也会带来减少纳税的机会。因为，一般债务利息的支付并不随通货膨胀而调整，所以，物价上涨的同时，实际债务负担下降，企业可通过进一步增加财务杠杆来享受更多的利息所产生的税收利益。

(4) 将正常收益转为资本利得。一些成长型的企业通常采取不分红的策略，由此股东可以不缴纳或少缴纳股息应纳的所得税。当企业的增长速度放慢，投资机会减少时，股东在一定条件下可以选择通过股票市场将股票出售给收购企业，股票的市场价格应该反映预期未来收益的贴现值。出售股票的股东由此将累积的投资收益转为资本利得，在一些国家，对资本利得，特别是长期投资的资本利得的征税要低于一般的个人所得税。

2) 并购交易方式的不同税收特点

上述这些并购涉及的税收利益是潜在的，能否实现这些潜在的税收利益，取决于并购交易的方式及相应的利益在并购交易双方之间的分配是否合理。并购交易的方式一般有合并、资产收购和股权收购。从税收的角度来说，这些交易可分为两大类：免税并购和应税并购。免税并购和应税并购的区分主要以并购对价的支付和目标企业及其股东的纳税责任为基础。免税并购的特点是被并购企业的股东收到的并购交易的对价主要是并购企业的股票，被并购企业及其股东不能确定应税收益或损失，一直到股票被卖出为止。因此，对被并购企业的股东来说，可获得纳税递延的好处；对并购企业来说，并购企业可继承被并购企业的税收特点，如亏损结转、税收优惠等。正因为如此，各国政府对于免税的并购交易都有严格的规定，如在并购动机、持续的经营、支付的手段等方面都有严格的规定。而应税并购的特点是：一家公司通过付出某些补偿(现金、债权或其他非货币性的资产)而收购另一家企业的股票或资产，收购企业的股东及目标企业的股东都确认交易的收益和成本，对收购的股票和资产要求在新的成本基础上核算。因此，从被并购企业股东的角度来说，如果取得的收入大于股权的账面价值，则对于其超过的部分要缴纳所得税，其纳税义务是即期的。而对并购企业来说，由于要在新的成本基础上核算并购交易，所以，如果目标企业的资产市场价值大于其账面价值，即可获得增加未来计提折旧的好处。

在实践中，交易方式的选择和安排可能出于许多因素的考虑，但一定的税务目标是并购交易双方考虑的基本因素之一。选择免税并购，从并购企业角度，可以说股票是它们优先考虑的支付方式，并希望通过合并目标企业和并购企业的业务，以继承目标企业有利的税收特点。对目标企业及其股东来说，则是为了避免确认当前的应税收益。选择应税并购，是出于获得增加可计提折旧的资产基础的考虑。但是要注意的是，在双向交易的原则下，并购企业和被并购企业的利益是有冲突的。有利于并购企业的交易安排往往会增加被并购企业或股东的纳税责任，反之亦然。如增加可计提折旧资产基础的好处，只有在应税交易中收购企业才能享受，因为只有在应税交易的情况下，对收购的股票和资产才能在新的成本基础上进行核算。但“高”的资产市价带来的税基优势将同时以目标企业“高”的股价或资产出售价格来反映，这意味着目标企业股东必须同时确认较高的应税收益。而且，如果目标企业使用了加速折旧，由于过度折旧而形成的收益将被重新作为一般收益而被征收所得税。因此在交易价格谈判中，目标企业股东会要求更高的并购价格，以补偿预期的税收负担。而净经营亏损和税收抵免的结转只有在免税并购中由并购企业享受。在应税交易中，任何人都无法获得亏损结转的好处。但是，净营业亏损只有在目标企业清偿进入并购企业后，并购企业才能获得原目标企业未使用完的亏损结转。一旦清偿，又可能导致并购企业一部分的目标企业被迫收回过多的折旧以及其他不利的税收后果。并且，净经营损失只能冲减未来年度的收益，且如果目标企业在并购后仍然保留独立的经营实体，则未用完的可结转的亏损只能保留在存续的企业中继续使用，不能转移给收购企业的母公司或其他机构。

如果选择应税并购，还要做出的一个基本决策就是选择购买股权还是购买资产。如上述分析，购买资产的优点是可以使并购企业以当前价值逐步上升的基础来核算资产，以此获得税收扣除的利益。在允许因并购而发生的商誉(购买价超过资产市场价值部分)作为税收被扣除的情况下(大多数国家允许这样)，税收扣除的利益会更大。但是，采取资产收购可能会导致较严重的重复征税。目标企业在转让资产时除了要确定应税所得外，可能还要涉及销售方面的税收，如增值税等。如果随后对目标企业进行清算并将销售收入分配给目标企业的股东，则股东将又一次确认因持有目标企业股票而发生的应税收益。为解决这个问题而设计的一个方案是采取股票回购的交易安排，目标企业将全部资产出售给收购企业，同时进行清偿，将现金全部分给股东以赎回股票。这样，收购企业获得增加的资产基础，并且不需要进行折旧的收回，目标企业股东可以以资本利得而不是以股息收入的方式获得交易收益。在实践中，由于资产收购的交易费用较高和双重征税的程度较重，收购交易主要是股权收购。

3）并购会计处理方式的税收效应

按国际惯例，企业并购的会计核算方法主要有购买法和股权联合法。购买法假定企业并购是一家企业取得其他参与并购企业的净资产的一种交易，这种交易与企业直接从市场购入机器设备和存货等资产并无区别，因此，人们认为并购是一种购买行为。这种核算方法要求并购企业按其取得的成本进行核算，被并购企业应以其公允价值进入合并报表。按购买法，对被并购企业来说，相当于被并购企业转让自己的股权或资产取得现金收入，如果取得的收入大于股权或资产的账面价值，则对其超过部分，被并购企业或股东应当缴纳所得税，形成即期纳税负担。而对并购企业来说，以公允价值取代账面价值，如果资产评估增值，则实际上增加了企业可折旧的资产，降低了企业未来的税收。而且根据国际会计准则，取得成本超过净资产公允价值的部分确认为商誉，商誉作为一种企业未来超额现金流入的折现，允许在较长的时间内摊销，则税负下降更明显。

股权联合法又称权益法，这种核算方法将企业并购视为原独立的各参与并购的企业股东，通过股票的交换形成一个联合体，实现其资产所有权的收益和风险的共享。因此，它适用于股权联合性质的企业的合并。这种核算方法的特点是不需要对资产和负债进行重新确认与计量，不管并购双方企业资产评估结果如何，均以账面价值记录并购所得的资产和负债，并且不承认并购发生的任何商誉。在税收上，它属于一种免税并购，被并购企业或股东得到的是股票，其税负要递延至被并购企业或股东将股票出售时才实现。对并购企业来说，采取权益法，在并购当年的合并报表中将并购各方的净利润合并，因此，并购发生当期的利润相对比购买法的核算要高，相应纳税要多，而且由于不存在商誉，未来的利润相对于在购买法下产生的要高。除多纳税外，并购还对企业股票的价值带来一定的影响。此外，资产采取结转方式，不能得到资产评估增值所可能带来的未来计提折旧提高的好处。但是从另一个角度来说，在通货膨胀的情况下，被合并企业可辨认资产的评估价值往往高于其账面价值，所以，在采取权益法合并后，合并企业可将被合并企业的资产按市价出售便可取得资产增值的收益。

1.3.3 围绕企业核算方式进行的税收筹划

1. 利用递延税收会计获得税收递延的好处

所得税税法与会计制度之间的差别使会计所得与应税所得之间存在差异。这种差异有两种情况：一是永久性差异。永久性差异是指因会计制度和税收制度遵循的计算口径不一致而产生的差异，其特点是在一个会计期(计税期)产生之后不能在以后的会计期(计税期)消失或转回。例如，企业虽然列支了，但税法不允许其冲减应税利润。永久性差异又可分为全额差异和差额差异。全额差异是指因会计制度确认的收益和支出，而税收制度规定不能作为收入或扣除项目，或者是相反情况而产生的差异，一般是税收制度规定不予扣除的项目，如罚款和滞纳金。差额差异是指税收制度具体规定了某些收益或支出标准，超过标准，会计可据实列支，但纳税时要做差异调整，一般指税法中规定的标准扣除的项目，其内容包括超标准支付的招待费、非公益性捐赠、超标准扣除的利息支出等。二是时间性差异。时间性差异是指会计制度和税收制度对收入、费用均认可，但因对收入、费用确认时间不一致而形成的差异，其特点是在一个会计期(计税期)产生后，能在以后的一定时期内消失或转回。例如，应付利息和投资所得，会计按收付实现制入账，而应税所得按应收应付制调整。又如因会计折旧方法与税法规定的折旧方法不一致，企业本期提取的折旧超过税法规定允许扣除的最高限额，超过限额的折旧尽管在本期不能冲减应税利润，但还是可以在以后冲减应税利润，折旧额并没有变化。有些差异可能既涉及永久性差异，又涉及时间性差异。例如，税法规定直线折旧，企业固定资产 6 月份投入使用，9 月份起改按加速折旧法计提折旧。企业在年末未对少提的折旧额补提，这样，就形成了既有因会计制度和税收制度的折旧方法不一致形成的时间性差异，又有应提未提的少提折旧的永久性差异。

永久性差异是由会计制度和税收制度的实质性差异引起的，按规定在纳税时应税所得要做相应调整，因此不存在应纳税金的递延问题。而对于由时间性差异造成的应税所得和会计所得的差异，则给纳税人提供了筹划的机会。当应税所得大于会计所得，应纳税额大于申报的所得税税额时，纳税人要补交一笔所得税；而当会计所得大于应税所得，申报税金大于应纳税金时，纳税人则多交了一笔所得税。这样，在不违背税法的前提下，纳税人可以通过这种差异，递延纳税而获得额外的财务利益。

2. 利用核算方法的选择获得税收利益

在允许进行会计核算方法选择的情况下，从企业的实际情况出发，充分利用这些选择可以使企业获得一定的税收利益，如存货的计价方法选择、折旧方法的选择、利息核算方法的选择等。存货是指企业在生产经营中，为销售或耗用的目的而储存的有形资产。存货的计价方法与所得税的筹划有很大关系。在理论上，企业存货的成本流转与实物的流转应该是一致的，这样算出来的应纳税额也是最准确的。但是，这必须通过个别计价的方法计算存货成本来实现，而个别计价法由于其工作量极大，采用的企业不多。更多的企业采用其他的计价方法，如先进先出法、加权平均法、计划成本法、成本与市价孰低法等。存货计价方法的不同，对纳税人的应税所得和应纳税额有直接的影响，因此，税法通常要对允许使用的存货计价方法做出规定，但一般会有几种方法供纳税人选择。存货计价方法对纳税人应纳税额的影响又与企业采用的确定存货数量的方法有关。

折旧可以计入成本，因此，它直接影响企业的应税所得和应纳的所得税额。不同的折旧方法对企业应税所得的影响也不同，直线折旧法与加速折旧法之间有差异，加速折旧法之间各种具体的折旧方法也有差异。在税收筹划时，必须考虑不同的折旧方法对企业应纳税额的影响。折旧制度可分为会计折旧和税收折旧，前者用于会计核算，后者用于税额计算，两者之间的差异是时间性差异。税收折旧年限由税法规定，但一国税法通常会规定几种可供选择的折旧方法。按我国的税法规定，折旧一般采用直线法，并规定了各类资产的折旧年限，但也同时规定，对促进科技进步、环境保护和国家鼓励投资的关键设备等，的确需要缩短折旧年限或采用加速折旧的，可由纳税人提出申请，经由当地主管税务机关审核后，逐级报国家税务总局批准。

在其他核算方法上，如债券发行溢价或折价的利息摊销问题，也有不同的摊销方法的选择问题。利息与折旧一样，它可作为扣除项目，在计算应税所得时扣除，所以利息费用的多少直接影响纳税人的应纳所得税额的多少。在发行债券融资时，推销方法一般有直线法和实际利率法，两种方法计算出来的各年的摊销额不同，因此，对企业每年的应纳税额影响也不同，纳税人可以进行必要的比较和选择，以获取税收利益。

1.4　税收筹划的前提条件和动因

1.4.1　税收筹划的前提条件

税收筹划作为纳税人经营管理决策的一个组成部分，是对多种纳税方案的选择，除了本身需要对诸多条件和因素的衡量选择外，进行这种决策并把它付诸实施还须具备一定的其他条件。

1. 税收筹划的外部条件

1）对纳税人权利的确立和保护

在市场经济中，成本和收益存在的直接对称性决定了人们活动的权利和义务的统一性，税收也不例外。当纳税人履行了依法纳税的义务后，纳税人除了有权享受政府提供的公共物品和劳务的好处及享有对政府的监督约束权外，在税收的征纳过程中，还享有知情权、公正权、申诉权、保密权、筹划权、代理权等。尽管各国的税收法律对纳税人权利的具体规定有所不同，但都无一例外地对这一权利以各种法律给予了明确和强化。对纳税人的这些权利的承认、确定和保护是进行税收筹划的基本条件，特别是知情权和筹划权。纳税人有权利知道税收各项法规及其变动，了解税务机关的税务执行程序，只有这样纳税人才能够在法律允许的范围内，对自己的税收事务做出必要的安排。

2）成熟的市场经济环境和健全的法制

成熟的市场经济是纳税人进行税收筹划的另一个外部条件。在成熟的市场经济条件下，纳税人具备独立的经济利益，并且自由地进行经营行为的选择。经济利益的独立化并追求自身利益的最大化是纳税人开展税收筹划的动力所在，而纳税人经营行为的自主化是纳税人开展税收筹划的前提，只有在这一前提下，纳税人才能够根据国家的税收法律法规，自主地安排投资、经营、筹资等活动，对纳税方案进行优化选择，实施税收筹划。税收筹划的产生与发展还要求有一个全面和透明的法制环境。只有在全面并透明的法制环境里，纳税人的各项权利、义务才能得到法律上的明确和保障。

2. 税收筹划的内部条件

纳税人要制定出合法、合理、有利的税收筹划方案，并使其顺利地实施，还需纳税人自身具备一些必要的条件。

1）全面了解并熟悉税收法律法规及相关法律法规

税收筹划是纳税人为追求自身利益最大化，针对税收法律法规的规定，面对投资、经营、财务管理进行的计划安排。所以，纳税人应该对税收法律法规及相关的法律法规有全面的了解和研究：不仅要研究税法对各税种纳税人的每一项制度性规定，还要研究与企业经营活动相关的各项法律法规，如会计方面的法律法规、外汇管理方面的法规等。不仅要掌握本国的法律法规，还要熟悉并理解外国的税收法律及相关法律法规。这样，才能准确地把握合法与非法的界限，在总体上确保自己的经营活动和相关纳税行为在法律的框架内进行。不仅要掌握熟悉现行的税收法律法规，还要研究税收政策的调整变动及对税收法律法规的影响，这样才能保证做出的税收筹划方案能收到切实的节税效果，减少纳税的风险。

2）全面了解企业的基本情况

税收筹划的针对性很强，必须要求针对本企业的情况来具体设计方案。所以，进行税收筹划方案的设计，必须全面掌握和了解企业的基本情况。一是企业的主要经营业务和生产经营特点。不同的生产经营业务和不同的生产组织方式有不同的会计核算要求和纳税特点。二是企业财务和纳税状况。税收筹划的目的是要合法、合理地减少纳税支出，只有全面和详细地了解企业的财务及纳税状况，才能制定出合理的税收筹划方案。三是企业的发展战略和投资意向。企业的发展战略决定了企业的投资意向，不同的投资项目或方案适用不同的税收待遇，不同地影响企业的发展成本。

1.4.2 税收筹划的行为动因

税收筹划并不是自古便有，它是一定历史时期的特定产物，其产生具有主观和客观两方面的原因。

1. 税收筹划产生的主观原因

任何税收筹划行为，其产生的根本原因都是经济利益的驱动，即经济主体为追求自身经济利益的最大化。我国对一部分国有企业、集体企业、个体经营者所做的调查表明，绝大多数企业有到经济特区、开发区及税收优惠地区从事生产经营活动的愿望和要求，其主要原因是税收负担轻、纳税额较少。众所周知，利润等于收入减去成本(不包括税收)再减去税收，在收入不变的情况下，降低企业或个人的费用成本及税收支出，可以获取更大的经济收益。很明显，税收作为生产经营活动的支出项目，应该越少越好，无论它怎样公正合理，都是纳税人直接经济利益的一种损失。

2. 国内税收筹划的客观原因

任何事物的出现总是有其内在原因和外在刺激因素的。税收筹划的内在动机可以从纳税人尽可能减轻纳税负担的强烈欲望中得到根本性答案。而其客观因素，就国内税收筹划而言，主要有以下几个方面。

1）纳税人身份的可转换性

任何一种税都要对其特定的纳税人给予法律界定。这种界定理论上包括的对象和实际上包括的对象差别很大，这种差别的原因在于纳税人身份的可转换性，正是这种可转换性诱发纳税人的税收筹划行为。特定的纳税人要缴纳特定的税，如果某纳税人能够说明自己不属于该税的纳税人，并且理由合理充分，那么他自然就不用缴纳该种税。这里一般有3种情况：一是该纳税人确实转变了经营内容，过去是某税的纳税人，现在成为了另一种税的纳税人；二是内容与形式脱离，纳税人通过某种非法手段使其形式上不属于某税的纳税义务人，而实际上并非如此；三是该纳税人通过合法手段转变了内容和形式，使纳税人无须缴纳该种税。

2）课税对象金额的可调整性

税额计算的关键取决于两个因素：一是课税对象金额；二是适用税率。纳税人在既定税率前提下，由课税对象金额派生的计税依据越小，税额就越少，纳税人税负就越轻。为此纳税人想方没法尽量调整课税对象金额使税基变小。如企业按销售收入缴纳营业税时，纳税人尽可能地使其销售收入变小。由于销售收入有可扣除调整的余地，从而使某些纳税人在销售收入内尽量多地增加可扣除项目。

3）税率上的差异性

税制中不同税种有不同税率，同一税种中不同税目也可能有不同税率，这种广泛存在的差异性，为企业和个人进行税收筹划提供了良好的客观条件。

4）全额累进临界点的差异性

全额累进税率和超额累进税率相比，累进税率变化幅度比较大，特别是在累进级距的临界点左右，其变化之大，对纳税人是一种巨大的诱惑。这种突变性诱使纳税人采用各种手段使课税金额停在临界点低的税率一方。

5）起征点的存在

起征点是课税对象金额最低征税额，低于起征点可以免征，而当超过时，应全额征收，因此纳税人总想使自己的应纳税所得额控制在起征点以下。

6）各种减免税的存在

税收中一般都有例外的减免照顾，以便扶持特殊的纳税人。然而，正是这些规定诱使众多纳税人争相取得这种优惠，千方百计使自己也符合减免条件，如新产品可以享受税收减免，不是新产品也可以出具证明或使产品具有某种新产品特点来享受这种优惠。

3. 国际税收筹划的客观原因

导致国际间税收筹划的客观原因是国家间税制的差异。

1）纳税人概念的不一致

关于人们的纳税义务，国际社会有3个基本原则：一是一个人作为一国居民必须在其居住国纳税；二是一个人如果是一国公民，就必须在该国纳税；三是一个人如果拥有来源于一国境内的所得或财产，在来源国就必须纳税。前两种情况称为属人主义原则，后一种情况称为属地主义原则。由于各国属地主义和属人主义上的差别以及同是属地或属人主义，但在具体规定上，如公民与居民概念上存在差别，这也为国际税收筹划带来了大量的机会。

2）课税的程度和方式在各国间存在差异

绝大多数国家对个人和公司法人所得都要征收所得税，但对财产转让所得则不同，如有些国家就不征收财产转让税。同样是征收个人和企业所得税，有些国家税率较高，税负较重，有些国家税率较低，税负较轻，甚至有的国家和地区根本就不征税，从而给税收筹划创造了机会。

3）税率上的差异

同样是征收所得税，各国规定的税率却大不一样，将利润从高税地区向低税地区转移是利用这种差别进行税收筹划的重要手段之一。

4）税基上的差异

例如，所得税税基为应税所得，但在计算应税所得时，各国对各种扣除项目规定的差异可能很大。显然，给予各种税收优惠会缩小税基，而取消各种优惠则会扩大税基，在税率一定的情况下，税基的大小决定着税负的高低。

5）避免国际双重征税方法上的差异

所谓国际双重征税，是指两个或两个以上的国家，在同一时期内，对参与经济活动的同一纳税人或不同纳税人的同一课税对象或税源，征收相同或类似的税收，一般可分为法律意义上的国际双重征税和经济意义上的国际双重征税。为了消除国际双重征税，各国使用的方法不同，较为普遍的是抵免法和豁免法，在使用后一种方法的情况下，可能会产生国际税收筹划机会。

除此以外，各国使用反避税方法上的差异、税法有效实施上的差异，以及其他非税收方面法律上的差异都会给纳税人进行跨国税收筹划提供一定的条件，也是国际税收筹划之所以产生的重要客观原因。

1.5 税收筹划的制约因素

税收筹划是纳税人为达到减轻税负和实现经济收益最大化的目的，在税收法律政策允许的范围内，对企业的经营、投资、筹资、组织和交易等各项活动进行事先计划和安排的活动。对于追求经济利益最大化的企业来说，选择最优的纳税方案是理所当然。但好的筹划方案并不是都能达到预期的效果，税收筹划是否成功受多个因素的共同影响和制约。制约税收筹划的因素不外乎有以下几个方面。

1. 纳税人自身因素

影响税收筹划潜力的纳税人自身因素主要包括纳税人的经营规模、业务范围、组织结构、涉及税种的多少、纳税金额、财务处理技术等。一般来讲，企业的经营规模越大，组织结构越复杂，业务范围越广，缴纳的税种越多，纳税的金额越大，则税收筹划的空间也就越广阔，获取节税利益的潜力也就越大。

企业税收筹划的运行中需要一些基本的财务处理技术，包括合理安排收入的确认时间以延期纳税，选择合理的成本计价方式以减低税负水平，扣除最大化的费用分类的策划，筹资方案评估的成本收益比较等。而这些技术都是靠企业的财务处理水平造就的。例如，在企业的所得税税前扣除范围里，可扣除的费用中有业务招待费、业务宣传费、会议费、佣金 4 项，其中企业发生的与生产经营活动有关的业务招待费支出，按照发生额的 60%扣除，但最高不得超过当年销售(营业)收入的 5‰。会议费则只需要合理的证明就能全额在税前扣除，佣金和业务宣传费在税前扣除也有具体比例标准。在年终汇算清缴时，超过税法允许计提的比例部分的费用支出，企业应调整应纳税所得额。如果财务人员在日常核算时对费用进行合理合法的分类，令费用满足条件分别记在不同明细科目，避免费用全部计入“业务招待费”这一明细科目，做到应扣尽扣，可使税前费用扣除最大化从而减少应纳税所得额。

企业利用这一因素进行税收筹划时，企业的财务会计人员及其他经营人员除应具备法律、税收、会计、财务、金融等各方面的专业知识之外，还要具备统筹谋划的能力，否则，即使有迫切的筹划愿望也难有具体的行动方案。为此，企业管理人员应加强业务学习，积极主动了解各项经济法规和经济运行规则，提升自身素质，提高企业管理水平。同时，企业在进行税收筹划时应重视税务专家的意见，加强与中介专业机构的合作，提高技术含量，使筹划方案更加合理和规范，以降低税收筹划的风险。

2. 税制因素

税收制度是规范国家和纳税人之间税收征纳关系的法律规范总称，也是体现国家政策导向的宏观调控手段之一。经济情况是多变的，许多新情况、新问题的出现使得原有的税收规定出现漏洞和空白，如电子商务问题。税法属于上层建筑，无法立即做出反应。而且，由于认知和实践能力的局限，税制也不可避免地存在一些漏洞和缺陷，其中也包括国家为引导经济的良性运行而故意设置的税收差异，如企业所得税税收优惠的宽和广、税率的高和低差异，不同行业、地区的减免税差异等。这就为企业的经营行为提供了税收选择的空间。事实上，也正是这些“差异”和漏洞造就了税收筹划。但这些漏洞和差异不是永恒存在的。随着税收制度的完善，税收筹划方案会因政策的变动变得毫无价值，甚至带来涉税的风险。风险通常是指经济主体在从事经济活动时遭受损失的可能性，风险来自不确定性，税收制度本身具有不确定性，这种不确定性在给纳税人带来纳税方案选择以获取税收利益的同时，也带来了风险。主要表现在：一是税收制度中存在的税收陷阱。它是税收庇护或税收漏洞的对立面。它不仅存在于各国税法中的反避税条款中，还可以存在于不同的税收管辖权的差异中。一旦纳税人无意中落入税收陷阱的条款中，将付出多纳税的代价。二是税法的调整。税收筹划是一种事先的纳税方案的选择过程，并且它要立足于中长期的规划，这中间就蕴藏着较大的不确定性和风险。在税收筹划方案实施的较长的时期内，社会经济环境可能发生变化，税法可能调整，税收优惠可能取消，原来较低的纳税义务有可能转变为较高的纳税义务。税法的变动调整可能会使原来针对现行税制规定做出的纳税方案变得不可行，并由此带来一定的损失。

影响税收筹划潜力的税制因素主要包括3个方面：具体税种的税负弹性、税收优惠条款和递延纳税条款。

1）具体税种的税负弹性

一般而言，税基越宽，税率越高，税负就越重，或者说税收扣除越大则税负就越轻。

2）税收优惠条款

税收优惠对税收筹划潜力的影响表现为：税收优惠的范围越广，差别越大、方式越多、内容越丰富，则纳税人税收筹划的活动空间就越广阔，节税的潜力也就越大。因此，纳税人进行税收筹划时应考虑：①有没有地区性的税收优惠；②是否有行业性税收倾斜政策；③减免税期如何规定；④对纳税人在境外缴纳的税款是否采取避免双重征税的措施，采取什么样的方式给予抵免等。

3）递延纳税条款

递延纳税可从两个方面给企业带来经济利益：一是由于税款的滞延相当于纳税人在滞延期内取得一笔同税款相等的政府无息贷款，有利于纳税人的资金周转，节约了纳税人的利息支出；二是在通货膨胀的环境中，延期缴纳的税款的币值下降，从而减少了实际纳税支出。一般而言，税收法规中有关递延纳税的条款以及规定项目越多，纳税人税收筹划的内容也就越丰富，节税的潜力就越大。

3. 税收筹划实施的复杂性

要进行税收筹划，一方面必须对税收政策法规进行充分的分析和掌握，找到实施税收筹划的合理空间；另一方面又必须在纳税义务发生之前进行周密、细致地筹划。因此，其实施的复杂性使得许多纳税人望而却步。

税收筹划的目的是取得一定的税收利益，但税收利益的获得是相对的，因为税收筹划活动本身也会带来一定的成本或代价。这种成本包括两个方面：一是直接成本，即为进行税收筹划所耗费的人力、物力和精力。由于税收筹划涉及面广，需要专业人员的参与，这些专业人员或者是企业本身的财务人员，或者是企业内部专门从事税收事务的人员，或者是聘请的专门的税务专家、税务咨询公司和税务代理人员。这些都会导致直接成本的发生。二是间接成本或机会成本。纳税人在实施税收筹划方案取得部分税收利益的同时，必然会为该方案的实施付出额外的费用以及因为选择该方案而放弃其他方案所产生的机会成本。最有利的纳税方案往往并不是最有利的投资经营方案，有时还须在税收筹划所带来的净利益和次优的投资经营方案之间进行再一次的选择。税收筹划的成本大小往往决定了进行税收筹划的净利益的大小。因此，企业进行税收筹划活动时必须进行成本和效益分析，以判断税收筹划活动在经济上的可行性。

4. 社会对税收筹划的法律认可程度

从政府角度来看，一是有人认为，鼓励税收筹划会反向激励纳税人竞相偷逃税款，不但助长偷、逃税等违法行为，而且容易在纳税人和税收征管机关之间造成摩擦，因而不利于征管，减少了国家税收，使原本就紧张的财政收入雪上加霜；二是有人担心，纳税人会曲解国家立法意图，滥用税收优惠条款，削弱税收杠杆的宏观调控力度，因此，政府并没有制定相应条款鼓励税收筹划。

我国人口多、面积大，经济情况复杂，税收征管人员多，业务素质参差不齐，造成了税收政策法规执行的差异，这也为税收筹划提供了可利用的空间。主要表现在：①自由量裁权，我国税法对具体税收事项常留有一定的弹性空间，即在一定的范围内税务人员可以选择具体的征管方式，如税收征收管理办法中规定税务机关可以根据纳税人的具体情况采取税款征收的方式，税款的征收方式包括有定期定额、查账征收、查定征收、查验征收等，对于偷税行为，税务机关可以对纳税人处以所偷税款的50%以上至5倍以下的罚款等；②征管的水平，由于税务人员素质参差不齐，在税收政策执行上会存在客观的偏差，主要表现在对政策的理解、贯彻的方式、执法的公平公正程度等方面；③监管机构之间的不协调，税务机关和其他工商行政管理机关之间缺乏沟通，国税地税之间欠缺信息交流、税收征管机构内部各职能部门缺乏协调等。

企业在利用执法差异因素进行税收筹划时最重要的要求是有良好的交际沟通能力。首先必须取得税务管理人员对税收筹划方案的认可，即使是合法的筹划方案也可能由于执法上的差异变成一纸空文。其次是合法、合理地争取税务部门作出有利于企业的具体征收管理方式。例如，即使企业发生了税收违法行为，税务部门会根据纳税人以往良好的纳税记录，按最低的处罚标准执行。最后企业要有综合协调沟通能力，不仅要和税务部门沟通，还要加强与经济管理部门的联系。

本章小结

本章阐述了税收筹划的概念、特点、目标和原则、类型，税收筹划的前提条件和动因，影响税收筹划的制约因素等内容。

税收筹划的中心内容是在正确地理解政府的税收法律法规及立法思想的前提下，尽量减少自己的纳税负担。虽然各人所表述的侧重点有所不同，但从国内外学者对税收筹划的表述中可以看出，国内外学者都认为，税收筹划是纳税人在合法的前提下，为获得一定的税收利益而进行的一种计划或经济活动。

从税收法律的角度来说，纳税人的税收成本具有一种与一般生产经营成本所不同的“刚性”，即纳税人必须按法律标准纳税，不能有任何选择。但是，它并不排斥纳税人在法律的框架范围内，进行纳税方案的必要选择。

税收筹划的目标是取得一定的税收利益，但这种行为本身也有成本，税收筹划的成本大小往往决定了进行税收筹划的净利益的大小。因此，企业进行税收筹划活动必须进行成本和效益分析，以判断税收筹划活动在经济上的可行性。

理解税收筹划还需要区分税收筹划与避税、节税和税务代理、税务咨询这几个概念，这些概念与税收筹划都有联系，但也各有区别。

直接减轻自身的税收负担是税收筹划最本质、最核心的目标，也是税收筹划之所以兴起与发展的根本所在，但这个目标也不可能是税收筹划目标的全部，而仅仅是筹划目标的组成部分之一。税收筹划还应定位于以下目标：实现涉税零风险；获取资金时间价值；提高自身经济效益和维护主体合法权益。

税收筹划有利于实现企业价值或股东权益最大化，所以许多纳税人都乐于进行筹划。但是，如果纳税人无原则地进行税收筹划，就可能达不到预期的目的。根据税收筹划的性质和特点，企业进行税收筹划应当遵循合法与合理原则、事前筹划原则、保护性原则、经济性原则和适当调整原则。

根据各国税收筹划的实践，税收筹划的研究可以采取不同的方式。围绕不同的投资决策和不同的经营方式进行相关各税种的筹划在实践中更受到人们的关注。按纳税人投资和经营活动方式进行的税收筹划可分为企业经营组织形式的税收筹划、企业融资管理的税收筹划、企业投资决策的税收筹划、企业资产重组的税收筹划等。

税收筹划与纳税人的会计核算存在密切联系，往往在税收制度和会计核算之间存在一定的政策选择，这些制度空间为纳税人在不同的会计处理方式和不同的税务处理中寻求低税点提供了可能。

税收筹划作为纳税人经营管理决策的一个组成部分，是对多种纳税方案的选择，除了本身需要对诸多条件和因素的衡量选择外，进行这种决策并把它付诸实施还需要具备一定的其他条件。进行税收筹划有其外部条件和内部条件之分。

对于追求经济利益最大化的企业来说，选择最优的纳税方案是理所当然。但好的筹划方案并不是都能达到预期效果，税收筹划是否成功受多个因素的共同影响和制约。制约税收筹划的因素不外乎有纳税人自身因素、税制因素、税收筹划实施的复杂性、社会对税收筹划的法律认可程度等。

关键术语

税收筹划　避税　节税　税务代理　税务咨询涉税零风险

综合练习

一、填空题

1. 税收筹划的特点包括________、________、________和________。
2. 税收筹划的原则包括________、________、________、________和________。
3. 税收筹划的目标包括________、________、________、________和________。

二、多选题

1. 税收筹划(　　)。

A. 目的是获取税收利益

B. 符合国家税收立法

C. 符合税收政策的意图

D. 是税法支持和鼓励的

2. 避税(　　)。

A. 瞄准的只是税法的漏洞和缺陷

B. 违背了税法的立法意图

C. 违背了政府的政策导向

D. 是税收法律法规或立法精神反对或不支持的行为。

3. 节税是一个侧重于(　　)的概念。

A. 活动结果　　B. 活动目的

C. 活动过程　　D. 活动方法

4. 税收筹划的研究可以采取不同的方式，划分标准包括(　　)。

A. 围绕税种类别进行的筹划　　B. 围绕投资决策进行的筹划

C. 围绕企业核算方式进行的筹划　　D. 围绕经营活动方式进行的筹划

5. 按纳税人投资和经营活动方式进行的税收筹划可分为(　　)。

A. 企业经营组织形式的税收筹划　　B. 企业融资管理的税收筹划

C. 企业资产重组的税收筹划等　　D. 企业投资决策的税收筹划

6. 税收筹划可以按税种展开，包括(　　)。

A. 企业所得税筹划　　B. 个人所得税筹划

C. 增值税筹划　　D. 营业税筹划

三、简答题

1. 税收筹划有哪些积极意义？

2. 税收筹划的前提条件有哪些？

3. 影响税收筹划的制约因素有哪些？

第2章 税收筹划的流程

教学目标

通过本章的学习，了解税收筹划方案设计的要求，了解哪些企业更需要税收筹划方案设计，了解税收筹划方案设计的关键期，掌握委托合同的签订，掌握税收筹划方案的设计步骤，掌握税收筹划方案的实施与监控。

教学要求

知识要点	能力要求	相关知识
接受委托	了解税收筹划方案设计的要求 了解哪些企业更需要税收筹划方案设计 了解税收筹划方案设计的关键期 掌握委托合同的签订	税收筹划方案设计的要求 哪些企业更需要税收筹划方案设计 税收筹划方案设计的关键期 委托合同的签订
设计税收筹划方案	了解企业涉税情况与需求 了解企业相关税收政策 掌握企业涉税资料的整理 掌握税收筹划方案的拟订 掌握税收筹划方案的评价与定稿	企业涉税情况与需求 获取企业相关税收政策 企业涉税资料的整理 税收筹划方案的拟订 税收筹划方案的评价与定稿
税收筹划方案的实施与监控	掌握税收筹划方案的实施 掌握税收筹划方案的监控	税收筹划方案的实施 税收筹划方案的监控

导入案例

包装物押金的税收筹划方案

某企业生产销售纯净水，在销售时一并收取水桶的押金，这就是业务流程。根据我国现行税法规定，收取包装物押金，逾期超过一年未退还的，全额征收增值税。

税收筹划的分析过程：销售方怎么才能不就包装物押金缴纳增值税呢？这就需要将税收政策与税收筹划方法有效地加以结合起来。结合这个具体的案例，找到的税收筹划的突破口就是“一年”这个期限。如果押金能在一年以内进行操作，办理相关手续，也就不存在纳税的问题了。这里找到的“突破口”就是税收筹划方法。

在具体操作中，企业需要恰当地运用会计处理方法，在本案例中，设计的最优税收筹划方案如下：销售方将一年之内所收到的水桶押金在年末退还给消费者，第二年再重新收取押金，最终达到押金期限总是不超过一年的状态，从而不必缴纳包装物押金增值税。

具体的涉税会计处理如下。

(1) 年初销售纯净水时对水桶的包装物处理。

借：现金(银行存款)

　　贷：其他应付款——包装物押金

(2)年终退还押金时作相反的会计处理：

借：其他应付款——包装物押金

　　贷：现金(银行存款)

如何理解税收筹划方案呢？所谓方案，就是应对环境的一种策略，其实带有极强的目的性，类似于“方略”、“方策”。税收筹划方案就是企业纳税安排的各种策略与方法的总称，即纳税人对其经济业务及相关涉税事项从纳税额最小、纳税时间最晚、纳税风险最小的角度出发而设计出的遵循税法规定的优化方案。从这一意义上讲，税收筹划方案设计，是一种融入战略规划、经营模式、商业模型及管理模式于一体的，以税收规划设计为内容的智慧性行为。税收筹划应按照一定的程序，在企业委托中介机构设计税收筹划方案时，税收筹划的流程一般包括：接受委托、设计税收筹划方案、税收筹划方案的实施与监控。

2.1 接受委托

1. 明确税收筹划方案设计的要求

税收筹划方案设计，不是一件容易的事情，它要求设计者要有综合的能力和较高的素质。因为纳税活动本身就是一个知识交叉领域，融入财务会计、税收、法律和管理于一体。财务会计是纳税的基础，税收筹划方案的设计注重其最终的财务结果，即使税法上行得通的税收筹划方案，如果不能最终体现在财务结果上，也是枉然；内部控制与战略管理对于纳税活动也是极为重要的，缺乏统筹规划和控制的税收筹划方案是不可能操作成功的；税收筹划方案设计也特别需要法律的鼎力支持，只有被法律认可的，不违背法律条款的税收筹划方案才是科学合理的方案。

最优税收筹划方案设计，还需要一定的理论基础作铺垫，需要一定的运作流程作保障。税收筹划方案设计要遵循一定的设计思想、设计原理和技术，采用恰当、合理的工作流程，可以提高税收筹划方案的设计效率，保证税收筹划方案的质量。同时，工作流程还可以帮助纳税人及时找出纳税环节的漏洞，提高财税核算水平，降低企业的纳税风险。

税收筹划方案设计，必须针对纳税人的税收现状，给出十分明确的操作方案和实施办法。税收筹划方案要做到以简洁、清晰的语言阐明税收筹划的思路、步骤及操作方法，最好还要附加政策依据，对税收筹划方案做出有理有据的解释。

2. 了解哪些企业更需要税收筹划方案设计

1）新办或正在申办的企业

这类企业有足够的税收筹划空间，企业创立开始或新增项目开始就开展税收筹划或聘请税务顾问可以充分享受国家产业政策，同时也可使企业在财税核算方面起好头，开好步。

2）财税核算比较薄弱的企业

财税核算比较薄弱的企业主要表现在两个方面：一是企业内部缺乏严格的财税核算内部控制制度，容易出现财税风险；二是财会人员的素质偏低，不能准确进行财税核算，导致财税风险大。而这两个方面都容易引发财税风险，稍不留意就会造成巨大财务损失，这类企业应及早规范财税核算，开展税收筹划，防范财税风险。

3）财税核算比较复杂的企业

有些企业财税核算比较复杂，有的涉及出口退税业务，有的涉及的税种较多，还有的企业经常遇到较为复杂的涉税业务，如涉及申请减免税，涉及有较大额度的所得税等，这类企业的涉税核算较为复杂，应该做好税收筹划，做好长远税务规划。

4）曾被税务部门处罚过的企业

俗话说“亡羊补牢，尤未晚矣”，曾被税务部门处罚过的企业应警钟长鸣，要重视纳税筹划活动的开展，及早找出财税漏洞，防患于未然。

5）筹划空间大的企业

一般来讲，资产规模和收入规模较大，组织结构庞杂，经营活动复杂，涉及的税种及税收政策复杂的企业，其税收筹划的空间较大，而这类企业一旦出现问题，税收损失也较大，比如许多跨地区、跨行业的大型企业集团，可以充分享受税收筹划的好处。

3. 把握税收筹划方案设计的关键期

1）企业设立及组织机构调整时

税收政策中的许多政策尤其是所得税、增值税和营业税政策，都是针对新设立的企业制定的，因此，企业设立环节是进行税收筹划方案设计的关键时期。

组织机构调整也是不容忽视的重要时期，因为组织机构调整会带给企业许多影响，包括经营和纳税方面，所以要赶在组织机构调整之前进行组织机构调整的税收筹划方案设计。

2）企业并购重组时

企业的合并分立对于企业的发展至关重要，国家出台了许多相关政策法规来规范企业的合并分立。在合并分立及资产重组之际设计税收筹划方案，可以找到巨大的税收筹划空间。

3）对外签订合同时

企业在对外签订合同时，必须考虑合同条款对纳税的影响，否则会给企业的后期经营带来一定的隐患。因此，对于合同条款的仔细斟酌甚为必要，这是税收筹划方案设计规避税收的绝佳时期。

4）发生重大特殊业务时

企业发生重大特殊业务时，也是进行税收筹划方案设计的关键时期。因为业务重大，会对企业产生很大的经营和财务影响。如果企业能够准确掌握相关税收政策，设计最优税收筹划方案，就可以利用该特殊业务一举筹划成功。

5）重大税收政策调整时

国家出于调节经济的目的，经常会对税收政策做出调整，重大税收政策变化是企业进行税收筹划、设计最优税收筹划方案的关键时期。许多企业往往忽视或看不到税收政策变化带给企业的影响，而只有那些关注税收政策变化的企业才能够找到纳税筹划的空间。比如，增值税转型，若知道该信息，就可以把一些设备购置时间适当推迟以享受税收优惠。

4. 与委托企业签订合同

合同是明确双方权利与义务的重要法律文件。企业委托中介机构进行税收筹划时，双方一定要签订合同。合同的内容一般包括以下10项内容。

(1) 列明委托人及税收筹划人的姓名(或单位名称)、地址、电话等。

(2) 对税收筹划人的要求。委托人认为税收筹划人具备足以承担这项任务的技术水平和经验，能够恰当地完成该项目所规定的筹划任务，因此，委托人愿意委托税收筹划人员承担该项任务。

(3) 委托事项。税收筹划人对委托人约定所承担的事项。

(4) 业务内容。合同中应明确委托人向税收筹划人委托的具体业务内容。包括：①需要双方协商的事项；②需要调查研究的业务内容；③需要获取的旁证资料。

(5) 酬金的计算及支付方法。合同中应明确规定经双方同意的酬金数额、支付日期及支付办法。

(6) 税收筹划最终成果的形式及归属。

(7) 保护委托人权益的相关规定。主要包括：①预定税收筹划业务完成的日期。事先规定各个工作阶段的进程及完成的日期；②禁止中途转包业务。为了保证税收筹划的质量，税收筹划人除书面取得委托人的同意外，不得将承担的业务全部或部分转包给他人。

(8) 保护税收筹划人权益的相关规定。税收筹划人同样有权利受到合同的保护，在合同中需要列明的主要内容有：①对超过合同规定范围的业务，要求额外支付报酬；②变更业务范围。如果要承担原订合同以外的业务时，税收筹划人可以向委托人提出更改合同条款的要求；③因委托人的责任造成业务拖延。税收筹划人在开展业务过程中，有些事项需征得委托人的同意才可以进行，如果委托人不及时予以确认，或因委托人的其他原因造成业务拖延，则其责任应由委托人承担；④取消税收筹划人在合同撤销前已经完成的工作，必须支付合理的报酬。

(9) 双方签名盖章。合同必须经双方当事人签字盖章才能生效。

(10) 合同签订的日期及地点。

2.2 设计税收筹划方案

税收筹划方案设计的工作流程是筹划人员(企业财务人员或中介机构)在设计税收筹划方案过程中所采取的基本步骤和方法。制定科学、合理的税收筹划方案设计工作流程是顺利开展筹划活动的首要条件和重要保证。在税收筹划过程中采用恰当合理的工作流程是实现筹划目标的重要条件，是影响筹划效率和效果的重要因素。恰当合理的税收筹划方案设计工作流程可以使筹划活动有条不紊地进行，可以提高筹划工作的效率，保证筹划工作的质量。

1. 了解企业涉税情况与需求

了解企业的基本情况和纳税要求，不同企业的基本情况及要求有所不同，在实施税收筹划活动时，要了解企业的下列基本情况。

1) 企业组织形式

对于不同的企业组织形式，其税收待遇不同，了解企业的组织形式可以根据组织形式的不同制定有针对性的税务规划和税收筹划方案。

2) 财务状况

财务与税收紧密相连，只有全面、细致地了解企业的真实财务情况，才能设计出最优的税收筹划方案。财务情况主要包括企业的财务报告和账簿资料。

3) 投资意向

投资有时可享受税收优惠，不同规模的投资额有时又会有不同的税收优惠；投资额与企业规模(包括注册资本、销售收入、利润等)往往有很大的关系，不同规模企业的税收待遇和优惠政策有时也是不同的。

4) 对风险的态度

不同风格的企业领导对纳税风险的态度是不同的，开拓型领导人往往愿意冒更大的风险节减最多的税收，而稳健型领导人则往往希望在最小风险的情况下节减税收。节税与风险并存，节税越多的方案往往也是风险越大的方案，两者的权衡取决于多种因素，比如纳税人对风险的态度。了解纳税人对风险的态度，可以设计更符合企业要求的税收筹划方案。

5) 企业的需求

在了解企业基本情况的基础上，还要了解企业的需求，纳税人对税收筹划的共同要求肯定是尽可能多地节税，节税的目的说到底是增加企业的财务利益，而在这一点上，不同纳税人的要求可能是有所不同的，这也是筹划人员必须了解的。

(1)要求增加所得还是资本增值。企业对财务利益的要求大致有3种：一种是要求最大程度地增加每年的所得；二是要求若干年后企业资本有最大的增值；三是既要求增加所得，也要求资本增值。针对不同的财务要求，设计的税收筹划方案也应有所不同。

(2)投资要求。有些企业只有一个投资意向即取得更大财务收益的要求，此时筹划者可以根据纳税人的具体情况进行税收筹划，提出各种投资建议。但有时企业对投资已经有了一定的意向，包括投资项目、投资地点、投资期限等，这时筹划者就必须了解企业的要求，根据企业的要求进行税收筹划，提出投资建议或提出修改企业要求的建议，比如，建议投资期限从5年改为3年，以节减更多的税。

2. 获取企业相关税收政策

不论是作为企业或税务中介的外部税收筹划顾问，还是作为纳税企业的内部税收筹划者，在着手进行税收筹划方案设计之前，都应该对企业相关的财税政策和法规进行梳理、整理和归类。全面了解与企业相关的行业、部门税收政策，理解和掌握国家税收政策及其精神，争取得到税务机关的帮助与合作，这对于成功实施税收筹划尤为重要。如果有条件，最好建立企业税收信息资源库，以备使用。

与筹划企业相关的财税政策和法规的获取，一般有以下渠道。

(1) 通过税务机关寄发的免费税收法规资料。

(2) 通过到税务机关索取免费税收法规资料。

(3) 通过图书馆查询政府机关有关的出版物。

(4) 通过政府网站或专业网站查询政府机关的免费电子税收资料库。

(5) 通过订阅和购买政府机关发行的税收法规出版物。

(6) 通过订阅和购买中介机构出于营利目的的税收汇编法规资料。

3. 企业涉税资料的整理

在税收筹划方案设计之前，对企业进行涉税问题调查和纳税评估是极为必要的。对于该步骤的工作应重点分析、整理以下涉税资料。

(1) 纳税内部控制制度。

(2) 涉税会计处理。

(3) 涉税理财计划。

(4) 主要涉税税种及税负率。

(5) 近3年度的纳税情况分析。

(6) 主要涉税问题。

(7) 纳税失误与税收违规处罚记录。

(8) 税企关系情况。

4. 税收筹划方案的拟订

税收筹划方案设计是税收筹划的核心，不同的筹划者在方案形式的设计上可能大相径庭，但是在程序和内容方面具有共同之处，即一般的税收筹划方案都由以下几部分构成。

(1) 涉税问题的认定。主要是判断所发生的理财活动或涉税项目属于什么性质，涉及哪些税种，形成什么样的税收法律关系。

(2) 涉税问题的判断。涉税项目可能向什么方面发展，会引发什么后果？能否进行税收筹划，筹划的空间到底有多大？需要解决哪些关键问题。

(3) 设计可行的多种备选方案。针对涉税问题，设计若干个可供选择的税收筹划方案，并对涉及的经营活动、财务运作及会计处理拟订配套方案。

(4) 税收筹划方案选优。对设计的多种备选方案进行比较、分析和评估，然后，选择一个最优的税收筹划方案。

阅读案例 2-1

假设纳税人甲公司购买了200 000元的公司债券，年利率为12%。假设纳税人乙公司购买了200 000元的政府债券，年利率为10%。这两种债券的到期日和风险相同。每个纳税人获得的税后收益率是多少？哪种投资方案较好？(甲公司、乙公司均适用25%的所得税税率)

纳税分析：

甲公司的税后收益率=12%×(1-25%)=9%

乙公司的税后收益率=10%

纳税人乙公司购买200 000元的政府债券比纳税人甲公司购买200 000元的公司债券的方案好。

5. 税收筹划方案的评估与定稿

在税收筹划实践活动中，由于筹划者只能根据法律条文和法律实践设计税收筹划方案并作出判别，从而导致税务机关与筹划者对于税法条款的理解可能不同，看问题的角度也可能存在差异，因此，可能会对一项税收筹划方案形成不同的认识，甚至会持截然相反的观点，在税收筹划方案的认定和实施方面可能会产生涉税纠纷。

因此，设计好的税收筹划方案还要作最终的评估，尤其要尽量与税务机关进行充分的交流与沟通，实现税务协调；如果真的产生税务机关与企业认知的差异，企业应该进一步评估税收筹划方案的合法性，合理、合法的方案要据理力争，不合法的方案要积极放弃。

如何认定税收筹划方案的合法性，应该关注税务机关的理解：一方面，税务机关从宪法和现行法律角度了解合法性，税务机关的征税和司法机关对税务案件的审理，都必须以立法机关制定的宪法和现行法律为依据；另一方面，从行政和司法机关对合法性的法律解释和执法实践角度了解合法性。行政机关依法行政，负责执行法律及法律规定的权力，他们还往往得到立法机关授权制定执行法律的法规，这些行政法规更具体地体现了国家的政策精神，而司法机关依法审判税务案件，负责维护、保证和监督税收法律的实施，他们的判决使国家政策精神体现得更加明确、清晰。人们可以从税务机关组织和管理税收活动以及司法机关受理和审判税务案件中，具体了解行政和司法机关在执法和司法过程中对合法性的界定。

阅读案例 2-2

宏达公司聘请你做税务顾问，这家公司有累积的赢利，并预计以后几年会维持这种状况。该公司打算在外地设立一家新的分公司。估计该分公司成本为1 500万元。公司正考虑2种备选方案：依据方案

A，公司借入1 500万元买入这样的分公司；依据方案B，公司发行普通股票筹款1 500万元购买这样的分公司。宏达公司要求你准备一份简要的报告，勾勒出每种方案的税收结果。在报告中，推荐试从税收上讲最有效的方案。

纳税分析：

方案A：公司借款的利息支出能产生抵税效应。

方案B：公司支付股息不能产生抵税效应。

所以在这家公司有累积的赢利，并预计以后几年会维持这种状况的情况下，最好选择方案A，因为公司借款的利息支出能产生抵税效应。

2.3 税收筹划方案的实施与监控

1. 税收筹划方案的实施

对于税收筹划方案，仅仅设计出来还没有达到最终目的，必须要真正实施才能体现出方案的效益。因此，要特别关注税收筹划方案的实施，并及时监控税收筹划方案实施中出现的问题，譬如国家税收政策的有所调整，税收筹划方案出现的漏洞等。

2. 税收筹划方案的监控

实施税收筹划方案之后，要不断地对税收筹划方案实施情况和结果进行跟踪，并在方案实施后，对方案进行绩效评价，考核其经济效益和最终效果。

本章小结

本章阐述了税收筹划方案、税收筹划方案设计、税收筹划方案设计的工作流程等概念。税收筹划应按照一定的程序，在企业委托中介机构设计税收筹划方案时，税收筹划的流程一般包括：接受委托、设计税收筹划方案、税收筹划方案的实施与监控等内容。

中介机构在接受企业的委托时，首先要明确企业对税收筹划方案设计的要求，了解哪些企业更需要税收筹划方案设计，把握税收筹划方案设计的关键期，掌握委托合同的签订，以明确双方的委托与受托关系、责任与权利、违约责任等相关事项。

在设计税收筹划方案时，要了解企业涉税情况与需求，获取企业相关税收政策，进行企业涉税资料的整理，设计税收筹划方案并选择最优税收筹划方案，对税收筹划方案进行评价与定稿。

对于税收筹划方案，仅仅设计出来还没有达到最终目的，必须要真正实施才能体现出方案的效益。因此，要特别关注税收筹划方案的实施，并及时监控税收筹划方案实施中出现的问题，譬如国家税收政策的有所调整，税收筹划方案出现的漏洞等。

关键术语

税收筹划方案　税收筹划方案设计　税收筹划方案设计的工作流程

综合练习

一、 填空题

1. 税收筹划方案即纳税人对其经济业务及相关涉税事项从________、________、________的角度出发而设计出的遵循税法规定的优化方案。

2. 税收筹划方案设计，是一种融入________、________、________和________于一体的。

3. 税收筹划的流程一般包括________、________和________。

二、 多选题

1. 税收筹划方案设计的关键期包括(　　)。

A. 企业设立及组织机构调整时　　B. 企业并购重组时

C. 对外签订合同时　　D. 发生重大特殊业务时

2. 下列哪些企业更需要税收筹划方案设计？(　　)

A. 新办或正在申办的企业　　B. 财税核算比较薄弱的企业

C. 财税核算比较复杂的企业　　D. 筹划空间大的企业

3. 在实施税收筹划活动时，要从哪些方面了解企业基本情况？(　　)

A. 企业组织形式　　B. 财务状况

C. 投资意向　　D. 企业的需求

4. 一般的税收筹划方案都有以下哪几部分构成？(　　)

A. 涉税问题的认定　　B. 涉税问题的判断

C. 设计可行的多种备选方案　　D. 税收筹划方案选优

三、 简答题

1. 中介机构在接受企业委托进行税收筹划时，应做好哪些工作？

2. 税收筹划方案的设计包括哪几个步骤？

实际操作训练

实训项目1：税后收益率的计算

实训目的：计算税后收益率。

实训内容：假设纳税人A购买了100 000元的公司债券，年利率为10%。假设纳税人B购买了100 000元的政府债券，年利率为8%。这两种债券的到期日和风险相同。每个纳税人获得的税后收益率是多少？哪种投资方案较好？(A、B均适用25%的所得税税率)

实训要求：如何计算税后收益率？

实训项目 2：投资方案的选择

实训目的： 根据税后收益率选择投资方案。

实训内容： 某纳税人正在考虑以下两种方案：方案一是以 20 000 元雇用一名税务会计师来研究筹划方案，如果成功，这一方案可为他节税 22 000 元，成功的概率估计是 70%；方案二是以 18 000 元雇用一家市场策划公司，该公司的任务是为产品制订市场拓展计划。如果成功，这一方案可为该纳税人节约广告费 20 000 元而不影响销售收入，方案成功的概率为 80%。如果税率为 15%，则该纳税人应选择哪一种方案？如果税率为 25%，则该纳税人应选择哪一种方案？

实训要求： 如何计算税后收益率并选择投资方案？

实训项目 3：配送工厂的选择

实训目的： 选择最优税收结果。

实训内容： 一家大公司聘请你作税务顾问，这家公司有累积的税收亏损，并预计以后几年会维持这种状况。该公司打算在外地设立一家新的配送工厂。估计该工厂成本为 1 000万元。公司正考虑 3 种备选方案：依据方案 A，公司借入 1 000 万元买入这样的工厂；依据方案 B，公司发行普通股票筹款 1 000 万元购买这样的工厂；依据方案 C，公司向当前所有者租用这样的工厂。公司要求你准备一份简要的报告，勾勒出每种方案的税收结果。在报告中，试从税收上讲最有效的方案。

实训要求： 如何勾勒每种方案的税收结果？

第3章 税收筹划的基本方法

教学目标

通过本章的学习，理解各种税收筹划方法的基本原理，掌握企业组织形式的筹划方法，掌握税负转嫁的筹划方法，掌握税制要素的筹划方法，掌握利用税收优惠政策的筹划方法。

教学要求

知识要点	能力要求	相关知识
选择合理的企业组织形式	了解企业组织形式筹划的基本原理 熟悉分公司与子公司对企业税收的影响 掌握企业组织形式筹划方法	企业组织形式筹划的基本原理 分支机构筹划方法 合并筹划方法 分立筹划方法
税负转嫁	了解税负转嫁的基本原理 熟悉税负转嫁的条件 掌握上游转嫁及下游转嫁的方法	税负转嫁的概念 税负转嫁的基本原理 税负转嫁的条件 税负转嫁的方法
税制要素筹划	了解税制要素筹划的基本原理 熟悉延期纳税的概念 掌握纳税范围的筹划 掌握税基的筹划 掌握税率的筹划 掌握延期纳税的筹划	税制要素筹划的基本原理 纳税范围的筹划 税基的筹划 税率的筹划 延期纳税的筹划
充分利用税收优惠政策	掌握税收优惠的形式	税收优惠的形式

导入案例

奥立电梯公司的业务分析

奥立电梯经销公司主要销售电梯并负责电梯的安装、维修及保养。2010 年，奥立电梯公司取得含税收入 3 510 万元，其中安装费约占总收入的 30%，保养费、维修费约占收入总额的 10%，假设本年度进项税额为 240 万元。

《中华人民共和国增值税暂行条例》实施细则规定：一项销售行为如果既涉及货物又涉及非增值税应税劳务，称为混合销售行为。除本细则第六条的规定外，从事货物的生产、批发或者零售的企业、企业性单位和个体工商户的混合销售行为，视为销售货物，应当缴纳增值税；其他单位和个人的混合销售行为，视为销售非增值税应税劳务，不缴纳增值税。第六条规定：纳税人的下列混合销售行为，应当分别核算货物的销售额和非增值税应税劳务的营业额，并根据其销售货物的销售额计算缴纳增值税，非增值税应税劳务的营业额不缴纳增值税；未分别核算的，由主管税务机关核定其货物的销售额。

(一) 销售自产货物并同时提供建筑业劳务的行为。

(二) 财政部、国家税务总局规定的其他情形。

奥立电梯经销公司既销售电梯又负责安装、维修及保养的行为属于典型的混合销售行为，按照税法规定，2010 年度奥立电梯经销公司应纳税额计算如下。

应纳增值税＝销项税额－进项税额＝3 510÷(1＋17%)×17%－240＝270(万元)

如果奥立电梯经销公司投资设立一个独立核算的安装公司，奥立电梯经销公司只负责销售电梯，而安装公司专门负责电梯的安装、保养和维修。对只从事电梯保养和维修的专业公司对安装运行后的电梯进行的保养、维修取得的收入缴纳营业税。

奥立电梯经销公司应纳增值税＝销项税额－进项税额＝3 510×(1－40%)/(1＋17%)×17%－240＝66(万元)

安装公司应纳税额＝3 510×30%×3%＋3 510×10%×5%＝49.14(万元)

分立出安装公司后可以节省税收＝270－66－49.14＝154.86(万元)

分立筹划技术在实际操作中要注意以下问题。

(1) 要进行成本收益衡量。设立安装公司所增加的分立成本或税收筹划代理费用应小于节税收益。

(2) 注意定价的合理性。由于涉及货物销售价格与劳务价格的剥离，不要为了节税而故意抬高劳务价格，因为生产销售企业与提供劳务企业存在关联方关系，如果定价不合理，税务机关有权调整货物及劳务定价。

(3) 涉及销售自产货物(主要指金属结构件、铝合金门穿、玻璃幕墙、机构设备、电子通信设备等)并同时提供建筑劳务的纳税人不要照搬上述分立筹划技术。

回答以下问题：

(1) 你是否同意奥立电梯公司的税收筹划方案？为什么？

(2) 该税收筹划方案的操作还要考虑哪些因素的影响？

设计税收筹划方案是一项专业性极强的纳税技巧与税负控制技术，有着复杂的操作规程和灵活多变的运作方式。但税收筹划方案设计本身也是有章可循的，具有较强的规律性。下面研究税收筹划方案设计的几种方法。

3.1 选择合理的企业组织形式

1. 企业组织形式筹划的基本原理

组织形式及产权关系决定着企业边界及资源配置方式，不同组织形式及产权关系的选择，将极大地影响企业的经营、理财与税收。因此，适时变化组织形式，适应税制变迁和税收政策的调整，可以合理降低或免除税收负担。组织形式筹划主要包括分支机构筹划、合并筹划和分立筹划。

组织形式和产权关系影响税收，主要是通过改变一些税收环境与税收要素，如纳税地点、纳税时间、纳税环节、纳税主体等。在有些情况下，产权关系和企业边界的改变会造成税收待遇的差别，尤其是税收优惠政策与产权的变更密切相关：许多企业通过外部扩张，进入新的行业、新的领域，税收待遇自然不同；许多企业兼并重组的根本目的在于利用亏损弥补政策；许多企业实施并购，其目的是为了变换身份，享受一定的优惠政策。

2. 组织形式筹划的基本方法

1）分支机构筹划方法

企业通过设立分支机构对外扩张延伸时，是采取总分机构形式还是母子公司形式，在很大程度上会影响企业的税收负担。一般分公司不具备独立法人资格，可以与总部合并纳税，而子公司是独立法人，必须依法独立纳税。分支机构筹划主要考虑3方面因素：一是分支机构初期经营盈亏情况，是否需要与总部合并纳税；二是分支机构税率的区域优势及税收待遇情况；三是分支机构的利润分配形式及风险责任划分。

在国内经营的环境下，子公司作为独立核算的实体要独立申报纳税，它与母公司之间的交易，要确认营业收入，计算缴纳相关的税收，包括所得税和财产税，也包括增值税、营业税、消费税、印花税等与交易行为相关的税种。在国内存在地区差别税率的情况下，当子公司所在地税率低于母公司所在地税率时，子公司可以通过不分配利润或税后利润不汇回母公司而成为母公司的利润积累中心获得递延纳税的好处。而分公司由于不是独立法人，不独立编制财务报表，不作为独立的纳税实体，其盈亏反映在总公司当期的财务报表上，形成总公司当期的纳税义务或冲抵总公司当期的赢利。总公司与分公司之间商品、财产、劳务、资本的转移属于公司内部的交易，不涉及所有权变动，一般不形成纳税义务。

在跨国经营的情况下，母子公司与总分公司之间的税收差异表现在：子公司作为独立的法人实体，在设立公司的所在国被视为居民纳税人，通常要承担与该国其他居民纳税人一样的全面纳税义务。母公司所在国的税收法规对子公司没有约束力，只是就母公司从子公司分得的股息征收所得税，除非它们的所在国之间缔结的税收协定有特别规定。而分公司不作为独立的法人实体，在设立分公司的所在国被视为非居民纳税人，其发生的利润和亏损要与总公司合并计算，在总公司所在国纳税。同时，分公司从事经营所在国要对归属于分公司本身的收入征税，且分公司和总公司之间支付的利息、特许权使用费一般不能作为费用扣除。一是子公司所在国要就子公司向母公司支付的股息、利息、特许权使用费征收预提所得税，而分公司则可避免这些税。但当东道国的适用税率低于居住国时，子公司的累积利润可以得到递延纳税的好处，而分公司则享受不到这些税收利益。二是子公司作为独立法人，可享受所在国政府提供的各种税收优惠，而分公司因在东道国无独立法人资格而无法享受当地政府为子公司提供的税收优惠和其他投资鼓励，并且在一般情况下，在转让定价方面也会遇到更多的困难。但作为非独立的经济实体，分公司可以不公布或少公布有关财务资料，易于逃避有关当局的监督。由此可见，子公司和分公司在税收方面各有优劣，选择哪种形式应结合当地的税收法律规定测定综合的税负水平，同时注意各国在减除重复征税上所采取的方法。

2）合并筹划方法

合并筹划方法是指企业利用并购及资产重组手段，改变其组织形式及股权关系，实现税负降低的筹划方法。不论企业的合并行为出于何种动机，合理的税收筹划不仅影响企业并购成本与纳税，甚至决定企业的兴衰存亡。

合并筹划方法一般用于以下方面：一是并购、重组后的企业可以进入新的领域、新的行业，税收待遇自然不同；二是并购有大量亏损的企业，可以盈亏抵补，实现低成本扩张；三是企业合并可以实现关联性企业或上下游企业流通环节的减少，合理规避流转税和印花税；四是企业合并可能改变纳税主体性质，例如，企业可能因为合并而由小规模纳税人变为一般纳税人。

3）分立筹划方法

企业利用分拆手段，可以有效改变组织形式、降低整体税负。企业分立实现的财产和所得在两个或多个纳税主体之间进行分割，一方面可以发挥专业分工优势，促进生产能力的提高，另一方面可以有效开展税收筹划，减轻企业税负。分立筹划方法一般用于以下方面：一是企业分立为多个纳税主体，可以形成有关联关系的企业群，实施集团化管理和系统化筹划；二是企业分立可以将兼营或混合销售中的低税率业务或零税率业务独立出来，合理节税；三是企业分立使适用累进税率的纳税主体分化成两个或多个适用低税率的纳税主体；四是企业分立可以增加一道流通环节，有利于流转税抵扣及转让定价策略的运用。

阅读案例 3-1

北京某总公司在厦门和珠海分别设有一家分公司，北京企业所得税率 25%，厦门和珠海所得税率 25%。2009 年度公司本部实现利润 100 万元，两个分公司分别赢利 10 万元。

纳税分析：

总公司的总体税负＝(100＋10＋10)×25%＝30(万元)

若将上述两个分公司设为子公司，其他条件相同。则

公司本部应纳税额＝100×25%＝25(万元)

两个子公司共纳税＝10×15%×2＝3(万元)

公司整体税负＝25＋3＝28(万元)

设立子公司比设立分公司减轻总体税负 2 万元。

若其他条件相同，北京某总公司在厦门和珠海最好设立子公司，可以减轻税收负担。

3.2 税负转嫁

税负转嫁是指纳税人为了达到减轻税负的目的，通过价格的调整和变动，将税负转嫁给他人的经济行为。

1. 税负转嫁的基本原理

在市场经济环境下，由于利益机制的驱动，纳税人通过种种途径和方式将税负部分或全部转移给他人，因此，税负转嫁行为可以视为市场主体之间的一种博弈行为。税负转嫁是一种纳税技巧，在悄无声息中实现税负降低。税负转嫁筹划的操作平台是价格，其基本操作原理是利用价格浮动、价格分解来转移或规避税收负担。税负转嫁筹划能否通过价格浮动实现，关键取决于商品的供给弹性与需求弹性的大小，而价格分解的手法不拘一格，则更为巧妙。

税负转嫁应明确以下几点：第一，税负转嫁问题和商品价格是直接联系的，和价格无关的问题是不能纳入税负转嫁的范畴的；第二，税负转嫁是一个客观过程，没有税收价值的转移过程也不能算税负转嫁；第三，税负转嫁应理解为纳税人的主动行为，和纳税人主动行为无关的价格再分配性质的价值转移不能算税负转嫁。税负转嫁也是纳税者客观节税的基本途径，称为税负转嫁筹划。

税负转嫁意味着税负的实际承担者不是直接缴纳税款人，而是背后的隐匿者或潜在的替代者。税款的直接纳税人通过转嫁税负给他人，自己并不承担任何纳税义务，而仅仅是充当了税务部门与实际纳税人之间的中介桥梁。由于税负转嫁没有伤害国家利益，也不违法，因此，税负转嫁筹划受到纳税人的普遍青睐，利用税负转嫁筹划减轻纳税人税收负担，已成为十分普遍的经济现象。

2. 税负转嫁的条件

西方税收理论认为，税收负担能否转嫁以及如何转嫁，决定于多种因素。理论和实践往往不一致，有时理论上认为可以转嫁，而在具体情况下却不能转嫁或较难转嫁；有时理论上认为不易转嫁，而实际中却实现了转嫁。在各种不同类别的税收中，对商品课税的税负转嫁最易实现。在自由竞争的前提下，商品课税的转嫁有以下一些条件。

1）物价自由浮动是税负转嫁的基本前提条件

转嫁筹划涉及课税商品价格的构成问题，税收转嫁存在于经济交易之中，通过价格变动实现。课税不会导致商品价格的提高，也就没有转嫁的可能，税负只能由卖方自己负担。课税以后若价格提高，税负便有了转嫁的可能。若价格增加少于税额，则税负由买卖双方共同承担。若价格增加多于税额，则不仅税负全部转嫁，卖方还可以获得额外收益。因此可以说，没有价格自由波动，就不存在税负转嫁。基于物价自由浮动这一条件，企业进行税负转嫁筹划的重点就应放在与物价自由浮动紧密相关的税种上，如商品课税等。至于其他的税种，企业就得考虑运用其他的税收筹划方法。

2）商品供求弹性是税负转嫁的约束条件

在自由竞争的市场上，课税商品价格能否增高，不是供给一方或需求一方愿意与否的问题，而是市场上供求弹性的压力问题。一般说来，商品课征的税收往往向没有或缺乏弹性的一方转嫁。税负转嫁可以从需求弹性和供给弹性两方面来进行分析。

需求弹性即商品需求的价格弹性，它是指商品的需求量对市场价格变动的反应程度。在其他条件不变的情况下，商品需求弹性越小，税收越容易向前转嫁给买者，因为在这种情况下，有利于卖者提高价格向前转嫁税收负担，而由于需求弹性小的缘故，消费者不易放弃或减少购买。如果商品的需求完全没有弹性，则税收可以完全向前转嫁并落在买者头上；反之，商品的需求弹性越大，新增税负向前转嫁给买者的可能性越小，而只能更多地向后转嫁而落在卖者头上。

供给弹性是商品的供给量对于市场价格变动的反应程度。在其他条件不变的情况下，商品的供给弹性越大，新增的税收负担就越容易向前转给消费者；反之，供给弹性越小，就越不利于卖者提高价格向前转嫁税收负担；如果商品的供给完全没有弹性，则税负只能向后转给卖者。

3）税负转嫁与成本变动规律

在成本固定、递增、递减3种情况下，税负转嫁有不同的规律。

(1) 成本固定的商品，所课之税有全部转嫁给买方的可能，因为固定成本商品的成本与产量多少无关。此时，若需求无弹性，税款便可加入价格，实行转嫁。

(2) 成本递增商品，所课之税转嫁给买方的金额可能少于所课税款额。此种商品价格提高，为维持销路，只好减少产量来降低成本。所以，这时卖方难以转嫁税负，只好自己负担一部分。

(3) 成本递减商品，不仅所课之税可以完全转嫁给买方，还可获得多于税额的价格利益。此种商品的单位成本随产量的增加而递减，课税商品如无需求弹性，税额即可加入到价格之中转嫁出去。

4）课税范围和课税对象与转嫁的关系

课税范围广的，即课税能遍及同一性质所有或大部分商品的，易转嫁，反之则难。如茶和咖啡同属饮用商品，如果课税于茶而咖啡免税，当茶价增加时，饮茶者改饮咖啡，以致茶的消费减少。此时茶商则不敢将全部税款加于茶价之上，亦即转嫁较难。税收能否转嫁及转嫁的难易程度与课税对象的性质有很大关系，如所得的课税较难转嫁，而商品课税则较易转嫁。

3. 税负转嫁筹划方法

1）上游转嫁方法

上游转嫁方法即纳税人将其所负担的税款以提高商品或生产要素价格的方式转移给购买生产要素的上游企业或消费者。这种转嫁方法一般适用于市场紧俏的生产要素或知名品牌商品。

上游转嫁方法的基础是价格平台，如果将上游转嫁方法与转让定价策略及集团经济结合起来，会显示出更大的威力。上游转嫁方法运作灵巧，有时能够起到“四两拨千金”的奇妙效果。上游转嫁方法很难将所有税负都实现转嫁。从实践情况来看，能够进行上游转嫁的，主要是那些难以查定税源的商品，即那些征税时无法确定其最终负担者的税种。如对香烟征收的消费税，香烟的消费者实际上是香烟消费税的承担者，但由于预先并不能确定每包香烟的消费者(或购买者)，因而只能以香烟为标准，以其制造者和贩卖者为纳税人，由制造者和贩卖者将税负转移给消费者和购买者。类似香烟消费税的还有其他消费税、关税、营业税等税种，它们的共同点在于，税款可以加在商品价格上，通过提高产品售价的方法将税负转移给消费者，实现税负转移。

2) 下游转嫁方法

下游转嫁方法多与商品流转有关，纳税人通过降低生产要素购进价格、压低工资或其他转嫁方式，将其税收负担转移给提供生产要素的下游企业。纳税人已纳税款因种种原因不能转嫁给购买者和消费者，而是转嫁给货物的供给者和生产者。比如，一个批发商纳税后，因为该纳税商品市场价格下降，已纳税款难以加在商品价格之上转移给零售商，于是批发商就要求厂家退货或要求厂家承担全部或部分已纳税款，这时就会使税负转嫁给下游企业。这种转嫁方法一般适用于生产要素或商品积压时的买方市场。但当交易与结算有时间差时，购买方也可以实现税负转嫁。在实践中，下游转嫁方法运用广泛，有许多变化的模式。

阅读案例 3-2

酒厂生产的酒类产品是一种特殊的消费品，需要缴纳消费税。从2001年5月起，国家对白酒业进行税收政策调整，由原来的从价定率征收方法改变为从价定率与从量定额相结合的复合计税方法，即对每斤白酒在原来基础上再按0.5元从量征收一道消费税。国家调整政策的目的是限制白酒的发展，整合酒业资源。为了保持适当的税后利润率，通常的做法是酒厂相应提高出厂价，但这样做一方面会影响市场，另一方面也会导致从价定率消费税和增值税的攀升。有没有实现税负转嫁的办法呢?

纳税分析：

酒厂面对税收政策的变化，应该想方设法转嫁其高昂的消费税负担。下面分析两种转嫁方法。

1. 设立多道独立的销售公司

许多酒类生产厂家都在政策调整后设立多道独立的销售公司，利用增加流通环节的办法转嫁税负。由于酒类产品的消费税仅在出厂环节计征，即按产品销售给经销商的价格计征消费税，后续的分销、零售等环节不再征收。在这种情况下，通过引入独立的销售公司，便可以采取“前低后高”的价格转移策略，先以相对较低的价格卖给自己的销售公司，然后再由销售公司以合理的高价进行层层分销，这样便可在确保总体销售收入的同时减少消费税的负担。显然，利用多道独立的销售公司，可以增加多个流通环节，流通环节越多，转移价格策略越容易实施。

2. 市场营销及广告费的转嫁

酒类生产厂家还有一种转嫁税负的手段，即将市场营销及广告费合理转嫁给经销商负担，但酒类生产厂家要对经销商做出一定的价格让步，以弥补经销商负担的相关市场营销及广告费。这种费用的转嫁方式降低了酒类产品的出厂价，直接转嫁了增值税，降低了消费税。对于经销商来说，在销售及其他因素维持不变的情况下，进价的降低会导致可以抵扣的进项税额减少，相当于经销商负担了生产厂家的一部分增值税，而生产厂家的一部分消费税却在转嫁中悄然消失了。对于经销商多负担的转嫁来的增值税，会因为经销商营销及广告费用的增加减少所得税而得到补偿，当然补偿程度会因为营销及广告费用的开支以及生产厂家降价的程度的不同而不同。

3.3 税制要素筹划方法

1. 税制要素筹划基本原理

税制要素是税负及税收筹划影响最大的因素。税制要素包括纳税主体、课税对象、税率、税基、纳税环节、纳税期限和纳税地点等。每个税制要素都会对企业应纳税额产生影响，因此有必要分析研究每个税种最基本的要素和规定，找出筹划节税的空间。

税制要素筹划常用的方法包括纳税范围筹划、税基筹划、税率筹划、延期税收筹划。

2. 税制要素筹划方法

1）纳税范围筹划

我国税制对纳税范围有明确的界定，在一定条件下合理安排企业的经济行为和业务内容及纳税事项，避免其进入纳税范围，则可以合理规避税收支出，甚至彻底免除纳税义务。税制对每个具体税种的课税对象和征税范围都做出了明确的法律规定。税收筹划要求反其道而行之，找出不属于征税范围的内容。纳税范围筹划一般涉及增值税、营业税、消费税、个人所得税、城镇土地使用税、房产税等税种。

我国现行消费税的征税范围比较窄，仅对十几类消费品征税。因此，在纳税范围上可以进行适当的筹划，即企业在投资决策时，可避开上述消费品，而选择其他符合国家产业政策，在流转税及所得税方面有优惠政策的产品进行投资。实际上，有很多高档消费品，并没有被列入消费税征税范围，在市场前景看好的情况下，企业也可以选择这类项目投资，以规避消费税。

知识链接 3-1

《中华人民共和国房产税暂行条例》相关规定

房产税的纳税人是房屋产权所有人；产权属于全民所有的，由经营管理单位缴纳；产权出典的，由承典人缴纳；产权所有人、承典人不在房产所在地或者产权未确定以及租典纠纷未解决的，应由房产代管人或使用人缴纳。国税函［2002］284号《国家税务总局关于未取得房屋产权证书期间如何确定房产税纳税人的批复》规定：根据《中华人民共和国房产税暂行条例》第二条中“房屋产权未确定及租典纠纷未解决的，由房产代管人或者使用人缴纳”的规定，凡以分期付款方式购买使用商品房，且购销双方均未取得房屋产权证书期间的，应确定房屋的实际使用人为房产税的纳税义务人，缴纳房产税。

知识链接 3-2

《中华人民共和国营业税暂行条例》相关规定

我国境内提供劳务(加工、修理、修配劳务除外)征收营业税。具体征税的7个行业分别是：交通运输业、建筑业、金融保险业、邮电通信业、文化体育业、娱乐业、服务业。

通常情况下，一项劳务的提供一般由两个环节构成，即劳务的提供环节和劳务的使用环节。税法所称“在中国境内提供劳务”，是指应税劳务的使用环节和使用地在我国境内，而不论该项劳务的提供环节发生地是否在境内。因此，可以确定以下情况的涉税原则。

(1) 境内纳税人在境内提供劳务，其提供劳务的行为属于营业税的纳税范围。

(2) 境外单位和个人提供应税劳务在境内使用的，其行为属于营业税的管辖权范围。

(3) 境内纳税人提供劳务在境外使用的，其提供劳务的行为不构成营业税的管辖权范围。

例如，国内施工单位到泰国、韩国等国提供建筑安装劳务，符合境内纳税人提供的劳务发生在境外的，应对其提供的建筑、安装劳务不征收营业税。

2) 税基筹划

税基是计税的依据，是影响税负的直接因素。各种税对税基的规定也存在很大差异，所以对税基进行筹划，可以实现税后利益的最大化。在适用税率一定的条件下，税额的大小与税基的大小成正比，税基越小，纳税人负有的纳税义务越轻。例如，企业所得税计算公式为：应纳所得税额＝应纳税所得额×所得税率，“应纳税所得额”是税基，在所得税率一定的情况下，“应纳所得税额”随“应纳税所得额”这一税基的减少而减少，此即税基筹划技术的原理所在。

税基筹划技术一般从两个角度操作：一是实现税基的最小化；二是控制和安排税基的实现时间。

(1) 税基递延实现。税基总量不变，税基合法递延实现的，在一般情况下可递延纳税，等于取得了资金的货币时间价值，取得了无息贷款，节约了融资成本；在通货膨胀的情况下，税基递延等于降低了实际应纳税额；在适用累进税率的情况下，把收入从一个时期转移到另一个时期，使收入在不同时期之间转移，主要有两个方面的目的：一是在所得税实行累进税率的情况下，通过对收入和费用在不同时期的安排，把较高的边际税率转换为较低的边际税率，常见的是在收入较高的时期，通过推迟所得的确认，降低累进税率的适用档级；二是考虑税法的调整，在税率下调或上调时期，通过推迟或尽快确认所得来减轻税率调整的纳税损失。

(2) 税基均衡实现。税基总量不变，税基在各纳税期之间均衡实现的，在有免征额或税前扣除额(如个人所得税 3 500 元的免征额)、且收入较少的情况下，可实现免征额或者税前扣除额的最大化；在有起征点且收入较少的情况下，有时可以实现起征点的最大化；在适用累进税率的情况下，可实现边际税率的最小化。

(3) 税基即期实现。税基总量不变，税基合法提前实现的，在减免税期间，可以实现减免税的最大化。但是，与税基递延实现和均衡实现相比较，税基即期实现有时也会造成税收利益的减少。

(4) 税基最小化。总量合法减少，减少纳税或者避免多纳税。这是所得税、营业税、消费税筹划常用的筹划技术。

从价定率计征消费税的计税依据是销售额。销售额是指纳税人销售应税消费品向购买方收取的全部价款和价外费用，不包括向购买方收取的增值税款。价外费用指价外收取的基金、集资费、返还利润、补贴、违约金和手续费、包装费、储备费、优质费、运输装卸费、代收款项及其他各种性质的价外费用。纳税人在进行税收筹划时应注意：纳税人自产自用应税消费品的，销售额按同类消费品的销售价格确定，在确定时，按偏低一点的价格确定就能节省消费税，在没有同类消费品销售价格的情况下，按组成计税价格确定。组成计税价格为：

组成计税价格＝(成本＋利润)÷(1－消费税税率)

因为利润率是确定的，所以成本的大小应是税收筹划的要点。

委托加工应税消费品时，销售额按受托方同类消费品的价格确定。此时，委托方可协同受托方在确定价格时获取节税的机会，将价格作为节税手段加以运用。没有同类消费品销售价格的，按组成计税价格确定。组成计税价格为：

组成计税价格＝(材料成本＋加工费)÷(1－消费税税率)

材料成本和加工费的确定是节税筹划的要点。

3) 税率筹划

税率筹划技术指纳税人通过降低适用税率的方式来减轻税收负担。税率是税收制度的一个重要因素，也是决定纳税人税负高低的主要因素之一。在税负既定的情况下，税额的大小和税率的高低呈正方向变化，税率筹划技术正是有效地运用了这一简单而又最基本的原理。一般情况下，税率低，应纳税额少，税后利益就多；但是，税率低，不一定等于税后利益最大化。所以对税率进行筹划，可以寻求税后利益最大化的最低税负点或者最佳税负点。

各种不同的税种适用于不同的税率，纳税人可以利用课税对象界定上的含糊性进行筹划；即使是同一税种，适用税率也会因税基或区域不同而发生相应的变化，纳税人可以通过改变税基分布或区域的差别调整适用税率，从而降低税收负担率，以达到降低税负的目的。

(1) 尽量寻求税率最低化。在合法和合理的情况下，尽量寻求适用税率的最低化。在其他条件相同的情况下，按不同税率缴纳的税额是不同的，它们之间的差异就是节减的税收。寻求适用税率的最低化可以达到节税的最大化。同一税种(主要是流转税)对不同征税对象实行的不同税率政策，分析其差距的原因及对税后利益的影响，可以寻求实现税后利益最大化的最低税负点或最佳税负点。例如，我国的增值税有17%的基本税率，还有13%的低税率；对小规模纳税人规定的征收率是3%。对这些比例税率进行筹划，可以从中寻求最佳税负点。

各种形式的累进税率都存在一定的税负差异，筹划累进税率的主要目标是防止税率的爬升。其中，适用超额累进税率的纳税人对防止税率爬升的欲望程度较弱；适用全额累进税率的纳税人对防止税率爬升的欲望程度较强；适用超率累进税率的纳税人防止税率爬升的欲望程度与超额累进税率相同。适用累进税率的税种主要是个人所得税、土地增值税等。

(2) 尽量寻求税率差异的稳定性和长期性。一般而言，税率差异具有一定的确定性，税率差异中还有相对更稳定的。例如，政局稳定国家的税率差异就比政局动荡国家的税率差异更具稳定性，政策制度稳健国家的税率差异就比政策制度多变国家的税率差异更具长期性。在合法和合理的情况下，应尽量寻求税率差异的稳定性和长期性。

4）延期税收筹划

（1）延期纳税的概念。延期纳税是指延缓一定时期后再缴纳税收。狭义的延期纳税专门指纳税人按照国家有关延期纳税规定进行的延期纳税；广义的延期纳税还包括纳税人按照国家其他规定可以达到延期纳税目的的财务安排和纳税计划，例如，按照折旧政策、存货计价政策等规定来达到延期纳税的财务安排。

（2）政府制定延期纳税规定的原因。一是避免先征后退，节约征税成本。例如，我国规定，境外进入免税区的货物，除国家另有规定外，免征增值税和消费税，以后如果免税进入保税区的货物运往非保税区，这时再照章征收增值税和消费税，以后如果保税区生产的产品，除国家另有规定外，运往境外，免征增值税和消费税。这个规定就性质来说是一种延期纳税。二是防止纳税人税负畸轻畸重。三是鼓励和促进投资。例如，有些国家允许只要国家子公司的利润留在国外继续投资经营，不汇回国内，就可以一直延缓至汇回国内时再纳税。因此，延期纳税也是属于国家财税政策的一部分。

（3）税收筹划的延期纳税技术。

① 延期纳税项目最多化。在合法和合理的情况下，尽量争取更多的项目延期纳税。在其他条件包括一定时期纳税总额相同的情况下，延期纳税的项目越多，本期缴纳的税收就越少，现金流量也越大，相对节减的税收就越多。使延期纳税项目最多化，可以达到节税的最大化。

② 延长期最长化。在合法和合理的情况下，尽量争取纳税延长期最长化。在其他条件包括一定时期纳税总额相同的情况下，纳税延长期越长，由延期纳税增加的现金流量所产生的收益也就越多，因而相对节减的税收也越多。使纳税延长期最长化，可以达到节税的最大化。

例如，税法规定购置的高新技术设备和环保产品设备，可以采用加速折旧法，在其他条件基本相似或利弊基本相抵的条件下，尽管总的折旧额基本相同，但选择加速折旧可以在投资初期缴纳最少的税收，而把税收推迟到以后期间，相当于延期纳税。

（4）延期纳税的优点。延期纳税推迟税款的缴纳时间，从纳税的绝对量来看，纳税人缴纳的总税款不会减少，但通过税款的递延，纳税人可获得3点好处：一是获得无息贷款的财务利益，有利于企业资金周转，节省利息支出；二是充分利用货币的时间价值，特别是在通货膨胀的情况下，延期缴纳的税款的币值下降，从而降低实际纳税额。递延纳税可以获取资金的时间价值，等于获得了无息贷款的资助，可以减少当期的现金流出，降低支付风险，增强企业的流动性，纳税环节、抵扣环节、纳税时间、纳税地点是递延纳税技术的关键。纳税人可以通过合同控制、交易控制及流程控制延缓纳税时间，也可以合理安排进项税额抵扣时间，所得税预缴、汇算清缴的时间及额度，合理推迟纳税；三是在海外投资的情况下，通过递延纳税，有利于企业海外利润的积累并进行再投资。

3.4 充分利用税收优惠政策

国家为了支持某个行业或针对某一特殊时期，经常出台一些包括减免税在内的税收优惠政策及相关税收条款。鼓励性税收政策是一定时期国家的税收导向，纳税人可以充分利用这些鼓励性优惠政策，合理筹划，降低税收负担。低税点大量地存在于各项税收优惠中。这些税收优惠有两种情况：一是出于国家经济发展总体策略和产业政策的需要，各国政府在税收制度中设置了许多优惠条款，尤其是对投资提供的优惠，不仅在发展中国家盛行，在发达国家也屡见不鲜，如加速折旧、投资抵免、差别税率、专项免税、亏损结转、减税免税期等。国家有目的地采取这些措施，旨在引导纳税人在国家希望的、指定的方向上进行投资经营活动，如国家为开发国内某些落后地区或加速某些行业建设、扩大出口等，可能有意识地在这些方面降低税率或给予一定的免税期，以吸引国内外投资者，实现国家的预期政策目标。二是国家之间签订的税收协定中所规定的税收优惠，其目的是协调各国税收利益分配，避免国际重复征税。纳税人可以合法地利用这些税收优惠，在国内国际的投资经营中，减轻或避免纳税负担。

当然，这里所说的利用税收优惠，是在合法的前提下，至于纳税人对税收优惠的滥用，违背税收优惠的立法意图，是各国政府所反对的，不在本书的讨论范围之内。鼓励性条款所涉及的税收优惠主要有以下几种形式。

1. 税收减免

减税、免税是对某些纳税人或课税对象给予鼓励或照顾的一种特殊措施。它有利于把税法的统一性和必要的灵活性结合起来，解决征税过程中的各种特殊情况，更好地贯彻国家税收政策。

2. 免征额

免征额亦称扣除额，是指在征税对象全部数额中免予征税的数额。它是按照一定标准，从征税对象全部数额中预先扣除的数额。免征额部分不征税，只对超过免征额的部分征税。

知识链接 3-3

《中华人民共和国个人所得税法》相关规定

《中华人民共和国个人所得税法》第六条规定，应纳税所得额的计算：工资、薪金所得，以每月收入额减除费用 3 500 元后的余额，为应纳税所得额。

3. 起征点

起征点亦称征税起点，是根据征税对象的数量，规定一个标准，达到这个标准或超过这个标准的就其全部数额征税，未达到这个标准就不征税，这个标准就称为起征点。增值税起征点的适用范围只限于个人。

4. 退税

退税是指可以直接减轻纳税人税收负担的那一部分退税。在对外贸易中，退税是鼓励出口的一种措施。

知识链接 3-4

《中华人民共和国增值税暂行条例》及实施细则相关规定

《中华人民共和国增值税暂行条例实施细则》第三十七条规定，增值税起征点的幅度规定如下：销售货物的，为月销售额 2 000～5 000 元；销售应税劳务的，为月销售额 1 500～3 000 元；按次纳税的，为每次(日)销售额 150～200 元。

《中华人民共和国增值税暂行条例》第二十五条规定：纳税人出口货物适用退(免)税规定的，应当向海关办理出口手续，凭出口报关单等有关凭证，在规定的出口退(免)税申报期内按月向主管税务机关申报办理该项出口货物的退(免)税。具体办法由国务院财政、税务主管部门制定。出口货物办理退税后发生退货或者退关的，纳税人应当依法补缴已退的税款。

5. 优惠税率

对合乎规定的企业课以较一般企业为低的税率。优惠税率的适用范围可以根据实际的需要加以伸缩。它既可以是有期限的优待，也可以是长期的优待。一般说来有期限的优惠税率对企业激励程度要小于免税办法，尤其是需要巨额投资且获利较迟的企业，常可通过长期优惠税率得到较大的鼓励。

6. 税收抵免

对纳税人的国内外全部所得计征所得税时，准予在税法规定的限度内以其国外已纳税款抵充其应纳税款，以避免重复课税。

知识链接 3-5

《企业所得税法》相关规定

《企业所得税法》第二十七条第(三)项所称符合条件的环境保护、节能节水项目，包括公共污水处理、公共垃圾处理、沼气综合开发利用、节能减排技术改造、海水淡化等。项目的具体条件和范围由国务院财政、税务主管部门商国务院有关部门制定，报国务院批准后公布施行。企业从事前款规定的符合条件的环境保护、节能节水项目的所得，自项目取得第一笔生产经营收入所属纳税年度起，第一年至第三年免征企业所得税，第四年至第六年减半征收企业所得税。企业所得税法第二十七条规定企业的下列所得，可以免征、减征企业所得税：从事农、林、牧、渔业项目的所得；从事国家重点扶持的公共基础设施项目投资经营的所得；符合条件的技术转让所得。

《企业所得税法》第二十八条规定符合条件的小型微利企业，减按 20%的税率征收企业所得税；国家重点扶持的高新技术企业可以按照 15%的优惠税率计算缴纳所得税。

《企业所得税》第三十一条规定创业投资企业从事国家需要重点扶持和鼓励的创业投资，可以按投资额的一定比例抵扣应纳税所得额。第三十四条规定企业购置用于环境保护、节能节水、安全生产等专用设备的投资额，可以按一定比例实行税额抵免。

国家制定的鼓励性条款非常多，多表现为行业性、区域性优惠政策或特定行为、特殊时期优惠政策，如鼓励民政部门的福利企业减免税政策、下岗再就业税收优惠政策，以及个人所得税减免政策等。

本章小结

组织形式及产权关系决定着企业边界及资源配置方式，对不同组织形式及产权关系的选择，将极大地影响企业的经营、理财与税收。因此，适时变化组织形式，适应税制变迁和税收政策的调整，可以合理降低或免除税收负担。组织形式筹划主要包括分支机构筹划、合并筹划和分立筹划。

企业通过设立分支机构对外扩张延伸时，是采取总分机构形式还是母子公司形式，在很大程度上会影响企业的税收负担。一般分公司不具备独立法人资格，可以与总部合并纳税，而子公司是独立法人，必须依法独立纳税。分支机构筹划主要考虑三方面因素：一是分支机构初期经营盈亏情况，是否需要与总部合并纳税；二是分支机构税率的区域优势及税收待遇情况；三是分支机构的利润分配形式及风险责任划分。

合并筹划方法是指企业利用并购及资产重组手段，改变其组织形式及股权关系，实现税负降低的筹划方法。不论企业的合并行为出于何种动机，合理的税收筹划不仅影响企业并购成本与纳税，甚至决定企业的兴衰存亡。

企业利用分拆手段，可以有效改变组织形式、降低整体税负。企业分立实现的财产和所得在两个或多个纳税主体之间进行分割，一方面可以发挥专业分工优势，促进生产能力的提高，另一方面可以有效开展税收筹划，减轻企业税负。

税负转嫁是指纳税人为了达到减轻税负的目的，通过价格的调整和变动，将税负转嫁给他人的经济行为。在各种不同类别的税收中，对商品课税的税负转嫁最易实现。在自由竞争的前提下，商品课税的转嫁要满足一些条件。上游转嫁方法是把税负转移给购买生产要素的上游企业或消费者负担，下游转嫁方法是将其税收负担转移给提供生产要素的下游企业。

税制要素是对税负及税收筹划影响最大的因素。税制要素包括纳税主体、课税对象、税率、税基、纳税环节、纳税期限和纳税地点等。每个税制要素都会对企业应纳税额产生影响，因此有必要分析研究每个税种最基本的要素和规定，找出筹划节税的空间。税制要素筹划常用的方法包括纳税范围筹划、税基筹划、税率筹划、延期税收筹划。

国家为了支持某个行业或针对某一特殊时期，经常出台一些包括减免税在内的税收优惠政策及相关税收条款。鼓励性税收政策是一定时期国家的税收导向，纳税人可以充分利用这些鼓励性优惠政策，合理筹划，降低税收负担。税收优惠的形式主要包括税收减免、免征额、起征点、退税、优惠税率、税收抵免等。

关键术语

组织形式筹划　合并筹划　分立筹划　税负转嫁　税制要素筹划　纳税范围筹划　税基筹划　税率筹划　延期税收筹划　税收优惠

综合练习

一、填空题

1. 组织形式筹划包括________、________和________。

2. 税负转嫁筹划包括________和________。

3. 税制要素筹划主要包括________、________、________和________。

二、 单选题

1. 工资、薪金所得，以每月收入额减除费用3 500元后的余额，为应纳税所得额。这3 500元属于(　　)。

A. 起征点　　B. 免征额　　C. 税收抵免　　D. 税收减免

2. 税率筹划应尽量做到(　　)。

A. 税率最低化　　B. 税率差异的稳定性

C. 税率差异的长期性　　D. 税率差异的短期性

三、 多选题

1. 香烟生产企业实现税负上游转嫁的是(　　)。

A. 香烟购买者　　B. 烟叶供应商

C. 烟叶生产者　　D. 香烟消费者

2. 香烟生产企业实现税负下游转嫁的是(　　)。

A. 香烟购买者　　B. 烟叶供应商

C. 烟叶生产者　　D. 香烟消费者

3税负转嫁的条件包括(　　)。

A. 物价自由浮动　　B. 商品供求弹性

C. 成本变动规律　　D. 课税范围和课税对象

4. 税基筹划技术一般包括(　　)。

A. 税基递延实现　　B. 税基均衡实现

C. 税基即期实现　　D. 税基最小化

四、 简答题

1. 如何进行分支机构的筹划?

2. 如何实现税负的上游转嫁和下游转嫁?

3. 如何实现延期税收筹划?

4. 延期纳税有哪些优点?

5. 税收优惠形式主要有哪些?

实际操作训练

实训项目1：延期纳税

实训目的：实现延期纳税。

实训内容：某企业应纳所得税适用税率25%，1月份生产任务相对集中，产品正值销售旺季。于是给职工多发奖金6 000元，业务招待费多支出4 000元。则该企业1月份少预缴企业所得税多少？

实训要求： 如何实现延期纳税？

实训项目 2：工程承包合同的签订

实训目的： 缩小税基。

实训内容： 甲工程承包总公司通过竞标，向业主承揽了一项价值 2.4 亿元的建筑安装工程(其中包括电梯等设备金额 4 000 万元)，思考：甲工程承包总公司如何与业主签订工程总承包合同，合同标的是 2 亿元还是 2.4 亿元呢？

实训要求： 如何签订工程承包合同？

实训项目 3：税收优惠政策的利用

实训目的： 充分利用税收优惠政策

实训内容： 李先生在北京郊区拥有一套住房，已经居住满 4 年零 8 个月，这时他在北京市区找到一份薪水很好的工作，已经搬到市区居住。税法规定：凡居住满 5 年或 5 年以上的，按规定免征营业税和土地增值税。李先生打算出售该住房，请你帮助拟定一份税收筹划方案。

实训要求： 李先生在何时出售住房才能享有税收优惠？

第4章 增值税的税收筹划

教学目标

通过本章的学习，了解增值税税收筹划的主要渠道，掌握利用增值税纳税人、销售价格、税率进行税收筹划的方法，掌握增值税税负转嫁的筹划方法，充分理解增值税的税收优惠政策。

教学要求

知识要点	能力要求	相关知识
增值税纳税人的税收筹划	掌握增值税税收筹划的基本原理 理解增值率筹划法、抵扣率筹划法、成本利润率筹划法的基本思想和推理过程	增值税税收筹划的基本原理 增值率筹划法 抵扣率筹划法 成本利润率筹划法
增值税计税依据的税收筹划	掌握不同销售方式对税收的影响 了解不同结算方式对税收的影响 熟悉销售使用过的固定资产的筹划思想 掌握购进渠道的选择对税收的影响 掌握组织运输的方式对税收的影响	不同销售方式的涉税处理 不同结算方式的涉税处理 销售使用过的固定资产涉税处理 增值税计算的基本原理 增值税运费的抵扣
增值税特殊经营行为的税收筹划	掌握混合销售行为的税务处理 熟悉兼营行为的税务处理 熟悉视同销售行为的行为认定 掌握代销行为的涉税处理	混合销售行为的认定及涉税处理 兼营非应税行为的认定及涉税处理 视同销售行为的认定 代销与委托代销的涉税处理
出口退税的税收筹划	了解增值税出口退税的条件 掌握国外料件加工复出口的增值税退税 熟悉不同货物出口方式和经营方式对出口退税的影响 熟悉增值税退税政策	增值税出口退税的条件 不同货物出口方式和经营方式的涉税处理 增值税出口退税的政策
充分利用增值税优惠政策	掌握初级农产品抵扣优惠 熟悉减税免税产品的优惠条件	增值税税收抵扣政策 增值税免税产品 增值税减税免税政策

导入案例

一起失败的增值税税收筹划案例

某物资企业主营业务是经销生铁，每年为某铸造厂采购大量的生铁并负责运输。为了减少按销售额征收的地方税收附加和降低按增值税税收负担，该公司设计了这样的税收筹划方案：将为铸造厂的采购生铁改为代购生铁。由物资公司每月为铸造厂负责联系5 000吨的生铁采购业务，向其收取每吨10元的中介手续费用，并将生铁从钢铁厂提出运送到铸造厂，每吨收取运费40元。通过该方案可以节省因近亿元销售额产生的增值税和地方税收附加，同时，由于手续费和运输费征收营业税而不征收增值税，也节省了大量税费支出。

年末，该市国税局稽查局在对某物资经销实业公司年度纳税情况进行检查时，经过比较、核对发现，该公司该年度生铁销售收入比去年同期巨大幅度减少；检查该公司“其他业务收入”账簿，又发现其他业务收入比上年大幅增加，并且每月都有一笔固定的5万元手续费收入和20万元运输收入。经询问记账人员，得知该收入是为铸造厂代购得生铁的手续费和运输费；经进一步到银行查询该公司资金往来情况，证实了该公司经常收到铸造厂的结算汇款，且该公司也有汇给生铁供应厂某钢铁厂的货款，但二者之间没有观察到存在直接的对应关系。因此，检查人员认为该公司代购生铁业务不成立，涉嫌偷税，并要求该物资公司补交近千万元的增值税。

根据相关规定和该公司的会计记录，税务机关提出的处罚方案符合以下规定。

一、《财政部、国家税务总局关于增值税、营业税若干政策规定的通知》（[1994] 财税字第26号）第5条规定：代购货物行为，凡同时具备以下条件的，不征收增值税，不同时具备以下条件的，无论会计制度规定如何核算，均征收增值税。

（一）受托方不垫付资金。

（二）销货方将发票开具给委托方，并由受托方将该项发票转交给委托方。

（三）受托方按照销货方实际收取的销售额和增值税额与委托方结算货款，并另外收取手续费。由于该公司的账务处理不能清晰反映与铸铁厂、钢铁厂三方之间的资金往来，使得税务人员有理由认为上述业务违背了“受托方不垫付资金”的规定，从而不认可其是代购货物业务。

二、《增值税暂行条例实施细则》第5条第1款规定：一项销售行为如果既涉及货物又涉及非增值税应税劳务，称为混合销售行为。除本细则第六条的规定外，从事货物的生产、批发或者零售的企业、企业性单位和个体工商户的混合销售行为，视为销售货物，应当缴纳增值税；其他单位和个人的混合销售行为，视为销售非增值税应税劳务，不缴纳增值税。

当该公司的上述经济业务不被税务人员认同为代购货物时，理所当然地会将收取的手续费、运输费作为价外费用征收增值税。

这是一起典型的因会计核算不规范造成税收筹划失败的案例。

增值税作为一种流转税，具有税负转嫁特性，当市场上供给弹性无限大而需求弹性无限小时，增值税税负全部由消费者承担；当需求弹性无限大而供给完全无弹性时，增值税税负则全部由生产经营者承担。纳税人一般所处的环境是在这两个极端之间，即供给与需求双方均具有一定的弹性。因此，一般情况下，供求双方都要负担一定的增值税税负。此外，现行增值税制也会存在一定的缺陷或不合理之处。这就为增值税税收筹划提供了必要与可能。

4.1 增值税纳税人的税收筹划

1. 增值税纳税人筹划的基本原理

知识链接 4－1

《增值税暂行条例实施细则》的相关规定

第二十八条：小规模纳税人的标准如下。

(一) 从事货物生产或者提供应税劳务的纳税人，以及以从事货物生产或者提供应税劳务为主，并兼营货物批发或者零售的纳税人，年应征增值税销售额(以下简称应税销售额)在50万元以下(含本数，下同)的。

(二) 除本条第一款第(一)项规定以外的纳税人，年应税销售额在80万元以下的。

本条第一款所称以从事货物生产或者提供应税劳务为主，是指纳税人的年货物生产或者提供应税劳务的销售额占年应税销售额的比重在50%以上。

第二十九条规定：年应税销售额超过小规模纳税人标准的其他个人按小规模纳税人纳税；非企业性单位、不经常发生应税行为的企业可选择按小规模纳税人纳税。

第三十三条　除国家税务总局另有规定外，纳税人一经认定为一般纳税人后，不得转为小规模纳税人。

第三十四条　有下列情形之一者，应按销售额依照增值税税率计算应纳税额，不得抵扣进项税额，也不得使用增值税专用发票。

(一) 一般纳税人会计核算不健全，或者不能够提供准确税务资料的。

(二) 除本细则第二十九条规定外，纳税人销售额超过小规模纳税人标准，未申请办理一般纳税人认定手续的。

我国现行增值税一般纳税人的税率有17%和13%两档，小规模纳税人的征收率为3%。虽然小规模纳税人的税率低于一般纳税人，但一般纳税人销售货物或者提供应税劳务，应纳税额为当期销项税额抵扣当期进项税额后的余额，而小规模纳税人销售货物或者应税劳务，实行按照销售额和征收率计算应纳税额的简易方法，并不得抵扣进项税额。因此，增值税纳税人身份不同，增值税的缴纳方式也不同，对企业的整体税负也会有较大的影响。这种差别待遇，为小规模纳税人与一般纳税人进行税收筹划提供了可能性。

2. 两类纳税人身份选择的税收筹划

整体来看，增值税小规模纳税人和一般纳税人增值税税负大致相同，但对于不同的企业，小规模纳税人和一般纳税人的税负会有所不同。企业为了减轻增值税税负，可以事先从不同的角度计算两类纳税人的税负平衡点，通过税负平衡点，就可以合理、合法地选择税负较轻的增值税纳税人身份。

1) 增值率筹划法

增值额是指纳税人在生产经营过程中新创造的价值，是商品价值扣除生产经营过程中消耗的生产资料的转移价值之后的余额，即销售商品价款与购进货物价款之间的差额。增值率则是增值额与销售商品价款之比。

$$增值率=\frac{销售商品价款-购进货物价款}{销售商品价款}\times 100\%$$
$$=\frac{销项税额-进项税额}{销项税额}\times 100\%$$

假定纳税人销售商品的增值率为 R_{ua}，销售商品价款为 S，购进货物价款为 P，一般纳税人的适用税率为 T_1，小规模纳税人的征收率为 T_2，则：

$$R_{va}=(S-P)/S\times 100\%$$

$$一般纳税人应纳增值税额=S\times T_1-P\times T_1$$
$$=(S-P)\times T_1$$
$$=R_{va}\times S\times T_1$$

$$小规模纳税人应纳增值税额=S\times T_2$$

当两类纳税人应纳增值税额相等时，则：

$$R_{va}\times S\times T_1=S\times T_2$$
$$R_{va}=\frac{T_2}{T_1}\times 100\%$$

因此，增值税两类纳税人税负的平衡点增值率为 R_{va}。当实际增值率等于 R_{va} 时，小规模纳税人与一般纳税人的税负相同；当实际增值率小于 R_{va} 时，小规模纳税人税负重于一般纳税人；当实际增值率大于 R_{va} 时，一般纳税人税负重于小规模纳税人。所以，在增值率较低的情况下，一般纳税人比小规模纳税人较有优势，主要原因是前者可以抵扣进项税额，而后者不能。但随着增值率的上升，一般纳税人的优势就越来越小，相反小规模纳税人更具有降低税负的优势。

上述计算是在不含税销售额情况下计算的增值率。若在含税销售额情况下，增值率的计算如下：同样假定纳税人的增值率为 R_{va}，销售商品价税款为 S，购进货物价税款为 P，一般纳税人的适用税率为 T_1，小规模纳税人的征收率为 T_2，则：

$$R_{va}=(S-P)/S\times 100\%$$

$$一般纳税人应纳增值税额=\frac{S}{1+T_1}\times T_1-\frac{P}{1+T_1}\times T_1$$
$$=\frac{S-P}{1+T_1}\times T_1$$
$$=\frac{R_{va}\times S}{1+T_1}\times T_1$$

$$小规模纳税人应纳增值税额=\frac{S}{1+T_2}\times T_2$$

当两类纳税人应纳增值税额相等时，则：

$$\frac{R_{va}\times S}{1+T_1}\times T_1==\frac{S}{1+T_2}\times T_2$$
$$R_{va}=\frac{(1+T_1)T_2}{(1+T_2)T_1}\times 100\%$$

依据上述公式，一般纳税人增值税税率为17%或13%，小规模纳税人增值税征收率为3%时的两类纳税人税负平衡点的增值率见表4-1。

表 4-1 两类纳税人税负平衡点的增值率

一般纳税人税率	小规模纳税人征收率	不含税平衡点增值率	含税平衡点增值率
17%	3%	17.65%	20.05%
13%	3%	23.08%	25.32%

阅读案例 4-1

某企业为商业企业，当年被核定为小规模纳税人，其购进的含17%增值税的库存商品价税额为50万元，实现含税销售额为70万元。次年1月份主管税局开始新年度纳税人认定工作，企业依据税法认为虽然经营规模达不到一般纳税人的销售额标准，但会计制度健全，能够按照会计制度和税务机关的要求准确核算销项税额、进项税额和应纳税额，能提供准确的税务资料，并且年应税销售额不低于30万元的，经主管税务机关批准，可以被认定为一般纳税人。因此，该企业既可以选择小规模纳税人(征收率3%)，也可以选择一般纳税人(适用税率17%)。该企业应当如何进行纳税人类别的税收筹划?

纳税分析：

该企业含税增值率$=\frac{70-50}{70}\times 100\%=28.57\%$

实际含税增值率为28.57%，大于两类纳税人含税平衡点的增值率20.05%，选择一般纳税人的增值税税负将重于小规模纳税人，因此，该企业维持小规模纳税人身份更为有利。

若为一般纳税人的应纳增值税额$=\frac{70}{1+17\%}\times 17\%-\frac{50}{1+17\%}\times 17\%=2.91$(万元)

若为小规模纳税人的应纳增值税额$=\frac{70}{1+3\%}\times 3\%=2.04$(万元)

选择小规模纳税人的增值税税负降低额$=2.91-2.04=0.87$(万元)

在纳税人身份的选择上也要关注增值税转型的影响。增值税转型后，纳税人可以抵扣的进项税额会增加，增值率也随之相应下降，假设下降到20%，则按一般纳税人身份纳税的税负轻于按小规模纳税人纳税。因此，企业应考虑通过健全财务会计制度，或自己增加投资扩大生产经营规模，或与其他公司联合投资扩大生产经营规模，使自己适用于一般纳税人身份，以减轻税收负担。

2) 抵扣率筹划法

抵扣额是指纳税人在生产经营过程中消耗的生产资料的转移价值，即符合增值税抵扣条件的购进货物价款。抵扣率即购进货物价款与销售商品价款之比。

$$\begin{aligned}\text{抵扣率}&=\frac{\text{购进货物价款}}{\text{销售商品价款}}\times 100\%\\&=\frac{\text{进项税额}}{\text{销项税额}}\times 100\%\\&=1-\text{增值税率}\end{aligned}$$

假定纳税人购进货物的抵扣率为R_d，销售商品价款为S，购进货物价款为P，一般纳税人的适用税率为T_1，小规模纳税人的征收率为T_2，则：

$$R_d=P/S\times 100\%$$

$$\begin{aligned}\text{一般纳税人应纳增值税额}&=S\times T_1-P\times T_1\\&=S\times T_1-S\times R_d\times T_1\\&=S\times(1-R_d)\times T_1\end{aligned}$$

小规模纳税人应纳增值税额$=S\times T_2$

当两类纳税人应纳增值税额相等时，则：

$$S\times(1-R_d)\times T_1=S\times T_2$$

$$R_d=\frac{T_1-T_2}{T_1}\times 100\%$$

因此，两类纳税人增值税税负的平衡点为抵扣率R_d。当实际抵扣率等于R_d时，小规模纳税人与一般纳税人的税负相同；当实际抵扣率小于R_d时，一般纳税人税负重于小规模纳税人；当实际抵扣率大于R_d时，小规模纳税人税负重于一般纳税人。所以，在抵扣率较高的情况下，可抵扣的进项税额越高，一般纳税人的税负越轻。

同样地，上述计算也是在不含税销售额情况下计算的购进货物的抵扣率。若在含税销售额情况下，抵扣率的计算如下：假定纳税人的抵扣率为R_d，销售商品价税款为S，购进货物价税款为P，一般纳税人的适用税率为T_1，小规模纳税人的征收率为T_2，则：

$$R_d=P/S\times 100\%$$

$$\begin{aligned}\text{一般纳税人应纳增值税额}&=\frac{S}{1+T_1}\times T_1-\frac{P}{1+T_1}\times T_1\\&=\frac{S-P}{1+T_1}\times T_1\\&=\frac{(1-R_d)\times S}{1+T_1}\times T_1\end{aligned}$$

小规模纳税人应纳增值税额$=\dfrac{S}{1+T_2}\times T_2$

当两类纳税人应纳增值税额相等时，则：

$$\frac{(1-R_d)\times S}{1+T_1}\times T_1=\frac{S}{1+T_2}\times T_2$$

$$R_d=\frac{T_1-T_2}{T_1(1+T_2)}\times 100\%$$

依据上述公式，一般纳税人增值税税率为17%或13%，小规模纳税人增值税征收率为3%时的两类纳税人税负平衡点的抵扣率见表4-2。

表4-2　两类纳税人税负平衡点的抵扣率

一般纳税人税率	小规模纳税人征收率	不含税平衡点抵扣率	含税平衡点抵扣率
17%	3%	82.35%	79.95%
13%	3%	76.92%	74.68%

阅读案例4-2

某科研所为非企业性单位，所研制的产品科技含量较高，当年预计不含税销售额2 000万元，购进不含增值税的原材料价款为800万元，该科研所如何进行纳税人类别的税收筹划？

纳税分析：

税法规定年应税销售额超过小规模纳税人标准的个人、非企业性单位、不经常发生应税行为的企业，视同小规模纳税人，即该科研所作为非企业性单位，只能被认定为小规模纳税人(适用征收率3%)。但该科研所可以将该部分独立出去，通过注册成立一个企业，即可申请为一般纳税人(适用税率17%)。

$$该科研所预计抵扣率=\frac{800}{2\ 000}\times 100\%=40\%$$

预计抵扣率为40%，小于两类纳税人平衡点的抵扣率82.35%，注册企业并申请为一般纳税人后的增值税税负将重于小规模纳税人，因此，该科研所应选择小规模纳税人身份更为有利。

若为一般纳税人应纳增值税额=2 000×17%－800×17%=204(万元)

若为小规模纳税人应纳增值税额=2 000×3%=60(万元)

选择小规模纳税人的增值税税负降低额=204－60=144(万元)

所以，该科研所单位应选择小规模纳税人身份。

3) 成本利润率筹划法

在税法对视同销售货物的销售额的确认方法中，组成计税价格等于成本×(1+成本利润率)，因此，成本利润率成为两类纳税人税收筹划的又一依据。成本利润率是指纳税人在生产经营过程中实现的利润与销售成本的比值。

$$成本利润率=\frac{利润}{销售成本}\times 100\%$$

假定纳税人销售商品的成本利润率为R_{pc}，销售商品价款为S，购进货物价款为P，一般纳税人的适用税率为T_1，小规模纳税人的征收率为T_2，则

$$S=P\times(1+R_{pc})$$

$$\begin{aligned}一般纳税人应纳增值税额&=S\times T_1-P\times T_1\\&=P\times(1+R_{pc})\times T_1-P\times T_1\end{aligned}$$

$$\begin{aligned}小规模纳税人应纳增值税额&=S\times T_2\\&=P\times(1+R_{pc})\times T_2\end{aligned}$$

当两类纳税人应纳增值税额相等时，则：

$$P\times(1+R_{pc})\times T_1-P\times T_1=P\times(1+R_{pc})\times T_2$$

$$R_{pc}=\frac{T_2}{T_1-T_2}\times 100\%$$

因此，两类纳税人增值税税负的平衡点为成本利润率R_{pc}，当实际成本利润率等于R_{pc}时，小规模纳税人与一般纳税人的税负相同；当实际成本利润率大于R_{pc}时，一般纳税人税负重于小规模纳税人；当实际成本利润率小于R_{pc}时，小规模纳税人税负重于一般纳税人。所以，在成本利润率较高的情况下，可抵扣的进项税额越低，一般纳税人的税负越重。

同样，上述计算也是在不含税情况下计算的成本利润率。在含税情况下，成本利润率的计算如下：假定纳税人销售商品的成本利润率为R_{pc}，销售商品价税款为S，购进货物价税款为P，一般纳税人的适用税率为T_1，小规模纳税人的征收率为T_2，则：

$$\begin{aligned}一般纳税人应纳增值税额&=\frac{(1+R_{pc})\times P}{1+T_1}\times T_1-\frac{P}{1+T_1}\times T_1\\&=\frac{R_{pc}\times P}{1+T_1}\times T_1\end{aligned}$$

当两类纳税人应纳增值税额相等时，则：

$$\frac{R_{pc}\times P}{1+T_1}\times T_1=\frac{(1+R_{pc})\times P}{1+T_2}\times T_2$$

$$R_{pc}=\frac{T_2(1+T_1)}{T_1-T_2}\times 100\%$$

依据上述公式，一般纳税人增值税税率为17%或13%，小规模纳税人增值税征收率为3%时的两类纳税人税负平衡点的成本利润率见表4-3。

表4-3　两类纳税人税负平衡点的成本利润率

一般纳税人税率	小规模纳税人征收率	不含税平衡点成本利润率	含税平衡点成本利润率
17%	3%	21.43%	25.07%
13%	3%	30.00%	33.90%

阅读案例4-3

某企业为商业企业，下设A、B两个批发部，预计当年A批发部不含税销售收入为160万元，销售成本为120万元；B批发部不含税销售收入为110万元，销售成本为80万元。如果将两个批发部由企业统一核算，符合一般纳税人的条件，适用税率17%；如果将两个批发部分别注册为企业，实行独立核算，则A、B分另别为小规模纳税人，征收率为3%。该企业应如何进行选择？

纳税分析：

$$该企业成本利润率=\frac{(160+110)-(120+80)}{120+80}\times 100\%=35\%$$

企业预计成本利润率为35%，大于两类纳税人税负平衡点的成本利润率21.43%，A、B分别注册为独立核算的小规模纳税人企业的增值税税负将轻于统一作为一般纳税人核算的税负，因此，该企业选择将A、B两个批发部独立为两个小规模纳税人企业较为合适。

若统一核算应纳增值税额＝270×17%－200×17%＝11.90(万元)

若分别独立核算的应纳增值税额＝160×3%＋110×3%＝8.10(万元)

选择独立核算的增值税税负降低额＝11.90－8.10＝3.80(万元)

综上所述，企业可以通过增值率筹划法、抵扣率筹划法、成本利润率筹划法等方法来判断选择增值税纳税人身份。但在增值税纳税类别筹划的过程中，不能仅仅局限于纳税人的税负，还要兼顾企业成本效益原则，综合考虑以下几个方面：一般纳税人的经营规模往往比小规模纳税人大，其信誉往往也要比小规模纳税人的信誉好，在市场竞争中具有明显的优势，有利于企业未来的发展；从一般纳税人购货所取得的增值税专用发票，适用的税率为17%或13%，而从小规模纳税人购货所取得的增值税专用发票，是由税务局按3%的缴纳率代开的专用发票，必然导致一般纳税人的商品销售额要远远大于小规模纳税人的销售额；一般纳税人必须具备健全的会计核算制度，设置完整的账簿，全面准确地进行会计核算，这些将增加会计成本和纳税费用。

4.2　增值税计税依据的税收筹划

1. 销售方式的筹划

在目前竞争激烈的市场经济环境中，许多企业为了维持或扩大自己所生产或销售商品的市场份额，往往采取多种多样的销售方式，以达到促销的目的，而且随着经济的发展，其形式也将越来越多。目前，除了普通的销售形式外，还有许多新型的销售形式如邮寄销售、网上销售等。但是，这里所说的销售方式是指根据税法，有不同计缴增值税规定的几种销售方式。

1）折扣销售方式

折扣销售，也叫商业折扣，是指销售方为达到促销的目的，在向购货方销售货物或提供应税劳务时，给予购货方一定的价格优惠的销售形式。折扣销售往往是相对短期的、有特殊条件的和临时性的，如季节性折扣、批量性折扣、清仓性折扣等。由于折扣是在实现销售时发生的，因此，税法规定，如果销售额和折扣额在同一张发票上分别注明，可按折扣后的余额作为销售额计算增值税；如果将折扣额另开发票，不论其在会计上如何处理，均不得从销售额中抵减折扣额。另外，折扣销售仅限于货物价格的折扣，如果销货者将自产、委托加工和购买的货物用于实物折扣的，则该实物款额不能从货物销售额中扣除，且该实物应按《增值税暂行条例》“视同销售货物”中的“赠送他人”计算缴纳增值税。

2）销售折扣方式

销售(现金)折扣是指企业在销售货物或提供应税劳务行为发生后，为尽快收回资金，而给予购货方一定价格上的优惠形式。企业在销售货物或提供应税劳务后，为了鼓励购货方及早偿还货款，而协议许诺给购货方的一种折扣优惠(如在10天内付款，货款折扣2%；20天内付款，货款折扣1%；30天内全额付款)。销售折扣是在实现销售之后，实际付现时确认的，是企业进行融资的理财费用。因此，税法规定，现金折扣不得从销售额中抵减。

3）销售折让方式

销售折让是指货物销售后，由于产品质量、性能或规格等方面的原因，购货方虽没有退货，但要求给予的一种价格上的优待。销售折让可以从货物或应税劳务的销售额中扣除，以其余额计缴增值税。

4）还本销售方式

还本销售方式是指纳税人在销售货物达到一定期限后，将其货物价款的全部或部分一次或分次退还给购货方。这种方式实质上是一种筹资，是以货物换取资金的使用价值，到期还本不付息，因而税法规定，其销售额就是货物的销售价格，不得从销售额中扣除还本支出。

5）以旧换新销售方式

以旧换新销售方式是指纳税人在销售自己的货物时，有偿收回旧货物的行为。税法规定，采取以旧换新方式销售货物的(金银首饰除外)，应按新货物的同期销售价格确定销售额，不得扣减旧货物的收购价格，因为销售货物与收购货物是两个不同的业务活动，销售额与收购额不能相互抵减。

在商品或劳务的销售过程中，企业有必要对销售方式进行自主选择。因为，销售方式不同，往往适用不同的税收政策，也就存在税收待遇差别的问题；另外，销售方式依据收到货款或销售收入的实现时间的不同，表现为现销和赊销两种方式，所以销售方式的筹划可以与销售收入实现时间的筹划结合起来。如果企业销售方式的划分以结算方式为标准，则销售方式决定了产品销售收入的实现时间，而产品销售收入的实现时间又在很大程度上决定了企业纳税义务发生的时间，纳税义务发生时间的早晚又为减轻税负提供了筹划机会。

阅读案例 4-4

某大型商场为增值税一般纳税人，决定在春节期间进行商品促销。商场经理拟订了3种促销方案：一是商品8折销售；二是购物满100元赠送价值30元的商品；三是购物满100元，返还20元的现金。假定该商场商品毛利率为30%，即销售100元的商品，其成本为70元。商场选择哪一种方案最有利？

纳税分析：

方案1 商品8折销售时，价值100元的商品售价80元，成本70元。

应纳增值税额$=\frac{80}{1+17\%}\times 17\%-\frac{70}{1+17\%}\times 17\%=1.45$(元)

方案2 赠送商品时，商品售价100元，成本70元，赠送商品按照规定还要单独计税。

应纳增值税额$=\frac{100}{1+17\%}\times 17\%+\frac{30}{1+17\%}\times 17\%-\frac{70}{1+17\%}\times 17\%=8.72$(元)

方案3 返还现金时，价值100元的商品售价100元，成本70元。

应纳增值税额$=\frac{100}{1+17\%}\times 17\%-\frac{70}{1+17\%}\times 17\%=4.36$(元)

上述3种方案中，方案1最优，企业应纳增值税额1.45元；方案2与方案3效果相同，应纳增值税额均为4.36元。当然企业在选择方案时，除了考虑增值税的税负外，还应考虑其他各税的负担情况，如赠送实物或现金，还要由商家代缴个人所得税，对其获得的利润还要缴纳所得税等。

6）以物易物方式

以物易物是一种较为特殊的购销活动，是指购销双方不以货币结算，而是以同等价款的货物相互结算，实现货物购销的一种方式。在实际交易过程中，有的纳税人以为以物易物不是购销行为。销货方收到购货方抵顶货款的货物，认为自己不是购货；购货方发出抵顶货款的货物，认为自己不是销货。这两种认识都是错误的，正确的认识应当是：以物易物双方都应作购销处理，以各自发出的货物核算销售额并计算销项税额，以各自收到的货物核算购货额并计算进项税额。

阅读案例 4-5

A企业以一批库存商品彩电，换取B企业的一批库存商品微波炉，双方均备日后销售。彩电的账面价值为20万元，不含税公允价值为21万元，增值税税率为17%，计税价格为公允价值；微波炉的账面价值为21.5万元，不含税公允价值为21万元，增值税税率为17%，计税价格为公允价值。整个交易过程除增值税以外，没有发生其他相关的税费。

纳税分析：

1）A企业增值税的计算

根据《增值税暂行条例》的有关规定，A企业库存商品与库存商品相交换，应视同销售行为，按计税价格计算进项税额和销项税额。

换出商品的销项税额$=21\times 17\%=3.57$(万元)

换入商品的进项税额$=21\times 17\%=3.57$(万元)

该业务应纳增值税额$=3.57-3.57=0$(万元)

2) B企业增值税的计算

根据《增值税暂行条例》的有关规定，B企业库存商品与库存商品相交换，同样应视同销售行为，按计税价格计算进项税额和销项税额。

换出商品的销项税额=21×17%=3.57(万元)

换入商品的进项税额=21×17%=3.57(万元)

该业务应纳增值税额=3.57-3.57=0(万元)

从上述A、B企业的增值税计算可以看出，非货币性交易仍然是一种公平、公允交易，交易双方以等额公允价值进行交易。在等价交易的情况下，换入商品与换出商品的增值税额相等，所以应纳增值税额为0。但是在实际的以物易物交易过程中，双方均会出于自身的经营目的，采取非等价的物物交易，从而为物物交易的税收筹划提供了机会。

阅读案例 4-6

A企业为加工生产棉布的一般纳税人，B企业为加工生产服装的一般纳税人。由于未来市场棉布价格处于上升趋势，而服装价格处于下降趋势，B企业预测未来市场以棉布加工的休闲装利润较高，而目前资金紧张；A企业则考虑将该批服装作为本厂职工的工作服。因此A、B企业签订物物交易协议，A企业以成本为6万元，市价为9万元，作价10万元的棉布置换B企业积压的成本为9万元，市价为11万元，作价10万元的服装。

纳税分析：

1) A企业增值税的计算

换出商品的销项税额=9×17%=1.53(万元)

换人商品的进项税额=11×17%=1.87(万元)

该业务应纳增值税额=1.53-1.87=-0.34(万元)

2) B企业增值税的计算

换出商品的销项税额=11×17%=1.87(万元)

换入商品的进项税额=9×17%=1.53(万元)

该业务应纳增值税额=1.87-1.53=0.34(万元)

因此，由于A企业缩小了销项税额0.17万元(10×17%-9×17%)，扩大了进项税额0.17万元(11×17%-10×l7%)，应纳增值税额为-0.34万元；而B企业扩大了销项税额0.17万元(11×17%-10×17%)，缩小了进项税额0.17万元(10×17%-9×17%)，应纳增值税额为0.34万元。对于A企业而言，降低了增值税税负0.34万元；对于B企业而言，为了解决资金紧张，增加了增值税税负0.34万元，资金成本率为3.78%(0.34/9×100%)，低于银行同期贷款率5.58%；对于国家税收收入未产生影响(0.34 -0.34)。

2. 结算方式的税收筹划

知识链接 4-2

《增值税暂行条例》对结算方式的规定

纳税人销售货物或者应税劳务的纳税义务发生时间(即产品销售实现的法定时间)，按销售方式不同而不同。采取直接收款方式销售货物，无论货物是否发出，均为收到销售额或取得索取销售额的凭据，并将提货单交给买方的当天；采取托收承付和委托银行收款方式销售货物，为发出货物并办妥托收手续的当天；采取赊销或分期收款方式销售货物，为按合同约定的收款日期的当天；采取预收货款方式销售货物，为货物发出的当天；委托其他纳税人代销货物，为收到代销单位销售的代销清单的当天；销售应税劳务，为提供劳务同时收讫销售额或取得索取销售额凭据的当天；纳税人发生视同销售货物行为，为货物移送的当天。

纳税人可以合理选择结算方式，采取没有收到货款不开发票的方式就能达到延期纳税的目的。比如：对发货后一时难以回笼的货款，作为委托代销商品处理，待收到货款时出具发票纳税；避免采用托收承付和委托收款结算方式销售货物，防止垫付税款；尽可能采用支票、银行本票和汇兑结算方式销售货物；在不能及时收到货款的情况下，采用赊销或分期收款结算方式，避免垫付税款。

阅读案例 4-7

A企业与B企业在3月6日签订了一份购销合同，A企业向B企业销售某种型号的推土机，总价值2 000万元，双方合同规定采取委托银行收款方式结算价税款。A企业于当日向B企业发货，并到当地某银行办理了托收手续。4月15日，B企业收到A企业的全部推土机，对其进行技术检测后，认为不符合合同的要求，拒绝付款，并将全部推土机退回。

纳税分析：

依据税法规定，采取托收承付和委托银行收款方式销售货物，其销售额的确认时间为发出货物并办妥托收手续的当天。因此，A企业3月6日在未收到货款的情况下，应当确认并垫付销项税额340万元(2 000×17%)。虽然这笔税款可以在退货发生的当期销项税额中抵扣，但这种抵扣与以前的垫付是有一定时间间隔的，相当于企业占用了一部分资金用于无回报的投资，而且还要承担资金成本2.11万元(340×5.58%/360×40，银行贷款利率为5.58%)，对于资金比较紧张的企业而言，无疑是一种损失。因此，在销售结算时应当慎重选择托收承付或委托收款结算方式。

3. 销售使用过的固定资产的税收筹划

知识链接 4-3

《增值税暂行条例》对有关销售旧货和旧机动车的规定

我国《增值税暂行条例》对有关销售旧货和旧机动车的增值税政策做出了明确的规定。一是纳税人销售旧货(包括旧货经营单位销售旧货和纳税人销售自己使用过的固定资产)，无论其是增值税一般纳税人或小规模纳税人，也无论其是否为批准认定的旧货调剂试点单位，一律按照4%的征收率减半缴纳增值税，不得抵扣进项税额；二是纳税人销售自己使用过的属于应征消费税的机动车、摩托车、游艇，售价超过原值的，按照4%的征收率减半缴纳增值税，售价未超过原值的，免征增值税；旧机动车经营单位销售旧机动车、摩托车、游艇，按照4%的征收率减半缴纳增值税。

企业出于更新设备、盘活闲置资产等目的，有时会将已使用或正在使用中的固定资产出售，由于税收因素的存在，在销售使用过的属于应征消费税的机动车、摩托车、游艇时，应充分做好筹划，以达到收益最大化。单独从增值税税负角度考虑，毫无疑问，免税比纳税好，但是综合考虑企业销售使用过的机动车、摩托车、游艇的税负和收益后，免税并不一定是最佳的选择。如果使用过的机动车、摩托车、游艇的销售价格足够高，其所获得的收益必然超过应纳增值税额，纳税后的收益比选择免税销售后的收益要高，可以通过计算免税与纳税平衡点的升值率来分析选择。

假定使用过的机动车的原值为 P，销售价格为 S，升值率为 R_{va}，使用过的机动车销售价格高于原值时的增值税适用征收率为 T，则：

$$R_{va}=\frac{S-P}{P}\times 100\%$$

当扣除增值税后的销售价格等于机动车原值时，即：

$$S-\frac{S}{1+T}\times T\times 50\%=P$$

$$R_{va}=\frac{T}{2+T}\times 100\%=\frac{4\%}{2+4\%}=1.96\%$$

当 T 为 4%时，平衡点升值率 R_{va} 为 1.96%，若销售使用过的机动车的价格超过原值但没超过原值平衡点升值率 1.96%，企业应尽量使销售价格不超过原始价格，免税比纳税所获得的收益大；若价格超过原值平衡点升值率 1.96%，企业应当放弃免税而选择缴纳增值税，可以带来更大的收入。

阅读案例 4-8

某企业为工业企业，欲出售一辆使用了 1 年的进口客车，该进口客车的原始成本为 80 万元，已提折旧 5 万元。此时有 A、B、C3 个企业愿意分别以 79 万元、81 万元、82 万元的价格购买，企业应当如何进行税收筹划，以确定买主？

纳税分析：

(1) 如果将该进口客车销售给 A 企业，销售价格为 79 万元，低于原值，符合出售已使用过的机动车的免税条件，所获得的收益为 79 万元。

(2) 如果将该进口客车销售给 B 企业，销售价格为 81 万元，超过原值，不符合免税条件，应当缴纳增值税。其升值率为：

$$R_{va}=\frac{81-80}{80}\times 100\%=1.25\%$$

收益额 $=81-\frac{81}{1+4\%}\times 4\%\times 50\%=79.44$(万元)

由于升值率为 1.25%，小于平衡点升值率 1.96%，应当选择免税价格，将进口客车按 79.44 万元和 80 万元之间的价格销售给 B 企业，所获得的收益要比按 81 万元销售的收益多。

(3)如果将该进口客车销售给 C 企业，销售价格为 82 万元，超过原值，不符合免税条件，应当缴纳增值税。其升值率为：

$$R_{va}=\frac{82-80}{80}\times 100\%=2.5\%$$

收益额 $=82-\frac{82}{1+4\%}\times 4\%\times 50\%=80.42$(万元)

由于升值率为 2.5%，大于平衡点升值率 1.96%，应当选择纳税，将进口客车销售给 C 企业。因为销售给 C 企业所获得的收益要比销售给 A、B 企业所获得的收益多。

4. 购货渠道的税收筹划

增值税纳税人分为一般纳税人和小规模纳税人，各自适用的增值税税率是不同的，对税款抵扣额也不同。因此，如何选择供应商购进商品和劳务，将直接影响到增值税税负和企业收益。假设在价格和质量相同的情况下，从一般纳税人购进可以索取17%或13%增值税税率的专用发票，抵扣的进项税额最大，则应纳税额最小，这是最佳的选择；从小规模纳税人购进，通过其从主管税务局代开的增值税专用发票，可以索取3%增值税征收率的专用发票进行税款抵扣；从个体工商户购进，则不能抵扣。但是这种假设不现实，因为价格相同，小规模纳税人和个体工商户将无法生存，若要在市场中生存，必然要降低销售价格，才能与一般纳税人同市场竞争。这样，无论是一般纳税人购进，还是小规模纳税人销售，均要计算比较各自的税负和收益，从而确定各自的购进与销售价格，使本企业的利益最大化。

假定一般纳税人的含税销售额为 S，从一般纳税人购货的含税购进额为 P，适用的增值税税率为 T_1，从小规模纳税人购进货物的含税额与从一般纳税人购进货物的含税额的比率为 R_c，小规模纳税人适用的缴纳率为 T_2。因生产加工费用与原材料的来源关系不大，所以收益为销售收入扣除购进成本、应纳增值税额之差，则：

从一般纳税人索取专用发票后的收益为：

$$S-P-\left(\frac{S}{1+T_1}\times T_1-\frac{P}{1+T_1}\times T_1\right)=\frac{S-P}{1+T_1}$$

从小规模纳税人索取专用发票后的收益为：

$$S-P\times R_c-\left(\frac{S}{1+T_1}\times T_1-\frac{P\times R_c}{1+T_1}\times T_2\right)=\frac{S}{1+T_1}-\frac{P\times R_c}{1+T_2}$$

当两者的收益相等时：

$$\frac{S-P}{1+T_1}=\frac{S}{1+T_1}-\frac{P\times R_c}{1+T_2}$$

$$R_c=\frac{1+T_2}{1+T_1}\times 100\%$$

因此，当一般纳税人选择是从小规模纳税人购进货物还是从一般纳税人购进货物时，若实际的含税价格比小于 R_c，应当选择小规模纳税人的货物；若实际的含税价格比大于 R_c，应当选择一般纳税人的货物；若实际的含税价格比等于 R_c，两者的经济流入相同，应当从其他角度考虑选择不同纳税人的货物。从销售定价而言，小规模纳税人在确定货物的价格时，应当依据一般纳税人货物的含税价格，使其货物含税价格略低于或等于一般纳税人货物含税价格的 R_c 倍。

依据上述公式，假设小规模纳税人在销售货物时，不愿或不能委托主管税务局代开增值税专用发票而出具一般普通发票，则一般纳税人在购进货物时，小规模纳税人销售货物的含税价格与一般纳税人销售货物的含税价格比为：

$$R_c=\frac{1}{1+T_1}\times 100\%$$

在增值税一般纳税人适用税率为17%或13%，小规模纳税人征收率为3%，以及不能出具增值税专用发票的情况下的 R_c 比率计算见表 4-4。

表 4-4　不同纳税人含税价格比率

一般纳税人适用的增值税税率	小规模纳税人适用的增值税缴纳率	索取专用发票后的含税价格比率	未索取专用发票后的含税价格比率
17%	3%	88.03%	85.47%
13%	3%	91.15%	88.50%

阅读案例 4-9

市区某服装生产企业为增值税一般纳税人，适用增值税税率17%，预计每年可实现含税销售收人500万元，需要外购棉布200吨。现有A、B、C、D 4个企业提供货源，其中A为生产棉布的一般纳税人，能够出具增值税专用发票，适用税率17%；B、C为小规模纳税人，能够委托主管税局代开增值税征收率为3%的专用发票；D为个体工商户，仅能提供普通发票。A、B、C、D 4个企业所提供的棉布质量相同，但是含税价格却不同，分别为每吨2万元、1.55万元、1.5万元和1.45万元。作为采购人员，应当如何进行购货价格的税收筹划，选择较为合适的供应企业？

纳税分析：

B与A的实际含税价格比率＝1.55/2＝77.5%＜88.03%

C与A的实际含税价格比率＝1.5/2＝75%＜88.03%

D与A的实际含税价格比率＝1.45/2＝72.5%＜85.47%

通过上述不同纳税人含税价格与以一般纳税人含税价格的比率计算，以及与收益平衡时的价格比率的比较，可以看出，选择从A企业购进棉布显然不合算，应当选择B、C或D企业。但具体选择哪个企业呢，可以通过4个供货单位产生收益额的比较来选择，其具体的收益和应纳增值税额计算如下。

1) 从A企业购进

$$=\frac{500}{1+17\%}\times17\%-\frac{200\times2}{1+17\%}\times17\%=14.53(\text{万元})$$

$$\text{收益额}=\frac{500}{1+17\%}-\frac{200\times2}{1+17\%}=85.47(\text{万元})$$

2) 从B企业购进

$$\text{应纳增值税额}=\frac{500}{1+17\%}\times17\%-\frac{200\times1.55}{1+3\%}\times3\%=63.62(\text{万元})$$

$$\text{收益额}=\frac{500}{1+17\%}-\frac{200\times1.55}{1+3\%}=126.38(\text{万元})$$

3) 从C企业购进

$$\text{应纳增值税额}=\frac{500}{1+17\%}\times17\%-\frac{200\times1.5}{1+3\%}\times3\%=63.91(\text{万元})$$

$$\text{收益额}=\frac{500}{1+17\%}-\frac{200\times1.5}{1+3\%}=136.09(\text{万元})$$

4) 从D企业购进

$$\text{应纳增值税额}=\frac{500}{1+17\%}\times17\%=72.65(\text{万元})$$

$$\text{收益额}=\frac{500}{1+17\%}-200\times1.45=137.35(\text{万元})$$

还值得注意的是，一般纳税人采购货物时除了考虑获得的收益外，还应考虑由于增值税税负不同而导致的城市维护建设税、教育费附加和企业所得税的变化。企业的税后净收益还应为扣除城建税、教育费附加、印花税以及企业所得税等税费之后的收益。采购货物涉及的增值税，在销项税额一定的情况下，能索取17%增值税税率的专用发票时，应纳税额最低；能索取3%缴纳率专用发票时，应纳税额次之；不能索取专用发票时，应纳税额会最大。同理，与增值税紧密相关的城建税、教育费附加随增值税的增减而增减。至于企业所得税，则与企业税前利润的大小相关，不能索取17%基本税率的专用发票时，因多缴纳了增值税，城建税、教育费附加，企业税前可扣除的税费增加，企业所得税会相应减少。所以，仅仅根据上述的计算收益额就选择购货渠道可能不是最优的，用企业该项业务获得的税后净收益计算应该是更加科学合理的方法。由于税后净收益的计算要结合具体情况和环境进行，这里不再详述。

5. 组织运输的税收筹划

企业的购销过程中离不开货物运输费用，采购材料要发生运费，运销产品也伴有运费。而企业的运费收支又与税收有着密切的联系，增值税一般纳税人支付运费可抵扣进项税额，收取运费应缴纳营业税或增值税。运费收支状况发生变化时，必然对企业纳税产生一定的影响。因此，企业应当合理组织运输，进行运费的税收筹划，以提高企业经济效益。

企业发生的运费对于一般纳税人自营车辆而言，运输工具耗用的油料、配件及正常修理费支出等项目，通过索取专用发票可以抵扣17%的增值税；若企业不拥有自营车辆，而是外购运输，依据税法规定只能按运输专用发票的票额计算抵扣7%的增值税。因此，当运费中所含物耗支出费用较大时，采取自营运输，按17%的税率计算抵扣增值税，税负较轻；当运费中所含物耗支出费用较低时或不能获得增值税专用发票时，采取外购运输，按7%的税率计算抵扣增值税，税负较轻。选择外购还是自营，可以通过计算两种方式的增值税税负平衡点，以此进行判别。

假定自营运输中的物耗费用占运费的比重为R，运费总额为A，外购对象为其他的企业。则外购方式的抵扣税额$=A\times 7\%$

自营方式的抵扣税额$=A\times R\times 17\%$

当两种方式的抵扣税额相等时，则：

$A\times 7\%=A\times R\times 17\%$

$R=41.18\%$

假定自营运输中的物耗费用占运费的比重为R，运费总额为A，外购对象为本企业将运输部门独立出去所设置的运输公司，作为本企业独立的运输公司，应当按3%的税率计缴营业税，企业实际的增值税抵扣率为4%(7%−3%)。则：

外购方式的抵扣税额$=A\times 7\%-A\times 3\%=A\times 4\%$

自营方式的抵扣税额$=A\times R\times 17\%$

当两种方式的抵扣税额相等时，则：

$A\times 4\%=A\times R\times 17\%$

$R=23.53\%$

因此，当运费结构中可抵扣增值税的物耗比率$R=41.18\%(23.53\%)$时，自营与外购方式的税负相同；当$R>41.18\%(23.53\%)$时，自营方式可抵扣税额较大，税负较轻；当$R<41.18\%(23.53\%)$时，自营方式可抵扣的税额较小，税负较重。也就是说，作为购货企业，当$R<41.18\%(23.53\%)$时，可以考虑外购其他企业的运输劳务或将运输部门独立出来成立隶属于本企业的运输公司，从而降低增值税税负；作为销货企业，将收取的运费补贴转成代垫运费，也能降低自己的税负，但要受到销货对象的制约。

阅读案例4-10

A企业为新设立的生产企业，且认定为一般纳税人，采购部门预计全年原材料的采购运输费用为400万元，其中物料消耗为80万元，有3种方案可供采购部门选择：一是自营运输；二是外购其他企业的运输劳务；三是将自己的运输部门设立为独立的运输公司。从增值税角度考虑，A企业应当如何组织运输？

纳税分析：

$$R=80/400=20\%$$

由于物料消耗在运输费用总额中所占的比重小于41.18%(23.53%)，自营方式可抵扣的税额较小，税负较重，选择外购方式较为合适。其具体可抵扣的税额如下。

方案1：自营方式的抵扣税额＝80×17%＝13.60(万元)

方案2：外购其他企业的抵扣税额＝400×7%＝28(万元)

方案3：外购自己独立运输公司的抵扣税额＝400×(7%－3%)＝16(万元)

从上例可以看出，支付相同的运费，外购其他企业的抵扣税额最多，相应的增值税税负最轻，外购自己独立的运输公司可抵扣的增值税额次之，自营方式的抵扣税额最少，相应的增值税税负最重，所以应当选择方案2。

阅读案例4-11

A企业销售给B企业甲产品10 000件，不含税价格100元/件，价外运费10元/件，其中因加工商品购进原材料可抵扣的进项税额为100 000元，运费中物料消耗可抵扣的进项税额为8 000元。A企业将自己的车辆独立出去成立运输公司是否可行?

纳税分析：

(1)自营运输情况下的增值税税负：

$$增值税销项税额=10\,000\times100\times17\%+\frac{10\,000}{1+17\%}\times17\%$$

$$=184\,529.91(元)$$

增值税进项税额＝100 000＋8 000＝108 000(元)

应纳增值税额＝184 529.91－108 000＝76 529.91(元)

(2)自营车辆独立出去成立运输公司并采用购买运输方式的税负：

$$增值税销项税额=100\,000\times100\times17\%+\frac{100\,000}{1+17\%}\times17\%$$

$$=184\,529.91\ 元$$

增值税进项税额＝100 000＋10 000×10×7%＝107 000(元)

应纳增值税额＝184 529.91－107 000＝77 529.91(元)

应纳营业税税额＝10 000×10×3%＝3 000(元)

购买运输方式是销售方先向运输公司支付运费，运输公司开具运输发票，然后销售方将运费作为价外费用再向购货方开具增值税专用发票。因此，实际流转税税负比自营运输增加了4 000元(77 529.91＋3 000－76 529.91)。

(3) 自营车辆独立出去成立运输公司并采用委托运输方式的税负：

增值税销项税额＝10 000×100×17%＝170 000(元)

增值税进项税额＝100 000(元)

应纳增值税额＝170 000－100 000＝70 000(元)

应纳营业税税额＝10 000×10×3%＝3 000(元)

委托运输方式不考虑销货运费，销售方直接委托运输公司运输，由运输公司直接开具发票给购货方，因此，实际流转税税负比自营运输降低了3 529.91元(76 529.91－70 000－3 000)。

然而，购销行为总是双方合作的关系，购货方B企业能否接受A企业的委托运输方案，通过比较可以看出：在自营方式下，B企业从A企业购货时的进项税额是184 529.91元；在委托运输方式下，B企业的进项税额分为购货进项税170 000元和支付运费计提的进项税额7 000元，合计为177 000元，比前者少抵扣了7 529.91元。所以，销货方改变运费补贴性质的做法，购货方未必会同意。但在实际运作中，可以选择特定的购货者予以实施，即当购货方通常不是增值税一般纳税人或虽是增值税一般纳税人但采购货物无须抵扣进项税额时，可考虑改变运费补贴状况。如：销售建材产品的企业，如果购货方是建设单位、施工企业或消费者等非增值税一般纳税人时，可考虑对原包含在售价之中的运费价款转变成代垫运费。销售大型机械设备的企业，如果购货方作为固定资产入账，可将售货总价中的运费价款改变成代垫运费，不会引起采购方少抵扣税款的问题。

需要注意的是，无论是将自营运费转成外购运费，还是将运费补贴收入转成代垫运费，都必然会增加相应的转换成本，如设立运输公司的开办费、管理费及其他公司费用等支出。当税负降低额大于转换支出时，说明税收筹划是成功的；反之，当税负降低额小于转换支出时，应维持原状不变为宜。

4.3 增值税特殊经营行为的税收筹划

1. 几种特殊经营行为的税收界定

税法明确规定了增值税的征税范围为销售或进口的货物和提供的加工、修理修配劳务，同时也对实务中属于增值税征税范围的某些特殊项目或行为做出了规定。其中，特殊行为包括兼营销售行为、混合销售行为和视同销售行为。

1）兼营销售行为

兼营在我国不仅仅是指同时经营增值税不同适用税率项目，同时经营增值税应税、免税、减税项目，还包括同时经营增值税和营业税项目。兼营营业税项目是指增值税纳税人在从事应税货物销售或提供应税劳务的同时，还从事非应税劳务(营业税规定的各项劳务)，且所从事的非应税劳务与某一项应税货物销售或提供应税劳务并无直接的联系和从属关系。增值税纳税人应分别核算应税货物或应税劳务和非应税劳务的销售额，对应税货物和应税劳务的销售额按各自适用的税率缴纳增值税，对非应税劳务的销售额(营业额)按适用的税率缴纳营业税。如果不分别核算或者不能准确核算应税货物或应税劳务和非应税劳务销售额的，其非应税劳务应与应税货物或应税劳务一并缴纳增值税。

2）混合销售行为

一项销售行为如果既涉及增值税应税货物又涉及非增值税应税劳务(营业税应税劳务)，则为混合销售行为。混合销售行为涉及增值税与营业税征税范围的划分，其标准是：凡是从事货物的生产、批发或零售的企业、企业性单位及个体经营者的混合销售行为，视为销售货物，应当缴纳增值税，其他单位和个人的混合销售行为，视为销售非应税劳务，不缴纳增值税。除此之外，税法对混合销售行为作了特殊规定：从事运输业务的单位和个人，发生销售货物并负责运输所销售货物的混合销售行为，应缴纳增值税；生产销售铝合金门窗、玻璃幕墙的企业、企业性单位及个体经营者，其在销售铝合金门窗、玻璃幕墙的同时负责安装的，属于混合销售行为，对其取得的应税收入缴纳增值税。因此，混合销售行为是企业的同一项销售行为既涉及增值税应税货物又涉及营业税的应税劳务，而且提供应税劳务的目的是直接为了销售这批货物而作出的，两者之间是紧密相连的从属关系。它与一般既从事这个税的应税项目，又从事那个税的应税项目，两者之间却没有直接从属关系的兼营行为是完全不同的。混合销售是面向同一购买人的，增值税应税货物和营业税应税劳务是合并定价，不可能分开核算。

3）视同销售行为

视同销售行为是指一些货物的转移、使用、无偿转让行为，虽没有取得相关的销售收入，但是视同正常销售，予以缴纳增值税。单位和个体经营者的下列行为，为视同销售货物：将货物交付他人代销；销售代销货物；设有两个以上机构并实行统一核算的纳税人，将货物从一个机构移送其他机构用于销售，但相关机构设在同一县(市)的除外；将自产、委托加工的货物用于非应税项目；将自产、委托加工或购买的货物作为投资，提供给其他单位或个体经营者；将自产、委托加工或购买的货物分配给股东或投资者；将自产、委托加工的货物用于集体福利或个人消费；将自产、委托加工或购买的货物无偿赠送他人。

2. 兼营行为的税收筹划

1）兼营不同增值税税率和征收率项目

兼营不同增值税项目是指增值税纳税人同时经营适用不同增值税税率的货物或者应税劳务，同时经营应税和免税、减税项目，同时经营应税和非应税项目。从事兼营业务的增值税纳税人，必须安排好其增值税税务，才不至于增加税负。一个增值税一般纳税人可能同时经营适用不同增值税税率的应税项目。如果纳税人是兼营不同税率的货物或者应税劳务的，应当分别核算不同税率货物或者劳务的销售额，并按不同税率分别计算应纳税额。未分别核算销售额的，从高适用税率。所谓分别核算，主要是指对兼营的不同税率货物或应税劳务在取得收入后，应分别如实作账，各记各的销售额，并按照不同的税率各自计算应纳税额，以避免适用税率混乱，出现少交税款或多交税款的现象。从高适用税率是指本应按17%或13%高低不同税率分别计税，但由于未分别核算，则对混合在一起的销售额一律按17%的高税率计税。

阅读案例 4-12

某企业属于增值税一般纳税人，3月份的经营收入有机电产品销售额260万元，其中农机销售额80万元。企业当月可抵扣的进项税额为40万元(销售额均为不含税销售额)。

纳税分析：

1）未分别核算

应纳增值税额＝260×17%－40＝4.20(万元)

2）分别核算

应纳增值税额＝(260—80)×17%＋80×13%－40＝1(万元)

分别核算可以为该企业降低增值税税负3.20万元(4.20—1)。

2）兼营应税和免税项目

一个增值税纳税人可能同时经营应税和免税项目。我国税法规定，纳税人兼营免税、减税项目的，应当分别核算免税、减税项目的销售额，未分别核算销售额的，不得免税、减税。所以，当一个企业兼营免税、减税项目时，通过分别核算不同项目销售额可以降低税负。

阅读案例 4－13

某工业企业为增值税一般纳税人，主要以甲原材料加工生产A、B两种产品(A产品适用税率为17%，B产品免税)。该企业当月的A产品含税销售额为100万元，B产品的含税销售额为60万元。当月购进甲原材料的增值税专用发票注明价款50万元，税款8.50万元。要求按税负不能通过提价转嫁进行税收筹划。

纳税分析：

1) 未分别核算

$$应纳增值税额=\frac{100+60}{1+17\%}\times 17\%-8.50-23.25-8.50=14.75(万元)$$

2) 分别核算

$$应纳增值税额=\frac{100}{1+17\%}\times 17\%-\frac{8.5}{100+60}\times 100-14.53-5.31$$
$$=9.22(万元)$$

分别核算可以为企业降低增值税税负5.53(14.75－9.22)万元。

3. 兼营不同税种项目及混合销售的税收筹划

从两种纳税人的计税原理来看，一般纳税人的增值税的计算是以增值额作为计税基础的，而营业税纳税人的营业税是以全部收入作为计税基础的。在销售价格相同的情况下，税负的高低主要取决于增值率的大小。一般来说，对于增值率高的企业，适于作营业税纳税人；反之，则选择作增值税纳税人税负会较轻。在增值率达到某一数值时，两种纳税人的税负相等。这一数值称为无差别平衡点增值率。

一般纳税人应纳增值税额＝销项税额－进项税额

进项税额＝可抵扣购进项目金额×增值税税率

增值率＝(销售额－可抵扣购进项目金额)/销售额

可抵扣购进项目金额＝销售额－销售额×增值率＝销售额×(1－增值率)

注：销售额与购进项目金额均为不含税金额。

进项税额＝可抵扣购进项目金额×增值税税率
＝销售额×(1－增值率)×增值税税率

因此，一般纳税人应纳增值税额
＝销项税额－进项税额
＝销售额×增值税税率－销售额×(1－增值率)×增值税税率
＝销售额×增值税税率×［1－(1－增值率)］
＝销售额×增值税税率×增值率

营业税纳税人应纳税额＝含税销售额×营业税税率
＝销售额×(1＋增值税税率)×营业税税率

注：营业税的计税依据为全部销售额。

当两者税负相等时，其增值率则为无差别平衡点增值率。

即

销售额×增值税税率×增值率＝销售额×(1＋增值税税率)×营业税税率

增值率=(1+增值税税率)×营业税税率/增值税税率

当增值税税率为17%，营业税税率为5%时，增值率=(1+17%)×5%/17%=34.41%

结论如下。

(1) 当增值率为34.41%时，两种纳税人的税负相同。

(2) 当增值率低于34.41%时，营业税纳税人的税负重于增值税纳税人，适于选择作增值税纳税人。

(3) 当增值率高于34.41%时，增值税纳税人的税负高于营业税纳税人，适于选择作营业税纳税人。

同理，可以计算出增值税纳税人增值税税率为13%或营业税纳税人的税率为其他时的无差别平衡点的增值率。

阅读案例 4-14

某建筑装饰公司销售建筑材料，并代顾客装修。2002年度，该公司取得装修工程总收入为1 200万元。该公司为装修购进材料支付款项936万元(价款800万元，增值税税款136万元)。该公司销售材料适用增值税税率为17%，装饰工程适用的营业税税率为3%。判别该公司缴纳何税种合算?

纳税分析：

计算无差别平衡点增值率：(1+17%)×3%/17%=20.65%

计算增值率：

增值率=(1 200−936)/1 200=22%

(注：在计算增值率时，如果销售额为含税销售额，则购进金额亦为含税购进金额)

增值率22%>20.65%

企业选择缴纳营业税合算，适宜作营业税纳税人。

可节约税收额为：

[1200/(1+17%)×17%−136] −1200×3%=38.36−36=2.36(万元)

所以，该企业可以利用企业分立，将增值税项目与营业税项目分别核算，从而降低税负，除此以外，还可以利用纳税人身份转换，将缴纳增值税转化为缴纳营业税，从而降低税负。

4. 视同销售的税收筹划

对视同销售行为征收增值税的目的在于：保证增值税税款抵扣制度的实施，不致因该类行为而造成税款抵扣环节的中断；尽量避免因发生该类行为而造成货物销售税收负担不平衡的矛盾，防止以此逃避纳税的现象。视同销售行为中的某些行为由于不是以资金的形式反映出来的，会出现无销售额的现象，因此，税法规定，对视同销售征税而无销售额的按下列顺序确定销售额：按纳税人当月同类货物的平均销售价格确定；按纳税人最近时期同类货物的平均销售价格确定；按组成计税价格确定，即组成计税价格=成本×(1+成本利润率)。

1）代销与委托代销的税收筹划

代销行为是视同销售行为中比较典型的特殊销售行为。代销通常有两种方式：收取手续费方式和视同买断方式。收取手续费方式是受托方根据所代销的商品数量向委托方收取手续费，这对受托方来说是一种劳务收入；视同买断方式由委托方和受托方签订协议，委托方按协议价收取所代销的货款，实际售价可由双方在协议中明确规定，也可由受托方自定，实际售价与协议价之间的差额归受托方所有，这种销售仍是代销，委托方只是将商品交给受托方代销，并不是按协议价卖给受托方。因此，明确企业的代销方式，有助于合理选择对企业有利的代销方式，达到税收筹划的目的。

阅读案例 4-15

A企业为一般纳税人生产企业，B企业为一般纳税人商业企业，A企业欲同B企业签订一项代销协议，由A企业委托B企业代销产品，不论采取何种销售方式，A企业的产品在市场上以每件0.1万元的价格销售。代销协议方案有两个：一是采取代销手续费方式，B企业以每件0.1万元的价格对外销售A企业的产品，根据代销数量，向A企业收取20%的代销手续费，即B企业每代销一件A企业的产品，收取0.02万元手续费，支付给A企业0.08万元；二是采取视同买断方式，B企业每售出一件产品，A企业按0.08万元的协议价收取货款，B企业在市场上仍要以每件0.1万元的价格销售A企业的产品，实际售价与协议价之间的差额，即每件0.02万元归B企业所有。假定到年末，A企业的进项税额为12万元，B企业售出该产品1 000件。A、B企业应当采取哪一种方案较为合适？

纳税分析：

方案1：

A企业应纳增值税额＝1 000×0.1×17%－12＝5(万元)

B企业应纳增值税额＝1 000×0.1×17%－1 000×0.1×17%＝0(万元)

B企业应纳营业税额＝1 000×0.02×5%＝1(万元)

A企业与B企业应纳流转税额合计为6万元。

方案2：

A企业应纳增值税额＝1 000×0.08×17%－12＝1.60(万元)

B企业应纳增值税额＝1 000×0.1×17%－1 000×0.08×17%

＝3.40(万元)

A企业与B企业的应纳流转税额合计5万元。

方案2与方案1相比：A企业应纳增值税额减少3.4万元，B企业应纳流转税额增加2.4万元，A企业与B企业应纳流转税额合计减少1万元。因此，作为A企业而言应当选择方案2，作为B企业而言应当选择方案1；作为A、B企业的共同利益而言应当选择方案2。

在实际中运用时，视同买断代销方式会受到一些限制：首先，采取这种方式的优越性只能在双方都是一般纳税人的前提下才能得到体现，如果一方为小规模纳税人，则受托方的进项税额不能抵扣，就不宜采取这种方式。其次，节约的税额在双方之间如何分配可能会影响到该种方式的选择。从上面的分析可以看出，与采取收取手续费方式相比，在买断方式下，双方虽然共节约税款1万元，但A企业节约3.4万元，B企业要多缴2.4万元。所以A企业如何分配节约的3.4万元，可能会影响B企业选择这种方式的积极性。A企业可以考虑首先要全额弥补B企业多缴的2.4万元，剩余的1万元也要让利给B企业一部分，这样才可以鼓励受托方选择适合双方的代销方式。

2）行政区划分变更的税收筹划

知识链接 4-4

《增值税暂行条例实施细则》对行政区划分的规定

我国《增值税暂行条例实施细则》规定，设有两个以上机构并实行统一核算的纳税人，将货物从一个机构移送其他机构用于销售，移送环节视同销售，但相关机构设在同一县(市)的除外。

这一视同销售的规定，是以县(市)区划为界限的，因此，统一核算的机构间的货物调拨就有税收筹划的可能。随着一些地区经济的发展，地区的行政级别往往被提升，比较普遍的是县改市、县改区、县级市升格为地级市等。有时，相邻两个地区会发生行政区划的合并或分立，从而导致行政区划的变更。行政区划的变动便为增值税的税收筹划提供了空间。

阅读案例 4-16

B县的甲企业是一家饮料企业(一般纳税人)，其产品主要通过甲企业在A市的各个区设立的统一核算的分支机构(小规模纳税人)销售，预计销售成本为200万元，进项税额为25万元，企业销售总额为300万元，各分支机构的市场销售总额为350万元。后经批准A市将邻近地区的B县划入其管辖范围，并将B县升格为A市的B区。B县行政区划的变更对甲企业的增值税税负会有多大的影响?

纳税分析：

1）B县在划入A市前

应纳增值税额=300×17%－25+350×3%=36.50(万元)

因为甲企业调拨给A市的各分支机构的饮料，尽管未销售，还在分支机构的仓库内，但都要作销售处理。同时由于其分支机构不是一般纳税人，进项税额不能抵扣，要按3%的征收率缴纳增值税，便形成了“双重”征税。

2）B县在划入A市后

随着行政区划的调整，B县变成A市的B区，甲企业和其分支机构处在同一市内，甲企业调拨给分支机构的货物不属视同销售，分支机构不用“双重”纳税了，甲企业将所有产品交由分支机构出售，保证了较好的利润。

应纳增值税额=350×17%－25=34.50(万元)

从上面分析可以看出，企业运用行政区划分的变动，合理设置了关联机构，从而降低增值税税负2(36.50－34.50)万元。

纳税人应当注意的是：虽然《增值税暂行条例实施细则》规定的机构间移送货物视同销售，以县(市)为界限，但各地在执行中对县(市)范围的规定是有区别的，如有的直辖市规定在全市范围内移送货物，都不作为视同销售，没有县、区的区别。

4.4 出口退税的税收筹划

出口货物退税是退还出口货物在国内生产、加工、销售环节已纳的增值税、消费税。通过出口退税可以使出口商品以不含税价格进入国际市场，提高本国产品在国际市场中的竞争能力，避免对跨国流动物品重复征税，促进一个国家或地区的对外出口贸易。由于出口货物在出口报关环节存在着多种税收优惠政策，如何充分地把握和应用各种税收优惠，做好出口退税筹划，是出口企业应考虑的问题。

4.4.1 出口退税税收筹划概述

出口退税税收筹划是运用税收筹划基本理论，在充分利用出口货物退税政策的基础上，出口企业通过资金、经营方式等安排，合法享受免税或取得出口退税，或者避开因对出口货物退税政策不解和误解而产生的税收陷阱，从而实现自身利益最大化的一种税收筹划方法。进行出口退税税收筹划，应把握以下4个方面：出口退税的条件；出口退税的货物范围；出口退税的企业范围；出口退税率。

1. 出口退税的条件

出口企业出口货物，办理出口退税必须符合以下条件。

1）属于增值税、消费税缴纳范围的货物

出口货物退税的税种是增值税和消费税，其他以出口货物缴纳的税种以及以增值税、消费税为计税依据附征的城建税、教育费附加等都不属于出口货物退税的范围。

2）必须报关离境

凡在国内销售而不报关离境的货物，不论出口企业是以外币结算还是以人民币结算，也不论企业在财务上或其他管理办法是如何处理的，均不能作为出口货物办理出口退税。

3）在财务会计上作出口销售处理

目前，我国出口退税政策只适用于贸易性的出口货物，对于非贸易性的出口货物，如捐赠的礼品、不作销售的展品、样品以及个人在国内购买自带离境的货物等，不能办理出口退税。

4）必须已经收汇

除另有规定外，出口企业出口的货物，必须在收汇后方可申请退税。退税申报时必须提供规定的有关单证。

2. 出口退税的货物范围

我国对出口货物采取了出口退税与免税相结合的政策，但对某些国家紧缺的货物不予退税，如面对由于大量出口给国内粮食供应带来的压力，从2007年12月20日起取消小麦、稻谷、大米、玉米、大豆等原粮及其制粉的出口退税，以减弱相关粮食品种的出口积极性，增加国内市场的供应，从而达到缓解CPI增长过快的目的。根据出口企业的不同形式和出口货物的不同种类，我国的出口货物税收政策分为以下3种形式。

1）免税又退税的出口货物

出口货物免税是指在货物出口环节不征增值税、消费税；出口退税是指退还出口货物从原材料到成品销售各个环节已缴纳的增值税。

2）免税但不予退税的出口货物

根据税法规定，下列出口货物免征增值税，但不办理退税：①原料加工复出口的货物，即原材料进口免税，加工产制的货物出口不退税；②避孕药品和用具、古旧图书，内销、出口均免税；③卷烟，有出口卷烟权的企业出口国家出口卷烟计划内的卷烟，在生产环节免缴增值税，出口环节不办理退税；非计划内出口的卷烟要照章纳税，出口一律不退税；④军品以及军队系统企业出口军需工厂生产或军需部门调拨的货物；⑤出口企业从小规模纳税人购进并持普通发票的抽纱、工艺品、香料油、山货、草柳竹藤制品、渔网渔具、松香、五倍子、生漆、鬃尾、山羊板皮、纸制品出口；⑥小规模纳税人私营或委托出口的货物。

2007 年我国出口退税政策进行了调整，范围扩大、涉及面广，共涉及 2 831 项商品，约占海关税则中全部商品总数的 37%，主要内容包括 3 个方面：一是进一步取消 553 项“高耗能、高污染、资源性”产品的出口退税；二是降低了 2 268 项容易引起贸易摩擦的商品的出口退税率；三是将 10 项商品的出口退税改为出口免税政策。这种调整深层次的含义在于政府希望渐进式地引导出口导向型增长方式向内需型增长方式转型。因此，出口企业应适时做出适应这种转变的决策，使自己的生产适合国家宏观调控的发展趋势，最大限度地获得税收收益。

3）不免税也不退税的出口货物

除经批准属于进料加工复出口贸易外，下列出口货物不免税也不退税：援外出口货物；国家禁止出口的货物；出口未纳税货物。在国内未缴纳增值税的货物，出口后一律不退税。出口退税是建立在征税基础上的，因为只有对出口的货物实现了征税，才可能在其出口后办理退税。因此，出口货物退税税收筹划应以依法纳税为原则，任何税收筹划手段和方法若违反了这一原则，都将是违法、违章的。

3. 出口退税的企业范围

凡从事货物进出口或者技术进出口的对外贸易经营者，应当向商务部或商务部委托的机构办理备案登记(法律、行政法规和商务部规定不需要备案登记的除外)。对外贸易经营者未按规定办理备案登记的，海关不予办理进出口的报关验放手续。

对外贸易经营者备案登记应遵循如下程序。

(1) 领取“对外贸易经营者备案登记表”(以下简称“登记表”)。对外贸易经营者可以通过商务部政府网站下载或到所在地备案登记机关领取“登记表”。

(2) 填写“登记表”。对外贸易经营者应按“登记表”的要求认真填写所有事项的信息，并确保所填写内容是完整的、准确的和真实的；同时，认真阅读“登记表”背面的条款，并由企业法定代表人或个体工商负责人签字、盖章。

(3) 向备案登记机关提交的备案登记材料包括：①按要求填写的“登记表”；②营业执照复印件；③组织机构代码证书复印件；④若为外商投资企业，还应提交外商投资企业批准证书复印件；⑤依法办理工商登记的个体工商户(独资经营者)，须提交合法公证机构出具的财产公证证明；⑥依法办理工商登记的外国(地区)企业，须提交经合法公证机构出具的资金信用证明文件。

备案登记机关应自收到对外贸易经营者提交的上述材料之日起 5 日内办理备案登记手续，在“登记表”上加盖备案登记印章。对外贸易经营者应凭加盖备案登记印章的“登记表”，在 30 日内到当地海关、检验检疫、外汇、税务等部门办理开展对外贸易业务所需的有关手续。逾期未办理的，“登记表”自动失效。

“登记表”上的任何登记事项发生变更时，对外贸易经营者应在30日内办理“登记表”的变更手续，逾期未办理变更手续的，其“登记表"自动失效。

4. 增值税出口退税率

出口货物实行零税率的本义是使出口货物以不含税成本进入国际市场，实行“征多少、退多少”、“未征不退”和“彻底退税”的原则。但鉴于出口政策方面和管理需要的考虑，为了既支持外贸的发展又兼顾财政的实际情况，在制定出口退税具体政策时往往会对出口退税额进行适当的控制，即实行“不完全退税”政策，对不同类型的出口货物分别核定不同的退税率，并由国家税务机关适时公布执行。

4.4.2 出口退增值税的税收筹划

1. 国外料件加工复出口货物的税收筹划

1）国外料件加工复出口业务的贸易方式

企业发生国外料件加工复出口业务，可采取3种贸易方式，出口退税分别按“免抵退”办法和“免税”办法处理。

(1) 自营进口。将国外料件正常报关进口，缴纳进口环节的增值税、消费税及关税，加工复出口后再申请退还增值税、消费税。

(2)“进料加工”方式。“进料加工”是专门为制造外销货物而进口原、辅材料等，经加工制成成品出口的一种国际贸易方式。进料加工实行退税而非免税，即进口原料、零部件时减征进口环节增值税，而其加工复出口时则享受退税待遇。出口企业开展“进料加工”业务，应先持主管部门的批件，送主管税务机关的退税部门审核签章，税务机关须逐笔登记并将复印件留存备查。海关凭盖有主管税务机关的退税部门印的外经贸主管部门的批件，方能办理进口料件登记手册；加工的货物出口后，可申请办理加工及生产环节已缴纳增值税的出口退税。

(3)“来料加工”方式。“来料加工”是由外商无偿提供全部或部分原辅料或半成品，由我方按对方要求进行加工、装配，将成品交给外方，我方只收取加工费的一种贸易方式。实行“来料加工”方式，在来料进口及成品生产环节均予免税，不实行退税。

出口企业以来料加工贸易方式免税进口原材料、零部件后，凭海关核签的来料加工进口货物报关单和来料加工登记手册向主管税务机关的退税部门办理“来料加工免税证明”，据此证明向主管税务机关的征税部门申报办理免征其加工或委托加工货物及其工缴费的增值税、消费税。货物出口后，出口企业凭来料加工出口货物报关单和海关已核销的来料加工登记手册、收汇凭证向主管税务机关的退税部门办理核销手续。逾期未核销的，主管税务机关的退税部门将会同海关和主管税务机关的征税部门及时予以补税和处罚。

2）国外料件加工复出口货物的税收筹划

从税收筹划上讲，进料加工方式和来料加工方式才是出口退税政策的选择方案，出口企业承接国外料件加工，是采取进料加工方式还是采取来料加工方式，要经过全面考虑和具体分析后才能做出最佳选择。

(1) 当企业出口货物的征税率与其退税率相等时，无论加工复出口货物耗用的国产料件多少，利润率高低，都应该选择进料方式。因为进料加工业务，货物出口后可以办理全部进项税额的出口退税，而来料加工业务，虽然免征增值税，但进项税额不予办理退税，从而增加了出口货物的销售成本。

(2) 当企业出口货物的征税率大于其退税率时，可分为以下几种情况。

① 当加工复出口货物耗用的国产料件少、利润率较高时，应选择来料加工方式。来料加工业务免征增值税，而进料加工虽可办理增值税退税，但由于退税率可能低于征税率，其增值税差额要计入出口货物销售成本，这使进料加工方式业务成本变大。

② 当加工复出口货物耗用的国产料件较多、利润率较低时，应选择进料加工方式。进料加工业务可办理出口退税，虽然因退税率低于征税率而增加了出口货物成本，但与来料加工业务相比，随着耗用国产料件数量的增多，其成本会逐渐地抵消，甚至小于后者的业务成本。若仅从此出发，出口企业应选择进料加工贸易方式。但若从资金运作角度看，进料加工业务占用的资金数额大，来料加工占用资金小或不占资金(外商预付定金的情况下)，而且，在进料加工贸易办理退税时，因出口货物退税率低于征税率而产生的增值税差额计入出口货物销售成本，势必增大成本，减少利润，少缴了一部分企业所得税。

总之，不同贸易经营方式或者不同计退税方式对企业的成本和收益以及现金流量都有很大影响。出口企业是采用来料加工还是进料加工方式，还要考虑不同的贸易方式下货物的所有权和货物定价权问题。在来料加工方式下，料件和成品的所有权均归外商所有，承接来料加工的企业只收加工费，出口企业也没有成品的定价权；而在进料加工方式下，料件和加工成品的所有权及定价权都属于承接进料加工的出口企业，因此，也可以通过提高货物售价来增大出口赢利，从而最大限度地提高出口退税的数额，这也是企业贸易方式筹划的一个方面。

2. 货物出口方式的选择

目前，我国企业出口商品主要有生产企业自营出口、委托代理出口和买断出口 3 种方式。自营出口由出口企业自己办理出口业务，出口商品定价和与出口业务有关的一切国内外费用以及佣金支出、索赔、理赔等，均由出口企业负担，出口企业直接办理退税，并享有出口退税收入；委托代理出口是指货物出口企业委托代理企业办理货物出口；买断出口是指生产企业把货物卖给出口企业，由出口企业办理货物出口和出口退税。

现行外贸企业出口货物应退增值税采取“先征后退”方式，而生产企业自营(或委托)出口应退的增值税是执行“免、抵、退”政策。自营(或委托)出口与通过外贸企业出口采取不同的退税方式，会对企业的税负产生不同的影响。

当征税率=退税率时，自营(或委托)出口与通过关联外贸企业出口，企业所负担的增值税税负相同。

当征税率>退税率时，自营(或委托)出口与通过关联外贸企业出口，企业所负担的增值税税负存在差异。

(1) 生产企业当期投入料件全部来自国内采购时出口方式的选择。如果生产企业当期投入料件全部来自国内采购，当产品出口价格大于外贸企业的收购价格时，企业通过关联外贸企业出口产品来减轻增值税税负。并且，在产品出口价格确定的情况下，利用外贸出口可为生产企业进行税收筹划提供更广阔的空间，因为生产企业在将产品销售给关联外贸企业时，可以通过压低销售价格进行税收筹划，从而获得更多的税收利益。

阅读案例 4-17

某中外合资企业A采购国内原材料生产工业品并全部用于出口，3月自营出口产品价格1 053万元，本月可抵扣进项税额为100万元，增值税税率为17%，产品出口退税率为13%，无上期留抵税金。

纳税分析：

若A企业自营出口，实行“免、抵、退”税政策，A企业本月实际增值税税负为：

1 053×(17%－13%)－100＝57.88(万元)，即A企业实际可从税务部门得到税收补贴57.88万元。

若A企业通过关联外贸企业B出口，A企业把产品以同样价格1 053万元(即A企业开具增值税专用发票价税合计1 053万元，此时不含税价为900万元)销售给B企业，B企业再以价格1053万元出口到境外，则A、B两企业本月实际增值税税负为：

900×(17%－13%)－100＝64(万元)，即A、B两企业实际可从税务部门得到税收补贴64万元。

若A企业以更低价格819万元(此时不含税价为700万元)销售给B企业，B企业再以1 053万元的价格出口，则A、B两企业本月实际增值税税负为：

700×(17%－13%)－100＝72(万元)，即A、B两企业可从税务部门得到税收补贴72万元。

可见，生产企业当期投入料件全部来自国内采购时，通过外贸企业出口有利于减轻增值税税负，并可利用转让定价进行税收筹划，以此获得更多的税收利益。

(2) 集团公司设有独立核算的进出口公司时出口方式的选择。集团公司如果设有独立核算的进出口公司，集团可以采用转让定价方式进行税收筹划，选择出口方式时可用买断出口；如果不能利用转让定价，企业应改“买断出口”为“委托出口”，即生产企业生产的产品不再销售给进出口公司，而是委托进出口公司办理出口。这样，可以将出口货物所含的进项税额抵内销货物的销项税额，减少整个集团公司实际缴纳的增值税额，而不用等着国家予以的退税，缩短了出口货物在退税总过程和“先征后退”方式带来的时间差，从而可以减少企业资金占压，提高资金使用效率。同时由于对出口货物不征增值税，出口企业就不必负担随之而缴纳的城建税和教育费附加，从而减轻了企业税收负担。另外，由于出口货物的应退税额在内销货物的应纳税额中得到抵扣，使出口企业的出口退税兑现期提前，有助于企业加快资金周转。

阅读案例 4-18

平高公司本月出口商品销售额为8 000万元，产品成本为3 200万元，进项税额为544万元，假设不考虑工资费用和固定资产折旧费。公司增值税税率为17%，退税率为13%。平高公司可采用以下不同方式办理出口及退税。

(1)所属的生产出口产品的工厂采取非独立核算形式，平高公司采取自营出口方式，出口退税采用“免、抵、退”政策。

(2)A公司是平高公司独立核算的进出口公司，集团所有商品均委托A公司出口，平高公司出口退税采用“免、抵、退”政策。

(3)按8 000万元价格将出口商品卖给A公司，由A公司报关出口并申请退税，A公司采用“先征后退”办法办理退税。

(4)按6 000万元价格将出口商品卖给A公司，由A公司报关出口并申请退税，A公司采用“先征后退”办法办理退税。

分析平高公司采用哪种方式出口商品最有利？

采用第一种即自营出口方式，平高公司本月应纳税额为：

8 000×(17%−13%)−3 200×17%=−224(万元)

即应退税额为224万元。如果计算结果为正数，则为应纳税额。

采用第二种即委托出口方式，平高公司应纳税额的计算结果与第一种方式相同。

采取第三种即买断方式，平高公司将商品卖给A公司，开具增值税专用发票并缴纳增值税。应纳税额为：

8 000×17%−3 200×17%=816(万元)

A公司应退税额为：

8 000×13%=1 040(万元)

平高公司实际可获得退税额为A公司的退税额与集团已缴税额之差，即：

1 040−816=224(万元)

从计算结果看，第三种退税方式退税额与前两种方式相同，但是，第三种方式，平高公司缴纳增值税的同时，还要按应纳增值税的7%和3%缴纳城建税和教育费附加，而这一部分并不退税，实际上增加了税负。

第四种方式也是买断方式，但利用了转让定价。平高公司应纳税额为：

6 000×17%−3 200×17%=476(万元)

A公司应退税额为：

8 000×13%=1 040(万元)

平高公司实际可获得退税额为A公司的退税额与集团已缴税额之差，即：

1 040−476=564(万元)

(3) 进料加工贸易方式下，生产企业出口方式的选择。在进料加工贸易方式下，生产企业在选择出口方式时，必须权衡来自国外的进口料件价格、生产企业将产品出售给关联外贸企业的不含税价格、出口产品离岸价(折合为人民币反映)三者之间的关系，从而选择最有利的出口方式。同时，生产企业选择自营或委托出口方式时，可通过调整国内料件与进口料件投入比例进行税收筹划，从而获得更多的税收利益。

当国外进口料件价格与生产企业把出口产品销售给关联外贸企业的不含税价格的合计数小于本期出口产品总售价时，生产企业通过外贸企业进行出口有利于减轻增值税税负，同时生产企业可利用销售价格进行税收筹划，从而获取更多税收利益。

当国外进口料件价格与生产企业把出口产品销售给关联外贸企业的不含税价格的合计数大于本期出口产品总售价时，生产企业自营(或委托)出口有利于减轻增值税税负。进一步研究可发现，在当期投入料件价格为定量时，生产企业可通过调整国内采购料件与国外进口料件的比例，进行税收筹划，并且进口料件所占比例越大，生产企业获得税收的好处越多。

阅读案例 4-19

某外资企业A本年度计划出口价值1 053万元的自产产品，产品无内销，当期投入进口料件到岸价

600万元，国内采购料件不含税价格200万元，增值税税率为17%，出口退税率为13%，无上期留抵税金。

纳税分析：

若A企业通过外贸企业B出口，假设A企业以价格1 000万元(不含税价)售予B企业，B企业再以1 053万元出口，则A、B两关联企业当期应纳增值税为：

1 000×(17%−13%)−200×17%=6(万元)

若A企业自营(或委托)出口，则A企业当期应纳增值税为：

(1 053−600)×(17%−13%)−200×17%=−15.88(万元)

可见，同样的外销收入，却产生了不同的结果。从A、B两企业来看，自营出口实际应纳增值税为−15.88万元，而通过外贸出口实际应纳的增值税是6万元。显然A企业通过自营(或委托)出口有利于减轻增值税税负。

另外，如果外贸企业出口货物受出口配额(出口许可证)限制或外贸企业所在地出口退税指标不足，或某些人为原因影响正常出口退税时，外贸企业可将已收购的货物委托或再调拨销售给其他外贸企业出口，收汇后，前者由自己办理退税，后者由接受调拨货物的外贸企业办理退税。这两种方式下，双方都可自行结汇且谁办理出口退税都不影响退税。企业可在货物出口收汇后及时取得应退税款。

3. 改变经营方式的税收筹划

阅读案例4-20

黄河公司为生产型中外合资企业，主要生产甲产品及经销乙产品，具有进出口经营权。该公司在国外有长期稳定的客户，每月对乙产品的需求量是100万件。该产品工艺比较简单，黄河公司未自行生产，而是从A工厂购进后销售给B外贸公司出口至国外客户(该公司不愿办理繁琐的出口手续，通过外贸公司出口)。

以一个月的销量100万件为单位，该公司业务的有关情况如下。

(1) 乙产品的制造成本为225万元，其中材料成本是200万元(不含税价，且能全部取得17%的增值税专用发票)。A工厂以250万元的不含税价格销售给黄河公司，其当月利润是25万元，进项税额34万元(200×17%)，销项税额42.50万元(250×17%)，应缴增值税8.50万元(42.50−34)。

(2) 黄河公司以250万元的不含税价格购进，以275万元的不含税价格售出，当月进项税额为42.50万元(250×17%)，当月销项税额46.75万元(275×17%)，应缴增值税4.25万元，利润25万元。

(3) B外贸公司以275万元不含税价(含税价321.75万元)购进，因黄河公司销售非自产货物无法开具税收缴款书，因此B外贸公司无法办理出口退税，购进成本应是含税价321.75万元，出口售价325万元，利润3.25万元，不缴税，不退税。

(4) 乙产品征税率和退税率均为17%。

根据黄河公司的实际情况，可选择以下方案进行税收筹划。

方案1：

改变黄河公司中间经销商的地位，变成黄河公司为B外贸公司向A加工厂代购乙产品，按照规范的代购程序由A加工厂直接卖给B外贸公司，而黄河公司为B外贸公司代购货物应向其索取代理费。按该方案运作后由于A加工厂属生产型企业，其销售给B外贸公司的自产货物可开具税收缴款书，B外贸公司凭该税收缴款书可办理出口退税。具体操作如下。

① A加工厂用200万元购料加工后，以250万元(不含税价格)开具增值税专用发票销售给B外贸公

司，同时提供给B外贸公司税收缴款书，A加工厂进项税额34万元，销项税额42.50万元，应缴增值税8.50万元。

② 黄河公司向B外贸公司收取71.75万元代购货物的代理费，应缴纳3.59万元(71.75×5%)的营业税，利润为68.16万元。

③ B外贸公司以250万元(不含税价格)购入货物，同时支付黄河公司71.75万元代理费，出口售价325万元，利润3.25万元，同时购货时应支付42.70万元的进项税额，货物出口后能取得42.70万元的出口退税，因此增值税税负为0。

按此方案，A加工厂和B外贸公司的利润及税负未变，而黄河公司利润增至68.16万元，少缴4.25万元的增值税。

方案2：

变黄河公司为A加工厂的供货商，由黄河公司购入乙产品的原材料加上自己应得的利润后将原材料销售给A加工厂，再由A加工厂生产出成品后售给B外贸公司，同时提供税收缴款书，由B外贸公司办理出口退税。具体操作如下。

① 黄河公司以200万元的不含税价格购入材料，取得增值税专用发票，以271.75万元(含税价317.95万元)销售给A加工厂，当月进项税额34万元，销项税额46.198万元，应缴增值税12.198万元，利润71.75万元。

② A加工厂以271.75万元(含税价317.95万元)购进，以321.75万元(含税价376.45万元)销售给B外贸公司，利润25万元，进项税额46.198万元，销项税额54.698万元，应缴增值税8.50万元，税负及利润额未改变。

③ B外贸公司以321.75万元(含税价376.45万元)购进，出口售价325万元，利润3.25万元未变，购货时支付的进项税额54.698万元在货物出口后可全额退税。因此，增值税税负为0，未发生变化。

按此方案，A加工厂和B外贸公司的利润及税负未变，黄河公司利润增至71.75万元，增值税税负增加7.948万元(12.198－4.25)。

方案3：

黄河公司以A加工厂应得利润25万元/月的额度整体租赁A加工厂生产乙产品的设备(含人工费等)，自购材料加工成成品后直接出口，使乙产品变成自产自销。按此种方式，黄河公司出口应享受生产企业的“免、抵、退”政策。由于购进200万元的材料相应取得34万元进项税，该产品以325万元报关出口后可退增值税34万元，因此增值税税负是0，其成本是225万元(制造成本)+25万元(租赁费)，销售价325万元，利润75万元。

以上3个方案中，由于经营方式的改变，解决了一个根本问题，就是整个环节可以办理出口退税了，其中方案3最优，但实际操作较繁琐，最后黄河公司根据现行的实际情况选择了方案1。如果销量能够增长，出口离岸价能够提高，那么，黄河公司将选择方案3。企业在实际经营中遇到类似业务仍应寻求专业人士的帮助，具体问题具体分析，切忌生搬硬套，以免发生税务纠纷。

4. 利用税收政策进行税收筹划

出口退税筹划中要注意把握有关出口退税政策的规定，全面分析相关政策，作出最有利的选择，而不能一知半解。同时，要随时关注出口退税政策的变化情况，用足用好优惠政策，绝不能以不变应万变。

阅读案例4-21

某公司是增值税一般纳税人，生产A产品，售价34元/件(不含税价)，成本构成大致为材料20元/件

(其中主要原材料18元/件，辅助材料2元/件)，工资等其他成本12元/件(进项税额忽略不计)，当年预计生产200万件。现有一国外来料加工的订单，外方提供主要原材料，由该公司提供辅助材料并加工成A产品，加工费15元/件，共计10万件。

该公司销售部门的人员作了测算，由于来料加工货物出口时免征增值税，其耗用的辅助材料的进项税不能抵扣，应增加材料的成本，该加工成本是辅助材料2.34元/件，工资等其他成本12元/件，合计成本14.34元/件，加工利润是(15－14.34)×10万件＝6.60(万元)，签订了加工合同。

该业务在财务部门的计算却大不一样。由于来料加工产品与该公司的产品完全一样，所以来料加工业务不得抵扣的进项税额无法准确进行划分(如无法确定机床修理费的进项税额是为哪批产品而发生的或某件辅助材料是为自产产品购进还是为来料加工业务购进的)，因此，按照《增值税暂行条例实施细则》的规定，增值税纳税人兼营免税项目而无法准确划分不得抵扣的进项税额，按下列公式计算不得抵扣的进项税额。

不得抵扣的进项税额＝全部进项税额×免税项目销售额÷全部销售额合计

按照上面提供的数据：

全部进项税额＝20×17%×200＋2×17%×10

＝683.40(万元)

免税项目销售额＝15×10＝150(万元)

全部销售额合计＝34×200＋15×10万件

＝6 950(万元)

不得抵扣的进项税额＝683.40×1 50÷6 950＝14.75(万元)

该来料加工业务的成本总额＝2×10＋14.75＋12×10

＝154.75(万元)

来料加工业务利润＝150－154.75＝－4.75(万元)

该订单不但不赢利，反而亏损了4.75万元。

原因就在于销售人员只知道来料加工业务免税，其耗用的进项税额不得抵扣，而不知道该进项税额应按上面的公式来计算，造成加工合同签订后，实际不得抵扣进项税额大于该业务实际耗用的进项税额，一方面多转出的进项税金加大了来料加工的成本，造成亏损，另一方面也造成了实际抵扣的进项税金减少，多纳增值税，得不偿失。

5. 外贸企业经营多种商品的税收筹划

为扩大对外出口，国家制定了相应的税收优惠政策，外贸出口企业如何正确计算应退的增值税，进行合理的税收筹划呢？

阅读案例4-22

某外贸公司当月发生下列业务。

(1) 从基层供销社(已划转为小规模纳税人)购进特准退税的货物A产品，价款156万元，取得了普通发票和供销社完税的税收(出口货物专用)缴款书，报关出口后取得外汇收入22.5万美元。

(2) 从甲企业(小规模纳税人)购进B产品1.8万吨，取得了税务机关代开的增值税专用发票(价款300万元、税额18万元)和完税的税收(出口货物专用)缴款书，报关出口后取得外汇收入40.5万美元。

(3) 从乙企业(一般纳税人)购进B产品3万吨，取得增值税发票(价款450万元、进项税额58.5万元)和完税的税收(出口货物专用)缴款书，报关出口后取得外汇收入67.5万美元。

(4) 从丙企业(一般纳税人)购进C产品一批，取得增值税专用发票(价款300万元、进项税额51万元)和完税的税收(出口货物专用)缴款书，其中：一半(购进价150万元)转售给国内一家企业，取得收入

144万元(不含税价)，另一半(购进价150万元)自己出口，取得外汇收入24万美元。

(5) 从丁企业购进一批C产品，取得增值税专用发票(价款300万元、进项税额51万元)和完税的税收(出口货物专用)缴款书，该外贸公司将这批C产品全部交给某加工厂委托加工D产品。加工收回时，支付加工费60万元(不含税价)，取得了增值税发票和完税的税收(出口货物专用)缴款书，委托加工的D产品当月即报关出口，取得外汇收入54万美元。

(6) 以"进料加工"贸易方式减税进口C产品一批，组成计税价格150万元，海关按照有关规定实际征收增值税15万元。之后，外贸公司将该批C产品以180万元的价格(不含税价)售给市某企业加工后，外贸公司又以210万元的价格(不含税价)收购回来，取得增值税专用发票和完税的税收(出口货物专用)缴款书，然后再出口，取得外汇收入33万美元。

假设A产品出口退税率为5%，B产品出口退税率为9%，C、D产品出口退税率均为13%。

依照税收法规的有关规定，该外贸公司当月发生的6项业务应退增值税税款分别计算如下。

(1) 从小规模的基层供销社购进的特准退税的货物出口后，可凭基层供销社开具的普通发票和供销社完税的税收(出口货物专用)缴款书，按进项税额和规定的退税率计算应退的增值税税款。

出口A产品应退增值税为：

156/(1+3%)×5%=7.57(万元)

(2) 对从小规模纳税人购进并出口的B产品，按6%的退税率计算应退的增值税税款。

出口B产品应退增值税为：

300×6%=18(万元)

(3) 对从一般纳税人购进并出口的B产品，按9%的退税率计算应退的增值税税款。

出口B产品应退增值税为：

450×9%=40.5(万元)

(4) 内销货物照章征税，出口货物按规定的退税率退税。

出口C产品应退增值税为：

150×13%=19.5(万元)

(5) 外贸企业委托加工出口产品，应按原材料的退税率和加工费的退税率分别计算应退税款，加工费的退税率按出口产品的退税率确定。

出口D产品外购C产品应退增值税为：

300×13%=39(万元)

出口D产品所支付的加工费应退增值税为：

60×13%=7.8(万元)

(6) 出口企业以"进料加工"贸易方式减税进口原材料、零部件转售给其他企业加工时，应先填具"进料加工贸易申报表"，报经主管其出口退税的税务机关同意签章后再将此申报表报送主管其征税的税务机关，并据此在开具增值税专用发票时可按规定税率计算注明销售料件的税额，主管出口企业征税的税务机关对这部分销售料件的销售发票上所注明的应缴税额不计征入库，而由主管退税的税务机关在出口企业办理出口退税时在退税额中抵扣。

外贸企业从事的进料加工复出口货物，主管退税的税务机关在计算抵扣进口料件税额时，凡进口料件征税税率小于或等于复出口货物退税税率的，按进口料件的征税税率计算抵扣；凡进口料件征税税率大于复出口货物退税税率的，按复出口货物的退税率计算抵扣。

出口加工后的C产品应退增值税为：

210×13%-(180×13%-15)=18.9(万元)

可见，外贸公司经营多种商品时，必须对相应出口商品的退税政策充分理解，根据有关税收政策，分别计算各项业务应退税款，否则就会增加企业税负。

4.5 充分利用增值税优惠政策

1. 增值税优惠政策

知识链接 4-5

《中华人民共和国增值税暂行条例》对减免增值税的规定

《中华人民共和国增值税暂行条例》第二条规定，纳税人销售或者进口下列货物，税率为13%。

(一) 粮食、食用植物油。

(二) 自来水、暖气、冷气、热水、煤气、石油液化气、天然气、沼气、居民用煤炭制品。

(三) 图书、报纸、杂志。

(四) 饲料、化肥、农药、农机、农膜。

(五) 国务院规定的其他货物。

第十五条规定，下列项目免征增值税。

(一) 农业生产者销售的自产农产品。

(二) 避孕药品和用具。

(三) 古旧图书。

(四) 直接用于科学研究、科学试验和教学的进口仪器、设备。

(五) 外国政府、国际组织无偿援助的进口物资和设备。

(六) 由残疾人的组织直接进口供残疾人专用的物品。

(七) 销售的自己使用过的物品。

除前款规定外，增值税的免税、减税项目由国务院规定。任何地区、部门均不得规定免税、减税项目。

第八条第三款规定，购进农产品，除取得增值税专用发票或者海关进口增值税专用缴款书外，按照农产品收购发票或者销售发票上注明的农产品买价和13%的扣除率计算的进项税额。进项税额计算公式：

进项税额＝买价×扣除率

第三十七条规定，增值税起征点的适用范围限于个人。

增值税起征点的幅度规定如下。

(一) 销售货物的，为月销售额2 000～5 000元。

(二) 销售应税劳务的，为月销售额1 500～3 000元。

(三) 按次纳税的，为每次(日)销售额150～200元。

基于以上优惠政策，符合条件的或基本符合条件的企业和个人要充分利用并享受优惠政策，从而达到降低税负的目的。

2. 充分利用增值税优惠政策

1) 利用免税农产品抵扣政策

由于国家规定的税率不同，有13%的，有17%的，还有的免税的，有时企业形式的不同会导致企业实际增值税税负的不同，所以可以通过企业形式的拆分与合并充分享受税收的优惠进而达到降低整体税负的目的。

阅读案例 4-23

B市一牛奶公司2009年度从农民生产者手中购入的草料金额为100万元，允许抵扣的进项税额为13万元，其他水电费、修理用配件等进项税额为8万元，全年奶制品销售收入为500万元，计算该公司应纳的增值税税额。

该牛奶公司主要生产流程如下：饲养奶牛生产牛奶，将产出的新鲜牛奶再进行加工制成奶制品，再将奶制品销售给各大商业公司，或直接通过销售网络转销给B市及其他地区的居民。由于奶制品的增值税税率适用17%，进项税额主要有两部分组成：一是向农民个人收购的草料部分可以抵扣13%的进项税额；二是公司水费、电费和修理用配件等按规定可以抵扣进项税额。与销项税额相比，这两部分进项税额数额较小，致使公司的增值税税负较高。为了取得更高的利润，公司除了加强企业管理外，还必须努力把税负降下来。从公司的客观情况来看，税负高的原因在于公司的产品奶制品税率较高17%，而中间产品牛奶由于没有单独销售，其成本包含在奶制品里，相当于按照17%纳税，牛奶作为农产品的免税优惠没有得到体现。

纳税分析：

计算应纳增值税税额：

应纳增值税额＝销项税额－进项税额

＝500×17%－(13＋8)

＝64(万元)

税负率＝64/500×100%＝12.8%

如果该企业充分利用税率优惠政策，可以把现有的公司作以下筹划。

将整个生产流程分成饲养场和牛奶制品加工两部分，饲养场和奶制品加工厂均实行独立核算。分开后，饲养场属于农产品生产单位，按规定可以免征增值税，奶制品加工厂从饲养场购入的牛奶可以抵扣13%的进项税额。

那么，饲养场免征增值税，假定饲养场销售给制品厂的鲜奶售价为350万元，其他资料不变。则

应纳增值税＝销项税额－进项税额

＝500×17%－(350×13%＋8)＝31.5(万元)

税负率＝31.5÷500×100%＝6.3%

方案实施后比实施前节省增值税额：64－31.5＝32.5(万元)

2）利用减税免税政策

阅读案例 4-24

某橡胶集团位于某市A村，主要生产橡胶轮胎、橡胶管和橡胶汽配件。在生产橡胶制品的过程中，每天产生近30吨的废煤渣。为了妥善处理废煤渣，使其不造成污染，该集团尝试过多种办法：与村民协商用于乡村公路的铺设、维护和保养；与有关学校联系用于简易球场、操场的修建等，但效果并不理想。因为废煤渣的排放未能达标，使周边乡村的水质受到影响，导致附近许多村民经常堵住厂区大门不让工人上班，工厂生产受到很大影响。此事曾惊动过各级领导，因污染问题受到环保部门的多次警告和罚款，最高一次罚款达10万元。如何治污，拟订以下两个方案。

(1) 把废煤渣的排放处理全权委托给坪坝村村委会，每年支付坪坝村村委会40万元的运输费用，以保证该集团生产经营的正常进行。此举可缓解该集团同当地村民的紧张关系，但每年40万元的费用是一笔不小的支出。

(2) 将准备支付给坪坝村的40万元的煤渣运输费用改为投资兴建墙体材料厂，利用上海蓝天橡胶集

团有限公司每天排放的废煤渣生产“免烧空心砖”，这种砖有较好的销路。

纳税分析：

方案一是以传统的就治污而论治污的思维模式得出的。由这种模式形成的方案，一般不会有意识、有目的的去考虑企业的节税利益，而仅以是否解决排污为目的。这种方案给企业带来的实际成本为40×(1－7%)＝37.2万元，此外，该方案也并没彻底解决废渣问题。

方案二既考虑治污，又追求企业收益最大化。该方案的好处为：符合国家的产业政策，能获得一定的节税利益；

二是解决了长期以来困扰企业发展的废煤渣所造成的工业污染问题。三是部分解决了企业的就业压力，使一批待岗职工能重新就业。

知识链接 4-6

《关于部分资源综合利用产品免征增值税的通知》的规定

财政部、国家税务总局《关于部分资源综合利用产品免征增值税的通知》财税字(1995)44号和财税字(1996)20号明确规定：利用废煤渣等生产的建材产品免征增值税。而国税《关于加强资源综合利用企业增值税税收优惠政策管理的通知》1999(155)号明确指出，凡属生产企业生产的原料中掺有不少于30%的煤矸石、粉煤灰、烧煤锅炉底渣(不包括高炉水渣)及其他废渣的建材产品，免征增值税。

该企业最终采纳了第二种方案，成立墙体材料厂，完成了相关手续，并实行独立核算，独立计算销售额、进项税额和销项税额。墙体材料厂建成投产后，全部消化了废煤渣，当年实现销售收入100多万元，因免征增值税，该厂获得了10多万元的增值税节税利益。

本章小结

增值税纳税人划分为小规模纳税人和一般纳税人，企业可以通过增值率、抵扣率、成本利润率等的计算，以确定两类纳税人的税负平衡点，在法律允许的范围内选择税负较轻的增值税纳税人身份。

在目前竞争激烈的市场经济环境中，许多企业为了维持或扩大自己所生产或销售商品的市场份额，往往采取多种多样的销售方式，以达到促销的目的，而且随着经济的发展，其形式也将越来越多。主要包括折扣销售、销售折扣、销售折让、以旧换新、以物易物、还本销售等方式，不同方式的计税依据可能会有所不同，所以，企业要根据自身的需要选择适合自己的方式，既达到促销的目的，又尽力降低税负；纳税人还可以合理选择结算方式，采取没有收到货款不开发票的方式就能达到延期纳税的目的；销售使用过的固定资产，在销售价格和相关税负要做一些权衡，一般选择自己税收收入最高的销售价格；增值税一般纳税人和小规模纳税人适用的增值税税率是不同的，对税款抵扣额也不同。因此，如何选择供应商购进商品和劳务，将直接影响到增值税税负和企业收益，一般选择自己税后收益最高的供应商；企业的购销过程中离不开货物运输费用，采购材料要发生运费，运销产品也伴有运费。增值税一般纳税人支付运费可抵扣进项税额，收取运费应缴纳营业税或增值税。运费收支状况发生变化时，必然对企业纳税产生一定的影响。因此，企业应当合理组织运输，进行运费的税收筹划，以提高企业经济效益。

税法明确规定了增值税的征税范围为销售或进口的货物和提供的加工、修理修配劳务，同时也对实务中属于增值税征税范围的某些特殊项目或行为做出了规定。其中，特殊行为包括兼营销售行为、混合销售行为和视同销售行为。兼营销售行为，如果分别核算的，各算各的税，混合销售行为属于增值税混合销售的，一并缴纳增值税，视同销售行为符合条件的征收增值税，企业可以根据实际情况选择各种行为使总体税负降低。

有出口业务时，企业要熟知相关优惠政策，结合自身生产特点，对经营方式及货物出口方式进行税收筹划。企业要熟知自己的经营与国家的相关政策，符合优惠条件的，要尽量符合相关的要求来享受税收优惠。

关键术语

税负平衡点销售方式　组织运输　进项税额　销项税额　经营行为　企业形式　出口退税　税收优惠

综合练习

一、 填空题

1. 增值税纳税人身份筹划的筹划方法包括________、________和________。

2. 还本销售方式的销售额就是货物的销售价格，________扣减还本支出。

3. 纳税人兼营不同税率的货物或者应税劳务的，应当分别核算销售额，未分别核算的，应________。

二、 单选题

1. 根据《中华人民共和国增值税暂行条例》规定，我国现行的增值税类型是(　　)。

A. 生产型增值税　　B. 收入型增值税

C. 消费型增值税　　D. 流通型增值税

2. 根据增值税法律制度的有关规定，下列各项中，不缴纳增值税的是(　　)。

A. 电力公司销售电力　　B. 银行销售金银

C. 邮政局销售邮票　　D. 典当行死当物品

3. 某宾馆附设化妆品零售部，但没有核算宾馆服务营业额和化妆品销售额。对该宾馆取得的营业额和销售额应(　　)。

A. 一并征收营业税　　B. 一并征收增值税

C. 一并征收消费税　　D. 从高税率计算征收

4. 增值税零税率仅适用于(　　)。

A. 进口货物　　B. 出口货物

C. 农业产品　　D. 古旧图书

三、多选题

1. 根据增值税法律制度的有关规定，增值税纳税人的下列行为中，应视同销售货物行为征收增值税的有(　　)。

A. 将委托加工的货物分配给股东　　B. 将自产的货物用于个人消费
C. 销售代销货物　　D. 将购买的货物无偿赠与他人

2. 以下单位或者个人发生的行为，属于增值税的征收范围的是(　　)。

A. 进口固定资产设备　　B. 销售商品房
C. 零售杂货　　D. 生产销售电力

3. 属于出口退税条件的有(　　)。

A. 属于增值税、消费税缴纳范围的货物　　B. 必须报关离境
C. 在财务会计上作出口销售处理　　D. 必须已经收汇

4. 以下属于增值税减免税产品的有(　　)。

A. 其他个人销售的自己使用过的物品　　B. 古旧图书
C. 农业生产者销售的自产农产品　　D. 企业直接进口的供残疾人专用的物品

四、简答题

1. 增值税两类纳税人的税负是否存在差异？如何利用纳税人身份进行税收筹划？
2. 增值税纳税人如何进行销售方式的税收筹划？
3. 如何进行销售使用过的固定资产的增值税税收筹划？
4. 从税收筹划的角度企业应如何选择购进渠道？
5. 企业如何组织运输来降低企业税负？
6. 如何进行兼营行为的税收筹划？
7. 如何进行代销与委托代销的税收筹划？
8. 如何选择加工方式进行出口退税的税收筹划？
9. 如何进行国外料件加工复出口业务的税收筹划？
10. 生产企业与外贸企业出口退税方式有何区别？怎样利用这种区别进行税收筹划？
11. 如何利用减免税政策进行筹划？应注意哪些问题？

实际操作训练

实训项目1：增值税纳税人的选择

实训目的：选择纳税人身份。

实训内容：某投资者依据现有的资源欲投资于商品零售，若新设成立一家商业企业，预测每年实现的销售商品价款为150万元，购进商品价款为110万元，符合认定为增值税一般纳税人的条件。若分别设立甲、乙两家商业企业，预测甲、乙两家企业每年分别可实现的销售商品价款为75万元，购进商品价款分别为55万元。甲、乙企业只能认定为小规模纳税人，征收率为3%。

实训要求：如何选择纳税人身份？

实训项目2：销售方式的选择

实训目的：选择促销方式。

实训内容：某商场春节欲推出促销活动，有两种促销方式供选择：①商场的所有商品购物满100元可获赠价值20元的商品；②在本商场购物满120元减20元。思考：商场的两种选择个属于什么销售方式？商场应如何选择？

实训要求：如何选择促销方式？

实训项目3：混合销售方式筹划

实训目的：选择分别核算与混合核算。

实训内容：某装饰材料企业为增值税小规模纳税人，主要从事装饰材料的销售业务，同时又承揽一些装饰装修业务。某月该企业对外销售装修材料获得含税收入14万元，增值税税率为3%；另外又承接装修装饰业务获得劳务收入5万元，营业税税率为3%。

实训要求：该企业应当采取分别核算还是采取混合核算？

实训项目4：加工方式的选择

实训目的：选择经销加工与委托加工。

实训内容：服装生产企业A委托棉线生产企业B加工棉线4吨，双方商定，如果采用经销加工生产，每吨棉线12 000元，产出棉纱5吨，每吨作价8 000元，不能提供增值税专用发票；如果采用加工生产方式，每吨棉线支付加工费1 800元，B企业电费等可抵扣的进项税额为500元。

实训要求：A、B企业应当如何选择加工方式？

实训项目5：出口退税的企业形式筹划

实训目的：选择企业形式对出口退税筹划。

实训内容：某生产性集团公司本月出口销售额500万元，产品成本(不考虑工资费用和固定资产折旧)为200万元，进项税额为34万元，征税率为17%，退税率为15%。该集团公司可以采用以下方案办理出口及退税。

方案1：该公司所属的生产出口产品的工厂采取非独立核算形式，集团公司自营出口产品，出口退税采用“免、抵、退”税办法。

方案2：该集团公司设有独立的进出口公司，所有商品由集团公司委托其进出口公司出口，集团公司采用“免、抵、退”税办法。

方案3：该集团公司设有独立的进出口公司，按出口销售价格卖给进出口公司，由进出口公司报关并申请退税

方案4：该集团公司设有独立的进出口公司，所有出口商品由集团公司按成本价卖给进出口公司，由进出口公司报关并申请退税。

实训要求：上述4种方案哪种税负最轻？

第5章 消费税的税收筹划

教学目标

通过本章的学习，熟悉消费税税法规定，明确消费税纳税筹划的基本策略，掌握消费税纳税人税收筹划、计税依据税收筹划、税率税收筹划、利用消费税优惠政策的税收筹划的具体方法，并能够解决涉及消费税相关税务的筹划问题。

教学要求

知识要点	能力要求	相关知识
纳税人的筹划	熟悉消费税征税范围 能够区分认定不同纳税环节的纳税人 能够运用企业合并规避消费税纳税环节进行筹划 能够运用降低价格避免成为消费税纳税人进行筹划	纳税人的法律规定 纳税人筹划的基本思路 纳税人税收筹划具体方法
缩小税基的筹划	熟悉消费税计税依据的法律规定 能够通过设立关联企业转移定价进行筹划 能够通过先销售再投资方式规避最高销售价格进行筹划 能够掌握自产自用消费品的税收筹划 能够掌握代垫运费的筹划 能够利用选择产品包装时机进行成套消费品的筹划 能够利用收取押金进行包装物筹划 能够通过避免选择实物折扣促销方式进行筹划	计税依据的法律规定 计税依据筹划的基本思路 计税依据税收筹划具体方法
适用低税率的筹划	熟悉消费税税率的法律规定 能够运用降低价格适用低税率进行筹划 能够掌握对兼营消费品的筹划 能够选择先销售后包装对成套消费品进行筹划	税率的法律规定 税率筹划的基本思路 低税率的税收筹划具体方法
利用优惠政策的筹划	熟悉消费税税收优惠政策 能够掌握外购应税消费品已扣税款的筹划 能够利用选择合理加工方式对委托加工消费品进行筹划 掌握出口退税应税消费品的筹划	优惠政策的法律规定 利用优惠政策筹划的基本思路 利用优惠政策进行税收筹划的具体方法

导入案例

消费税销售额的确定

青山卷烟厂是A市一家大型国有企业，其成立以来一直是A市纳税大户，2010年6月、7月青山卷烟厂销售情况如下。

(1) 销售卷烟厂生产的甲类卷烟100万元，其中包括销售卷烟时向购买方收取的手续费25万元、集资费10万元、包装押金5万元，并将承运部门的运费发票开具给购货方，但青山卷烟厂已将该项发票转交给购货方，并作为运输装卸费5万元等价外费用。

(2) 青山卷烟厂7月生产的甲类卷烟是由卷烟厂生产出的烟丝加工而成的。其中烟丝价值总额为10万元，卷烟的销售额为20万元。

(3) 受B市卷烟厂委托，为其加工卷烟。青山卷烟厂利用B市卷烟厂提供的烟丝加工出价值总额60万元的两类卷烟，收取加工费10万元。

A市税务机关在核定青山卷烟厂应纳税额时，计算如下(假定不考虑定额税)。

(1) 6月份应纳消费税税额=100×56%=56(万元)

(2) 7月份应纳消费税税额=(10+20)×56%=16.8(万元)

(3) 受委托加工卷烟，应纳消费税税额=60×56%=33.6(万元)

对此，青山卷烟厂表示异议，并向上一级C市税务机关申请复议，C市税务机关在审理后，决定撤销A市税务机关的核定。

分析：

(1) 应税消费品销售额的确定。《中华人民共和国消费税暂行条例》第五条规定，消费税实行从价定率或者从量定额的办法计算应纳税额。应纳税额计算公式如下。

实行从价定率办法计算的应纳税额=销售额×税率

实行从量定额办法计算的应纳税额=销售数量单位×税额

纳税人销售的应税消费品，以外汇计算销售额的，应当按外汇市场价格人民币计算应纳税额。

第六条规定，本条例第五条规定的销售额，为纳税人销售应税消费品向购买方收取的全部价款和价外费用。

《中华人民共和国消费税暂行条例实施细则》第十四条规定，条例第六条所说的“价外费用”是指价外收取的基金、集资费、返还利润、补贴、违约金(延期付款利息)和手续费、包装费、储备费、运输装卸费、代收款项、代垫款项以及其他各种性质的价外收费。但下列款项不包括在内。

(一) 承运部门的运费发票开具给购货方的。

(二) 纳税人将该项发票转交给购货方的。

其他价外费用，无论是否属于纳税人的收入，均应并入销售额计算征税。

第十三条规定：如果包装物不作价随同销售，而是收取押金，此项押金则不应并入应税消费品的销售额中征税。

根据上述规定，A市税务机关在确定青山卷烟厂的应税销售额时犯了如下两个错误：其一是把承运部门开给购货方，但青山卷烟厂已将该项发票转交给购货方的运费计入销售额；其二是把包装物押金计入销售额。正确计算如下：

(100-5-5)×56%=50.4(万元)

(2)《中华人民共和国消费税暂行条例实施细则》第七条规定，委托加工的应税消费品是指由委托方提供原料的主要材料，受托方只收取加工费和代垫部分辅助材料加工的应税消费品。根据此项规定，青山卷烟厂的行为应当属于委托加工行为，而非销售自制应税消费品的行为。对此，税务机关只能向青山卷烟厂征收增值税，而不能再增收消费税。

其应纳增值税税额为：

10×17%＝1.7(万元)

(3)《中华人民共和国消费税暂行条例实施细则》第六条规定，纳税人自产自用的消费品，用于连续生产应税消费品的是指作为生产最终应税消费品的直接材料，并构成最终产品实体应税消费品。根据此项规定，青山卷烟厂将自己生产出来的烟丝生产甲类卷烟的行为应当不征税。税务机关只能就其最终产品实体——甲类卷烟征收消费税，其应纳税额计算如下。

20×56%＝11.2(万元)

思考：

1. 本案例对你有何启示？

2. 该企业如何做，可以进一步减少应纳消费税？

制酒行业消费税税负筹划

某瓶装酒生产企业A，过去一直从另一白酒生产企业B购进粮食类白酒生产瓶装酒。年购进白酒1 000吨，白酒的价格为3元/斤。如果瓶装酒厂兼并白酒生产厂，年超额负担为100万元。如果A仍需外购白酒生产瓶装酒，A兼并B是否有利？

由于外购、委托加工已税酒和酒精所含消费税不能抵扣，所以应减少和委托加工酒生产酒的行为。解决途径有两条：一是扩大生产规模，自己生产；二是合并有这种生产能力的企业，实现优势互补，同时又获得税收利益。白酒行业上规模、上档次的生产尤其重要。

分析：

税法规定，A从B处购进的白酒所含的消费税不允许当期生产领用的数量相对应的消费税抵当期应纳的消费税。如果不合并，A每年应纳消费税为：1 000×1 000×2×3×20%＋1 000×1 000×2×0.5＝220(万元)

如果A兼并B，B与A就是同一企业，B生产白酒再由A生产瓶装酒，属于连续生产应税消费品，前一自产过程可免征消费税。虽然年增加了超额负担100万元，但还是可获得税收利益220－100＝120(万元)。所以，A选择兼并B企业的经营方式更有利。

要求：

1. 本案例说明了制酒行业可以采用什么方法进行消费税筹划？

2. 该案例给我们什么启示？

消费税是以特定消费品为课税对象所征收的一种税，属于流转税的范畴，它是在对货物普遍征收增值税的基础上选择少数特定消费品或消费行为，选择特定环节，对其销售额和销售数量再征收一道消费税，目的是调节生产结构，引导消费方向，保证国家财政收入。

它具有以下主要特点，各有可能提供一定的税收筹划空间：①征收范围具有选择性，可以从避免成为征税对象来进行税收筹划，用从生产或销售不征收消费税的商品进行税收筹划的思路；②征收环节具有单一性，可以采用降低征收环节销售额，将利润转移到其他环节的思路；③消费品种类和税率或税额具有一一对应性，可以采用适当改变消费品类型，使其适用低税率的思路；④征收环节具有差别性。可以采用在多个征税环节中，合法选择应纳消费税额最少征税环节的思路；⑤同时采用从量计征和从价计征，可以着重对从价征收以及从量征收中累进税额部分进行税收筹划。

5.1 消费税纳税人的税收筹划

1. 法律规定

在中华人民共和国境内生产、委托加工和进口规定的应税消费品的单位和个，以及国务院确定的销售规定应税消费品的其他单位和个人，为消费税的纳税人。应税消费品共14类，分别是：烟、酒及酒精、化妆品、贵重首饰和珠宝玉石、鞭炮及烟火、成品油、汽车轮胎、摩托车、小汽车、高尔夫球及球具、高档手表、游艇、木制一次性筷子、实木地板。具体来说，纳税人分为以下4种情况。

1）生产应税消费品的单位和个人

生产应税产品用于销售的，于销售成立时缴纳消费税。生产应税消费品自己使用而没有对外销售的，按其不同的用途区分处理：将生产的应税消费品用于连续生产应税消费品的，不征收消费税；将生产的应税消费品用于生产非应税消费品和在建工程、管理部门、非生产机构、提供劳务，以及用于馈赠、赞助、集资、广告、样品、职工福利、奖励等方面的，于消费品移送使用时缴纳消费税。

2）从事卷烟批发业务的单位和个人

纳税人销售给纳税人以外的单位和个人的卷烟于销售时缴纳消费税。纳税人之间销售的卷烟不缴纳消费税。

3）委托加工的单位和个人

委托加工的应税消费品，除受托方为个人外，由受托方在向委托方交货时代收代缴税款；委托加工的应税消费品直接出售的，不再缴纳消费税；委托加工的应税消费品．委托方用于连续生产应税消费品的，所纳税款准予按规定抵扣；委托个人加工的应税消费品，由委托方收回后缴纳消费税。

4）进口应税消费品的单位和个人

进口应税消费品由货物进口人或代理人在报关进口时缴纳消费税。

2. 税收筹划

一般而言，成为消费税的纳税人需同时具备两个条件：一是在我国境内生产、批发、零售、委托加工、进口的应税消费品；二是所经营的产品是税目中列明的应税消费品。由此可知，消费税是针对销售特定消费品的特定纳税人，在特定的环节征税，如果单位和个人能够使自己的经营范围避开相应的环节，或者生产的产品是非应税消费品就可以避免成为消费税的纳税人。

1）利用企业间并购进行筹划

消费税是针对特定的纳税人而征收的，如果对相关业务往来的企业采取重组合并的方式，就会因为纳税人的改变而给企业带来税务筹划空间。

（1）合并会使原来企业间的购销环节转变为企业内部的原材料继续加工环节，从而递延部分消费税税款。如果两个合并企业之间存在原材料供应的关系，则在合并前，这笔原材料的转让关系为购销关系，应该按照正常的购销价格缴纳消费税款。而在合并后，企业之间的原材料供应关系转变为企业内部的原材料继续加工关系，因此这一环节不用缴纳消费税，而是递延到销售环节后再征收。

(2) 如果后一环节的消费税税率较前一环节的低，则可直接减轻企业的消费税税负。这是因为前一环节应该征收的税款延迟到后面环节再征收；如果后面环节税率较低，则合并前企业间的销售额在合并后会适用较低的税率，而使企业整体减轻税负。

阅读案例 5-1

某地区有两家大型酒厂 A 和 B，它们都是独立核算的法人企业。企业 A 主要生产粮食类白酒，以当地生产的大米和玉米为原料进行酿造，按照消费税法规定，应该适用 20%的税率，定额税率为 0.5 元/斤。企业 B 以企业 A 生产的粮食酒为原料，生产系列药酒，按照税法规定，应该适用 10%的税率。

企业 A 每年要向企业 B 提供价值 3 亿元，计 5 000 万千克的粮食酒。经营过程中，企业 B 由于缺乏资金和人才，市场开拓不力、管理不善，无法维持经营准备破产。企业 A 的智囊团建议高层决策部门，决定由企业 A 兼并企业 B。此时企业 B 共欠企业 A 4 000 万货款。经评估，企业 B 的资产恰好也为 4 000 万元。企业 A 领导人经过讨论研究，决定对企业 B 进行收购，其决策的主要依据如下。

(1) 由于合并前，企业 B 的资产和负债均为 4 000 万元，净资产为零。因此，按照现行税法规定，该并购行为属于以承担被兼并企业全部债务方式实现吸收合并，两家企业之间的行为属于产权交易行为，不视为被兼并企业按公允价值转让、处置全部资产，不计算资产转让所得，既不用缴纳所得税，也不用缴纳营业税。

(2) 企业 A 有富余闲置的资金、科学有效的管理方法和训练有素的人才，有能力兼并企业 B，并使它原有生产加工药酒的产量规模化、批量化，同时，也可以将企业 A 的管理经验用于企业 B 的经营管理上，避免因企业 B 的破产给集团带来的损失，解决了企业 B 员工下岗的就业问题。

(3) 合并可以递延部分税款和从高税负义务转向低税负的纳税筹划。分析企业 A 兼并企业 B 的税收收益：第一，合并可以递延税款。合并前，企业 A 向企业 B 提供的粮食酒，每年应该缴纳的税款为：

消费税 30 000×20%+5 000×2×0.5=11 000(万元)

增值税 30 000×17%=5 100(万元)

合并后，企业 A 提供企业 B 的粮食白酒，已经转化为企业内部生产车间之间的传递，并不构成两个独立核算的企业之间的产品购销，所以，这笔税款一部分合并后可以递延到药酒销售环节缴纳(消费税从价计征部分和增值税)，获得递延纳税好处；另一部分税款(从量计征的消费税税款)则免于缴纳了。

进一步经调查测算，企业 B 生产的药酒市场前景很好，企业 A 合并后可以将经营的主要方向转向药酒生产，而且转向后，企业应缴的消费税款将减少。由于粮食酒的消费税税率为 20%，而药酒的消费税税率为 10%，但以粮食白酒为酒基的泡制酒，税率仍为 20%。如果企业转产为药酒生产企业，则税负将会大大减轻。

假定药酒的销售额为 5 亿元，销售数量为 5 000 万千克。

合并前应纳消费税款如下。

企业 A 应纳消费税：30 000×20%+5 000×2×0.5=11 000(万元)

企业 B 应纳消费税：50 000×20%=10 000(万元)

共计应纳税款：11 000+10 000=21 000(万元)

合并后应纳消费税款为：50 000×20%=10 000(万元)

合并后节约消费税税款：21 000−10 000=11 000(万元)

2) 利用征税范围规避纳税义务进行筹划

我国现行消费税是与增值税配合而来的，在增值税普遍调节的基础上，发挥重点调节的功能，因此，消费税的征税范围比较窄，仅仅局限于14类商品中。如果企业希望从源头上节税，避免成为消费税纳税人，就应避开应税消费品，而从事其他符合国家产业政策，在流转税及所得税方面有优惠措施的产品进行投资。如高档摄像机、高档组合音响、装饰材料等。

另外根据《消费税暂行条例》一些消费品是否成为消费税的征税对象取决于其价格的高低。如高档手表，如果销售价格在1万元以上，则需按照20%税率征收消费税；而销售价格在1万元以下，则不用缴纳消费税。因此，对此类消费品，如果能在定价策略方面作些调整，使产品价格达不到征税的要求，则可以达到税务筹划目的，实现规避纳税义务的效果。

阅读案例 5-2

某加工手表企业(增值税一般纳税人)在2010年生产一种新型手表，该手表外形独特，做工精良、市场调查的结果非常令人满意。因此，该企业决定将手表定价在1万元(不含增值税)上市销售，该手表正好为高档手表。假定不考虑缴纳其他税额。

纳税分析：

销售每决手表共向购买方收取10 000＋10 000×17%＝11 700(元)

应纳增值税＝10 000×17%＝1 700(元)(假设不考虑增值税进项抵扣)

应纳消费税＝10 000×20%＝2 000(元)

共计纳税3 700元，税后收益为：11 700－2 000＝9 700(元)

该企业财务部门经过研究，提出建议：将手表销售价格降低100元，为每块9 900元。由于销售价格在1万元以下，不属于税法所称的高档手表，可以不缴纳消费税。

销售每块手表共向购买方收取9 900＋9 900×17%＝11 583(元)

应纳增值税9 900×17%＝1 683(元)(未考虑增值税进项抵扣)

税后收益为11 583元。

比筹划前收益增加11 583－9 700＝1 883(元)

相比较，销售价格降低100元，反而能多获收益1 883元。显然，多获得收益的原因在于降低价格后避开消费税。

5.2 消费税缩小税基的筹划

1. 法律规定

1) 一般规定

我国现行消费税实行从价定率计征、从量定额计征与从价、从量复合计征3种征收方法，其计税依据为销售额与销售数量两种类型。

从价定率计征的销售额同增值税的规定一致，为不含增值税而含消费税的销售额，即纳税人销售应税消费品向购买方收取的除增值税税额以外的全部价款和价外费用。价外费用实质是“价外收入”，是指价外向购买方收取的基金、集资费、返还利润、补贴、违约金(延期付款利息)和手续费、包装费、储备费、优质费、运输装卸费、品牌使用费、代收款项、代垫款项以及其他各种性质的价外收费。但下列款项不包括在内。

(1) 同时符合以下条件的代垫运输费用：①承运部门开具给购货方的运输费用发票；②纳税人将该项发票转交给购买方的。

(2) 同时将含以下条件代为收取的政府性基金或者行政事业性收费：①由国务院或者财政部批准设立的政府性基金，由国务院或者省级人民政府及其财政、价格主管部门批准设立的行项事业性收费；②收取时开具省级以上财政部门印制的财政票据；③所收款项全额上缴财政。

从量定额计征的销售数量为应税消费品的重量、容积或其他计量单位。复合计征的卷烟的计税依据为计税金额与标准箱，酒类产品的计税依据为计税金额与重量、体积(斤、500克或500毫升)。熟悉与了解这些计税依据的规定，可为纳税筹划打下一个良好的基础。

2) 特殊规定

(1) 应税销售额为纳税人向购买方收取的全部价款和价外费用，但不包括增值税额。

(2) 纳税人实行从价定率办法计算应纳税额的应税消费品连同包装物销售的，无论包装物是否单独计价，也不论在会计上如何核算，均应并入应税消费品的销售额中征收消费税。

如果包装物不作价随同产品销售，而是收取押金(收取酒类产品的包装物押金除外)，且单独核算，又未过期的，此项押金则不应并入应税消费品的销售额中征税。但对因逾期未收回的包装物不再退还的和已收取一年以上的押金的，应并入应税消费品的销售额，按照应税消费品的适用税率征收消费税。对酒类产品生产企业销售酒类产品(啤酒、黄酒除外)而收取的包装物押金，无论押金是否返还或会计上如何核算，均需并入酒类产品销售额中，依据酒类产品的适用税率征收消费税。

(3) 纳税人通过自设非独立核算的门市部销售的自产应税消费品，应当按照门市部对外销售额或销售数量征收消费税。

(4) 纳税人用于换取生产资料和消费资料、投资入股和抵偿债务等方面的应税消费品，应当以纳税人同类消费品的最高售价作为计税依据计算消费税。

(5) 纳税人将自产的应税消费品不是用于连续生产的，于移送使用时纳税，计税价格分为以下两种。

① 为纳税人同类消费品的销售价格。

② 没有同类消费品的销售价格的，按照组成计税价格计征消费税。

组成计税价格＝(成本＋利润)÷(1－消费税税率)

若实行复合计税方法：组成计税价格＝(成本＋利润＋自产自用数量×定额税率)÷(1－消费税税率)。

(6) 对于委托加工的应税消费品，按照下列方法计征消费税。

① 受托方同类消费品的销售价格计税。

② 没有同类消费品销售价格的，按照组成计税价格计征。

组成计税价格＝(材料成本＋加工费)÷(1－消费税税率)

若实行复合计税办法：组成计税价格＝(材料成本＋加工费＋委托加工数量×定额税率)÷(1－消费税税率)。

(7) 对于进口应税消费品，实行从价定率征收的，其计税依据如下。

组成计税价格=(关税完税价格+关税)÷(1－消费税税率)

若实行复合计税办法：组成计税价格=(关税完税价格+关税+进口数量×定额税率)÷(1－消费税税率)。

2. 税收筹划

销售收入与销售数量是计算消费税税额最基本的要素，其数额的大小决定了消费税税额的多少，体现了消费税负担的轻重。销售收入多，销售量大，自然应纳税额就多。在进行纳税筹划时，主要是通过计税依据构成内容的筹划、收入的合理分解、企业的联合经营、企业的依法分立等方式进行筹划，来降低计税销售收入或销售数量，进而减轻企业的税收负担。

1) 代垫运费的税收筹划

从价定率计征应税消费品的销售额中除了价款，还有为数众多的价外费用，代垫运费就是其中之一。根据税法规定，承运部门的运费发票开具给购货方，并且由纳税人将该项发票转交给购货方的代垫运费，可以不计入销售额。

对于销售应税消费品的增值税纳税人来说，如果将代垫的运输费用于支付给运输部门时，要求运输部门将运费发票开具给购货方，将会少负担消费税，同时也少负担增值税。对于购货方来说，如果是增值税一般纳税人，当取得由运输部门开具的运费发票时，可以按照运费金额的7%抵扣增值税的进项税额，取得由销货方开具的普通发票时，不得抵扣进项税额，消费税不受影响，故运费发票对购货方也有利。

阅读案例5-3

某市区实木地板加工企业是增值税一般纳税人，当月生产的实木地板主要销往省外批发商(小规模纳税人)。双方协商采用由该企业负责联系运输公司将货运达目的地，购货方货到付款。该企业当月销售实木地板50万元，手续费1万元，开出普通发票。另外支付运输公司运费2万元，取得了运输公司开具给本单位的运输发票一张；销售款和运费在到达外省时一并收回。该公司在财务处理时，运费部分抵扣了7%的增值税进项税额，当月其他可抵扣进项税额34 000元；同时销售额按17%的税率计提了增值税销项税额。

纳税分析：

企业不进行纳税筹划时应纳税额如下。

应纳消费税税额=(500 000+10 000+20 000)÷(1+17%)×5%=22 649.57(元)

应纳增值税税额=(500 000+10 000+20 000)÷(1+17%)×17%－34 000－20 000×7%=41 608.55(元)

应纳城建税与教育费附加=(22 649.57+41 608.55)×(7%+3%)=6 425.81(元)

合计应纳税额=22 649.57+41 608.55+6 425.81=70 683.93(元)

就运费部分，如果运输合同中说明运输公司将运费发票开具给购货方，运输费用由本企业先行垫付。本企业在将运费发票转交给购货方时，收回代垫运费。这样，应纳税额为：

应纳消费税=(500 000+10 000)÷(1+17%)×5%=21 794.87(元)

应纳增值税=(500 000+10 000)÷(1+17%)×17%－34 000=40 102.56(元)

应纳城建税与教育费附加=(21 794.87+40 102.56)×(7%+3%)=6 189.74(元)

合计应纳税额＝21 794.87＋40 102.56＋6 189.74＝68 087.17(元)

筹划后少缴税款＝70 683.93－68 087.17＝2 596.76(元)

在实际业务中，从事货物生产、批发或零售企业，有混合销售行为，如摩托车生产企业既向客户销售摩托车，又负责运送摩托车并收取运费，则运费作为价外费用，就应并入销售额进行计算征收消费税。如果将运费同应税消费品分开核算(如成立专门的运输中心、专业服务中心等)，则可以减少销售额、少交消费税，运费部分只纳3%营业税，则无需按应税消费品的高税率课税了。

2) 利用周转使用包装物收取押金进行筹划

纳税人销售带包装物的应税消费品时，包装物可以随同产品一起出售，也可以采用出租或出借的形式。当包装物周转使用时，为了保证购货方及时归还包装物，企业要收取一定的租金或者押金。

除酒类企业外，其他企业在包装物上进行筹划的方法是：在条件允许时，改包装物销售为收取押金的方式，且此项押金在规定的时间内(一般为一年)退还。这样做，一方面，有助于减少计税依据，降低税收负担；另一方面，在归还押金之前，企业可以占用这部分押金的利息。即使包装物到期未收回转为销售，也可以达到推迟纳税的目的。

另外，改包装物销售为周转使用，在一定程度上节省了生产包装物的人力、物力，降低了产品成本；并且，在产品售价中扣除包装物的价值，降低了产品售价，有利于增强产品的竞争能力。

阅读案例 5－4

某汽车轮胎厂，某月企业销售5 000个汽车轮胎，每个不含增值税的价格为500元，每个轮胎耗用包装物盒不含税价值20元。汽车轮胎消费税税率为3%。

纳税分析：

筹划之前，包装盒作价连同轮胎一同销售，该企业应纳消费税情况如下。

当月计税销售额＝5 000×500＋20×500＝2 510 000(元)

应纳消费税＝2 510 000×3%＝75 300(元)

该企业进行纳税筹划，与购买方协商，改包装物作价销售为收取押金，每只包装盒收取20元押金；这样做不仅可以降低税收成本，还可以降低售价。

则当月计税销售额＝5 000×500＝2 500 000(元)

应缴纳消费税＝2 500 000×3%＝75 000(元)

若押金在规定期限内收回，则押金将不必缴纳消费税。

筹划后少缴消费税＝75 300－75 000＝300(元)

但是如果押金在规定期限内 (一般为12个月)未退还，应将此项押金作为销售额纳税。由于收取的押金作为价外费用，应属于含税的款项，应将押金换算成不含税收入计征税款。

该企业包装物应纳消费税＝20×500÷(1＋17%)×3%＝256.410 3(元)

则这项业务企业共计应纳税额＝75 000＋256.410 3＝75 256.41(元)

比筹划之前(75 300)仍然少交税。

由此可见，轮胎厂如果想在包装物上节省消费税，关键是包装物不能作价随同产品销售，而应采用收取“押金”的形式，而只有此项押金必须在规定的时间内退还时，才可以达到最大限度地少缴税的目的。

知识链接5－1

包装物缴纳消费税的相关规定

包转物税收筹划实际操作中要注意把握以下尺度：一是要注意该销售为收取押金的包装物确实是能够用于周转使用的包装物；二是扣除包装物后，所售产品的销售价格不能明显偏低，以防因被税务机关调整而失去筹划的效果；三是应在不影响购货方利益的前提下进行。根据税法规定，进行包装物筹划的基本思路就是企业不将包装物随同应税消费品一同销售，而应采取收取包装物押金的方式，将押金收入单独入账，分别核算。虽然税法规定对因逾期(超过一年)未收包装物不再退还的押金，无论是否退还都应并入销售额，按所包装货物适用的税率计算缴纳消费税、增值税，看似暂时少纳的税款最终是要缴纳的，但由于其缴纳时限延缓了一年，相当于免费使用银行资金，增加了企业的营运资金，获取了资金的时间价值，为企业的生产经营提供了便利。

3）自产自用消费品选择不同成本分配方法进行筹划

纳税人自产自用应税消费品，用于连续生产应税消费品的不纳税，用于其他方面的，在移送使用时缴纳消费税。其计税依据为同类消费品的销售价格，没有同类消费品销售价格的，按照组成计税价格计算纳税。组成计税价格的计算公式由成本、利润、消费税3部分构成，其中关键部分是“成本”。企业可通过会计核算方法，选择不同的成本分配方法，降低成本，从而达到少纳税的目的。

具体做法就是将自用产品应负担的间接费用少留一部分，而将更多的费用分配给其他产品，以降低用来计算组成计税价格的成本，从而使计算出来的组成计税价格缩小，自用产品应负担的消费税也相应减少。

阅读案例5－5

2010年8月，某汽车制造厂分别生产A型与B型小汽车。其中，A型小汽车预计9月份可生产完成500辆，B型小汽车预计可生产完成30辆；该厂准备将B型小汽车2辆作为样品送往车展中心参展，3辆转做企业自用固定资产，其余25辆送给各地经销商作为样品。生产A型小汽车的直接成本是6万元/辆，生产B型小汽车直接成本为8万元/辆；间接费用按生产工时比例摊销，A型小汽车应分摊的费用为每辆1万元，B型小汽车应分摊的费用为每辆1.6万元；A、B两种小汽车的其他成本每辆均为1.5万元。A型小汽车的售价为16万元(不含增值税)，B型小汽车的生产成本为11.1万元。A型小汽车的适用税率为9%，B型小汽车的税率为12%，乘人车成本利润率8%。

纳税分析：

在未进行纳税筹划前，企业应纳税情况如下。

A型小汽车应纳消费税＝16×500×9%＝720(万元)

B型小汽车应纳消费税＝11.1×(1＋8%)÷(1－12%)×30×12%＝49.041 8(万元)

合计应纳消费税＝720＋49.041 8＝769.041 8(万元)

企业进行纳税筹划，间接费用采用平均摊销法，A型小汽车与B型小汽车分摊的间接费用均为每辆1.3万元，B型小汽车的生产成本为10.8万元。当A型小汽车的售价不变时，其应纳税额为：

A型小汽车应纳消费税＝16×500×9%＝720(万元)

B型小汽车应纳消费税＝10.8×(1＋8%)÷(1－12%)×30×12%＝47.716 4(万元)

合计应纳消费税＝720＋47.716 4＝767.716 4(万元)

筹划后比筹划前少纳消费税为：769.041 8－767.7164＝1.325 4(万元)

这说明采用不同的费用分摊方法，会使企业承担不同的税收负担。企业可以根据实际情况采用对自己更为有利的费用分摊方法。只是需要注意，费用分摊方法是在企业开始生产经营时或者年初确定，确定后，一般一个会计年度内不得随意变动。

4）利用设立销售公司或购销公司进行筹划

我国消费品除金银首饰在零售环节课税以外，其他应税消费品基本在生产领域(包括生产、委托加工和进口)课税。这样的规定主要是控制税源，降低征管成本，但产制环节终究不是商品实现销售以前最后一个流转环节，之后还存在批发、零售等若干流转环节。

纳税人可以用分设独立核算的经销部、销售公司等，再以出厂价把产品卖给(自己的)独立核算的销售公司或购销公司，并按出厂价计算缴纳消费税；销售公司按正常价格把产品对外销售，由于消费税只在生产环节征收，此时只缴纳增值税不缴纳消费税，这样可使集团的整体消费税税负降低，仅增值税税负保持不变。企业在向销售公司或购销公司低价销售时，尽管降低了利润，但实际上只是将利润转移到了销售公司或购销公司，并不会减少企业投资者的整体利益。

筹划时可以从以下两方面考虑。

(1) 商品购销在加工企业间进行。当适用高税率的分厂将其产品卖给适用低税率的分厂时，通过制定较低的内部价，便把商品原有的一部分价值由税率高的部门转移到税率低的部门，适用高税率的企业销售收入减少，应纳税额也相应减少。例如，白酒厂以较低的价格将白酒卖给药酒厂，白酒厂销售收入减少，应纳税额也减少；而适用税率低的企业，产品销售收入不变，应纳税额不变(准予扣税的应税消费品除外)，但由于它得到了低价的原材料，使得成本降低，利润增加。

(2) 设立独立核算的门市部。税法规定，纳税人通过自设非独立核算门市部销售的自产应税消费品，应当按照门市部对外销售额或者销售数量计算征收消费税，但对独立核算的门市部则没有限制。

阅读案例 5-6

某酒厂主要生产粮食白酒，产品销给全国各地的批发商。按照以往的经验，本市的一些商业零售户、酒店、消费者习惯直接到工厂购买白酒大约有1 000箱(每箱20瓶，每瓶500克)。酒厂销售给批发商的价格为每箱400元(不含增值税)，销售给零售户及消费者的价格为每箱480元(不含增值税)。企业经过纳税筹划，在本市设立了一独立核算的白酒经销部，该厂按照销售给批发商的价格销售给经销部，经销部再销售给零售户、酒店及消费者。已知粮食白酒适用的消费税比例税率为20%，定额税率为0.5元/斤。

纳税分析：

筹划前该酒厂应纳消费税税额=1 000×480×20%+1 000×20×0.5=106 000(元)

筹划后该酒厂应纳消费税税额=1 000×400×20%+1 000×20×0.5=90 000(元)

筹划后比筹划前少纳消费税税额=106 000-90 000=16 000(元)

知识链接 5-2

《中华人民共和国税收征管法》的规定

独立核算的门市部与生产企业之间存在关联关系，按照《中华人民共和国税收征管法》的规定：“企业或者外国企业在中国境内设立的从事生产、经营的机构、场所与其关联企业之间的业务往来，应当按照独立企业之间的业务往来收取或者支付价款、费用。不按照独立企业之间的业务往来收取或者支付价款、费用，而减少其应纳税的收入或者所得额的，税务机关有权进行合理调整。”

因此，生产厂家向经销部出售应税消费品时，只能适度压低价格，如果压低的幅度过大，就属于税法所称“价格明显偏低”的情况，税务机关可以行使对价格的调整权。此外，这种行为的性质属于避税，其会由于反避税条款的建立而无法再继续使用。例如，国家税务总局对中国第一汽车集团及上海大众汽车有限公司等大型汽车生产企业的消费税征收环节进行了调整，由在生产环节对厂商课税，改为推延至经销环节，并对其分设的经销公司课税。

5）避免采用最高销售价格的筹划

按照税法规定，纳税人自产并实行从价定率计征的应税消费品用于换取生产资料和消费资料、投资入股或抵偿债务等方面时，应当按照纳税人同类应税消费品的最高售价作为计税依据。在实际操作中，当纳税人用应税消费品换取货物或者投资入股、抵偿债务时，一般是按照双方的协议价或评估价确定的，而协议价往往是市场平均价。如果按照同类应税消费品的最高销售价作为计税依据，显然会加重纳税人的负担。如果经过纳税筹划，采取先销售后入股、购货、抵债的方式，则会少缴纳消费税，从而达到减轻税负的目的。

阅读案例5-7

某摩托车生产企业当月用20辆同型号的摩托车(气缸容量260毫升)与甲企业换取原材料：双方按当月的加权平均销售价格确定摩托车的价格，摩托车消费税税率为10%。本月对外销售同型号摩托车时共有3种价格，以4 000元的单价销售50辆，以4 500元的单价销售10辆，以4 800元的单价销售5辆。

纳税分析：

筹划前应纳消费税＝4 800×20×10%＝9 600元。

如果该企业经过纳税筹划，按照当月的加权平均价将这20辆摩托车销售后，再购买原材料，则应纳消费税＝(4 000×50＋4 500×10＋4 800×5)÷(50＋10＋5)×20×10%＝8 276.92(元)

筹划前与筹划后相比较，可以少缴纳消费税税额1 323.08(9 600－8 276.92)元。

6）实物折扣和折扣销售的筹划

在当今市场竞争激烈的情况下，采用折扣销售作为促销方式是非常常见的，尤其是生产应税消费品的企业，往往会给出极大的折扣比例以吸引消费者。税法规定，企业采用折扣销售方式时，如果折扣额和销售额在用一张发票上分别注明的，可以按折扣后的余额计算消费税；如果将折扣额另开发票，不论在会计上如何处理，均不得从销售额中减除折扣额。企业严格按照税法规定开具发票，就可以大幅度降低销售额，少交消费税，折扣销售采用价格优惠方式会对企业有利。

但是应避免采用“买二送一”等实物折扣销售形式，因为按照税法规定，采用实物折扣的，该实物款额不得从销售额中减除，应按视同销售中的“赠送他人”处理，计算征收消费税。

具体的筹划方法是：将实物折扣变换成折扣销售，在同一张发票上开具销售货物的数量与赠送货物的数量，按销售货物的价款除以总数量，用于确定销售单价。例如要销售200件商品，给予10件的折扣，在开具发票时，可以按210件的销售数量和金额开具，然后在同一张发票上单独注明折扣10件的金额。这样做，既不会影响购买者享受优惠待遇，本企业也不会增加税收负担。如果销售的是啤酒，还可能因为价格折让到3 000元/吨以下，适用低税率。

阅读案例5-8

适逢盛夏，某啤酒厂决定自7月15日至8月15日给予购买方购买10吨送1吨的优惠活动，多购多送。其间，啤酒厂共售出啤酒100吨，每吨不含增值税售价为3 200元，赠送啤酒10吨。

纳税分析：

未筹划之前，啤酒厂应纳消费税＝(100＋10)×250＝27 500元。

若该厂采取价格折让的形式，名义上为实物相送，开具发票时，在同一张发票上以折价后的形式体现，即每吨以2 909.09(100×3 200/110＝2 909.09)元的价格销售。则该厂当期售出110吨的应纳消费税＝110×220＝24 200元。筹划前后比较，销售与赠送的数量不变，购买者享受的优惠待遇不变，但本厂应纳消费税税额降低了3 300(27 500－24 200)元。

需要注意的是，以销售货物的总价款除以销售数量与赠送数量计算的单价不能低于市场价，否则会被税务机关重新核定，而加重税负。另外，折扣额和销售额需在同一张发票上的，应分别注明。

7) 利用外汇结算进行筹划

纳税人以外汇结算应税消费品时，应按外汇市场牌价折合人民币销售额以后，再按公式计算应纳税额。《消费税暂行条例》规定，人民币汇率可以选择结算发生当天或者当月1日的外汇牌价。一般来说，外汇市场波动越大，选择折合率进行节税的必要性越大。如果能以较低的人民币汇率计算应纳税额，对于企业显然是非常有利的。

阅读案例5-9

某企业12月15日取得40万美元销售额，12月1日的国家外汇牌价为1美元＝6.9元人民币，12月15日的外汇牌价为1美元＝7.0元人民币。

纳税分析：

如果采用当月1日的汇率，折合人民币为2 760 000元；如果采用结算当日的汇率，折合成人民币为2 800 000元。

另种方法相比较，前者比后者计税依据少了40 000(2 800 000－2 760 000)元人民币。

需要注意的是，税法规定汇率折算方法一经确定，1年内不得随意变动，因此，在选择汇率折算方法时，需要对未来的经济形势及汇率走势做出恰当的判断。

5.3 消费税适用低税率的筹划

1. 法律规定

消费税的税率有两种形式：一种是比例税率；另一种是定额税率，即单位税额。消费税税率形式的选择主要是根据具体课税对象情况来确定的。对一些供求平衡、价格差异不大、计量单位规范的消费品实行定额税率，采用从量定额方法征税；对于供求矛盾突出、价格差异较大、计量单位又不是十分规范的消费品，则选择比例税率，实行从价定率方法征税。部分消费品(卷烟、白酒)实行复合计税办法。具体规定如下。

(1) 凡生产、进口、委托加工应税消费品的单位和个人，均应根据产品所对应的税目，按照消费税税目税率表所规定的税率(税额)，计算缴纳消费税。

(2) 纳税人兼营不同税率的应税消费品，应当分别核算不同税率应税消费品的销售额、销售数量，按不同税率分别征税。未分别核算销售额、销售数量的，从高适用税率。纳税人兼营不同税率的应税消费品是指纳税人生产销售两种税率以上的应税消费品。所谓"从高适用税率"，就是对兼营高低不同税率的应税消费品，当不能分别核算销售额、销售数量时，就以应税消费品中适用的最高税率，与混合销售额或销售数量相乘，得出应纳消费税额。

(3) 纳税人将不同税率的应税消费品组成成套消费品销售的，从高适用税率。

2. 税收筹划

1) 利用降低销售价格适用低税率进行筹划

在消费税的税目中，有一些税目根据价格的差异对于同一种产品制定了不同的税率，如啤酒和卷烟。对于这类应税产品，当企业的销售价格位于规定的临界价格附近时，税收是存在较大差异的，高于临界点的收入会由于适用高一级税率，而使税收大幅度增加而导致实际收益减少，即某段价位售价高还不如售价低所获利润多，因而如果企业的产品定价刚刚在临界价格上，从利润方面考虑，不妨使价格降低到临界价格以下，按低价定位，从而征税可以适用低税率，取得更高的税收收益。

阅读案例 5-10

某啤酒厂2010年7月生产啤酒500吨，每吨啤酒出厂价格为3 010元，该企业是否应该降低其出厂价格，以使企业的消费税税负减少？

纳税分析：

方案一：不降低啤酒的出厂价格。

出厂销售额＝500×3 010＝1 505 000(元)

应纳税额＝500×250＝125 000(元)

税后收益＝1 505 000－125 000＝1 380 000(元)

方案二：将啤酒出厂价格降为2 990元再销售。

出厂销售额＝500 ×2 990＝1 495 000(元)

应纳税额＝500× 220＝110 000(元)

税后收益＝1 495 000－110 000＝1 385 000(元)

减少应纳税额＝125 000－110 000＝15 000(元)

税后收益增加＝1 385 000－1 380 000＝5 000(元)

很明显，啤酒出厂将价格降低到2 990元，其税后收益反而比价格为3 010元时多5 000元，而且由于价格优势，可以增强市场竞争力。但是要注意的是，不可以盲目地通过降低价格，使税负减少，在使用这一方法时应注意以下问题：一是关注生产成本；二是降低价格可以增强市场竞争力，但不能忽视其带来的出厂销售额的减少。

如果啤酒的出厂价格降低到2 900元，则税后收益为：

500 ×2 900－500×220＝1 350 000(元)

税后收益减少＝1 380 000－1 350 000＝30 000(元)

与每吨啤酒出厂价格为3 010元时的税后收益相比，减少的税负15 000元根本就不足以弥补降低价格后所减少的30 000元的税后收益。纳税人应该根据市场供需关系和税负的多少，计算平衡临界点的售价，从而合理定价，以获得税收利益。

2）兼营不同税率应税消费品的税务筹划

税法规定，纳税人同时兼营两种以上的不同税率的应税消费品，应当分别核算不同税率应税消费品的销售额、销售数量，按不同税率分别征税；未分别核算销售额、销售数量的，从高适用税率。这就是说，纳税人生产销售适用不同税率的应税消费品时，分别核算，分别纳税，税负较轻；如果不分别核算，将会以适用的最高税率与混合在一起的销售额或销售数量相乘，来计算应纳的消费税额，这样就会加重纳税人的税收负担。这就要求企业健全会计核算，尽量将不同税率的应税消费品分别核算，做到账目清楚，实现少纳税的目的。

阅读案例5-11

某酒厂既生产销售酒精，又生产销售药酒，7月份销售酒精取得收入10万元，销售药酒取得收入6万元，均为不含增值税价。酒精适用税率5%，药酒适用税率10%。该企业未分别核算这两种收入，则应缴纳消费税=(10+6)×10%=1.6(万元)。

纳税分析：

如果该企业经过纳税筹划，将酒精与药酒分设两个明细账户核算，则应缴纳消费税=10×5%+6×10%=1.1(万元)；分设比合并核算少纳消费税=1.6−1.1=0.5(万元)。

3）成套销售消费品的税务筹划

企业为了促销，选择成套销售方式的，按照税法规定，纳税人应根据组合产制品的销售金额，按照应税消费品适用最高税率征税。显然，成套销售将会加重纳税人的税收负担，如将税率20%的白酒和税率为10%的药酒组成礼品套装销售是不合算的。单纯从税收角度来看，企业应慎重选择成套销售方式，应将不同税率的应税消费品分开核算，分开销售；但是企业成套销售所带来的收益远远大于因此而增加的消费税及其成本，或者企业是为了达到占领市场、宣传新产品等战略目的，有必要组成成套消费品的情况，可通过改变包装方式、包装地点、包装环节等纳税筹划的方法，寻求节税的途径，减轻税收负担。

其具体筹划方法是：第一，改变包装地点，将包装地点改在批发与零售环节，将上述产品先分品种销售给零售商，再由零售商包装后对外销售，销售给零售商时，将不同品种和类别的产品分别开具发票，分别核算销售额或销售数量；第二，改变包装环节，对于一些不适宜在零售环节组合成套的消费品，企业可以设立独立核算的门市部，先将产品销售给独立核算的门市部，再由门市部负责包装、组成套装消费品后对外销售，这样既不影响成套消费品销售，又达到了分别核算、分别纳税、不加重税负的目的。

阅读案例5-12

某酒厂为了春节促销，将白酒、果木酒、药酒组成成套礼品酒销售。每套酒由一瓶白酒(30元)、一瓶果木酒(20元)、一瓶药酒(50元)构成，一套售价100元，每瓶均为一斤装，当月共计售出5 000套，取得不含增值税的销售收入50万元。白酒适用比例税率20%，定额税率0.5元/斤；果木酒、药酒比例税率为10%。公司将这些适用不同税率的应税消费品组成成套消费品销售，应从高适用税率。

则应纳消费税=500 000×20%+5 000×3×0.5=107 500(元)

纳税分析：

如果将上述消费品分品种销售给零售商，并分别开具发票，则应该分别计税，再由商场在柜台进行包装成成套销售。经过这样筹划，该公司既实现了套装酒的销售，其应缴纳的消费税还不会增加，即应纳消费税＝30×5 000×20%＋5 000×0.5＋(20×5 000＋50×5 000)×10%＝67 500(元)。经过筹划，实行分别销售、分别核算，将比组成成套礼品酒销售少缴纳消费税税额为40 000元(107 500－67 500)。

上述案例也可以先分别销售给集团内部独立核算的销售公司，由销售公司包装后对外销售，同样能够达到节税的目的。

5.4 充分利用消费税优惠政策

1. 外购已税消费品继续生产应税消费品的税收筹划

1) 法律规定

根据税法规定，用自产的应税消费品继续生产应税消费品，在生产领用环节不缴消费税；用外购的已税烟丝等11种消费品(可以抵扣的消费品见表5-1)继续生产应税消费品，可以扣除当期生产领用部分的已纳消费税税款。

应纳消费税额＝销售总价款×消费税率－当期领用已税消费品买价×相应消费税率

其中：当期领用已税消费品买价＝期初买价余额＋本期买价增加额－期末买价余额

买价是指外购应税消费品取得的增值税专用发票上注明的不含税销售额。

表5-1　连续生产应税消费品可以抵扣外购已税消费品范围

已税消费品	应税消费品
烟丝	卷烟
化妆品	化妆品
珠宝玉石	珠宝玉石、贵重首饰
鞭炮焰火	鞭炮焰火
汽车轮胎	汽车轮胎
摩托车	摩托车
杆头、杆身、握把	高尔夫球杆
木制一次性筷子	木制一次性筷子
实木地板	实木地板
石脑油	应税消费品
润滑油	润滑油

2) 税收筹划

用自产的应税消费品连续生产应税消费品不用缴纳消费税，用外购的已税消费品连续生产应税消费品，可以扣除生产领用部分已纳的消费税税额，所以，两种连续生产的税负基本相同。但对于酒类产品而言，用外购酒及酒精连续生产时由于不得抵扣已纳消费税，其税收负担将大于用自产酒及酒精连续生产酒的税收负担。同时，外购原料已纳消费税税额转为原材料成本，也减少了企业利润。所以酒类产品应避免选用外购原材料进行生产。

阅读案例 5-13

某粮食白酒厂需要一批酒精作原料加工生产白酒，现有2种方案可供选择：方案一，外购酒精，从本市甲酒厂购进酒精需支付购买价款5万元；方案二，自行加工，酒厂自行加工酒精需要原材料4.3万元，加工费用2 000元。试分析，该酒厂应选择哪种方案？

方案一：外购酒精的买价是由销售方加工生产酒精的成本、利润及销售方缴纳的酒精消费税3部分构成，其中已由销售方缴纳的消费税为2 500(50 000×5%)元。因此，5万元的酒精购进成本中包含有2 500元的消费税。

方案二：自行加工酒精用于继续加工白酒，其中间产品酒精不需要缴纳消费税，因此作为生产白酒原料的酒精的加工成本为45 000(43 000+2 000)元。

纳税分析：

比较2种方案得知，由于外购酒精中包含有2 500元消费税，而自行加工的酒精用于生产白酒时没有缴纳消费税，因此，自行加工酒精的成本低于外购酒精的成本。经过分析，该企业应选择方案二。

对于购买方来说，如果纳税人购进已税消费品取得的是普通发票，按规定应换算成不合增值税的销售额，一律采用3%的征收率换算。因此，如果购买方是小规模纳税人，不享受增值税进项税额抵扣，则不管是取得增值税专用发票还是普通发票，不会增加增值税负担；并且如果取得普通发票，应按3%的征收率换算出不含税销售额，比按17%的税率换算出的不含税销售额要大，则可以获取更多的消费税扣除。所以，当小规模纳税人的生产企业向一般纳税人购进应税消费品时，应向对方索取普通发票。如果购买方是一般纳税人，索取普通发票会导致不能抵扣增值税额，因此需要比较索取普通发票时多抵扣的消费税额和不允许抵扣的增值税额之间的大小后再做出适当选择。

阅读案例 5-14

某化妆品公司(小规模纳税人)2011年8月以价税合计200 000元购进某种应税化妆品用于连续生产另外一种化妆品，消费税税率为30%。请问，对购买方来说，开具哪种发票更有利？

纳税分析：

(1) 若取得普通发票，那么允许抵扣的消费税税额为200 000/(1+3%)×30%=58 252.43(元)。

(2) 若取得增值税专用发票，那么允许抵知的消费税税额为200 000/(1+17%)×30%=51 282.06(元)。

比较取得两种发票计算结果，取得普通发票比取得增值税专用发票可多抵扣消费税6 970.37元。

2. 委托加工已税消费品继续生产应税消费品的税收筹划

1) 税法规定

委托加工方式是指委托方企业提供原材料和主要材料，受托方企业只收取加工费和代垫部分辅助材料加工应税消费品的过程。委托加工应税消费品应纳的消费税，根据税法规定，选择在委托方提货时，由受托方代收代缴(委托个体经营者加工应税消费品，一律于委托方收回后在委托方所在地缴纳消费税)。委托方收回已税的消费品，用于继续生产应税消费品的，准予按照规定的扣除范围(同自产产品连续加工应税消费品扣除范围)扣除委托加工环节已纳的消费税。

应纳消费税额=销售总价款×消费税率-当期准予扣除的委托加工消费品已纳税款

其中：当期准予扣除的委托加工消费品已纳税款

＝当期领用部分已纳税款

＝期初收回部分已纳税款＋本期收回部分已纳税款－期末收回部分已纳税款

委托加工收回后直接出售的，不再缴纳消费税。

2）税收筹划

企业在自己的生产经营活动中常常会遇到产品自行加工还是选择将一些材料委托其他企业加工成半成品或产成品的情况，即自行加工还是选择外协加工的问题。由于委托加工后的材料是连续生产还是收回后直接对外销售，计税的依据和缴纳的消费税情况是不一样的。因此，就涉及纳税筹划的问题。

纳税筹划基本思路：一是通过降低委托加工原材料成本与加工费的标准来缩小计税依据，实现少缴税；二是通过选择委托加工方式达到少缴税的目的。

按照税法规定，纳税人委托加工已税消费品收回后用于继续生产应税消费品的，其由受托方代收代缴的消费税在规定范围内允许扣除；直接销售的，不再缴纳消费税。纳税人应比较两种方案的优劣，选择较为有利的方案。

阅读案例 5-15

某卷烟厂是增值税一般纳税人，2010 年准备生产销售卷烟 500 万元，出售数量为 2 000 箱。烟丝的消费税率为 30%，卷烟的消费税率为 36%，每标准箱定额税率 150 元。假定城建税率 7%，教育费附加 3%，企业所得税率 25%。对于如何生产这批卷烟，该厂有 3 种方案可供选择：

方案一：卷烟厂自行购买购烟叶 80 万元，由烟叶加工成烟丝，再由烟丝加工成卷烟，总加工费用 120 万元，自行加工完毕后销售。

方案二：委托加工后成半成品连续生产。首先，该卷烟厂委托甲公司将价值 80 万元的烟叶加工成烟丝，协议规定加工费 50 万元；加工的烟丝运回卷烟厂后继续加工成卷烟，加工成本及分摊的费用共计 70 万元。

方案三：委托加工的消费品收回后，委托方不再继续加工，而是直接对外销售。卷烟厂委托甲公司将价值 80 万元的烟叶首先加工成烟丝，再由烟丝加工成卷烟，从烟叶到卷烟的加工总成本 120 万元。试比较 3 种方案的优劣，即哪种方案中税负最轻，税后利润最大。

纳税分析：

方案一：自行加工完毕后销售

卷烟厂：应纳消费税＝500×36%＋2 000×150/10 000＝210(万元)

应纳城建税和教育费附加共计＝210×(7%＋3%)＝21(万元)

共计缴纳税款＝210＋21＝231(万元)

税后净利＝(500－80－120－210－21)×(1－25%)＝51.75(万元)

方案二：委托甲公司加工烟丝，收回后自己加工卷烟

卷烟厂：委托加工环节应纳消费税＝(80＋50)/(1－30%)×30%＝55.714 3(万元)

加工销售卷烟应纳消费税＝500×36%＋2 000×150/10 000＝210(万元)

共计缴纳消费税＝210－55.714 3＝154.285 7(万元)

应纳城建税和教育费附加共计＝154.285 7×(7%＋3%)＝15.428 6(万元)

共计缴纳税款＝154.285 7＋15.428 6＝169.714 3(万元)

税后净利＝(500－80－50－70－154.285 7－15.428 6)×(1－25%)＝97.714 3(万元)

方案三：委托甲公司直接加工成卷烟，收回后直接对外销售

卷烟厂：委托加工环节应纳消费税＝(80＋120＋2 000×150/10 000)/(1－36%)×36%＝ 129.375(万元)

应纳城建税和教育费附加共计＝129.375×(7%＋3%)＝12.937 5(万元)

共计缴纳税款＝129.375＋12.937 5＝142.312 5(万元)

收回直接出售不再缴纳消费税。

税后净利＝(500－80－120－129.375－12.937 5)×(1－25%)＝118.265 6(万元)

纳税筹划后，在被加工材料成本相同、委托方负担的费用相同、最终售价相同的情况下，完全委托加工(方案三)比委托方收回后继续加工(方案二)税负轻，税后利润多。一般情况下，如果企业纯粹是为了节省费用，则支付给受托方的加工费要比自己发生的加工费少，这样税收成本会更低。对受托方来说，不论哪种情况，代收代缴的消费税都与其赢利无关，只有收取的加工费与其赢利有关。

同样对于酒类产品(啤酒除外)而言，用委托加工收回的酒及酒精继续生产酒类产品，受托方代收代缴的消费税不得抵扣，这部分消费税转为原材料成本，从而减少了企业利润。如果用自产的酒及酒精连续生产酒类产品，则作为中间产品的酒及酒精无需缴纳消费税。因此，酒类产品生产企业的税收筹划就是尽量减少应税酒类产品的流转环节，采取购进粮食等原料直接加工成成品酒的生产方式，或者是采取直接委托加工成成品酒、收回后直接销售的方式，这样既可消除重复课税，又降低生产成本。

3. 出口应税消费品筹划

1) 法律规定

现行消费税对出口应税消费品规定了优惠措施，只要纳税人出口的消费品不是国家禁止出口或限制出口的货物，在出口环节均可以享受退(免)税的待遇，意在鼓励纳税人尽量扩大出口规模。

2) 税收筹划

从节税角度出发，纳税人应该想方设法开拓国际市场，为本企业谋求尽可能多的合理收益。

此外，在出口产品因质量等问题被退货的情况下，依然存在着一定的节税机会。税法中有这样的规定：由纳税人直接出口的应税消费品，办理免税后发生退关，或者国外退货，退回进口时予以免税的，经所在地主管税务机关批准后，可暂不办理补税，待其转为国内销售时，再向主管税务机关申报不交消费税。从货物出口到退货及退款之间，一方面纳税人无偿占有这笔退款的时间价值，另一方面在免税和补税的间隔中，纳税人又占用了税款的时间价值。

本章小结

消费税是对在我国境内销售、委托加工、进口应税消费品的单位和个人征收的一种税。相对于增值税而言，消费税是一个比较简单的税种，主要筹划操作包括以下4个方面。

(1) 消费税纳税人的税收筹划。纳税人方面的税收筹划涉及到以下内容：①因为消费税征收环节具有单一性，可以采用转移纳税环节、减少生产环节的方式进行筹划，从而合法选择应纳消费税额最少征税环节的企业作为纳税人，或通过改变企业结构、改变生产流程进行税收筹划；②因为消费税征税范围具有选择性，可以从避免成为征税对象来进行税收筹划，用从生产或销售不征收消费税的商品进行税收筹划，或可以通过降低价格规避纳税义务。

(2) 消费税计税依据方面的税收筹划。主要涉及到以下内容：①通过设立关联企业(销售公司或购销公司)，采用关联企业转移定价进行筹划，从而选择应纳消费税额最少征税环节，缩小税基，利用关联企业之间的关系进行节税是有限度的，超出这一限度就会受到处罚；②将自产自用产品应负担的间接费用少摊入一部分(企业不可违背会计准则的前提下)，将更多的费用分摊给其他产品，就会降低组成计税价格中的成本，使自产自用产品应负担的消费税相应减少，从而实现节税的目的；③避免采用最高销售价格进行筹划，利用先销售后入股、购货、抵债等方式，进行节税；④避免代垫运杂费征税的筹划方法，将代垫运费开给供货方，或成立专门的运输中心等服务中心，进行节税；⑤周转使用包装物收取租金改为押金，或改作价销售为周转使用，从而收取押金。在押金未到期前，免于计税；⑥将实物折扣变换成价格折扣进行筹划，一方面避免了将实物促销视同销售，额外需要计征消费税；另一方面降低了价格，降低了计税依据；⑦利用外汇结算进行筹划，尽量选择较低的人民币汇率进行折算，从而降低计税依据。

(3) 消费税适用低税率方面的税收筹划。主要包括以下内容：①合理降低销售价格以适用低税率；②分别核算兼营应税消费品，做到账面清楚，避免合计征收增值税，以实现适用低税率；③成套消费品宜采取“先销售后包装”、改变包装地点、方式等方法进行筹划，从而避免成套均适用一个较高税率。

(4) 消费税税收优惠方面的税收筹划。主要包括以下内容：①外购应税消费品继续加工应税消费品过程中的税收筹划，由于对于用外购已税消费品连续生产应税消费品的，可以扣除外购消费品已纳税款部分，因此，从税收筹划角度来看，首先需要了解哪些消费品允许扣除，其次，要将销售中可扣除的尽可能多的扣除，从而减小计税依据，对于酒类企业来说，则应尽量避免采取外购原材料进行生产；②委托加工应税消费品继续加工应税消费品过程中的税收筹划，由于对于用委托加工收回的已税消费品连续生产应税消费品的，可以扣除委托加工环节已纳税款部分，允许扣除消费品范围同外购可以抵扣范围，企业尽量选用委托外单位直接加工成可供销售的应税消费品，收回后直接出售的方式；③出口应税消费品的筹划，尽量争取优惠，并且在发生退货时，尽量延长出口免税和退货补税之间的间隔，从而无偿占用税款时间价值。

关键术语

征收范围选择性　纳税环节单一性　从价定率计征　组成计税价格　从量定额计征　规避纳税义务　缩小税基筹划　降低税率筹划　税收优惠　企业重组筹划　规避纳税范围　价外费用　代垫运费　包装物押金筹划 先销售后包装　成本分摊方法　独立核算部门　纳税环节转移　最高售价筹划　实物折扣　折扣销售　外汇结算筹划　临界点筹划　成套消费品筹划　加工方式筹划　酒类企业筹划　出口退税筹划

综合练习

一、单选题

1. 某化妆品厂下设以非独立核算门市部，每年该厂向门市部移送化妆品1万套，每套单价500元，门市部销售单价550元，(以上均为含消费税价)。如化妆品厂将该门市部分立，使其具备独立纳税人身份，则每年可节消费税(　　)。(化妆品消费税税率30%)

A. 21.42万元　　B. 15万元　　C. 11.54万元　　D. 12.72万元

2. 进口的、实行从价定率征税办法的应税消费品，按照组成计税价格计算纳税。组成计税价格的计算公式为(　　)。

A. 组成计税价格=(关税完税价格+关税)÷(1+消费税税率)

B. 组成计税价格=(关税完税价格+关税)÷(1−消费税税率)

C. 组成计税价格=(关税完税价格+关税)÷(1+增值税税率)

D. 组成计税价格=(关税完税价格+关税)÷(1−增值税税率)

3. 根据现行消费税的规定，下列说法不正确的是(　　)。

A. 纳税人将自产的应税消费品用于换取生产资料，按同类消费品的平均价格计算应纳消费税

B. 可抵扣的已纳消费税大于当期应纳消费税的不足抵扣部分，可以结转到下一期申报抵扣

C. 委托加工应税消费品的，以纳税人收回的应税消费品数量为课税数量

D. 纳税人通过自设非独立核算门市部销售的资产应税消费品，应当按照门市部对外销售额或者销售数量计算征收消费税

4. 委托加工的应税消费品在(　　)征收消费税。

A. 加工环节　　B. 销售环节　　C. 交付原材料时　　D. 完工提货时

5. 对外销售的应税消费品，其销售额为对方收取的(　　)。

A. 全部价款和价外费用，包括增值税

B. 全部价款和增值税，扣除价外费用

C. 全部价款和价外费用，不包括增值税

D. 全部价款

6. 随同应税消费品出售的包装物，应该(　　)。

A. 单独计价的不计入应税销售额，不单独计价的计入应税销售额

B. 都不计入应税销售额

C. 可计入应税销售额，也可不计入

D. 都计入应税销售额

7. 自产自用消费品如果用于连续生产应税消费品，则(　　)。

A. 不缴纳消费税

B. 销售最终消费品时缴纳消费税

C. 移送自用时缴纳消费税

D. 使用该种消费品时缴纳消费税

8. 某烟厂4月份外购烟丝，取得增值税专用发票上注明的税款为8.5万元，本月生产领取80%，期初尚有库存的外购烟丝2万元，期末库存烟丝12万元，该企业本月应纳消费税中可扣除的消费税是(　　)万元。

A. 6.8　　B. 9.6　　C. 12　　D. 40

二、多选题

1. 下列物品中属于消费税征收范围的有(　　)。

A. 汽油和柴油　　B. 烟酒　　C. 小汽车　　D. 鞭炮、焰火

2. 实行复合计税办法的应税消费品主要有(　　)。

A. 粮食白酒　　B. 薯类白酒　　C. 石脑油　　D. 卷烟

3. 准予从应纳税额中扣除已纳消费税税额的有(　　)。

A. 外购已税烟丝生产的卷烟

B. 外购已税珠宝玉石生产的金银首饰

C. 以委托加工收回的化妆品生产的化妆品

D. 以委托加工收回的已税摩托车生产的摩托车

4. 消费税的税率分为(　　)。

A. 比例税率　　B. 定额税率　　C. 复合税率　　D. 累进税率

5. 下列消费品，适用于从量定额法缴纳消费税的是(　　)。

A. 化妆品　　B. 卷烟　　C. 啤酒　　D. 柴油

三、判断题

1. 根据税法规定，纳税人用于换取生产资料和消费资料，投资入股和抵偿债务等方面的应税消费品，应当以纳税人同类应税消费品的平均销售价格作为计税依据计算消费税。(　　)

2. 用外购已缴税的应税消费品连续生产的应税消费品，在计算征收消费税时，按当期生产使用数量计算准予扣除外购的应税消费品已纳的消费税税款。(　　)

3. 用委托加工收回的应税消费品连续生产应税消费品，其已纳税款准予按照规定从连续生产的应税消费品应纳消费税税额中抵扣。(　　)

4. 对于消费税的纳税人，如果将委托加工的应税消费品收回后加价出售，就说明采用委托加工方式比自行加工方式节减了消费税。(　　)

四、简答题

1. 增值税中的筹划方法哪些可以应用在消费税中？为什么？

2. 简述消费税纳税人、计税依据的税务筹划方法。

3. 分析消费税中采用适用低税率策略时有哪些具体的的筹划方法，举例说明。

4. 如何利用产品包装时机进行消费税筹划？

5. 对自产自用应税消费品应如何进行税务筹划？

6. 对委托加工应税消费品应如何进行税务筹划？

7. 如何通过选择合理加工方式进行消费税筹划？

8. 如何选择合理的销售方式进行消费税筹划？

9. 如何以外汇结算的应税消费品进行税务筹划？

10. 对于酒类生产企业，可以采用哪些方法进行税收筹划？

实际操作训练

实训项目1：自产自用应税消费品筹划

实训目的：自产自用应税消费品降低成本的筹划。

实训内容：某烟厂主要生产雪茄烟，每月生产出的雪茄烟总有一部分自产自用。在确定自产自用产品的成本时采用统一的材料、费用分配标准进行计算。某月，其自产自用产成品成本为150万元，假设利润率为10%，消费税率36%，其组成计税价格和应纳消费税计算如下。

组成计税价格＝(150＋150×10%)÷(1－36%)＝257.81(万元)

应纳消费税＝257.81×36%＝92.81(万元)

实训要求：如果企业降低同期同类雪茄烟的成本，该批雪茄烟成本为130万元，则可使企业节减消费税多少元?

实训项目2：套装礼品盒销售的筹划

实训目的：成套消费品先销售后包装的筹划。

实训内容：某日化厂准备将生产的化妆品、护肤护发品、小工艺品组成成套礼品盒销售。每套消费品由一瓶香水(50元)、一瓶指甲油(15元)、一支口红(40元)、一瓶洗面奶(40元)、一瓶面霜(70元)、化妆工具及小工艺品(10元)和包装盒(5元)组成，上述价格均不含增值税。根据税法规定，该礼品盒应纳消费税的情况如下。

每套应纳消费税＝(50＋15＋40＋40＋70＋10＋5)×30%＝69(元)

实训要求：根据消费税有关规定，进行节税筹划。

实训项目3：包装物的筹划

实训目的：利用包装物收取押金进行筹划。

实训内容：某生产轮胎的企业2011年5月销售了1 000个轮胎，每个轮胎800元(含包装物的价格120元)。轮胎消费税比例税率为3%。根据税法规定，该轮胎的销售应纳消费税如下。

应纳消费税＝1 000×800×3%＝24 000(元)

实训要求：根据消费税包装物有关规定，进行节税操作。

实训项目4：对外投资的筹划

实训目的：利用先销售后投资进行筹划。

实训内容：某汽车厂2011年4月以小汽车20辆对外投资，当期该小汽车的销售价格分别为10万元(销售10辆)、10.5万元(销售6辆)、10.8万元(销售4辆)，适用比例税率5%。根据税法规定，该小汽车的销售应纳消费税如下。

应纳消费税＝10.8×20×5%＝10.8(万元)

实训要求：根据消费税有关规定，进行节税操作。

实训项目5：委托加工的筹划

实训目的：利用选择加工方式进行税收筹划。

实训内容：甲运动器材实业有限公司2011年8月购进柿木、不锈钢材、碳纤维等材料一批，进价100万元(不含增值税)，用于生产高尔夫球杆。当月将该材料发给乙运动器材股份有限公司委托其加工高尔夫球杆的杆头、杆身、握把等，支付加工费80万元，支付增值税13.6万元。当月甲公司收回委托加工品后继续加工高尔夫球杆，支付加工成本、费用共计50万元，加工完成后，该公司将高尔夫球杆全部售出，销售额450万元(不含增值税)。乙公司没有同类球杆的销售价格。消费税税率10%，城建税税率7%，教育费附加率3%，所得税税率25%(因增值税影响小，省略)。

甲公司向乙公司支付加工费的同时，向其支付代收代缴的消费税为：

消费税组成计税价格＝(100＋80)÷(1－10%)＝200(万元)

应缴纳消费税＝200×10%＝20(万元)

甲公司销售高尔夫球杆后，应缴纳消费税＝450×10%－20＝25万元。

两项合计缴纳消费税为45万元。

应纳城建税与教育费附加＝45×(7%＋3%)＝4.5(万元)

甲公司税后利润＝(450－100－80－50－20－25－4.5)×(1－25%)＝127.875(万元)

实训要求：根据消费税有关规定，进行节税操作。

第 6 章 营业税的税收筹划

教学目标

通过本章的学习，熟悉营业税法律规定，全面把握营业税征税范围、各行业及特殊业务计税营业额的确定方法，明确营业税纳税筹划的基本策略，掌握营业税纳税人税收筹划、缩小税基筹划、适用低税率筹划、递延纳税期筹划、利用营业税优惠政策的税收筹划的具体方法，重点掌握一些典型业务的营业税筹划，如混合销售与兼营行为、建筑行为中合作建房、以无形资产和不动产进行投资及其股权转让等，并能够进行节税操作。

教学要求

知识要点	能力要求	相关知识
纳税人的筹划	熟悉营业税纳税人境内、有偿的界定 熟悉混合和兼营行为的课税制度 能够运用境内、有偿的规定，规避营业税纳税人 能够熟练运用无差别平衡点增值率，判断混合和兼营行为征税税种 能够熟练运用纳税人筹划的其他方法	纳税人的法律规定 境内、有偿的规定 混合和兼营行为的概念 纳税人筹划的基本思路 无差别平衡点增值率的概念 纳税人税收筹划具体方法
缩小税基的筹划	熟悉营业税计税依据的法律规定 熟悉各个行业税前扣除项目 掌握缩小税基筹划的基本思路 能够熟练运用缩小税基税收筹划的基本方法 能够掌握合作建房的税收筹划 能够掌握工程承包的税收筹划	计税依据的法律规定 计税依据的扣除项目 计税依据筹划的基本思路 计税依据税收筹划具体方法
适用低税率的筹划	熟悉营业税税率的法律规定 能够运用混合和兼营转化进行筹划 能够利用行业转化进行筹划 能够选择签订分包合同进行筹划	税率的法律规定 税率筹划的基本思路 低税率的税收筹划具体方法

续表

知识要点	能力要求	相关知识
纳税期递延的筹划	熟悉营业税纳税期限的法律规定 熟悉营业税纳税义务发生时间 能够运用递延纳税义务发生时间进行筹划	纳税期限的法律规定 纳税期递延筹划的基本思路 纳税期递延筹划的具体方法
利用优惠政策的筹划	熟悉营业税各个税种税收优惠政策 能够合理利用优惠政策进行是筹划	优惠政策的法律规定 利用优惠政策筹划的基本思路 利用优惠政策进行税收筹划的具体方法

导入案例

捆绑式销售营业额的确定

赵某是广州的一家服装品牌店的小老板，闲时总爱到广州各大商场“游逛”，以调查各个商场服装的销售情况和促销手段。2010年11月，赵某在中华广场手机专卖区又见到某大型移动电信公司“1元购机”活动，该电信公司打出了“1元手机+1年话费=话费同等价值手机”的广告语，只要是该公司的用户在预存一定话费后，可以最低1元的价格购机。

赵某使用的手机通信网络正是该运营商的，频频使用手机联络业务的他早已经是该移动电信公司的“金卡”用户，预缴话费又能获得同价手机这么超值的活动吸引了赵某的眼光。当时赵某看中了一部索尼爱立信手机，其市场价格为4 133元，金卡用户预存3 720元话费后即可以1元购买，购机预存的话费分12个月平均返还，即每月必须消费310元，如果当月消费不足，仍按规定金额收取。既以市场价9折的价格买下手机，又可以获得与手机价格相当的话费，可谓是手机、话费两兼得，而赵某一个月的手机费远远要超于该规定数额，这便十分划算。在调查市场的同时，赵某又买下一部超值手机，他心里十分愉悦。

但是，赵某在买下该手机后又想了这么一个问题：为何该电信移动公司要采用捆绑式的销售方式来促进销售？精明的商家肯定会计算好促销时的得失，但商家的算盘是怎么打的呢？

思考：

试替赵某解决疑问。假如电信公司打出的广告标语是“预存话费，送手机”，与捆绑式销售相比，企业为一部手机额外负担税收是多少？

营业税是对在我国境内提供应税劳务，转让无形资产或销售不动产的单位和个人就其营业额征收的一种商品与劳务税，它是我国现行流转税的3大税种之一。

从税收筹划的角度来看，现行营业税的主要特点有三条：①税基上是以多环节总额课征，同时又有许多按差额征税的规定；②按行业设计税目税率，税目之间有可能转换；③税收优惠条款比较多。根据上述特点，营业税筹划的重点包括缩小税基、适用低税率和充分利用优惠政策和税收征管等方面的基本策略。其中，尤以对纳税人行业的界定和营业额的确定为筹划的重点。

6.1 营业税纳税人的税收筹划

6.1.1 法律规定

1. 纳税人和扣缴任务人基本规定

营业税的纳税义务人是指在我国境内提供应税劳务、转让无形资产或者销售不动产的单位和个人。

1）境内规定

营业税征税范围强调的是应税劳务、转让无形资产或销售不动产是在我国境内发生的。在我国"境内"，是指实际税收行政管理的区域。具体规定如下。

（1）提供或接受税法规定劳务的单位和个人在境内。

（2）所转让的无形资产(不含土地使用权)的接受单位和个人在境内。

（3）所转让或出租土地使用权的土地在境内。

（4）所销售或出租的不动产在境内。

应税劳务是指，属于交通运输业、建筑业、金融保险业、邮电通信业、文化体育业、娱乐业、服务业税目征收范围的劳务。

境外单位或个人在境外向境内单位或者个人提供的完全发生在境外的劳务，不属于暂行条例在境内提供规定的劳务，不征收营业税。

2）有偿规定

营业税应税行为是指有偿提供应税劳务、有偿转让无形资产所有权或使用权、有偿转让不动产所有权的行为。"有偿"是指取得货币、货物或其他经济利益。下列行为视同发生应税行为。

（1）单位或个人自己新建建筑物后销售，其自建行为视为提供应税劳务，应按照建筑业税目征收营业税，同时按照不动产税目征收营业税。

（2）单位或个人将不动产或者土地使用权无偿赠送个人，应视同销售，征收营业税。

3）其他特殊规定

（1）以无形资产或不动产投资入股，参与接受投资方的利润分配、共同承担投资风险的行为，不征收营业税，在投资后转让其股权的也不再征收营业税。

（2）土地所有者(国家)出让土地使用权和土地使用者将土地使用权归还土地所有者的行为，不征营业税。

4）扣缴义务人规定

为了加强税收的源泉控制、简化征税手续、减少税款流失，营业税暂行条例还规定下列单位和个人直接负有代扣代缴营业税的义务。

境外单位或个人在境内发生应税行为而在境内未设有经营机构的，其应纳税款以代理者为扣缴义务人；没有代理者的，以受让者或购买者为扣缴义务人。

非居民企业在我国境内发生营业税应税行为，在我国境内设立经营机构的，自行申报缴纳营业税。在境内未设立经营机构的，以代理人为扣缴义务人；没有代理人的，以发包方、劳务受让方或购买方为扣缴义务人。

2. 与增值税征税范围的划分

对于纳税人既涉及货物销售又涉及提供营业税劳务的，容易出现征税范围的交叉或界限不清问题，从而产生纳税人确定的不同。为此，通过界定混合销售和兼营来进一步明确增值税和营业税的征税范围①。

1）混合销售行为的划分

混合销售行为指一项销售行为既涉及销售货物又涉及提供营业税应税劳务。按我国现行税法规定，从事货物的生产、批发或零售的企业、企业性单位及个体经营者，或以生产、批发或销售货物为主，兼有营业税应税劳务的企业、企业性单位及个体经营者的混合销售行为，视为销售货物，征收增值税，不征营业税；其他单位和个人的混合销售行为，视为提供应税劳务，征收营业税。

需要注意的是，若一项销售行为既涉及增值税的应税劳务活动，又涉及营业税的应税劳务活动，或一项业务活动既涉及货物的销售又涉及无形资产的转让或不动产的销售，应属于兼营行为，而不属于混合销售行为。

2）兼营行为的划分

兼营是指纳税人同时兼营营业税应税劳务与属于增值税征税范围的销售货物或提供非应税劳务的行为。纳税人发生兼营行为，应分别核算应税劳务的营业额与货物或非应税劳务的销售额。不分别核算或者不能准确核算的，其应税劳务与货物或非应税劳务一并征收增值税，不征收营业税。

纳税人兼营免税、减税项目的，应当单独核算免税、减税项目的营业额；未单独核算营业额的，不得免税、减税。

6.1.2 税收筹划

营业税纳税人税务筹划的基本思路是：依据企业自身的实际经营情况，在不违反税法规定的前提下，利用改变合同签订、改变业务流程等方式，避免成为营业税的纳税义务人，尽可能进入低税负的征税范围。具体操作方法如下。

1. 规避税收管辖权，避免成为营业税纳税人

营业税暂行条例规定，只有发生在我国境内的应税行为，才属于营业税的征税范围，而发生在境外的应税行为就不属于营业税的税收管辖范围，也就不构成营业税纳税义务人。因此，纳税人完全可以通过各种灵活办法，将其行为转移到境外，从而避免成为纳税人。具体方法如下。

① 应当说明的是，混合销售和兼营的征税原则与确定标准时唯一的，我们在增值税中已经做过介绍，在这里不过是从营业税的角度加以归纳总结。

1）劳务的提供

一般劳务的提供由两个环节构成，即劳务的提供环节和劳务的使用环节。所谓应税劳务发生在境内，是指应税劳务的使用环节和使用地在境内，而不论该项应税劳务的提供环节发生地是否在境内。由此可以确定，境内纳税人在境内提供劳务，其行为属于营业税的管辖权范围；境外单位和个人提供应税劳务在境内使用的，其行为属于营业税的管辖权范围；而境内纳税人提供劳务在境外使用的，其行为不属于营业税的管辖权范围。

阅读案例6-1

境内A公司受托为某建设单位建筑设计，设计费500万元。

纳税分析：

筹划前：A应纳营业税＝500×5%＝25(万元)

如果A公司将该业务交由其在香港地区的全资子公司B进行，B免征营业税。

可见充分利用特定劳务提供地的可移动性的特点，将劳务服务提供地移至境外，可以避免成为我国营业税纳税人。

2）载运旅客或货物

凡是将旅客或货物由境内载运出境的，属于营业税的管辖权范围；凡是将旅客或货物由境外载运境内的，就不属于营业税管辖权范围。例如：国内某航空公司客机从日本载运旅客入境，取得的收入因为属于在境外载运旅客就不征营业税。反之，日本某航空公司飞机从我国境内载运出口货物出境，取得的收入因为属于在境内载运货物出境，应当在我国境内缴纳营业税。根据此原则，运输企业将客货从我国境外运往我国境内，或者将客货从境外的一个地方运往境外的另一个地方，这两种运输业务均因起运地不在我国境内，所以不缴纳营业税。运输企业可以充分利用这条规定，开展起运地在境外的业务，尤其是在与我国有税收互惠协定的国家进行客货运输业务，以达到降低税负的目的。

2. 合理选择转换经营方式，避免成为营业税纳税人

营业税暂行条例对征税范围作出了较为详细的规定，在利用征税范围的有关规定进行税务筹划时，其主要方法是在深刻理解税法的基础上，结合企业实际经济活动，尽可能规避征税范围，降低营业税实际税收负担。具体操作方法如下。

1）有偿转让无形资产或不动产，改为投资入股，避免缴纳营业税

税法规定，凡以无形资产或不动产投资入股，参与接受投资方的利润分配、共同承担投资风险的行为的，不征收营业税，在投资后，转让其股权的也不再征收营业税。依据这项规定，企业可以依据实际情况将无形资产或不动产投资销售行为，先转化为投资入股行为，投资实现后再转让其分得的股权，以避免缴纳营业税。选用合作经营方式，就可避免成为营业税纳税人，实现降低税负的目的。具体筹划案例见房地产业——合作建房的纳税筹划。

在实际操作时，要注意此项筹划实现的前提，必须是“以无形资产、不动产投资入股，与接受投资方共同分配利润、承担投资风险的行为。”对于以无形资产、不动产投资入股，收取固定收入，不承担投资风险的行为不适用。因为后者取得的固定收入虽然在现实中往往以“利润”名目出现，但是由于投资者的收入并不随所投资项目利润的增减而增

减，因而性质上属于租金收入，应按服务业税目中“租赁”项目征收营业税。

2）筹划混合销售及兼营行为，正确选择税种

在进行混合销售及兼营行为筹划时，在对比纳税人作为增值税纳税人和作为营业税纳税人的税负时，可采用以下两种方法。

(1) 平衡点分析法筹划。通过税收负担率的比较，找出一个平衡点，即在发生混合行为时，不论是缴纳增值税，还是缴纳营业税，二者的税收负担相等，该混合行为就不必进行筹划；反之，两者税收负担不相等，就可以进行税收筹划。当两者税负相等时，其增值率为无差别平衡点增值率。即：

一般纳税人应纳增值税额＝营业税纳税人应纳税额

销售额×增值税税率－销售额×（1－增值率）×增值税税率＝含税销售额×营业税税率

即销售额×增值税税率×增值率＝销售额×（1＋增值税税率）×营业税税率

增值率＝营业税税率×（1＋增值税税率）/增值税税率

假如营业税税率5%，增值税税率17%，则：

无差别平衡点增值率＝(1＋17%)×5%/17%＝34.41%

这说明，当增值率等于34.41%时，两税种纳税人的税负相同；当增值率低于34.41%时，营业税纳税人的税负重于增值税纳税人，适于选择作增值税纳税人；当增值率高于34.41%时，增值税纳税人的税负高于营业税纳税人，适于选择作营业税纳税人。在销售价格相同的情况下，税负的高低主要取决于增值率的大小。

其中增值率＝（销售额－可抵扣购进项目金额）/销售额

购进项目金额＝销售额－销售额×增值率＝销售额×（1－增值率）

同理，可以计算出其他税率下的无差别平衡点的增值率，具体见表6-1。

表6-1　无差别平衡点的增值率

增值税税率	营业税税率	增值率
17%	5%	34.41%
17%	3%	20.65%
13%	5%	43.46%
13%	3%	26.08%

阅读案例6-2

某企业被税务机关确认为增值税一般纳税人，该企业既销售建材，还对外承接安装、装饰工程业务。2010年5月该企业承接了一装饰工程，工程总造价为100万元。根据协议规定，该工程采用包工包料的形式，所有建材均由该企业提供，总计70.2万元(含增值税价格)，其余为营业税劳务价款。当期允许抵扣的进项税额为10.2万元。

纳税分析：

首先，利用平衡点测算增值率：

增值额＝100/(1＋17%)－10.2/0.17≈85.47－60＝25.47(万元)

增值率＝25.47/85.47×100％≈29.8％

由于增值率大于20.65％，缴纳的增值税比缴纳的营业税要多。

其次，可以进行两税税额比较：

应纳营业税＝100×3％＝3(万元)

应纳增值税＝100/(1＋17％)×17％－10.2≈4.33(万元)

最后，结论是作为该企业，此时的选择有：一是将混合行为变为兼营行为，使销售建材的行为与装饰行为分别核算，以减轻纳税人的负担；二是将销售建材的数量减少，使其达不到全部营业额的50％，这样就可以按营业额的规定缴纳税款，不需要缴纳增值税了。

(2) 兼营和混合销售行为的筹划。兼营行为一般建议采用将适用不同税率的业务分开核算以避免从高征税的方式。但是兼营行为和混合销售行为较为复杂，建议从货物的销售和劳务的提供两个角度具体问题具体分析，以选择较好的筹划方法。具体操作如下。

① 货物销售纳入营业税。货物销售本是增值税的应税范围，但是如果货物销售在缴纳营业税的情形下更为划算，则可以考虑将销售行为转化为营业税应税行为。

混合销售的情形下，要让货物的销售适用营业税税目。降低税负思路是改变货物、劳务服务的价格，使劳务服务价格占到应收总价款的50％以上。所以当纳税人经常从事混合销售，而且混合销售的销售额增值率在大多数情况下都是大于平衡点增值率的，就要注意使其年增值税应税销售额小于其全部营业额的50％，从而使混合销售行为缴纳营业税。

阅读案例6－3

某木地板厂商销售木地板并提供安装劳务，通常其纳流转税有两种模式：一是将收取的总价款一并缴纳增值税；二是将收取的销售价款和劳务价款分别缴纳增值税和营业税。

纳税分析：

由于安装劳务的进项很少，若一并缴纳增值税，必增加厂商的税负。若能将安装劳务的收入缴纳营业税，则能达到节税的目的；若能使地板销售收入也一并纳入营业税，其节税效果将更明显。

在总价款一定前提下，提高地板的安装费用，降低地板销售价款，使安装费用占到应收总价款的50％以上，在此情形下，该混合销售行为就成为营业税的应税范围了。

应注意的是，该方法宜谨慎使用，因为这种改变货物的销售价格有可能会被税务机关认定为货物销售价格明显偏低，一旦税务机关不承认这种做法对售价进行的调整，那么该方法的运用将很可能失败。而且对一项销售行为是否属于混合销售，对于混合销售缴纳哪种税，需要得到国、地税税务机关的共同认可。

在兼营情形下的筹划思路就是将兼营行为转化为混合销售行为，且使劳务服务价款在总价款的比重中占到50％以上，即令同一客户既购买货物又接受劳务服务，并相应调整两者的价格，将货物价格降低而将劳务服务价格提高。

阅读案例6－4

某酒厂另开有一酒楼，酒厂向甲客户销售产品同时，其开设的酒楼也向甲客户提供餐饮服务，且已知产品增值率高。

纳税分析：

该酒厂既向甲客户销售产品，其酒楼又向甲客户提供餐饮服务，这属于兼营行为，销售产品应缴纳增值税，餐饮服务应缴纳营业税。若能将该兼营行为转化到一项交易行为中，使之变为混合销售行为，同时使劳务收入占到总收入的50%之上，那么就可以实现节税的目的了。

如果同时由酒楼向客户甲销售产品并提供餐饮服务，并适度降低产品售价，相应提高餐饮价格，使劳务服务价款在总价款的比重中占到50%，使该兼营行为转化为混和销售行为，适用营业税税目，则可实现节税。

节税效果分析：当销货价可调低10万元、产品生产的增值率为100%时，增值税可减少10×100%×17%=1.7(万元)，营业税额增加了10×5%=0.5(元)，可见该方法不仅具有较强的可操作性，其节税效果也较明显。

② 劳务服务纳入增值税。劳务服务收入本是营业税的应税范围，但是如果劳务服务在纳增值税的情形下更为合算时，则可以考虑将提供劳务行为转化为增值税的应税行为。具体操作如下。

在混合销售情形下，降低税负的思路是应控制货物、劳务服务的价格，从而使货物价格占到总价款的50%以上，使混合销售成为增值税的应税范围。

阅读案例6-5

广华公司销货一批产品并负责将货物运输到顾客指定地点。

纳税分析：

如果收取的总价款中运费收入缴纳增值税更为合算，则可以将运费含入货款中并开具在同一张发票上，从而达到节税筹划的目的。将运费并入货款中并开具在同一张发票上，是符合税法关于货物销售取得的价外收入一并征收增值税的规定的，所以该筹划思路有着较强的可操作性。

综上所述，在兼营情形下的筹划思路有两种：一是将兼营行为转化为混合销售。主要是使货物价款占到总价款的50%以上，使货物销售和提供劳务都适用增值税；二是同一客户既购买货物又接受劳务服务，无法实行上述第一种筹划思路时，那么可以尝试在总价款不变的前提下相应调整货物的价格和劳务服务的价格，将货物价格提高而将劳务服务价格降低，这样就能使适用营业税的应税收入降低，从而也可以达到节税的目的。

阅读案例6-6

KTV歌城既可以采用“量贩式”，同时还可以在发票开具时，提高商品价格并降低服务价格。

进行这种筹划是因为歌城本属于营业税中娱乐业的应税项目，税率为20%。而歌城中的商品销售如果未分开核算，也是按20%缴纳营业税；但如果分开核算则是纳增值税，税率低于20%(一般纳税人税率为17%，如为小规模纳税人则税率为3%)，所以分别核算的情形下缴纳的税款更少，这种分开核算就是通常所说的“量贩式”经营。并且，在采用“量贩式”的情形下，还可以提高商品价格并降低服务价格，这样节税效果更加明显。

在这种筹划方法下，之所以强调应在总价不变的前提下适当的调整商品和服务价格，是因为如果价格的调整幅度过大，就会引起应纳税额比较明显的变化，这很容易导致税务机关的关注甚至稽查，所以该筹划思路虽有一定的操作性，但应谨慎，注意商品和服务的价格调整不应过大。

6.2 营业税缩小税基的筹划

1. 法律规定

税法规定，营业税的计税依据为应税营业额，是纳税人提供应税劳务、转让无形资产或者销售不动产向对方收取的全部价款和价外费用。

各行业营业税纳税人在确定计税营业额时，应注意以下几点。

(1) 价外费用指价款之外取得的一切费用，如手续费、服务费和基金等。

(2) 单位和个人在提供营业税应税劳务、转让无形资产和销售不动产时，如果将价款与折扣额在同一张发票上注明的，以折扣后的价款为营业额；如果将折扣额另开发票的，不论其在财务上如何处理，均不得从营业额中减除。

(3) 单位和个人提供营业税应税劳务、转让无形资产和销售不动产的价格明显偏低的无正当理由的，主管税务机关有权依据以下原则确定计税营业额。

① 按纳税人当月提供的同类应税劳务或者销售的同类不动产的平均价格核定。

② 按纳税人最近时期提供的同类应税务务或者销售的同类不动产的平均价格核定。

③ 按下列公式核定计税价格。

组成计税价格＝计税营业成本或工程成本×(1＋成本利润率)/(1－营业税税率)

成本利润率由省、自治区、直辖市人民政府所属地方税务机关确定。

(4) 税法中规定某些营业税的应税项目的收入允许扣除一定的数额，按差额来征税的，即收入总额－扣项额＝余额(计税依据额)。

2. 基本思路

对各行业的计税依据额进行筹划是节税的有效途径，主要可以通过缩小计税营业额，扩大税前扣除项目，利用营业税特殊规定等办法进行。具体思路如下。

(1) 由于营业税的税基是发生经济业务的营业额全额，因此缩小营业税税基的筹划首先要考虑到就是如何避免虚增营业额。例如在纳税人的经营收入金额一定的情况下，如果部分收入为流转税免税项目，部分为营业税应税项目，则可以设计适当的收入结构，增大流转税免税项目的收入额而减少营业税应税项目的收入额，从而减轻税收负担。

(2) 由于缺少扣除项目，营业税在实际征收中就不可避免地存在着重复征税的不合理因素。为了减少此类不合理性，除了营业税暂行条例及实施细则原有的少量扣除规定外，后来陆续颁发的一些规范性文件，允许所指定的比较规范的行业领域以从营业额中扣除部分支出项目后的余额作为计税依据，即允许按差额征税。因此，如何充分利用这些按差额征税的规定也是缩小营业税税基筹划的一个重要考虑方面。

(3) 营业税实行多环节总额课征，即在每一个流转环节都对该环节的营业额征税。因此，对于营业税的应税货物(无形资产与不动产)而言，即使最终销售额不变，其总体税基也会随着流转环节的增加而增加。因此营业税在应用缩小税基策略时，还应注意减少应税货物的流转环节，避免税基叠加而重复纳税。

3. 具体应用

由于营业税涉及行业较多，经济业务复杂，在应用上述思路与方法进行税务筹划时应结合所在行业的经济业务特征，具体问题具体分析，才能进行合理的税务筹划。

1) 适度降低提供劳务服务所收取的价款

(1) 在提供服务的一方同时也需要从对方获取服务或购进货物情形下，彼此优惠。在提供服务的一方同时也需要从对方获取服务或购进货物情形下，就可以彼此都给对方加大折扣率，以减少营业税的计税收入。这种方法下的筹划结果是可以在减少营业收入同时也可以节约支出，这样就可能少纳流转税，而对所得税没有影响(排除时间性差异)。

阅读案例6-7

宜居房地产开发公司为宣传其新开发楼盘而需要进行电视广告宣传，预计支付300万元。正好该市电视台准备购3套住房表彰其先进工作者，估计金额为280万元。

纳税分析：

在双方未给彼此折扣时：电视台按广告业缴纳营业税300×5%＝15(万元)

宜居房地产开发公司按销售不动产缴纳营业税280×5%＝14(万元)

因为双方都正好需要对方的货物或者是劳务，因此双方彼此都给对方加大折扣率，就可以减少营业税计税收入额，从而达到节税的目的。

具体筹划分析：在彼此为对方加大折扣50万元时：

电视台按广告业缴纳营业税250×5%＝12.5(万元)

宜居房地产开发公司按销售不动产缴纳营业税230×5%＝11.5(万元)

电视台、青城房地产开发公司分别可节约的税收为2.5万元。

(2) 在提供服务的一方加大折扣率可相应减少损失的情形下。在提供服务方加大折扣率可相应减少损失的情形下，节税原理主要是提供服务方因加大了折扣率，减少了营业税计税收入，可少缴流转税；同时还可相应减少损失则可能因此稳定或提升利润水平。这种筹划方法可用于保险公司，则可在降低保险营业额，减少应纳营业税款的同时，减少保险理赔支出。

阅读案例6-8

某保险公司经营火灾险，全年保费收入500万元，理赔支出为300万元。则该公司毛利＝500－300－500×5%＝175(万元)。

纳税分析：

该保险公司可降低客户的保险费用标准，但相应规定每位客户应到某指定公司购买防火设备并按照规定安装使用。

节税效果分析：假设该项规定出台后，该公司全年营业额变为300万元，但由于年火灾损失减少，相应保险理陪支出降为100万元，经此筹划后该公司毛利＝300－100－300×5%＝185(万元)。而且，由于购买了防火设备，该保险公司可以和防火器材公司建立良好的业务关系，并可能因此获取部分佣金收入，则该项筹划将获得圆满成功。

2) 减少流转环节的筹划

按税法规定，营业税的计税依据是按每次流转额来征收，即只要取得营业额，就要缴纳营业税，也就是凡是流转一次便应征一次营业税；不管其成本、费用的大小和有无利润。所以在税率一定的条件下，营业税额与总的流转额呈正相关。

所以，减少流转环节的筹划原理便是使总的流转额降低，从而使总计税依据降低，以达到在税率一定的前提下，降低总的应纳税额。

(1) 省掉某些可有可无的特定环节。

阅读案例 6-9

某物业管理公司在为其房地产开发公司代理公共设施维修时，由房地产开发公司将修理费支付给物业管理公司，再由物业管理公司等额支付给修理队，并且物业管理公司在收到维修费时给房地产开发公司开具了发票。

筹划思路分析：由于物业管理公司给房地产开发公司开具了发票，物业管理公司这笔维修费用被主管税务机关认定为应税收入缴纳营业税，但是如果房地产开发公司直接将维修费支付给修理队并要求修理队开具发票，那么物业管理原应交营业税则可以省掉。这便是将物业管理公司收到款项后再支付给修理队这个不必要的流转环节省掉，使总的流转额降低，达到降低税负的目的。

(2) 通过筹划省掉有必要存在的环节。

阅读案例 6-10

物管公司代收付水电气费，如何使之成为不纳税的流转环节？

纳税分析：

物管公司将收取的管理服务收费与代收缴费分开。具体方法如下。

(1) 物管公司代收付水电气费在签订合同中明确区分管理服务收费与代收缴费，分别注明管理服务价款与代付水电气费按实代收。

(2) 物管公司的票据开具方式：物管公司对收取的管理服务费收入开具发票，而代收缴水电气费分别开给业主收据。

(3) 水电气公司将收费发票开给该楼所有用户并附户名清单。

(4) 物管公司的账务处理：将管理服务费作收入，而代收缴费应作“往来账”记账。

3) 避免代收项目收入化

营业收入中往往包含某些费用，而这些费用并不是企业真正意义上的收入，而是要转手支付给其他提供这些服务的单位，也就是这种费用成本实际上只是企业代收了而已，所以应将这种费用从收入中分离出去，从而避免使之成为计税依据，达到节税的目的。

阅读案例 6-11

宾馆或饭店中房间的长期包租业务，其房租费中通常包含了非真正意义上的“租金”，如代付的水电费。

纳税分析：

应将包含在收入中的费用独立出来，在会计上作往来账，并且在合同中也分别注明约定租金和水电费用据实代收付，从而将费用自收入中分离出去，不必为该费用缴营业税。

4) 将应税收入转化为非应税收入

(1) 赋予经济活动或经济行为新内涵。

阅读案例 6-12

A 公司借给 B 公司一笔款项，B 要按期支付利息给 A，而 A 公司应就收到的利息纳税。能否通过筹划使 A 公司不就利息收入计缴相关税金呢？

纳税分析：

该案例中，A 借款给 B，如果 A 的资金给 B 一段时期的占用而不是以借款的名义，则 A 就不必向 B 收取利息，A 也就不必为此纳税。而该问题的关键就是要寻求一个 A 既给 B 一段时期的资金占用，又不必被认定为是“借款”的途径。

经过分析，筹划的思路就是改“借款”为“预付账款”，将“应税”收入转化为“非应税”收入。

具体操作就是：首先，调整相应的合同，将“借款合同”改为“购销合同”并在购销合同中订立“预付账款”的结算条款。其次，制作“补充合同”，并在该合同中明确规定由于B公司无法及时履约，同意A公司收回预付款的要求。

(2) 改变经济活动的形式与实质。

阅读案例6-13

承前例，在此情形下要求使A公司自B公司取得的收入不是利息收入，从而达到不必再纳税的目的。

纳税分析：

若A的资金给B使用不是“借款”，则A来自与B的收入就不是“利息”了。而问题的关键是：如不是“借款”究竟应是什么？

总的思路是改“借款”为“投资”。首先，相应款项则由“债权式投资”转化为了“股权式投资”。其次，实质上由资金为B在“一定期间”内占用转化为了理论上的“永久”占用。再次，A的收益由“固定的”利息转化为了“变动的”投资分利。根据税法的规定投资收益不是营业税应税收入。通过这一系列的对经济活动的更改，将利息进行转化，使之不再是营业税的应税收入。

5) 增加扣除项目或增大扣除项目的额度

税法中规定某些营业税的应税项目的收入允许扣除一定的数额，按差额来征税的，即：

收入总额－扣项额＝余额(计税依据额)

可见，在收入总额一定的情况下，增大扣除项目的金额，应税的余额(计税依据额)就会相应的减小。那么，就可以在不影响对方纳税前提下，使对方作出相应改变，如改变对方收入项目的构成或改变发票的开具，增大扣除项目，减小计税依据、从而减少税收。

阅读案例6-14

文化传播公司甲承接了某广告业务，将该业务设计、制作、发布均交由电视台乙完成。甲收到客户付给费用300万元，按其与乙的合同支付给设计、制作费共80万元，付给播放费100万元，共支付180万。

纳税分析：

甲应纳营业税＝(300－100)×5%＝10(万元)，若能够增大扣除的项目金额，那么就可以减少应纳的营业税了。

因为文化传播公司甲从事的是广告代理业，根据营业税税法规定，从事广告代理业的，以其全部收入减去支付给其他广告公司或广告发布者(包括媒体、载体)的广告发布费后的余额为计税营业额。根据这个规定，可以将支付给乙的设计制作费调低60万元，相应调高播放费60万元，这样甲付给乙的总费用不变，同时乙开给甲的发票费用项目也要作出相同的调整，发票调整后乙的税负是不变，所以对乙来说并无影响。

调整后甲应纳营业税＝(300－160)×5%＝7(万元)

节税额＝10－7＝3(万元)

6) 利用税法前提的可选择性

当税法对不同的前提条件赋予不同的计税依据认定办法时，采取改变前提条件的方法，使计税依据降低，就可以达到应纳税额降低的目的。

税法对“建筑业”有一项纳税规定：土建、装饰、装潢装修、其他工程的计税依据为总造价；安装工程若为单包合同时按工时费作为计税依据，若为双包合同则按总造价作为计税依据。

那么，对于安装企业就有了筹划的空间，因为总造价＝工时费＋设备买价及运费等，即工时费只是总造价的一部分，所以应当选择单包合同，只以工时费作为计税依据，将比选择双包合同以总造价作为计税依据时节约税收。

阅读案例6－15

甲为建设单位，修大楼需安装中央空调和电梯，中央空调、电梯的购置费总计为1 000万元，安装工时费为300万元，安装业务由丙公司承接。

纳税分析：

其空调、电梯购置、安装全由丙进行，甲付给丙1 300万元时：

丙应纳营业税＝1 300×3%＝39(万元)

当其空调、电梯购置由甲负责，仅安装由丙进行，甲付给丙300万元时：

丙应纳营业税＝300×3%＝9(万元)

节税额＝39－9＝30(万元)

7) 促销方式的选择

(1) 赠免费消费券促销。

阅读案例6－16

某火锅店的促销方法是赠送给客人当次消费额度等额的消费券，该免费消费券可下次抵付应付消费款。

纳税分析：

火锅店实收到x，但其赠送给客人当次消费额度等额的消费券，可能会被主管税务机关要求按2x作为应税收入。因为：第一，客人两次实际消费的总额确实为2x；第二，假定每次花费成本为y，酒楼为两次消费提供的成本耗费确实为2y；第三，从理论上讲，顾客有两次消费，可分别要求索要两次金额为x的发票。所以税务机关会要求火锅店以2x作为应税收入缴税。那么，火锅店如何通过筹划按照实际发生的收入x作为应税收入呢？

纳税分析：

针对上述可能出现的问题，应考虑实行有条件的折扣销售。具体的做法就是给予愿意等额再次消费者5折优惠，而“愿意”的体现就是预付下次消费的款项，本次发给下次消费已预付款项的凭据，两次分别按(1/2)x开具发票。

通过有条件的折扣销售，对消费者来说，仍能以相同的价格x获取两次消费，火锅店可以达到促销目的；对火锅店来说，在达到促销目的的同时，仍能以x作为应税收入，而且作为消费者下次消费的(1/2)x的预收收入在预收时可不发生纳税义务，在下次实现销售时才纳税，获取了资金的时间价值。

(2) 高档会所(俱乐部)一次性预收款项促销。

阅读案例6－17

高档会所(俱乐部)为促销，打算采取赠送免费消费券的方法。

纳税分析：

高档会所(俱乐部)赠送的免费消费券仍会被视同销售，全额缴纳营业税。

如果高档会所(俱乐部)放弃采取赠送免费消费券的方法，而采用一次性预收款项，并按客户预缴存额度而在各次消费中给出不同折扣的方法，就可以达到节税的目的了。

具体操作：首先，高档会所(俱乐部)采用一次性预收款项，预收款项在预收时可不发生纳税义务，可以获取资金的时间价值；其次，客户在消费时给予折扣，不仅达到促销目的，吸引了客户的消费，同时高档会所(俱乐部)可以按照折扣后的金额缴纳营业税，节约了税收。

(3)“买一赠一”促销。

阅读案例 6-18

某房地产开发商对买房者赠送车库，房屋的市价为 x，车库的市价为 y。

纳税分析：

房地产开发商销售房屋必然要缴纳营业税。在赠送车库时，若办理了产权就必会被作为视同销售，按照其市场公允价或组成计税价格纳税；若不办理产权会也会被作为场地出租，按照市场公允的租金价格计税。房地产开发商如何才能减少就赠送的车库所应缴纳的税收呢?

纳税分析：

房地产开发商仍可按照折扣销售的方法来操作。具体做法就是，将房价降为 $x-\Delta y$，将车库定价为 $\Delta x+\Delta y$，使得房价＋车库价 $=x+\Delta x$，$(x+\Delta x)<(x+y)$，并且 $x+\Delta x$ 低于市场公允价格但偏离的幅度不显著。

这样筹划以后，房地产开发商应就房屋和车库的总价格 $x+\Delta x$ 缴纳营业税，$(x+\Delta x)<(x+y)$，低于市场的公允价格，就可以节约税收，而且由于偏离的幅度不显著，是可以得到税务机关的认可的。对消费者来说，仍能以较低的价格得到房屋和车库，房地产开发商可以实现促销的目的。

(4) 增加附加值后再销售。

阅读案例 6-19

某房地产开发商将房屋精装修后再销售，清水房售价为 100 万元，付给装饰公司设计及装饰劳务费 15 万元，购买材料花费 35 万元，装修后的售价为 150 万元 。

纳税分析：

清水房销售时：开发商应纳营业税额＝100×5%＝5(万元)

业主应纳契税＝100×2%＝2 万元

精装修后销售：开发商应纳营业税额＝150 万元×5%＝7.5(万元)

业主应纳契税＝150×2%＝3(万元)

精装后再销售对开发商和业主的税负都产生了很大的影响，对开发商来说，会新增税负额＝7.5－5＝2.5(万元)，销售收入会减少 100－2.5＝97.5(万元)；对业主来说会新增契税＝3－2＝1(万元)。所以，不论对开发商和业主来说，精装后再销售不是最优的选择，增加附加值后再销售反而减少了收入，增加了税负。

8) 分解营业额的筹划

营业税的特点是，只要取得营业收入，就要缴纳营业税，而不管其成本、费用的大小，即使没有利润，只要有了营业额，也要依法缴税。对此的纳税筹划做法是：通过减少纳税环节分解应税营业额，达到合理节约税收的目的。

阅读案例 6-20

某展览公司为外地公司举办各种展览会。2011 年 3 月份在广州市某展览馆成功举办一期出口产品展览会，吸引了 300 家客商参展，取得营业收入 800 万元，展览公司收入后，应还展览馆租金 400 万元。

纳税分析：

展览公司的收入，属中介服务，按服务业计征营业税。

其应纳营业税税额是：应纳税额＝800 × 5%＝40(万元)

如果展览公司举办展览时，让客户分别缴费，展览公司按 400 万元给客户开票，展览馆按 400 万元给客户开票。分解后，展览公司应纳的营业税税额为：

应纳税额＝400 × 5%＝20(万元)

通过税务筹划，展览公司少交了营业税 20 万元，并且不含因此而增加其客户和展览馆的税收负担。

4. 分行业筹划

1）建筑业营业额的纳税筹划

建筑业营业税的营业额为承包建筑、修缮、安装、装饰和其他工程作业取得的营业收入额，建筑安装企业向建设单位收取的工程价款(工程造价)及工程价款之外收取的各种费用，如建筑安装企业向建设单位收取的临时设施费、劳动保护费和施工机构迁移费，以及施工企业收取的材料差价款、抢工费、全优工程奖和提前竣工奖，都应并入营业额征收营业税。

从事建筑劳务(不含装饰劳务)的，其营业额应当包括工程所用原材料、设备及其他物资和动力在内，但不包括建设方提供的设备。从事建筑安装工程作业的，营业额不应包括设备的价款。

纳税人在进行纳税筹划时，基本思路是在不违背税法的基础上，结合企业实际经营情况，调整经营行为、经营合同等方式，从而降低建筑材料的买价、重新选择安装设备的归属等，减少计税依据额。具体做法如下。

(1) 降低建筑材料买价的纳税筹划。按照规定，纳税人从事建筑、修缮、装饰工程作业，无论与对方如何结算，其应纳税营业额均应包括工程所用原材料及其他物资和动力的价款。依据这项营业额确定方法的规定，无论是包工包料工程，还是包工不包料工程，营业额均应包括工程所使用的原材料及其他物资和动力的价款。

包工包料工程就是建设单位不负责供应材料，而是由施工企业自行采购并进行施工的工程；包工不包料工程就是建筑材料由建设单位提供，施工企业负责施工的工程。包工包料工程和包工不包料工程的最大区别在于是否将材料的供应纳入施工企业的施工过程中。一项工程使用同样的原材料，由于材料的供应渠道不同，买价自然也就不同。建设单位一般是直接从市场上购买，价格较高，这必然会使施工企业的计税依据较高，而施工企业则可以与材料供应商建立长期合作关系，由于利益上的原因，供应商往往可以给予比较优惠的价格，这样就可以降低计入营业税计税依据的原材料的价值，从而达到少纳税的目的。

由于施工企业作业具有一定的相似性，除了构成工程的建筑材料外，其他消耗性材料部分具有一定重复使用的可能，如果企业通过精打细算提高材料的使用效率，做到一物多用或者在多项工程中重复使用，也可以降低工程材料、物资等价款。

因此，纳税人从事建筑、修缮、装饰工程作业，其纳税筹划的基本方法就是尽量降低工程所用原材料及其他物资和动力的价款。一方面可以通过改变建筑材料购买方来降低购买价格；另一方面可以通过一物多用、严格控制材料的使用效率，尽可能降低工程材料、物资等的总价款，达到减少应计税营业额，少缴纳营业税的目的。

阅读案例 6-21

施工企业 A 为建设单位甲建造一栋办公大楼，工程采用包工不包料的方式，所需建筑材料由建设单位甲来购买，材料价款为 2 000 万元。工程完工后，建设单位甲支付施工企业 A 工程款 2 000 万元。则施工企业 A 应纳营业税＝(2 000＋2 000)×3%＝120(万元)

纳税分析：

如果事先进行纳税筹划，双方协商好采用包工包料的方式，由施工企业 A 购买建筑材料，A 就可以利用自己在建材市场上的优势(熟悉建材市场，在经营中与材料供应商建立了长期的合作关系)购买到价低质优的建筑材料。假设，同样的材料只需要 1 800 万元，此时，工程总价款就成了 3 800 万元。则施工企业 A 应纳营业税＝3 800×3%＝114(万元)

筹划后，施工企业 A 可以少缴纳营业税为 120－114＝6(万元)。

可见，包工包料对双方都有利。对施工企业来说，由于计税营业额的降低，其应缴纳的营业税减少；对建设单位来说，一是施工企业购料省去了本单位采购材料所花费的人力、物力、财力；二是建筑材料购进价格降低节省了建设费。需要注意的是：建设单位选择的施工企业必须信誉度高，技术力量雄厚，包工包料工程中监管得力，不会出现偷工减料、以次充好的现象。

(2) 安装工程营业额确定的纳税筹划。承包安装工程的方式有两种情况：一种情况是安装单位提供机器设备，安装企业只负责安装，并取得安装费收入；另一种情况是在安装企业承包的安装工程总额中包含了机器设备的价值在内。

税法规定，纳税人从事安装工程作业，一般以安装工程的人工费及相应的收费为营业额，不包括设备的价值；但所安装设备的价值计算了安装工程产值，则其营业额应包括设备的价值。

为此，安装工程营业额筹划思路应是：企业在从事安装工程作业时，应尽量不将设备价值作为安装工程产值，可由建设单位提供机器设备，建筑安装企业只负责安装，取得的只是安装费收入，从而缩小计税营业额。另外，也可以通过降低设备价款的方式降低营业额，达到少纳税的目的。

阅读案例 6-22

甲安装公司与乙工业公司签订了一份产品生产线安装合同。该合同约定：甲公司为乙公司安装一条生产线，安装合同总价款为 400 万元。由甲公司代乙公司购买安装机器设备，价款为 500 万元，甲公司提供其他金属构件及现场加工制作平台、梯子等价值计 50 万元，安装劳务费为 100 万元。安装生产线完工验收合格后，乙工业公司一次性支付合同总价款 400 万元给甲公司，甲公司开具发票，并以总额确定安装工程产值。则甲公司应纳营业税＝650×3%＝19.5(万元)。

纳税分析：

进行纳税筹划，将甲公司代乙公司购买安装机器设备 500 万元，其他金属构件及现场加工制作平台、梯子等 50 万元的价值，改由乙公司提供或者本公司代购，并从安装工程产值中剔除，降低计税营业额，甲公司只就安装劳务费100万元缴纳营业税及附加。

其具体方法就是重新签订安装合同，合同内容改为：安装机器设备及配件由乙工业公司提供或者甲公司代购，甲公司只照单收款，安装生产线完工验收合格后，乙公司一次性支付安装劳务费100万元。这样，设备的价款即可从安装工程总价款中扣除。

则甲公司应纳营业税=100×3%=3(万元)

筹划后可以少缴纳营业税=19.5−3=16.5(万元)。

可见，设备的价款是否作为安装工程产值，对安装企业营业税及附加税有很大的影响，直接决定着企业的税负轻重。因此，安装企业在与建设单位签订安装合同时，应尽量避免自己提供设备及附件，更不可将设备的价款包含在安装工程产值中，以降低税负。

2) 房地产业合作建房的纳税筹划

(1) 法律规定。合作建房是指由一方(以下简称甲方)提供土地使用权，另一方(以下简称乙方)提供资金合作建房。合作建房的方式一般有两种：第一种方式是纯粹的“以物易物”；第二种方式是甲方以土地使用权，乙方以货币资金入股，成立合营企业，合作建房。

对于第一种形式，甲方以转让部分土地使用权为代价，换取部分房屋的所有权，发生了转让土地使用权的行为；乙方以转让部分房屋的所有权为代价，换取部分土地使用权，发生了销售不动产的行为。双方都发生了营业税应税行为。对甲方应按“转让无形资产——转让土地使用权”征收营业税，对乙方应按“销售不动产”征收营业税。

现行营业税法规定：以无形资产投资入股，参与接受投资方的利润分配、共同承担投资风险的行为，不征收营业税。对于第二种形式，当房屋建成后，双方采取风险共担、利润共享的分配方式时，甲方向合营企业提供的土地使用权视为投资入股，对其不征收营业税，只对合营企业销售房屋取得的收入按“销售不动产”征收营业税，双方分得的利润不征营业税。

房屋建成后，如双方不采取风险共担、利润共享的分配方式时，而甲方采取的是按销售收入一定比例提成参与分配或提取固定利润的方式，属于甲方将场地、房屋等转让他人使用的业务，应按“服务业”税目中“租赁业”项目征收营业税；对合营企业销售的房屋按“销售不动产”征收营业税。

如房屋建成后，双方按一定比例分配房屋，不属于营业税所称投资入股不征营业税的行为，对甲方将土地使用权转让给合营企业的行为，按“转让无形资产——转让土地使用权”征收营业税，对合营企业的房屋，在分配给双方后，各自销售时，按“销售不动产”征收营业税。

(2) 纳税思路。合作建房的合作方式与分配方式不同，其计税营业额的确定方法也不相同。进行纳税筹划的基本思路就是选择整体计税营业额较低的方式，以降低税收负担。

阅读案例 6-23

甲办公设备有限公司现有一块土地闲置，准备建造职工住宅楼，但因资金紧张，迟迟无法开工。乙房地产开发公司看好甲办公设备有限公司的土地，认为该地的地理位置优越，周围环境幽雅，非常适宜建造住宅区。经与甲办公设备有限公司协商，达成协议，签署合作建房合同，由甲办公设备有限公司提供土地使用权，乙房地产开发公司提供资金3 000万元，合作建房。房屋建成后，双方均分。10月份工程完工后，经有关部门评估，建筑物价值8 000万元。随后，甲办公设备有限公司将楼房以高于成本价的价格销售给本单位职工，收入5 000万元，乙房地产开发公司将属于自己的楼房出售，收回6 000万元。

纳税分析：

按照这种做法，甲办公设备有限公司通过转让土地使用权而拥有该房产的一半所有权，应以“转让无形资产——转让土地使用权”的税目计征营业税；乙房地产开发公司以转让一半房产所有权为代价，换取土地使用权，发生了销售不动产的行为，应以“销售不动产”税目计征营业税。

双方各应缴纳营业税税额＝4 000×5%＝200(万元)

双方在合作建房环节合计应缴纳营业税＝200×2＝400(万元)

双方将不动产销售后应缴纳销售不动产的营业税：

甲公司应纳营业税＝5 000×5%＝250(万元)

乙公司应纳营业税＝6 000×5%＝300(万元)

双方在销售不动产环节共计缴纳营业税＝250＋300＝550(万元)

两个环节双方共计缴纳营业税＝400＋550＝950(万元)。

如果甲办公设备有限公司是以成本价或者标准价销售住房给职工，则250万元的营业税可以免缴。这样，两个环节双方共计缴纳营业税就为700万元。

若两公司事先进行纳税筹划，甲办公设备有限公司以土地使用权出资，乙房地产开发公司以货币资金出资，合股成立一个独立核算的合营企业进行房地产开发，房屋建成后，双方采取风险共担、利润共享的分配方式，则在建房环节双方均不用缴纳营业税。

房屋建成后，双方协商，以合营企业的名义将楼房销售给甲办公设备有限公司的职工一部分，另一部分对外销售，取得销售额共计11 000万元。则建房环节合营企业不用缴纳营业税。

合营企业应按销售不动产缴纳营业税＝11 000×5%＝550(万元)

筹划后，两个环节合计少缴纳营业税税额＝950－550＝400(万元)。

筹划时需要注意的是，现行营业税法规定：以无形资产投资入股，参与接受投资方的利润分配、共同承担投资风险的行为，不征收营业税。为此，纳税人应充分利用这一特殊规定进行纳税筹划，以减轻税负。另外，还应考虑作为出资方如果出资建房，可能承担的经营风险更大些，因被投资方不负责还本，因此在实际操作中应持谨慎态度。

3）旅游业营业额的纳税筹划

(1) 法律规定。旅游业是指为旅游者安排食宿、交通工具和提供导游等旅游服务的业务，其计税营业额规定为：旅游企业组团到境外或境内旅游，无论在境外或境内改由其他旅游企业接团，应以全程旅费(全部价款和价外费用)扣除支付给其他接团旅游企业的旅游费和替旅游者支付给其他单位的餐费、住宿费、交通费、门票费等代付费用后的余额为营业额。

(2) 纳税筹划。由于境内旅游不太好筹划，对于境外旅游可利用税法的规定，尽量加大境外的支出项目及金额，缩小计税营业额，进而减轻营业税税负。

阅读案例6－24

某旅行社主要从事组团出境游，其出境线路有8条，每条线路有10位导游，每位导游一年的境外花费平均为10万元。为方便业务开展，该旅行社每年都要与国外旅行社签订合作协议，规定出境后的接团事宜及支付费用等问题，其中有一条规定随团导游在境外期间的所有费用由该旅行社直接支付。2010年该旅行社组团出境旅游共收取游客旅游费32 000万元，其中支付境外接团旅行社的旅游费共计19 200万元，导游报销境外花费800万元。2011年正值签订协议之机，试分析该旅行社如何签订协议会比较有利于节税。

纳税分析：

按照2010年的业务，该旅行社应缴纳营业税为640［(32 000－19 200)×5%］万元。如果协议规定先由国外旅行社支付导游的相关费用，再由珠江旅行社将导游相关费用并入旅客的旅游费支付给国外旅行社，这样800万元的导游费就可以作为支付给国外接团旅行社的旅游费从计税营业额中扣除。因此，2010年签订协议时，珠江旅行社应与国外接团旅行社协商，将原来由本旅行社支付导游境外的费用改为由境外旅行社支付，然后由本旅行社在支付境外旅行社接团等费用时一并支付。

则旅行社应纳的营业税＝(32 000－19 200－800)×5%＝600(万元)

经过纳税筹划，旅行社可少纳营业税40万元。

同样，按照现行税法规定，交通运输企业、建筑施工企业、广告代理企业、保险企业等都可以采用同样的方法减少计税依据，以降低税收负担。

4）娱乐业营业额的纳税筹划

(1) 法律规定。娱乐业是指为娱乐活动提供场所和服务的业务，其征税范围包括歌厅、舞厅、卡拉OK歌舞厅、音乐茶座、台(桌)球、高尔夫球、保龄球、游艺、网吧等。营业额为经营娱乐业收取的全部价款和价外费用，包括门票收费、台位费、点歌费、烟酒、饮料、茶水、各种小吃等收费及其他各项收费。娱乐场所为顾客提供的饮食服务以及其他各种服务也按照娱乐业征税。自2009年1月1日起，娱乐业适用5%～20%的幅度税率缴纳营业税。

(2) 纳税筹划。娱乐业税率比增值税、营业税的其他行业都高。这就决定了娱乐业进行纳税筹划的必要性与重要性。为了降低税收负担，娱乐业纳税筹划的基本思路：一是将兼营不同税率的应税行为分别核算，按各自适用的税率计算应纳税额；未分别核算的，将从高适用税率计算应纳税额。这就是说，不同税率的税目分别核算，将有利于企业减轻税收负担。二是尽量将烟酒、饮料等货物的销售行为独立出来，设立门市部核算。如果娱乐业能将烟酒、饮料等的销售业务分立出来，另外办理营业执照，在营业场所旁边为顾客提供销售服务，规模以小规模纳税人为限，这样就可以按照3%的征收率计算缴纳增值税，不缴纳营业税。

阅读案例6-25

某游艺中心设有歌舞厅、保龄球馆、台球馆、游艺馆、餐饮部。一般情况下，该游艺中心每个月的收入大约为20万元，其中，歌舞厅收入3万元，保龄球馆收入4万元，台球馆收入2万元，游艺馆收入5万元，餐饮部收入6万元。该游艺中心一直以全部收入按娱乐业缴纳营业税，则应缴纳营业税税额＝200 000×20%＝40 000(元)

纳税分析：

如进行纳税筹划，将该游艺中心各项收入分别设置账户，分别核算，则歌舞厅、游艺馆适用20%的娱乐业税率，保龄球馆、台球馆适用娱乐业5%的税率；餐饮部适用“服务业——餐饮”5%的税率。

应缴纳营业税税额＝(30 000＋50 000)×20%＋(40 000＋20 000)×5%＋60 000×5%＝22 000(元)

筹划后可以少纳营业税＝40 000－22 000＝18 000(元)。

阅读案例 6-26

某歌舞厅月营业收入额30万元，其中向顾客收取烟酒、饮料费用占总收入的40%，即每月收入6万元，应缴纳营业税税额=300 000×20%=60 000(元)。

纳税分析：

如果该歌舞厅进行纳税筹划，设小卖部销售烟酒饮料，并单独办理营业执照，小卖部每月的销售收入为6万元，一年是72万元，达不到80万元的标准，属小规模纳税人。

则应缴纳营业税=240 000×20%=48 000(元)

应缴纳增值税=60 000÷(1+3%)×3%=1 747.57(元)

两税合计=48 000+1747.57=49 747.57(元)

经纳税筹划后，少纳税10 252.43元(60 000－49 747.57)。

适用高税率的娱乐业能够将适用低税率的业务分离出来，将会少缴纳税款，而要另外设立门市部销售货物则有一定的难度，这就要求纳税人分析设立门市部的可操作性，及设立门市部所增加的成本是否低于少缴纳的税额。另外，娱乐企业还可以通过多接受低税率业务降低税负。譬如，娱乐企业可以承办一些文化体育业项目，为国家或省级等的一些比赛提供场所或是服务，承办各种展览、培训等。

6.3 营业税适用低税率的筹划

6.3.1 营业税税率的法律规定

营业税按不同行业和经营业务，设计9个税目、3档税率，具体如下。

(1) 交通运输业、建筑业、邮电通信业和文化体育业适用3%的税率。

(2) 服务业、金融保险业、转让无形资产和销售不动产适用5%的税率。

(3) 娱乐业适用5%～20%的幅度比例税率。具体适用的税率，由各省、自治区、直辖市人民政府根据当地的实际情况在税法规定的幅度内决定。仅从2001年5月1日起，国家统一规定对夜总会、歌厅、舞厅、射击、狩猎、跑马、高尔夫球、保龄球、台球、游艺、电子游戏厅等娱乐行为一律按20%的税率征收营业税。

纳税人兼营不同应税项目行为的，应分别核算不同税目的营业额、转让额或销售额，适用各自相应的税率征税；未分别核算的，全部收入额按各应税项目中最高适用税率计征营业税。

6.3.2 适用低税率的税收筹划

营业税制度涉及的行业之间本身并没有严格的界限，除了转让无形资产和销售不动产两个税目之外，其余7个税目都是广义的提供劳务行为的，行业之间具有转换的可能性。这种行业之间的转换意味着税目税率的转换，这就是营业税税率筹划的空间。

在营业税适用低税率的策略中，尤其要注意服务业税目的转化。营业税税目中的服务业税率为5%，包含了诸多内容，其中有代理业、仓储业、租赁业、广告业、中介服务等。其实服务业的项目和其他营业税应税劳务如建筑安装劳务、运输劳务等之间具有一定的可转换性，如果可以成功转换，则意味着企业可以将营业税率为5%的服务业项目转换为3%的相关项目，从而适用低税率。

1. 转变应税项目适用的税种

由于兼营、混销行为的存在，使得应税收入可以在缴纳增值税和营业税之间进行选择，这就为纳税人进行筹划带来了空间。有时在计税依据未有明显变动情形下，尝试将收入适用的税种转变为互补的另一个流转税种，就可以达到节税的目的。

阅读案例 6-27

KTV歌城的货物销售行为如不与服务收入分别核算本属于营业税混合销售行为，按20%的税率征营业税。若能将KTV歌城货物销售由征营业税转为征增值税，就可大大降低税负了。这种转化实质上是将混合销售行为转化为兼营行为，货物销售分别核算，就可以适用17%(如是小规模纳税人税率为3%)的税率纳增值税。这就实现了通过改变销售模式，将其转变为互补的另一流转税税种，达到节税目的。

2. 改变应税项目适用的税目

营业税中某个项目的特征发生某些细微变化，就会由一个税目转变为另一个税目，从而导致适用税率的变化。所以可以通过改变某个项目的特征来改变其适用的税目，以改变其对应税率，适用更低的税率，实现节税。

1) 服务业与文化体育业之间的转换

服务业税率为5%，而文化体育业适用税率为3%，如能将服务业转化为文化体育业则可以节税。比如经营游泳池，从理论上来说其收入应归于服务业，按照5%的税率缴纳营业税。但实际上由于经营主体、地点、档次等因素的不同，经营游泳池是可以归于不同的税目的。例如一个度假山庄里经营游泳池是按照服务业5%纳税，而省游泳馆则是按照文化体育业3%纳税的。所以，纳税人可以通过改变条件，实现从服务业向文化体育业的转化，达到节税目的。

2) 服务业与交通运输业之间的转换

服务业税率为5%，而交通运输业适用税率为3%，如能将服务业转化为交通运输业则可以节税。比如车站、码头、机场的仓储、保管收入应该适用服务业税目，按照5%的税率纳税；而其装卸收入是适用交通运输业税目，按照3%的税率纳税。筹划时可以通过调整仓储保管费用与装卸费用的构成，将收取的仓储、保管费用降低，适当提高装卸费用。这样，实质上是实现了将仓储、保管收入适用的服务业税目转化为适用交通运输业税目，按照低税率纳税。

3) 服务业与邮电通信业之间的转换

服务业税率为5%，而邮电通信业适用税率为3%，如能将服务业转化为邮电通信业则可以节税。比如电信的一些增值服务，若交由其他公司来经营，则按照服务业的5%来纳税，若是电信公司自己提供则是按照邮电通信业的3%来纳税。这也为服务业向邮电通信业转化提供了一个思路。

4）服务业与娱乐业之间的转换

服务业税率为5%，而娱乐业适用税率为20%，如能将娱乐业转化为服务业则可以节税。比如酒吧设包房唱歌的收入应适用娱乐业，按照20%的税率纳税，而酒吧的其他收入是适用服务业，按照5%的税率纳税。若能将包房唱歌的收入也归入酒吧的其他收入中，适用5%的税率，就可以节约税收。酒吧的具体操作是可以通过不收取包房唱歌的费用，而相应提高酒水收费，这样实质上就实现了将包房唱歌的收入适用娱乐业转化为适用服务业，降低了税负。

阅读案例6-28

某大歌厅，经营项目主要为歌舞及曲艺表演，其适用的是娱乐业的税目，按照20%缴纳营业税。那么，其可否通过筹划改变其收入所适用的营业税目、以降低适用税率？

筹划方法：首先，该歌厅可以只提供歌舞表演及茶水饮料等的服务，顾客只是观看表演而不参加表演、不具有互动性，这应可以由娱乐业转换为服务业，由20%的税率减少为5%的税率；其次，该歌厅还可以进一步转化，若能取得文化业方面的相关许可证，那么还可以转化为文化体育业，进而适用更低的3%的税率。当然，这只是从降低税负的角度进行考虑，在实际操作中该歌厅还应结合市场需求、经济效益、发展前景等各种因素进行综合考虑。

5）服务业与建筑业之间的转换

服务业税率为5%，而建筑业适用税率为3%，如能将服务业转化为建筑业则可以节税。

阅读案例6-29

A、B均为具备资质的施工企业，A承接甲工程，交由B去具体实施。甲工程1 000万元，A分得佣金100万元。

纳税分析：

A属于介绍该业务给B，对收取的佣金100万元应按照服务业缴纳5%的营业税，A应纳营业税额＝100万元×5%＝5(万元)。

筹划方法：若A是先与建设单位签订工程总承包合同1 000万元，再与B签工程分转包合同900万元，此时A则可按照建筑业缴纳3%的营业税，A应纳营业税额＝(1 000－900)×3%＝3(万元)。

通过筹划，A可节约税额＝5－3＝2(万元)。

因此施工企业A承接建筑安装工程业务，如果与施工单位B签订建筑安装工程分包转包合同，无论其是否参与施工，均应按建筑业税目征收营业税，并且是以总承包金额减去分包出去的金额的差额来缴纳营业税；如果不与施工单位B签订分转包合同，只是负责中间的介绍接洽工作，那么对A公司的此项业务就要按照服务业对收取的佣金收入征收营业税。所以对此类业务的筹划思路是尽量将建筑工程转包，一是可以差额计税；二则可以适用建筑业的低税率。

3. 签订分包、转包合同适用税率的纳税筹划

工程承包公司对工程的承包形式有两种：第一种形式是由工程承包公司与建设单位签订承包合同，然后将设计、采购、施工等工作转包给其他单位。对于这种形式的承包，工程承包公司作为工程总承包人同建设单位签订合同，无论其是否具备施工力量，是否参与工程施工业务，对其取得的全部收入，按建筑业税目征收营业税，税率为3%。

第二种形式是工程承包公司只负责设计及对建设单位承担保证，并向施工单位按工程总额的一定比例收取管理费，工程合同由施工单位同建设单位签订。对这种形式的承包，工程承包公司不作为工程总承包人，不与建设单位签订工程承包合同，而仅作为建设单位与施工单位的中介，对其取得的收入应按服务业税目中的代理服务征收营业税，税率为5%。

正因为有税率的差异，才为建筑工程承包公司利用工程承包合同进行纳税筹划提供了契机。应该说，施工企业以其资力和实力获取工程承包资格，再部分转包给其他施工单位，具有中介性质，如果中介方也具有施工能力和施工资格，就应该尽力避免中介收入，或者将中介收入转化为承包收入。因此，纳税筹划的基本思路就是将中介收入转化为承包收入，避免获取中介收入，从而达到少纳税的目的。

阅读案例 6-30

甲单位发包一建筑工程，在工程承包公司乙的协助下，施工单位丙最后中标，于是甲与丙签订了工程承包合同，合同金额为430万元。乙公司未与甲单位签订承包建筑工程合同，而只是负责设计、组织协调及对建设单位承担保证的业务，丙支付乙公司中介费50万元。此项业务对乙公司来说属于中介业务，应按照服务业缴纳营业税。即乙公司应纳营业税=50×5%=2.5(万元)。

纳税分析：

进行纳税筹划。由乙公司直接和甲公司签订合同，合同金额为430万元，然后乙公司再把该工程转包给丙公司，转包款为380万元。则

乙公司的计税营业额=430-380=50(万元)

乙公司应缴纳营业税=50×3%=1.5(万元)

通过纳税筹划，乙公司可少缴纳营业税=2.5-1.5=1(万元)。

为此，纳税人在进行工程承包合同筹划时应注意的问题是：①尽量避免单独签订与工程相关的服务合同，同时，还要保持总包与分包合同条款的完整性。②由于营业税属于价内税，营业额包括所收取的全部价款和价外费用，但对建筑业规定了分包或者转包扣除，因此，在签订分包或者转包合同时要注意此条款的应用。③如果签订工程承包合同增加的印花税比减少的营业税数额大，则不宜签订承包合同。④承包收入虽然比中介收入税负低，但承包比中介承担的风险更大。总之，公司在选择方式时要全面衡量，不能仅考虑某一税负，这样做出的筹划才有意义。

4. 设立专业安装公司的纳税筹划

增值税的纳税人为了加强售后服务或扩大自己的经营范围，涉足营业税的征税范围，提供应缴纳营业税的应税劳务。对于一些具备增值税一般纳税人资格的大型工业企业来说，其销售的货物需要安装时，由于安装业务允许抵扣的进项税额比较少，安装收入按照17%的增值税税率征税，税负一般会比较重。为了减轻税负，纳税人就得想方设法将安装收入分开核算。但是按照税法的规定，属于混合销售行为的，安装收入只能缴纳增值税。因此，纳税人如果安装业务较多，不妨设立专业安装公司，进行分类核算，从而降低税收负担。

阅读案例 6-31

某纺机厂是生产纺机设备流水线的专业厂家，某纳税年度实现不含增值税销售收入 8 500 万元。由于该厂既负责流水线设备的生产，又负责设备的安装(其中包括现场设计项目在内)，其中流水线设计安装费用占销售收入的 30%。所以企业的税收负担率一直较高。此外，由于流水线的安装期限较长，短的要半年，长的要一年，会计对销售的时间常常把握不准，税务机关每次检查都会有这样那样的问题被查出。于是，该厂拟进行纳税筹划。

纳税分析：

筹划前，该厂设计安装收入按增值税计税，适用 17%的税率，应纳增值税税额＝8 500×30%×17%＝433.5(万元)。经过精心筹划，该公司决定成立专业安装公司，进行分类核算，即组建独立核算的安装公司，将部分安装业务独立出来，变缴纳增值税为缴纳营业税。这样，既可减轻税收负担，又可解决销售环节的会计核算问题。

筹划后，该厂设计安装收入按营业税计税，适用 3%的税率，则

应纳营业税＝8 500×(1＋17%)×30%×3%＝89.505(万元)

筹划后，仅此一项该厂就将少纳税 343.995(433.5－89.505)万元。

应当肯定，对企业进行专业化的组织和经营是纳税筹划的重要途径。但是，应当注意的是：不仅由此增加的人工费、管理费需考虑进来，而且购货方如为增值税一般纳税人，还应当考虑是否会减少购货方进项税额的抵扣，如果影响对方的利益，筹划将难以实施。

阅读案例 6-32

某大型商城属于增值税一般纳税人，2010 年 8 月份销售各种型号的空调器 2 000 台，取得不含增值税的销售额 500 万元，取得安装调试和维修服务收入 16 万元；销售电热水器 1 200 台，取得不含增值税的销售额 360 万元，取得安装调试及维修服务收入 12 万元。购进货物准予扣除的进项税额是 84 万元，属于安装调试和维修服务部分准扣的进项税额可以忽略不计。安装调试及维修服务收入适用增值税 17%的税率。这种情况下，该商城应缴纳的税额为

销售货物的增值税税额＝(500＋360)×17%－84＝62.2(万元)

安装调试和维修服务的应纳增值税税额＝(16＋12)/(1＋17%)×17%＝4.0684(万元)

纳税分析：

如果该商城组建具有独立法人资格的专业服务公司，在财务上实行独立核算，在业务上与生产厂商直接挂钩，与商城配套服务。该商城销售货物的增值税税额不变，安装调试及维修服务收入改为缴纳营业税，适用 3%的营业税税率，则安装调试及维修服务收入应纳营业税税额＝(16＋12)×3%＝0.84(万元)。

筹划后将少纳税额为：4.0684－0.84＝3.2284(万元)。

按照这个思路，对于那些商业集中的街区可以走专业化协作的道路，根据产品的技术特点组建相应的专业服务机构，比如空调安装维修服务中心、电梯安装维修服务中心以及热水器安装维修中心等。这样一方面可以集中大量的专业技术人员，强化有关项目的技术管理，提高技术服务的质量；另一方面又可以享受低税率待遇。

5. 商业企业改变合同订立方式的纳税筹划

按照国税发(2004)136 号《关于商业企业向货物供应方收取的部分费用征收流转税问题的通知》规定，商业企业向货物供应方收取的部分收入，主要看其与商品销售量、

销售额有无必然联系。有直接联系的，视为平销返利，冲减当期增值税进项税额；无必然联系、且提供了一定劳务的，不视为平销返利，按营业税的适用税率征收营业税。对于此类情形，筹划的基本思路就是将商业企业向供货方收取的费用以不视为平销返利为原则，满足提供劳务的条件，以便按营业税的适用税率征收营业税。其具体筹划方法就是商业企业与供货方签订劳务合同，约定以提供某一项或几项劳务为条件，收取劳务费。

阅读案例 6-33

某大型超市为增值税一般纳税人，由于经营有方，业绩显著。全国各大品牌的家电及日用品等均有意进入该超市。于是，2010年初，超市与货物供应商签订供货合同时，约定货物供应商一年要向超市缴纳进场费合计800万元。按照合同的约定，该超市收取的进场费应视为平销返利，冲减当期增值税进项税额。也就是说，2010年度该超市因此承担的流转税及附加为：

应缴纳增值税＝800÷(1＋17%)×17%＝116.239 3(万元)

应缴纳城建税及教育费附加＝116.239 3×(7%＋3%)＝11.623 9(万元)

合计缴纳税费＝116.239 3＋11.623 9＝127.863 2(万元)

纳税分析：

如果该超市进行纳税筹划，即可重新签订合同，改变进场费收入性质，争取按提供劳务缴纳营业税。可具体操作如下：超市与货物供应商签订劳务合同，约定超市为进场厂商按货物供应量提供货物装卸搬运服务，2010年度合计收取货物装卸搬运费800万元。由于货物装卸搬运费只与货物供应量有关，与商品的销售量、销售额没有税收上所说的必然联系，且超市提供了装卸搬运劳务，货物装卸搬运费800万元不视为平销返利，可以按营业税的适用税率3%征收营业税。

对此，超市2010年度800万元收入的应缴纳税额为：

应缴纳营业税税额＝800×3%＝24(万元)

应缴纳城建税及教育费附加＝24×(7%＋3%)＝2.4(万元)

合计缴纳税费为：24＋2.4＝26.4(万元)

筹划后减少税收支出为：127.863 2－26.4＝101.463 2(万元)。

6.4 营业税的纳税期递延筹划

1. 法律规定

营业税纳税期限由主管税务机关依据纳税人应纳税额的大小分别核定为5日、10日、15日或1个月，不能按期纳税的，可按次纳税。

以1个月为一期的纳税人，于期满后15日内申报纳税；以5日、10日或15日为一期的纳税人自期满后的5日内预缴税款；次月1日起10日内申报纳税并结算上月应纳的税款。营业税的扣缴义务人的解缴税款按照上述规定执行。

2. 税收筹划

营业税征收管理方面税务筹划空间较小，主要采用递延纳税义务发生的时间，获得货币时间价值的思路与方法进行筹划。

纳税义务发生时间，是指纳税人发生纳税行为、应履行纳税义务的时间。它不同于纳税期限，后者是指税收征收机关依照法律、法规的规定所确定的纳税人发生纳税义务后计算应纳税款的期限。

营业税暂行条例明确规定了纳税人应在何时发生纳税义务，即只要具备了下面两个条件中的一个，纳税义务即告发生：一是纳税人收讫营业收入款项的当天；二是纳税人取得营业收入款项的凭据的当天。

根据实际工作的需要，营业税暂行条例实施细则还制定了一些特殊规定，如上述规定中所涉及的对转让无形资产的纳税义务发生时间的特殊规定。因此纳税人在对营业税进行筹划时可以从纳税义务发生时间方面进行考虑，在税法允许的范围之内，尽量推迟纳税义务的发生时间，通过时间上的延迟，获得资金的时间价值，从而降低税收负担。

阅读案例 6-34

甲企业采用预收款方式转让土地使用权给乙企业，合计转让收入100万元。2011年7月12日，甲企业收到乙企业支付的预收款40万元。2011年10月18日，甲企业又收到乙企业支付的预收款20万元。2011年11月21日，甲企业与乙企业结算，甲企业开具销售发票，共计价款100万元，但乙企业由于特殊情况尚有40万元尚未支付给甲企业。由于甲企业是采用预收款方式转让土地使用权的，其纳税义务发生时间为收到预收款的当天，因此，第一笔收入的纳税义务发生时间为第一次收到预收款的当天，即为2011年7月12日；第二笔收入的纳税义务发生时间为2011年10月18日。

纳税分析：

由于税法中还规定了营业税的纳税义务发生时间为纳税人收讫营业收入款项或者取得营业收入款凭据的当天，因此第三笔收入的纳税义务发生时间为2011年11月21日。

7月份应纳营业税＝40×5%＝2(万元)

10月份应纳营业税＝20×5%＝1(万元)

11月份应纳营业税＝(100－40－20)×5%＝2(万元)

2011年11月份甲、乙双方结算后，尽管甲企业尚有40万元价款未收到，但是由于此项收入已经结算，取得了索取营业收入的凭证，因此，计税时并未将此40万元从甲方营业额中扣除。甲方不得不在尚未收到价款时，就先行缴纳2万元的营业税，增加了甲方的税收负担。

如果甲企业在尚未收到全部价款时，不与乙企业进行结算，这样只有在乙企业支付40万元预收款后，甲企业在收到预收款的当天，才发生纳税义务，就可以避免提前负担税收的不利情况。

6.5 充分利用营业税优惠政策

1. 筹划思路

为了充分发挥营业税的宏观调控作用，政府出台了比较多的营业税税收优惠政策，而且随着经济形势的变化而经常改变、调整、增删这类优惠政策。目前，营业税税收优惠在房屋出租、扩大就业、技术开发和技术转让等方面比较集中。

利用税收优惠进行筹划的基本方法就是积极创造条件使自己符合优惠政策的要求，达到享受优惠政策的目的。运用税收筹划的前提：一是要充分了解减免税政策的基本内容；二是掌握获得减免税优惠必须具备的条件；三是企业的减免税筹划方案要得到税务机关的认可。

2. 具体应用

1) 创造条件，获得税收的减免

国家为了扶持某些特定地区、行业、企业和业务的发展，或者对某些具有实际困难的纳税人给予照顾，在税法中对某些符合特殊条件的纳税人给予免税的照顾，例如，新办服务型企业(除广告业、桑拿、按摩、网吧、氧吧外)当年新招用下岗失业人员达到职工总数30%，并与其签订3年以上期限劳动合同的，经劳动保障部门认定，税务机关审核，3年内免征营业税。新办服务性企业可利用此项规定，在招聘人员时多吸收一些下岗失业人员，使之占到职工总人数的30%，并与他们签订3年期劳动合同，便可享受3年免征营业税的优惠。

阅读案例6-35

某市甲企业原是民政部门所办的小旅店，由于经营有方，随着市政建设与旅游业的发展现在已颇具规模。为了提供更加完善的服务，扩大经营范围，开展多元化业务，该企业又新建了一个国内旅行社和一个字画装裱行。由于该企业在最初经营时为解决当地残疾居民的就业困难，招收了不少聋哑人员从事后勤工作，属于民政福利企业。现有聋哑人20名，非聋哑人员55名。企业年收入大约为500万元。因企业没有满足减免税优惠的条件，不能享受减免税的优惠。

纳税分析：

税法规定，从事服务业(广告业除外)的民政福利企业，安置“四残”(指盲、聋、哑及肢体残疾)人员占企业生产人员35%(含)以上的，免征营业税。对于从事服务业的民政福利企业，只要其有适合残疾人的岗位，有安置残疾人的条件，而且安置残疾人员所花费的支出也不会高于因免税而增加的收入，就可以通过纳税筹划使企业残疾职工的比例达到规定的比例，以享受免征营业税的优惠待遇。

目前该企业应纳营业税为25万元(500×5%)。该企业通过向税务专家进行咨询，发现自己企业的残疾员工已占员工总数的26.67%(20÷75×100%=26.67%)。正值企业扩展业务，需要招收5名导游，13名字画装裱工。经研究，企业决定招收5名健全员工做导游，招收13名聋哑员工做字画装裱工，这样残疾员工占企业员工比例将达到35%，即(20+13)÷(20+55+5+13)×100%=35.48%。这样该企业就可以享受免缴营业税的优惠待遇，少缴纳营业税25万元。

上述案例中，一方面该企业通过纳税筹划使自己符合安置“四残”人员占企业生产人员35%的标准；另一方面该企业经营的范围属于服务业营业税税目的范围，完全符合税收减免政策的规定，可免征营业税，从而成功地降低了企业的税收负担；同时也为残疾人提供了就业机会，符合国家的政策导向，深得人们的称赞。

2) 投资免税业务，获得税收减免

营业税中对养育、医疗教育等业务，凡符合税法规定的均可享受营业税减免优惠。例如，对非营利性医疗机构按照国家规定的价格取得的医疗服务收入，免征营业税。再如，对从原高校后勤管理部门剥离出来而成立的进行独立核算并有法人资格的高校后勤经济实体，经营学生公寓和教师公寓及为高校教学提供后勤服务而获得的租金和服务性收入，免征营业税。另外投资时若允许选择，宜选房产、无形资产用于投资。

阅读案例6-36

H公司有市价1 000万元设备、市价1 000万元房产，均处于未使用状态，拟选取一类资产用于销售、另一类资产用于对外投资，该批设备原值980万元、上市能按1 000万元成交。

有两个处置方案如下。

方案一：以设备投资、以房产上市销售。

方案二：以房产投资、以设备上市销售。

两种方案的纳税比较如下。

在方案一中：应纳增值税＝1 000÷1.04×0.02≈19.230 8(万元)

应纳营业税＝1 000×5%＝50(万元)

在方案二中：应纳增值税＝1 000÷1.04×0.02≈19.230 8(万元)

应纳营业税＝0 万元

方案二利用以不动产投资的优惠政策，较方案一节税 50 万元。

3) 转换经济业务内容，获得税收减免

营业税中对保险公司开展的 1 年期以上返还性人身保险业务的保费收入免征营业税。

返还性人身保险业务是指保期 1 年以上(包括 1 年期)，到期返还本利的普通人寿保险、养老金保险、健康保险。对保险公司开办的普通人寿保险、养老金保险、健康保险的具体险种，凡经财政部、国家税务总局审核并列入免税名单的可免征营业税，未列入免税名单的一律征收营业税。因此，保险公司可根据自己的实际经营需要调整、拓展经济业务内容，尽可能多做免税业务，以获得税收减免，降低自己的实际税负。

保险公司可以利用营业税中关于保险业务的免税规定，转换经济业务项目或内容，获得相应的税收减免。另外还可以利用不动产和无形资产的销售、转让业务转化为投资后再转让股权的形式，获得税收的减免。

阅读案例 6-37

甲公司销售房产一幢给乙公司，该房产经权威评估机构认定市场公允价为 4 100 万元。

纳税分析：

筹划前：甲应纳营业税＝4 100×5%＝205(万元)

甲毛所得＝4 100－205＝3 895(万元)

乙付出额＝4 100(万元)

甲先按 4 000 万元作价入股乙公司，则乙公司扩股增资 4 000 万元；然后甲转让其在乙公司的股权给乙公司的原某股东，转让作价仍为 4 000 万元。

甲应纳营业税额为零，甲毛所得＝4 000－0＝4 000(万元)，而乙也只支付了 4 000 万元，双方都减少了支出，可谓“双赢”!

该案例的节税思路就是，充分利用了不动产、无形资产投资免征营业税，转让由不动产、无形资产投资所形成股权也免征营业税的规定。

阅读案例 6-38

甲将拥有的一块土地以市价 5 000 万元转让给乙。

纳税分析：

筹划前，甲应纳营业税＝5 000×5%＝250(万元)

甲投入土地作价 5 000 万元，乙投入资金 5 000 万元，成立联营房地产开发公司丙，各占 50%的股权。开发完毕后，全部对外销售总收入为 16 000 万元，相关税费 3 000 万元，甲分回 6 500 万元，然后将丙公司清算注销。

通过筹划，甲免除了转让无形资产的营业税，并且甲的投资收益大于之前转让无形资产的收益。

本案例的节税思路、节税办法与案例6-23类似，即实质上是将转让土地使用权取得收益转化为投资分回的投资收益，就可以避免就转让土地使用权缴纳营业税。

4）将减免税收入单独记账，获得税收减免

营业税中对单价和个人(包括外商投资企业、外商投资设立的研究开发中心、外国企业和外籍个人)从事技术转让、技术开发业务和与之相关的技术咨询、技术服务业务取得的收入，免征营业税。但要想获得此项减免，必须依据税法的要求正确签订相关技术合同，并将所取得的相关收入单独记账。

如果纳税人兼营免征、减征营业税的项目，应当单独核算免税、减税项目的营业额，如果不单独核算其免税、减税项目的营业额，税务机关将不予办理免税、减税。

阅读案例6-39

甲公司为增值税一般纳税人，将成套生产线销售给乙公司，共计收500万元，其中：设备含税价款480万元，图纸资料费、技术服务费、人员培训费120万元。

纳税分析：

应纳增值税额＝600/1.17×0.17≈87.179 5(万元)

考虑将技术相关收入在合同中单独列示，对技术相关收入另开技术转让等普通发票。

通过筹划，应纳增值税额＝480/1.17×0.17≈69.743 6(万元)

应纳营业税额＝0

节税额＝87.179 5－69.743 6＝17.435 9(万元)

阅读案例6-40

甲企业新开发完成一项设备，与乙企业签订设备购销合同，甲企业出售设备并提供技术转让，合同总价款为702万元，其中设备款585万元，专有技术转让费100.62万元，专有技术辅导费为16.38万元。甲企业属于增值税一般纳税人，货物的价款及技术费用开具了增值税专用发票，注明价款600万元，增值税税额102万元。

纳税分析：

此项业务中，甲企业应纳增值税税额为102万元(600×17%)。若甲企业将货物销售开具增值税专用发票，将专有技术转让费与专有技术辅导费开具普通发票，并且在同一张发票上分别注明。按现行政策规定，100.62万元的技术转让费与16.38万元的专有技术辅导费就可免缴营业税。甲企业只需要就设备的价款缴纳增值税。

应纳增值税税额＝585/(1＋17%)×17%＝85(万元)

但是要说明的是，如果甲企业将设备的价款开具增值税专用发票，将技术转让费与技术辅导费按照发生时间的先后分别开具普通发票。则甲企业应纳税额为：

设备应纳增值税税额＝585/(1＋17%)×17%＝85(万元)

专有技术辅导费应纳营业税税额＝16.38×5%＝0.819(万元)

专有技术转让费免税，合计应纳税额＝85＋0.819＝85.819(万元)。

综上所述，纳税人如果能妥善运用税收优惠规定，细致比较使企业符合税收优惠规定条件的成本与获得税收优惠政策带来的收益之间孰大孰小，当收益大于成本时，便可充分利用税收优惠政策减轻企业的税收负担。

5）利用起征点，获得税收减免

我国营业税按目前全国人均收入水平，对作为个人纳税人规定了起征点幅度：按期纳税的，其起征点为月营业额 5 000～20 000 元；按次纳税的，其起征点为次（日）营业额 300～500 元[①]。纳税人的营业额未达到起征点的，免征营业税，达到起征点的，应按规定计算纳税。纳税人可利用此规定，规划好自己的收入，以获得免征营业税的优惠。

本章小结

营业税是对在我国境内提供应税劳务、转让无形资产或销售不动产的单位和个人就其取得的营业额征收的一种税。

与增值税、消费税相比，营业税也是流转税，而且是价内税，因而也具有转嫁性，税额是由支付应税劳务额的单位和个人负担。但和以商品货物为对象的流转税不同，营业税具有征收范围广泛，按行业设计税目税率且税率较低，一般以营业额全额为计税依据，计征简便等特点。

学习本章应在熟悉掌握营业税征税范围、计税营业额以及税额计算的基础上，掌握营业税税收筹划思路与方法，熟悉各项筹划事项的过程。

营业税纳税人筹划。充分利用发生在境外应税行为不属于营业税税收管辖权规定，将劳务提供地转移至境外，或运输企业开展起运地在境外的业务，避免成为我国纳税人。以无形资产或不动产投资时，现转化为投资入股行为，再转让其分得的股权，从而避免缴纳营业税。纳税人在以无形资产或不动产进行投资时，可以选择以无形资产、不动产投资入股，参与接受投资方利润分配，共同承担投资风险的方案，这样不仅在投资时避免了营业税的缴纳，而且将来还会有比较好的回报。混合与兼营行为的营业税筹划，通过对税收负担的比较找出一个平衡点，即在发生混合行为时，不论是缴纳增值税还是营业税，二者的负担相等，该混合行为就没有税收筹划的余地；反之，两税的税收负担不相等，就可以进行税收筹划，决定企业纳税人作为增值税纳税人还是营业税纳税人。

营业税缩小税基的筹划。营业税税额的计算，是以计税依据为基础的，计税依据一般以收取全部价款为主，但允许扣除规定的一定数额，即按差额计税。故可以通过缩小计税营业额、扩大税前扣除项目利用差额征税等方法进行筹划。具体方法是：①从收入来源角度，通过协商，适度降低提供劳务服务所收取的价款；将应税收入转化为非应税收入；避免将代收项目收入化；减少不必要流转环节从而降低总计税依据。②从可以扣除费用角度，合理利用有关税项扣除节税。另外，当税法对不同的前提条件赋予不同的计税依据认定办法时，采取改变前提条件的方法，使计税依据降低；要合理选择促销方式；通过分解营业额进行筹划。

建筑业的营业税筹划。对合作建房应避免采取“以物易物”的方式；在投资入股成立合营企业合作建房时，应采取风险共担、利润共享的分配方式；在采取不能财务风险共担、利润共享的分配方式时，可以采取转让股权，而不分配房屋的办法。在进行工程承包时，应采取避免高税率的方法进行节税操作。在购置建筑设备时，纳税人可以用改变设备购买方的办法，引起营业额的变化，达到节税的目的。

对于旅游业、交通运输企业、建筑施工企业、广告代理企业、保险企业等行业，尽量加大转移支出项目，缩小计税营业额；对于娱乐业，可以选择将烟酒、饮料等货物销售独立出来，设立门市部；另外不同税率税目严格分别核算，从而减轻税负。

① 《中华人民共和国营业税暂行条例实施细则》上调营业税起征点，2011 年 11 月 1 日起施行。

营业税适用低税率的筹划。利用行业之间相互转化、混合和兼营适用税种的转变、总包分包业务的转化，从而选择较低的税率，进而降低税负。

营业税的纳税期递延筹划。营业税征收管理方面税务筹划空间较小，主要采用递延纳税义务发生的时间，获得货币时间价值的思路与方法进行筹划。

利用营业税优惠政策进行筹划。营业税较消费税有比较多的优惠政策，纳税人应充分了解减免税政策的基本内容；积极创造条件使自己符合优惠政策，达到享受优惠政策的目的。

关键术语

境内 有偿转让 混合销售 兼营 税负相等 无差别平衡点 增值率 缩小税基 应税收入 非应税收入 代收项目收入化 减少流转环节 税前扣除项目 差额征税 分解营业额 合作建房 投资入股 风险共担 利润共享 低税率 行业转化 税种转化 总包分包 专业服务机构 递延期筹划 推迟纳税 税收优惠政策 起征点

综合练习

一、单选题

1. 营业税法规定，建筑安装业务实行分包或者转包的，其应纳税款的扣缴义务人为(　　)。

A. 总承包人　　B. 分包人　　C. 转包人　　D. 业主

2. 营业税法规定，按期纳税的起征点为月营业额(　　)元。

A. 1 000～10 000　　B. 5 000～10 000　　C. 1 000～20 000　　D. 5 000～20 000

3. 单位将不动产无偿赠与他人，视同销售不动产征收营业税。其纳税义务发生时间为(　　)。

A. 将不动产交付对方使用的当天　　B. 不动产所有权转移的当天

C. 签订不动产赠与文书的当天　　D. 承受不动产缴纳契税的当天

4. 下列销售行为中，应纳营业税的是(　　)。

A. 商场销售空调并负责安装

B. 销售自行开发的软件产品并负责培训取得的收入

C. 电信局销售手机并提供网络服务

D. 福利彩票机构发行销售福利彩票

5. 下列各项收入中，可以免征营业税的是(　　)。

A. 电影发行单位取得的片租收入

B. 个人出租自有住房取得的租金收入

C. 军队空余房产的租赁收入

D. 高等学校利用学生公寓为社会提供服务取得的收入

二、多选题

1. 下列项目中，属于营业税纳税义务人发生的混合销售行为的有(　　)。

A. 电影院销售饮料

B. 建材超市销售热水器，并负责安装

C. 邮局销售报纸、杂志

D. 游泳馆销售泳衣

2. 现行营业税税率为(　　)。

A. 3%　　B. 5%　　C. 20%　　D. 25%

3. 单位将不动产无偿赠与他人，税务机关有权核定其营业额，下列说法中正确的是(　　)。

A. 纳税人当月销售的同类不动产的平均价格核定

B. 按纳税人最近时期销售的同类不动产的平均价格核定

C. 按下列公式核定计税价格：计税价格＝营业成本或工程成本×(1＋成本利润率)÷(1－营业税税率)

D. 按下列公式核定计税价格：计税价格＝营业成本或工程成本×(1＋成本利润率)÷(1＋营业税税率)

4. 根据现行营业税规定，应计入建筑业计税营业额的有(　　)。

A. 建设单位提供的设备价款

B. 向建设单位取得的材料差价款

C. 从建设单位收取的施工机构迁移费

D. 从建设单位取得的提前竣工奖

5. 下列收入中，适用3%税率征收营业税的有(　　)。

A. 广告业取得的收入

B. 文化宫举办培训班的收入

C. 文艺演出取得的收入

D. 图书馆图书借阅取得的收入

三、判断题

1. 从事建筑、修缮、装饰工程作业，无论怎样结算，营业额均包括工程所用原材料及其他物资和动力的价款。(　　)

2. 建筑业的总承包人将工程分包或者转包给他人，以工程的全部承包额为营业额。(　　)

3. 房地产开发公司销售商品房时，代当地政府及有关部门收取的一些资金如市政费、邮政通信配套费等，不论其财务上如何核算，均应当全部作为销售不动产的营业额计征营业税。(　　)

4. 营业税法规定，残疾人员个人为社会提供的劳务免征营业税。(　　)

5. 纳税人兼营应税劳务与货物或非应税劳务，其取得的应税劳务营业额与货物或者非应税劳务销售额可以合并计算缴纳营业额。(　　)

四、 简答题

1. 营业税有哪些特点，其税务筹划的重点是什么?

2. 营业税纳税人的筹划可以采取哪些方法?举例说明。

3. 根据营业税的特点，其计税依据的税务筹划应从哪几个方面进行?举例说明。

4. 分析营业税适用低税率筹划的空间，并举例说明。

5. 哪些行业营业税税收优惠比校集中?如何利用营业税优惠进行税务筹划?结合某一行业的实际情况进行举例说明。

6. 对于合作建房我国现行法律如何界定，带来的筹划空间是什么?

7. 结合我国现行税法对工程承包的有关法律规定，如何有效地规避在经营过程的虚增营业额进行恰当的筹划?

实际操作训练

实训项目 1：合作建房税收筹划

实训目的：合作建房的筹划。

实训内容：A、B 双方拟合作建房，A 提供土地使用权，B 提供资金。两企业在合同中约定，房屋建好后双方均分。该房屋的价值共计 2 000 万元。

实训要求：该项业务合作双方应如何进行税务筹划?

实训项目 2：安装工程设备的税收筹划

实训目的：涉及设备的安装工程合同的签订。

实训内容：某建筑公司欲承接一项建筑安装工程，总造价 6 500 万元，其中所安装设备的价款 700 万元。

实训要求：在承接该业务之前，企业应如何进行税务筹划?

实训项目 3：包工包料的税收筹划

实训目的：包工包料的税收筹划。

实训内容：中原公司主营建筑工程施工业务，兼营建筑材料批发。2011 年承接某单位建造楼房工程。双方议定采用包工包料方式，工程总造价为 3 000 万元。建造楼房使用的建筑材料实际进价为 2 250 万元，市场价为 2 500 万元。

实训要求：中原公司应如何进行税务筹划?

实训项目 4：娱乐业的税收筹划

实训目的：通过设立独立核算部门进行税收筹划。

实训内容：康康歌舞厅是一家大型娱乐场所，每月点歌等收入 50 万元左右，组织歌舞表演收入 150 万元左右，提供水酒烟等商品收入 50 万元左右，歌舞城总营业额合计 250 万元左右。其水酒、烟等商品销售收入占总营业额不足 50%，统一缴纳营业税。歌舞厅营业税率为 20%。

实训要求：歌舞城将销售水酒、烟的部门独立成一家独立核算的小型超市，将组织歌舞表演的部门独立成一家独立核算的文艺公司。超市属小规模纳税人。计算筹划后可节税数额。

实训项目5：计税依据的税收筹划

实训目的：通过分解营业额进行税收筹划。

实训内容：北京某展览公司的主要业务是帮助外地客商在北京举办各种展览会，在北京市场上推销其商品，它是一家中介服务公司。2011年10月，该展览公司在北京某展览馆举办了一期西服展览会，吸引了100家客商参展，对每家客商收费2万元，营业收入共计200万元。

实训要求：对这笔营业收入该如何筹划？

第 7 章 企业所得税的税收筹划

教学目标

通过本章的学习，掌握企业所得税纳税人的税收筹划，掌握利用企业所得税优惠政策的税收筹划、应纳税所得额的税收筹划，了解已纳所得税抵扣的税收筹划，掌握所得税会计政策的税收筹划，了解预提预缴所得税的税收筹划。

教学要求

知识要点	能力要求	相关知识
企业所得税纳税人的税收筹划	掌握组织形式的筹划 掌握纳税人身份的筹划	企业所得税的纳税人 居民企业 非居民企业
利用企业所得税优惠政策的税收筹划	了解合理利用税收优惠政策的方向 掌握利用企业所得税优惠政策具体进行税收筹划	选择投资方向 促进技术创新 利用过渡期优惠政策
应纳税所得额的税收筹划	掌握合理压缩收入总额方法 掌握利用准予扣除项目进行税收筹划 了解选择合适的亏损弥补年度和弥补方法进行税收筹划	利用工资薪金支出及三费筹划 利用利息支出进行税收筹划 利用业务招待费、广告费和业务宣传费等进行税收筹划
已纳所得税抵扣的税收筹划	了解境外已纳所得税抵扣的税收筹划 了解境外所得抵扣税额的计算	可抵免境外所得税税额 抵免税额 分国不分项抵扣 定率抵扣
所得税会计政策的税收筹划	理解利用固定资产折旧进行税收筹划 了解选择合理的费用分摊方法	利用固定资产折旧进行税收筹划 合理的费用分摊方法
利用预提预缴所得税的税收筹划	了解利用预提所得税的税收筹划 了解利用预缴所得税的税收筹划	预提所得税的税收筹划 预缴所得税的税收筹划

导入案例

高新技术企业的所得税优势

某高校技术企业2006年9月经工商管理机构登记注册，并于当年实现所得额30万元，预计第二年可以实现所得额200万元，第三年可以实现所得额300万元。享受自获利年度起两年内免征所得税收优惠。

分析：根据有关规定，自2008年1月1日起，原享受企业所得税定期减免税优惠的企业，新税法施行后继续按原税收法律、行政法规及相关文件规定的优惠办法及年限享受至期满为止，但因为获利而未享受税收优惠的，其优惠期限从2008年度起计算。享受上述过渡优惠政策的企业，指在2007年3月16日以前经工商登记管理机关登记设立的企业。

该高新技术企业2006年9月登记设立，符合享受上述优惠的条件。2006年实际经营期不足6个月，可选择当年所得税减征或推迟到第二年减免。企业是高新技术企业，可以享受按照15%税率缴纳所得税的优惠。

第一，企业同时选择开业当年享受税收优惠。应纳所得税税额为：当年的30万元所得，第二年的200万元所得可以免税，免税额为34.5万元。第三年应纳所得税额＝300×15%＝45(万元)。

第二，企业选择开业次年享受税收优惠。应纳所得税税额为：当年应纳所得税额＝30×15%＝4.5(万元)，第二年的200万元所得，第三年的300万元所得可以免税，免税额为75万元。

假如企业不符合高新技术企业的认定条件，就只能作为普通企业按照25%的税率缴纳企业所得税。应纳所得税税额为：

(30＋200＋300)×25%＝132.5(万元)

从上述两个方案看，企业投资于高新技术领域并被认定为高新技术企业的，无论是选择开业当年还是次年度开始享受所得税优惠，也作为普通企业会取得更好的税收筹划效果。所以企业应随时关注国家对高新技术企业的认定条件、认定标准及程序。

国家需要重点扶持的高新技术企业，减按15%的税率征收企业所得税。

7.1 企业所得税纳税人的税收筹划

1. 组织形式的筹划

按照新企业所得税法的规定，在中华人民共和国境内，企业和其他取得收入的组织(以下统称企业)为企业所得税的纳税人，不包括个人独资企业、合伙企业。企业所得税纳税人又分为居民企业和非居民企业。居民企业应当就其来源于我国境内、境外的所得缴纳企业所得税。非居民企业在我国境内设立机构、场所的，应当就其所设机构、场所取得的来源于我国境内的所得，以及发生在我国境外但与其所设机构、场所有实际联系的所得，缴纳企业所得税；非居民企业在我国境内未设立机构、场所的，或者虽设立机构、场所但取得的所得与其所设机构、场所没有实际联系的，应当就其来源于我国境内的所得缴纳企业所得税。

按照这些规定，企业所得税税收筹划策略可归结为两个方面：一是内资企业的税收筹划。内资企业是设立成具有法人资格的企业(如公司制企业)还是设立成个人独资企业或合伙企业，其税收负担明显不同。对于个人投资设立营业机构的，若设立为具有法人资格的公司制企业，就会面临双重纳税的责任，即：企业在获利时要缴纳一次企业所得税，在将税后利润分配给自然人股东时还要缴纳一次个人所得税，造成双重征税。而个人投资设立营业机构时，若设立成个人独资企业或合伙企业，就仅需要缴纳个人所得税，不需缴纳企业所得税，从而避免了双重征税的发生，这显然会产生税收筹划利益；二是外资在我国境内设立营业机构的筹划。外资若在我国境内设立为具有法人资格的企业，包括中外合资企业、中外合作企业和外资企业，就会成为我国的居民纳税人，对在我国境内注册的企业的境内、境外所得全部在我国纳税；若设立为外国企业的分支机构，就是我国的非居民纳税人，其纳税义务就会不同，仅就其来源于我国境内的所得以及发生在我国境外但与其所设机构、场所有实际联系的所得，缴纳企业所得税。因此，外资在我国设立营业机构也有税收筹划的空间。

原企业所得税法下，内资企业所得税纳税主体为独立核算单位，外资企业则为法人。新企业所得税法统一以法人为单位纳税，不具有法人资格的营业机构应实行法人汇总纳税制度，法人母子公司不再合并纳税，同时规定“符合条件的小型微利企业，减按20%的税率征收企业所得税”。这一点为连锁企业、集团型企业留下了较大的税收筹划的空间。连锁企业、集团型企业在设立连锁分店、分公司等分支机构时，是设立分公司还是法人应进行税负测算。

设立不具有法人资格的连锁分店、分公司，汇总缴纳企业所得税，在分店、分公司有盈、有亏的情况下，汇总纳税具有盈亏相抵的作用，能降低总公司整体的税负，尤其在分店、分公司创业初期，有限的收入将不以抵减大量的支出，亏损居多，而已进入成熟期的分支机构可能大量赢利，这种情况下，抵税效果可能很明显。

对于能够迅速实现赢利的行业一般应设为法人，因具有法人资格的连锁分店、分公司，在符合“小型微利企业”的条件下，可减按20%的税率征收企业所得税。企业应注意把握所得税实施细则对小型微利企业的认定条件，把握临界点的应用。

当然，纳税筹划不能仅仅只考虑企业所得税一个税种，必须同时考虑增值税等其他税种，甚至其他方面，如分支机构所在地的地方性政策等。

我国目前企业的组织形式主要有股份公司、有限责任公司、合伙企业和个人独资企业等，而新企业所得税法规定后两者不适用本企业所得税法，即后两者只缴纳个人所得税，而前两者在缴纳完企业所得税后股东还得再缴纳个人所得税，但鉴于后两者在责任承担上要大于前两者，因此企业在权衡自身发展前景、规模预测、市场风险等因素后，可合理选择企业的组织形式，以期缴纳相对较少的税款。

每一个企业在设立之初都会面临组织形式的选择问题，在我国当前市场经济快速发展的过程中，可供新成立的企业进行选择的组织形式种类很多，但是不同的组织形式就会对应着不同的税收负担。因此，新设立的企业应当依据自身企业的具体情况选择税收负担比较轻的组织形式。

根据《中华人民共和国合伙企业法》规定，合伙企业是指自然人、法人和其他组织在我国境内设立的普通合伙企业和有限合伙企业，合伙企业的生产经营所得和其他所得，依照税法规定，由合伙人分别缴纳个人所得税，不构成缴纳企业所得税的居民企业。如自然人投资设立合伙企业，就生产经营所得只需缴纳一次税金，即个人所得税。如设立为公司，既要缴纳企业所得税，还需就股息缴纳20%的个人所得税。因此，自然人投资设立企业在考虑税负的情况下，应选择非法人企业，即合伙企业组织形式。

但在实际生活中，合伙企业受经营条件限制，并不能满足经营者的需要，因此一些法人企业可以选择投资设立下属公司的方式进行税收安排，即选择设立子公司或分公司进行纳税筹划。

按照《中华人民共和国公司法》规定，子公司是独立法人，赢利或亏损均不能并入母公司利润，应当作为独立的居民企业单独缴纳企业所得税。当子公司微利的情况下，子公司可以按20%的税率缴纳企业所得税，使集团公司整体税负降低，在给母公司分配现金股利或利润时，应补税差，则设立子公司对于整个集团公司来说，其税负为子公司缴纳的所得税和母公司就现金股利或利润补交的所得税差额。分公司不是独立法人，不形成所得税的居民企业，其实现的利润或亏损应当并入总公司，由总公司汇总纳税。如果是微利，总公司就其实现的利润在缴纳所得税时，不能减少公司的整体税负；如果是亏损，可抵减总公司的应纳税所得额，在巨额亏损的情况下，可以达到降低总公司的整体税负。

阅读案例7-1

例一：A公司所得税税率为25%，2008年1月拟投资设立一公司，预测其当年的税前会计利润为3万元(符合小型微利企业条件)，假定A公司当年实现税前会计利润100万元。现有两种方案可供参考：一是设立全资子公司，并向甲公司分配利润2万元；二是设立分公司(假设不存在纳税调整事项)。

(1) 设立全资子公司情况下集团公司的所得税税负：

子公司缴纳的所得税＝3×20%＝0.6(万元)

A公司缴纳的所得税＝100×25%＋2÷(1－20%)×(25%－20%)＝25.13(万元)

集团公司整体税负＝0.6＋25.13＝25.73(万元)

(2) 设立分公司的情况下总公司的所得税税负：

A公司缴纳的所得税＝(100＋3)×25%＝25.75(万元)

(3) 比较A公司的整体税负，设立分公司的所得税税负比设立子公司的所得税税负多0.02(25.75－25.73)(万元)。

从上述实例看出，企业投资设立下属公司，当下属公司微利的情况下，企业应选择设立子公司的组织形式。

例二：B公司所得税税率为25%，2008年1月拟投资设立回收期长的公司，预测该投资公司当年亏损600万元，假定B公司当年实现利润1 000万元，现有两方案可供选择：一是设立全资子公司；二是设立分公司(假设不存在其他纳税调整事项)。

(1) 设立子公司情况下的所得税税负：子公司当年亏损，不缴纳所得税，其亏损可结转以后年度，用以后年度所得弥补。

B公司当年缴纳的所得税＝1 000×25%＝250(万元)

集团公司整体税负＝250(万元)

(2) 设立分公司情况下的所得税税负：

B公司当年缴纳的所得税＝(1 000－600)×25%＝100(万元)

(3) 比较B公司的整体税负，设立子公司情况下缴纳的所得税比设立分公司缴纳的所得税多缴纳150

(250－100)(万元)。

从上述实例可看出，企业投资设立下属公司，当下属公司亏损的情况下，企业应选择设立分公司的组织形式。

有限责任公司的组织形式同合伙经营这一组织形式进行对比，就会发现：有限责任公司这一组织形式既要缴纳企业所得税，又要在进行股利分配的时候由股东缴纳个人所得税；而合伙经营这一组织形式下的业主或者合伙人则只要缴纳个人所得税就可以了。除此之外，新企业所得税法还对汇总纳税的企业进行了有关规定："在我国境内设立不具备法人资格营业机构的居民企业，应当汇总纳税。"这一规定表明：总分支机构形式的企业组织可以将税款进行合并缴纳，而母子公司形式的企业组织就要将各自的企业所得进行分别核算缴纳税款。

2. 纳税人身份的筹划

新企业所得税法规定："企业所得税的纳税人包括居民企业和非居民企业。居民企业承担全面纳税义务，就其境内外全部所得纳税；非居民企业承担有限纳税义务，仅就其来源于我国境内的所得纳税。"新税法采用了"登记注册地标准"和"实际管理机构所在地标准"相结合的双重标准来判断居民企业和非居民企业。注册地标准较易确定，因此筹划的关键是实际管理机构所在地。实际管理机构一般以股东大会的场所、董事会的场所及行使指挥监督权力的场所等作为参考来综合判断。企业所得税法实施条例将其定义为对企业的生产经营、人员、账务、财产等实施实质性全面管理和控制的机构。外国企业要想避免成为我国的居民企业，就要注意不仅要在国外注册，而且还要把实际管理机构设在国外，比如股东大会、董事会会议在外国举行，在国外设立重大决策机构等。

新企业所得税法还规定，居民企业在我国境内设立不具有法人资格营业机构的，应当汇总计算缴纳企业所得税。这是"登记注册地标准"和"实际管理机构地标准"相结合的办法。

综上所述，在设立企业时，要考虑好各种组织形式的利弊，做好所得税的纳税筹划，再决定是设立公司还是合伙企业，是子公司还是分公司。

7.2 利用企业所得税优惠政策的税收筹划

1. 合理利用税收优惠政策

1）选择投资方向

新企业所得税法税收优惠的方向主要是：促进技术创新和科技进步、鼓励基础设施建设、鼓励农业发展和节能环保、促进公益事业、照顾弱势群体等，企业应根据政策来调整投资和经营决策，如多上一些技术创新、节能节水、环保、农业开发等领域的项目，加大对技术开发的投入，充分享受税法给予的节税空间。

2）促进技术创新

新企业所得税法鼓励自主技术创新的优惠很多且力度大，主要规定有：技术转让所得不超过500万元的部分，免征企业所得税；超过500万元的部分，减半征收。企业开发新技术、新产品、新工艺发生的研究开发费用，可以在据实扣除的基础上，再加计扣除50%，不再受增长达10%的限制；企业的固定资产由于技术进步等原因，确需加速折旧的，可以缩短折旧年限或者采取加速折旧的方法。企业应顺势而动，充分利用这些优惠政策。

3）利用过渡期优惠政策

新企业所得税法规定：原享受低税率优惠政策的企业，在新税法施行后5年内逐步过渡到法定税率；原享受"两免三减半"、"五免五减半"等定期减免税优惠的企业，继续按原税收相关法律、法规规定的优惠办法享受至期满为止，但因未获利而尚未享受税收优惠的，其优惠期限从2008年度起计算；西部大开发企业所得税优惠政策将继续执行。因此，可继续考虑在西部地区设立新企业，或通过与原企业合并的方式即"借壳"，以享受过渡期优惠政策。

4）合理选择就业人员

新企业所得税法规定："企业安置残疾人员的。在按照支付给残疾职工工资据实扣除的基础上，按照支付给残疾职工工资的100%加计扣除"。如果企业在进行组织设计时能将残疾职工安排在合适的岗位上，就可以获得减少税负的好处。

2. 运用投资于国家重点扶持的产业进行筹划

国家对重点扶持和鼓励发展的产业和项目，给予所得税优惠，其优惠形式多种多样：对企业从事农、林、牧、渔业项目，从事国家重点扶持的公共基础设施项目投资经营，从事符合条件的环境保护、节能节水项目以及符合条件的技术转让等的所得实行免征、减征企业所得税。

知识链接 7-1

《中华人民共和国企业所得税法》

企业的下列所得，可以免征、减征企业所得税。

（一）从事农、林、牧、渔业项目的所得。

（二）从事国家重点扶持的公共基础设施项目投资经营的所得。

（三）从事符合条件的环境保护、节能节水项目的所得。

（四）符合条件的技术转让所得。

（五）其他所得。

1）运用从事农、林、牧、渔业项目进行筹划

企业从事下列项目的所得，免征企业所得税。

（1）蔬菜、谷物、薯类、油料、豆类、棉花、麻类、糖料、水果、坚果的种植。

（2）农作物新品种的选育。

（3）中药材的种植。

（4）林木的培育和种植。

（5）牲畜、家禽的饲养。

(6) 林产品的采集。

(7) 灌溉、农产品初加工、兽医、农技推广、农机作业和维修等农、林、牧、渔服务业项目。

(8) 远洋捕捞。

企业从事下列项目的所得，减半征收企业所得税。

(1) 花卉、饮料和香料作物的种植。

(2) 海水养殖、内陆养殖。

国家禁止和限制发展的项目，不得享受本条规定的税收优惠。

阅读案例 7-2

某大型农场从事种植业，当年，这家农场全部土地用来种植谷物和蔬菜，能实现所得额600万元。假定，种植香料能实现所得额200万元。那么如果农场扩大种植规模，是种植粮食作物还是香料？

纳税分析：

按照新企业所得税法的规定，企业种植蔬菜、谷物的所得200万元免征企业所得税。

企业选择种植烟叶的所得应全额征收企业所得税。

当年应纳企业所得税＝200×25％＝50(万元)

企业选择种植香料，种植香料的所得可以减半征收企业所得税。

当年应纳企业所得税＝200×25％×50％＝25(万元)

农场通过投资于免税的农业项目，减轻税收负担25万元。

需要注意的是，对现实的不同种植项目作物的所得必须要独立计量和核算，不能把征税作物、减税作物与免税作物的所得混在一起，否则就要就高征税。

2) 运用投资于国家重点扶持的公共基础设施项目进行税收筹划

国家重点扶持的公共基础设施项目，指《公共基础设施项目企业所得税优惠目录》内的港口码头、机场、铁路、公路、城市公共交通、电力、水利等项目，自项目取得第一笔生产经营收入所属纳税年度起，三免三减半。

企业承包经营、承包建设和内部自建自用本条规定的项目，不得享受本条规定的企业所得税优惠。

3) 运用投资于符合条件的环境保护、节能节水项目进行税收筹划

符合条件的环境保护、节能节水项目包括公共污水处理、公共垃圾处理、沼气综合开发利用、节能减排技术改造、海水淡化等，具体条件和范围由国务院财政、税收主管部门会同有关部门共同制定报国务院批准后公布施行。自项目取得第一笔生产经营收入所属纳税年度起，三免三减半。上述两个享受减免税优惠的项目，在减免税期限内转让的，受让方自受让之日起，可以在剩余期限内享受规定的减免税优惠；减免税期限届满后转让的，受让方不得就该项目重复享受减免税优惠。

4) 运用减计收入进行税收筹划

企业综合利用资源，生产符合国家产业政策规定的产品所取得的收入，可以在计算应纳税所得额时减计收入，是指企业以《资源综合利用企业所得税优惠目录》规定的资源作为主要原材料，生产非国家限制和禁止并符合国家和行业相关标准的产品取得的收入，减按90％计入收入总额。

前款所称原材料占生产产品材料的比例不得低于《资源综合利用企业所得税优惠目录》规定的标准。

5）运用投资于国家需要重点扶持的高新技术企业进行税收筹划

知识链接 7-2

《中华人民共和国企业所得税法实施条例》第九十三条

企业所得税法第二十八条第二款所称国家需要重点扶持的高新技术企业，是指拥有核心自主知识产权，并同时符合下列条件的企业。

（一）产品（服务）属于《国家重点支持的高新技术领域》规定的范围。

（二）研究开发费用占销售收入的比例不低于规定比例。

（三）高新技术产品（服务）收入占企业总收入的比例不低于规定比例。

（四）科技人员占企业职工总数的比例不低于规定比例。

（五）高新技术企业认定管理办法规定的其他条件。

《国家重点支持的高新技术领域》和高新技术企业认定管理办法由国务院科技、财政、税收主管部门商国务院有关部门制定，报国务院批准后公布施行。

对于高新技术企业的认定有 3 个重要问题如下。

（1）高新技术企业的范围问题。《企业所得税法实施条例》将高新技术企业的界定范围，由现行按高新技术产品划分改为按高新技术领域划分，规定产品（服务）应属于《国家重点支持的高新技术领域》的范围，以解决现行政策执行中产品列举不全、覆盖面偏窄、前瞻性不足等问题。

（2）高新技术企业的具体认定标准问题。《企业所得税法实施条例》原则规定研究开发费用占销售收入的比例、高新技术产品（服务）收入占企业总收入的比例、科技人员占企业职工总数的比例不低于规定比例，以及其他条件。具体的指标将在国务院科技、财政、税收主管部门会同国务院有关部门制定的认定办法中明确，以便今后根据发展的需要适时调整。

（3）核心自主知识产权问题。《企业所得税法实施条例》拟将高新技术企业的首要条件界定为拥有“自主知识产权”，但考虑到目前国家并没有对“自主知识产权”进行正式界定，如果将其理解为企业自身拥有的知识产权，则把商标权、外观设计、著作权等与企业核心技术竞争力关系不大的也包括在内，范围太宽泛。因此，《企业所得税法实施条例》最后采用“核心自主知识产权”作为高新技术企业的认定条件之一，相对容易操作，也突出了技术创新导向。其内涵主要是企业拥有的、并对企业主要产品或服务在技术上发挥核心支持作用的知识产权。

高新技术一般包括原子能技术、电子计算机技术、激光技术、信息技术、生物技术、航空航天技术、新材料技术、先进能源技术、现代农业技术、先进制造技术、先进环保技术、资源综合利用技术、海洋技术等。

企业知识产权的来源，不一定要自己研发，企业可以通过购买、接受投资，或者委托开发、合作开发获得。

3. 运用促进技术创新和科技进步的优惠进行税收筹划

1）运用技术转让进行税收筹划

技术转让所得免征、减征企业所得税，是指一个纳税年度内，居民企业技术转让所得不超过500万元的部分，免征企业所得税；超过500万元的部分，减半征收企业所得税。

阅读案例7-3

例某国有股份公司(居民企业)转让技术，与受让方签订了3年的协议，共需收取1 200万元技术转让费。如何进行税收筹划?

纳税分析：

设计几种收取技术转让费的方案。

(1) 3年收取平均技术转让费。合计收取1 200万元，则平均每年收取技术转让费400万元。每年所得额均在纳税免征额以下，3年均不发生所得税纳税义务。

(2) 第一年多收，后续年份少收技术转让费。第一年收取700万元技术转让费，超出了免征额200万元，需要减半缴纳企业所得税。应纳税额为：

(700－500)×25%×50%＋0＋0＝25(万元)

(3) 起始年份少收，第二、第三年多收技术转让费。第三年收取900万元技术转让费，超出了免征额400万元，需要减半缴纳企业所得税。应纳税额为：

0＋0＋(900－500)×25%×50%＝50(万元)

在3个方案中，该公司3年内收取的技术收入都是1200万元，但由于方案(1)将每年实现的收入均衡地控制在免征额以下，所以每年的应纳税额均为0，取得了最大的减税效果。

2) 运用从事创业投资进行税收筹划

创业投资企业从事国家需要重点扶持和鼓励的创业投资，可以按投资额的一定比例抵扣应纳税所得额。

创业投资企业采取股权投资方式投资于未上市的中小高新技术企业2年以上的，可以按照其投资额的70%在股权持有满2年的当年抵扣该创业投资企业的应纳税所得额；当年不足抵扣的，可以在以后纳税年度逐年延续抵扣。

创业投资是指向成长性企业(不含上市企业)进行股权投资，以期所投资的企业发育成熟或相对成熟后主要通过股权转让获得资本增值收益的投资方式。

知识链接7-3

创业投资企业相关规定

(1) 创业投资企业是指依照《创业投资企业管理暂行办法》(国家发展和改革委员会等10部委令2005年第39号，以下简称《暂行办法》)和《外商投资创业投资企业管理规定》(商务部等5部委令2003年第2号)在中华人民共和国境内设立的专门从事创业投资活动的企业或其他经济组织。

(2) 创业投资企业采取股权投资方式投资于未上市的中小高新技术企业2年(24个月)以上，凡符合以下条件的，可以按照其对中小高新技术企业投资额的70%，在股权持有满2年的当年抵扣该创业投资企业的应纳税所得额；当年不足抵扣的，可以在以后纳税年度结转抵扣。

① 经营范围符合《暂行办法》规定，且工商登记为“创业投资有限责任公司”、“创业投资股份有限公司”等专业性法人创业投资企业。

② 按照《暂行办法》规定的条件和程序完成备案，经备案管理部门年度检查核实，投资运作符合《暂行办法》的有关规定。

③ 创业投资企业投资的中小高新技术企业，除应按照科技部、财政部、国家税收总局《关于印发

〈高新技术企业认定管理办法〉的通知》(国科发火〔2008〕172号)和《关于印发〈高新技术企业认定管理工作指引〉的通知》(国科发火〔2008〕362号)的规定，通过高新技术企业认定以外，还应符合职工人数不超过500人，年销售(营业)额不超过2亿元，资产总额不超过2亿元的条件。

2007年年底前按原有规定取得高新技术企业资格的中小高新技术企业，且在2008年继续符合新的高新技术企业标准的，向其投资满24个月的计算，可自创业投资企业实际向其投资的时间起计算。

④ 财政部、国家税收总局规定的其他条件。

(3) 中小企业接受创业投资之后，经认定符合高新技术企业标准的，应自其被认定为高新技术企业的年度起，计算创业投资企业的投资期限。该期限内中小企业接受创业投资后，企业规模超过中小企业标准，但仍符合高新技术企业标准的，不影响创业投资企业享受有关税收优惠。

(4) 创业投资企业申请享受投资抵扣应纳税所得额，应在其报送申请投资抵扣应纳税所得额年度纳税申报表以前，向主管税收机关报送以下资料备案。

① 经备案管理部门核实后出具的年检合格通知书(副本)。

② 关于创业投资企业投资运作情况的说明。

③ 中小高新技术企业投资合同或章程的复印件、实际所投资金验资报告等相关材料。

④ 中小高新技术企业基本情况(包括企业职工人数、年销售(营业)额、资产总额等)说明。

⑤ 由省、自治区、直辖市和计划单列市高新技术企业认定管理机构出具的中小高新技术企业有效的高新技术企业证书(复印件)。

下面举一个相关的例子来说明运用从事创业投资进行税收筹划。

阅读案例7-4

兴发投资有限责任公司在2008年拟用1 200万元选一家未上市的企业进行股权投资。备选的有甲、乙两家高新技术企业。假定2009年取得所得额1 400万元。

甲、乙企业情况见表7-1。

表7-1　甲、乙企业情况

企业情况	甲	乙
类别	未上市	上市公司
职工人数	360	600
年销售额(亿元)	0.9	2.8
资产总额(亿元)	1.6	3.1

纳税分析：

(1) 兴发公司以股权方式把1 200万元资金投资到甲企业。

兴发公司可以抵扣的投资额＝1 200×70%＝840(万元)

2009年应纳税所得额＝(1 400－840)×25%＝140 (万元)

(2) 兴发公司以股权方式把1200万元资金投资到乙企业。

2009年应纳税所得额＝1 400×25%＝350(万元)

兴发公司以股权方式投资到中小型高新技术企业比投资到普通企业，实现节税210万元。

4. 利用开发新技术、新产品、新工艺进行税收筹划

为了促进企业技术进步，股利企业积极研究开发新产品、新技术、新工艺，企业所得税法第30条规定，企业开发新技术、新产品、新工艺发生的研究开发费用；未形成无形资产计入当期损益的，在按照规定据实扣除的基础上，按照研究开发费用的50%加计扣除；形成无形资产的，按照无形资产成本的150%摊销。

研究开发费包括新产品设计费，工艺规程制定费，设备调整费，原材料和半成品的试制费，技术图书资料费，未纳入国家计划的中间实验费，研究机构人员的工资，用于研究开发的仪器、设备的折旧，委托其他单位和个人进行科研试制的费用，与新产品的试制和技术研究直接相关的其他费用等。

5. 运用购买专业设备进行税收筹划

为了鼓励企业加大投资，改造提升技术设备，体现节能、环保的发展方向，企业所得税法规定，企业购置用于环境保护、节能节水、安全生产等专用设备的投资额，可以按一定比例实行税额抵免。

税额抵免是指企业购置并实际使用《环境保护专用设备企业所得税优惠目录》、《节能节水专用设备企业所得税优惠目录》和《安全生产专用设备企业所得税优惠目录》规定的环境保护专用设备、节能节水专用设备、安全生产专用设备，其设备投资额的10%可以从企业当年的应纳税额中抵免；当年不足抵免的，可以在以后5个纳税年度结转抵免。

专用设备应当是企业实际购置并自身实际投入使用的设备，企业购置上述设备在5年内转让、出租的，应当停止执行相应企业所得税优惠政策并补缴已抵免的企业所得税税款。

阅读案例7-5

某家用电器股份有限公司为扩大生产规模，2008年决定购买设备生产节能新产品，投资额1 400万元。公司预计以后年度的所得额2008年、2009年、2010年分别为180万元、260万元、480万元。该企业如何在购买设备上进行税收筹划?

纳税分析：

(1) 公司选择购买节能专用设备，企业允许抵免的专用设备投资额1 400万元的10%，共140万元。

2008应纳企业所得税＝180×25%＝45(万元)

2008年能够得到抵免的专用设备投资额是45万元，当年实际缴纳企业所得税为零。

2009年应纳企业所得税＝260×25%＝65(万元)

2009年能够得到抵免的专用设备投资额是65万元，当年实际缴纳企业所得税为零。

2010年应纳企业所得税＝480×25%＝120(万元)

2010年能够将剩余允许抵免的专用设备投资额的30万元(140－45－65)进行抵免。当年实际缴纳企业所得税为90万元。

(2) 公司选择购买普通设备。

2008—2010年应纳企业所得税＝(180＋260＋480)×25%＝230(万元)

3年缴纳企业所得税230万元，比购置节能专用多缴纳的企业所得税为140万元。

由上面的计算可知，由于选择了购置节能专用设备，该公司在购买设备的3年内少缴纳企业所得税140万元。

6. 运用优惠税率进行税收筹划

新企业所得税法规定，符合条件的小型微利企业，减按20%的税率征收企业所得税。

小型微利企业是指从事国家非限制和禁止行业，并符合下列条件的企业。

(1) 工业企业，年度应纳税所得额不超过30万元，从业人数不超过100人，资产总额不超过3 000万元。

(2) 非工业企业，年度应纳税所得额不超过30万元，从业人数不超过80人，资产总额不超过1 000万元。

阅读案例7-6

例某商业企业，资产总额980万元，有职工60人。2008年实现应纳税所得额为30.1万元。如果该企业在2008年12月前预测到这个结果，则可以在12月31日前安排支付一笔0.2万元的费用。

纳税分析：

其年终应纳税所得税如下。

29.9×20%=5.98(万元)

否则，30.1×25%=7.525(万元)

此时，虽然多支付了0.2万元的费用，却少缴纳1.545万元的税款。

7. 利用选择地区投资优惠政策进行税收筹划

1) 利用西部大开发税收优惠

具体内容如下。

(1) 对设在西部地区国家鼓励类产业的内资企业，在2001—2010年，减按15%的税率征收企业所得税。

(2) 经省级人民政府批准，民族自治地方的内资企业可以定期减征或免征企业所得税；凡减免税款涉及中央收入100万元(含100万元)以上的，需报国家税收总局批准。

(3) 对在西部地区新办交通、电力、水利、邮政、广播电视企业，上述项目业务收入占企业总收入70%以上的，可以享受企业所得税如下优惠政策：内资企业自开始生产经营之日起，第一年至第二年免征企业所得税，第三年至第五年减半征收企业所得税。

2) 利用五特一新地区优惠进行税收筹划

经济特区和上海浦东新区，2008年1月1日后新成立的高新技术企业：自项目取得第一笔生产经营收入所属纳税年度起，两免三减半(25%)。

8. 运用安置残疾人员就业进行税收筹划

安置残疾人员及国家鼓励安置的其他就业人员所支付的工资。

企业安置残疾人员所支付的工资的加计扣除，是指企业安置残疾人员的，在按照支付给残疾职工工资据实扣除的基础上，按照支付给残疾职工工资的100%加计扣除。

例如：某企业，

(1)招聘 20 名残疾人员。

当年该企业应纳所得税＝(160－6.3×2)×25％＝36.85(万元)

(2)招聘 20 名健康人员。

当年该企业应纳所得税＝(160－6.3)×25％＝38.425(万元)

因此，该企业因为安置 20 名残疾人员就业获得了 1.575 万元的节税利益。

7.3 应纳税所得额的税收筹划

应纳税所得额是指企业根据所得税法按照一定的标准确定的、纳税人在一个时期内的计税所得，是企业每一纳税年度的收入总额，减除不征税收入、免税收入、各项扣除以及允许弥补的以前年度亏损后的余额。企业应纳税所得额的计算，以权责发生制为原则，属于当期的收入和费用，不论款项是否收付，均作为当期的收入和费用；不属于当期的收入和费用的，即使款项已经在当期收付，也不作为当期的收入和费用。

计算公式如下：

应纳税所得额＝收入总额－不征税收入－免税收入－扣除项目－以前年度亏损

其中，应纳税所得额税收筹划要点如下。

(1) 利用年度之间税收优惠政策的不同，将收入在年度之间进行有效的分配。

(2) 尽可能利用税收优惠政策多争取不征税项目收入、免税收入。

(3) 用足用好各种税前扣除财务税收政策，争取多税前扣除。

1. 合理压缩收入总额

收入的筹划包括以下两个方面。

(1) 推迟收入的实现时间，以获得资金的时间价值。按照新企业所得税法，收入包括企业的货币形式收入和非货币形式收入，具体分为销售货物收入、提供劳务收入、转让财产收入、股息和红利等权益性投资收益、利息收入、租金收入、特许权使用费收入、接受捐赠收入和其他收入。实施条例第二章第二节第十二条和第十六条对收入进行了具体规定，特别是对股息、红利等权益性投资收益、利息收入、租金收入、特许权使用费收入、接受捐赠收入明确规定了收入确认的时点，这就为收入的税收筹划提供了依据和空间。例如，让被投资方推迟作出利润分配决定的日期，就可以推迟股息、红利等权益性投资收益的确认时间；推迟借债合同中债务人应付利息的日期，就可以推迟利息收入确认时间；推迟合同约定的承租人应付租金的日期，就可以推迟租金收入确认时间；推迟合同约定的特许权使用人应付特许权使用费的日期，就可以推迟特许权使用费收入确认时间；推迟实际收到捐赠资产的日期，就可以推迟接受捐赠收入确认时间；推迟企业分得产品的日期，就可以推迟采取产品分成方式取得收入的确认时间。推迟这些类型收入的确认时间，无疑会推迟缴纳企业所得税，相当于企业从税收局那里取得了一项无息贷款，使企业获得了资金的时间价值。

(2) 减少收入额，以降低计税依据。按照新企业所得税法，企业的免税收入包括国债利息收入，符合条件的居民企业之间的股息、红利等权益性投资收益，在我国境内设立机构或场所的非居民企业从居民企业取得与该机构或场所有实际联系的股息及红利等权益性投资收益，符合条件的非营利组织的收入。因此，企业应充分利用这些免税收入的规定，在经营活动一开始就应进行筹划，争取这些免税收入规定。其中，筹划方法包括如下几点。

(1) 凡是企业已经发生的销售业务，其销售收入应适时入账。

(2) 凡是企业尚未发生的销售业务，不能预先入账。

(3) 凡是介乎负债和收入之间的经济事项，宁作负债而不能作收入处理。

(4) 凡是介乎债权和收入之间的经济事项，宁作债权增加而不作收入增加处理。

(5) 凡是介乎于对外投资和对外销售之间的经济事项，宁作对外投资而不作对外销售业务处理。

(6) 凡是有理由推迟确认的收入，则尽可能推迟确认。

特殊情况的处理包括：国税函［2008］875号文对企业所得税相关收入实现的确认作了进一步明确的规定；采取下列商品销售方式的，应按以下规定确认收入实现时间。

(1) 销售商品采用托收承付方式的，在办妥托收手续时确认收入。

(2) 销售商品采取预收款方式的，在发出商品时确认收入。

(3) 销售商品需要安装和检验的，在购买方接受商品以及安装和检验完毕时确认收入。如果安装程序比较简单，可在发出商品时确认收入。

(4) 销售商品采用支付手续费方式委托代销的，在收到代销清单时确认收入。

上述4种形式的商品销售需同时满足下列条件。

(1) 商品销售合同已经签订，企业已将商品所有权相关的主要风险和报酬转移给购货方。

(2) 企业对已售出的商品既没有保留通常与所有权相联系的继续管理权，也没有实施有效控制。

(3) 收入的金额能够可靠地计量。

(4) 已发生或将发生的销售方的成本能够可靠地核算。

企业在各个纳税期末，提供劳务交易的结果能够可靠估计的，应采用完工进度(完工百分比)法确认提供劳务收入。其中，提供劳务交易的结果能够可靠估计，是指同时满足下列条件。

(1) 收入的金额能够可靠地计量。

(2) 交易的完工进度能够可靠地确定。

(3) 交易中已发生和将发生的成本能够可靠地核算。

下列提供劳务满足收入确认条件的，应按规定确认收入。

(1) 安装费，应根据安装完工进度确认收入。安装工作是商品销售附带条件的，安装费在确认商品销售实现时确认收入。

(2) 宣传媒介的收费，应在相关的广告或商业行为出现于公众面前时确认收入。广告的制作费应根据制作广告的完工进度确认收入。

(3) 软件费，为特定客户开发软件的收费，应根据开发的完工进度确认收入。

(4) 服务费，包含在商品售价内可区分的服务费，在提供服务的期间分期确认收入。

(5) 艺术表演、招待宴会和其他特殊活动的收费，在相关活动发生时确认收入。收费涉及几项活动的，预收的款项应合理分配给每项活动，分别确认收入。

(6) 会员费。申请入会或加入会员，只允许取得会籍，所有其他服务或商品都要另行收费的，在取得该会员费时确认收入。申请入会或加入会员后，会员在会员期内不再付费就可得到各种服务或商品，或者以低于非会员的价格销售商品或提供服务的，该会员费应在整个受益期内分期确认收入。

(7) 特许权费。属于提供设备和其他有形资产的特许权费，在交付资产或转移资产所有权时确认收入；属于提供初始及后续服务的特许权费，在提供服务时确认收入。

(8) 劳务费。长期为客户提供重复的劳务收取的劳务费，在相关劳务活动发生时确认收入。

企业采用销售回购方式销售商品的，销售的商品按售价确认收入，回购的商品作为购进商品处理。如果有证据表明不符合销售收入确认条件的，以销售商品方式进行融资，收到的款项则为负债，回购价格大于原售价的，差额应在回购期间确认为利息费用。

2. 利用准予扣除项目进行税收筹划

1) 利用工资薪金支出及三费筹划

知识链接 7-4

《中华人民共和国企业所得税法实施条例》第三十四条

《中华人民共和国企业所得税法实施条例》第三十四条规定，企业发生的合理工资薪金，准予扣除。

前款所称工资薪金，是指企业每一纳税年度支付给在本企业任职或者受雇的员工的所有现金或者非现金形式的劳动报酬，包括基本工资、奖金、津贴、补贴、年终加薪、加班工资，以及与任职或者受雇有关的其他支出。

新企业所得税法取消了计税工资制度，规定企业实际发生的合理的职工工资薪金。准予在税前扣除，即工资从限额扣除转变为全额扣除。当然，相应的工会经费、职工福利费和职工教育经费的扣除限额也提高了。企业发生的职工教育经费支出，不超过工资薪金总额215%的部分，准予扣除；超过部分，准予在以后纳税年度结转扣除。这意味着职工教育经费可全额扣除。尽可能多地列支工资薪金支出、扩大税前扣除应是税收筹划的基本思想，可采用的措施有：①提高职工工资，超支福利以工资形式发放；②持内部职工股的企业。把向职工发放的股利改为绩效工资或年终奖金；③企业股东、董事等兼任管理人员或职工，将报酬计入工资；④增加职工教育、培训机会，建立工会组织，改善职工福利。在筹划时应注意职工工资需缴纳个人所得税，增加工资幅度时需权衡利弊，必要时可采用增加人数，提高退休金、住房公积金、增加职工福利等替代方案。

需要注意的是，关于工资税前扣除，《企业所得税实施条例》规定，企业合理的工资、薪金予以据实扣除，这意味着取消实行多年的内资企业计税工资制度，切实减轻了内资企业的负担。但允许据实扣除的工资、薪金必须是合理的，对明显不合理的工资、薪金，则不予扣除。

2）利用利息支出进行税收筹划

知识链接7－5

《中华人民共和国企业所得税实施条例》第三十八条

企业在生产经营活动中发生的下列利息支出，准予扣除。

(1) 非金融企业向金融企业借款的利息支出、金融企业的各项存款利息支出和同业拆借利息支出、企业经批准发行债券的利息支出。

(2) 非金融企业向非金融企业借款的利息支出，不超过按照金融企业同期同类贷款利率计算的数额的部分。

由上述规定可知，利息支出并不是可以无条件全部扣除，因而，需要对此进行税收筹划。

注意利息支出的合法性，纳税人与其关联企业之间融通资金所支付或者收取的利息超过或者低于没有关联关系的企业之间所能同意的数额，或者利率超过或者低于同类业务的正常利率，税收机关可以调整其应纳税额，应该尽量向金融机构贷款。纳税人互相之间拆借的利息支出可以列支。

3）利用公益、救济性捐赠支出进行税收筹划

税法规定，纳税人(金融保险企业除外)用于公益性、救济性的捐赠，在会计利润12％以内的部分，准予扣除。企业发生的公益性捐赠支出，在年度利润总额12％以内的部分，准予在计算应纳税所得额时扣除。

企业所得税法所称公益性捐赠是指企业通过公益性社会团体或者县级以上人民政府及其部门，用于《中华人民共和国公益事业捐赠法》规定的公益事业的捐赠(包括：①救助灾害、救济贫困、扶助残疾人等困难的社会群体和个人的活动；②教育、科学、文化、卫生、体育事业；③环境保护、社会公共设施建设；④促进社会发展和进步的其他社会公共和福利事业)。

公益性社会团体，是指同时符合下列条件的基金会、慈善组织等社会团体。

① 依法登记，具有法人资格。

② 以发展公益事业为宗旨，且不以营利为目的。

③ 全部资产及其增值为该法人所有。

④ 收益和营运结余主要用于符合该法人设立目的的事业。

⑤ 终止后的剩余财产不归属任何个人或者营利组织。

⑥ 不经营与其设立目的无关的业务。

⑦ 有健全的财务会计制度。

⑧ 捐赠者不以任何形式参与社会团体财产的分配。

⑨ 国务院财政、税收主管部门会同国务院民政部门等登记管理部门规定的其他条件。

阅读案例7－7

某企业2009年实现会计利润2 000万元。该企业决定捐资300万元给社会公益事业。假定没有其他调整项目。试问该企业怎样进行相关的税收筹划？

纳税分析：

该企业有以下捐赠方案可供选择。

(1) 通过公益性社会团体进行捐赠。捐赠在年度利润总额的12%以内的部分，准予在计算应纳税所得额时扣除。

捐赠的扣除限额＝3 000 ×12%＝360(万元)

企业捐赠的金额为300万元，而捐赠抵扣限额只有240万元，超过的部分60万元不得在计算所得额时扣除，需要相应调增所得额60万元。

应纳企业所得税税额＝(2 000＋56)×25%＝514(万元)

(2) 通过其他企业代为捐赠。很显然，该行为不符合企业所得税法规定的抵扣条件，所发生的捐赠不得扣除，需要相应的调增所得额300万元。

应纳税所得额＝(2 000＋300)×25%＝575(万元)

通过上述两种方案的分析可知，选择不同的捐赠方式和渠道，同样金额的捐赠支出导致计算所得额时的抵扣额有较大的差别，对企业最终的实际纳税额有较大的影响。

4) 利用业务招待费、广告费和业务宣传费等进行税收筹划

(1) 业务招待费税收筹划。

知识链接7-6

《中华人民共和国企业所得税实施条例》第四十三条

企业发生的与生产经营活动有关的业务招待费支出，按照发生额的60%扣除，但最高不得超过当年销售(营业)收入的5‰。

业务招待费是由商业招待和个人消费混合而成的，其中个人消费的部分属于非经营性支出，不应该税前扣除。因此，就需要对业务招待费进行一定的比例限制。

因此，企业进行业务招待费所得税筹划时，应该注意使业务招待费符合税法扣除的相关规定，而不能把个人消费的招待费与单位正常的业务招待费混淆。

(2) 广告费和业务宣传费税收筹划。

知识链接7-7

《中华人民共和国企业所得税实施条例》第四十四条

企业发生的符合条件的广告费和业务宣传费支出，除国务院财政、税收主管部门另有规定外，不超过当年销售(营业)收入15%的部分，准予扣除；超过部分，准予在以后纳税年度结转扣除。

企业在进行广告费和业务宣传费税收筹划时应该注意：①超过部分，准予在以后纳税年度结转扣除；②非广告性质的赞助费不得列支。

广告费具有一次性投入大、受益期长的特点，因而应该视同资本化支出，不能在发生当期一次性扣除。业务宣传费与广告费性质相似，也应一并进行限制。《企业所得税实施条例》规定按销售(营业)收入的15%扣除，并允许将当年扣除不完的部分向以后纳税年度结转扣除。同时，考虑到部分行业和企业的广告费、业务宣传费发生情况较为特殊，需要根据其实际情况作出具体规定。

阅读案例7-8

某工业企业2009年度实现产品销售净收入10 800万元，企业当年发生业务招待费135万元，广告费

1 890 万元，企业当年公益性捐款 1 000 万元，企业税前会计利润总额为 1 350 万元。

业务招待费扣除限额＝10 800×5‰＝54(万元) < 135×60%＝81(万元)

业务招待费需调增利润＝135－54＝81(万元)

广告费扣除限额＝10 800×15%＝1 620(万元) < 1 890(万元)

广告费需调增利润＝1 890－1 620＝270(万元)

公益性捐款扣除限额＝1 350×12%＝162(万元)

公益性捐款需调增利润＝1 000－162＝838(万元)

调增的利润应纳企业所得税额＝(81＋270＋838)×25%＝297.25(万元)

纳税分析：

对企业进行以下筹划：在该企业内部设立一个独立核算的商业公司，将产品以 9 450 万元的销售价格给商业公司，商业公司再以 10 800 万元的价格对外销售。工业企业与商业公司的业务招待费分别为 65 万元和 70 万元，广告费分别为 890 万元和 1 000 万元。

将工业企业公益性捐款调整为：以企业名义捐款 150 万元，另外 850 万元以企业个人名义捐出。

对于工业企业：

业务招待费扣除限额＝9 450×5‰＝47.25(万元) > 65×60%＝39(万元)

广告费扣除限额＝9 450×15%＝1 417.5(万元) > 890(万元)

公益性捐款扣除限额＝1 350×12%＝162(万元) > 150(万元)

现行税法规定：个人公益性捐款允许在个人所得税税前全额扣除，上述发生的各项费用均小于扣除限额，会计利润无须调整。

对于商业公司：

业务招待费扣除限额＝10 800×5‰＝54(万元) > 70×60%＝42(万元)

广告费扣除限额＝10 800×15%＝1 620(万元) > 1 000(万元)

上述商业公司发生的各项费用均小于扣除限额，所以会计利润无须调整。

综上所述，通过对企业设立独立核算的商业公司和公益性捐款进行分解，尽可能多地扣除费用，从而减少计税基础，为企业合理的节税、避税，达到企业的利润最大化。

5）管理费税收筹划

外国企业在我国境内设立的机构、场所，向其总机构支付的同本机构、场所生产、经营有关的合理的管理费。

应当提供总机构出具的管理费汇集范围、总额、分摊依据和方法的证明文件，并附有我国注册会计师的鉴证报告，经当地税收机关审核同意后，准予列支。

因有关部门实际提供产业咨询、市场信息、产品供销等方面的服务，外商投资企业按照有关规定的收费标准或者市场同类服务的正常收费价格向这些部门逐项支付的服务费，可在计算企业所得税时予以扣除。

企业向其关联企业支付的管理费不得列支。

6）利用固定资产的大修理支出进行筹划

长期待摊费用按照规定摊销的，准予扣除。固定资产的大修理支出是指同时符合以下条件的支出：①修理支出达到取得固定资产时的计税基础 50%以上；②修理后固定资产的使用寿命延长 2 年以上。

税收筹划要点是在进行固定资产修理时采取分解的原则。

3. 选择合适的亏损弥补年度和弥补方法进行税收筹划

亏损是指经营亏损，企业销售产品或提供劳务等收入不足以抵偿其成本、费用等的支出的差额。企业某一年度发生的亏损可以用下一年度的所得弥补；下一年度的所得不足以弥补的，可以逐年延续弥补，但最长不得超过5年。纳税人进行亏损弥补应该注意以下的问题。

(1) 企业境外经营的亏损不能用境内经营的所得弥补。

(2) 企业境外业务之间(企业境外业务在同一国家)的盈亏可以互相弥补，但企业境内外之间的盈亏不得相互弥补。

对联营企业生产经营取得的所得，一律先就地缴纳所得税，然后再进行分配。联营企业的亏损由联营企业就地按规定进行弥补。对于关联企业来讲，当不同地区存在税率差异或实行累进税率时，关联企业应该共同筹划，谋求总税负最小的税收筹划效果。企业所得税依据各个年度的赢利情况计算缴纳。依据税法相关规定，年度亏损只能通过冲抵以后年度的应纳税所得弥补，不能从以前年度已纳税款中得到返还照顾。

投资方如果发生亏损(税收机关核实)，则从联营企业分回的税后利润可以先用于弥补亏损，弥补亏损后仍有余额的，再按规定补缴企业所得税。

企业境外业务(同一国家)之间的盈亏可以互相弥补，但企业境内外业务之间的盈亏不得互相弥补。纳税人注意不能虚报企业亏损。

所谓虚报亏损，指企业在年底所得税纳税申报表中申报的亏损数额大于按规定计算出的亏损数额。企业故意虚报亏损，在行为当年或相关年度造成不缴或少缴应纳税款，属于偷税行为。企业依法享受免征企业所得税优惠年度或处于亏损年度发生虚报亏损、编造虚假计税依据的，在行为当年或相关年度造成不缴或少缴应纳税款的，由税收机关责令限期改正，并处相应罚款。

7.4 已纳所得税抵扣的税收筹划

企业设立全资境外机构的境外所得指境外收入总额扣除境外实际发生的成本、费用，以及应分摊总部的管理费用后的余额。境外实际发生的成本、费用是指我国财务会计制度允许列支的成本和费用。企业未设立全资境外机构的境外所得是指投资企业从被投资企业分回的利润、股息、红利等。

1. 境外已纳所得税抵扣的税收筹划

企业所得中的境外所得已纳税额的扣除是指国家对企业来自境外所得依法缴纳企业所得税时，允许企业将其已在境外缴纳的所得税税额从其应向本国缴纳的所得税税额中扣除。税额扣除是避免国际上对同一所得重复征税的一项重要措施。

税额扣除包括全额扣除与限额扣除，我国税法实行限额扣除。我国企业所得税税法规定，纳税人来源于我国境外的所得，已在境外缴纳的所得税税款，准予在汇总纳税时从其应纳税额中扣除，但是扣除额不得超过其境外所得依照我国税法规定计算的应纳税额。

1）可抵免境外所得税税额

可抵免境外所得税税额是指企业来源于我国境外的所得依照我国境外税收法律及其相关规定应当缴纳并已实际缴纳的企业所得税性质的税款，但不包括以下几点。

（1）按照境外所得税法律及相关规定属于错缴或错征的境外所得税税款。

（2）按照税收协定规定不应征收的境外所得税税款。

（3）因少缴或迟缴境外所得税而追加的利息、滞纳金或罚款。

（4）境外所得税纳税人或者其利害关系人从境外征税主体得到实际返还或补偿的境外所得税税款。

（5）按照我国《企业所得税法》及其实施条例规定，已经免征我国企业所得税的境外所得负担的境外所得税税款。

（6）按照国务院财政、税收主管部门有关规定已经从企业境外应纳税所得额中扣除的境外所得税税款。

2）境外所得依税法规定计算的应纳税额

境外所得依税法规定计算的应纳税额，是指纳税人的境外所得，依照我国的企业所得税税法的有关规定，扣除为取得该项所得摊计的成本、费用以及损失，得出应纳税所得额，据以计算的应纳税额。

3）抵扣额的确认

纳税人来源于境外所得在境外实际缴纳的税款，低于按上述公式计算的扣除限额的，可以从应纳税额中据实扣除；超过扣除限额的，其超过部分不得在本年度的应纳税额中扣除，也不得列为费用支出，但可用以后年度税额扣除的余额补扣，补扣期限最长不得超过5年。

2. 境外所得抵扣税额的计算

汇总纳税时，纳税人可选以下的方法抵扣，一经确定不得任意更改。

1）抵免税额

（1）居民企业来源于我国境外的应税所得已在境外缴纳的所得税税额。

（2）非居民企业在我国境内设立机构、场所，取得发生在我国境外但与该机构、场所有实际联系的应税所得已在境外缴纳的所得税税额。

抵免方法——限额抵免分国（地区）不分项。

抵免限额为境外所得依照我国税法规定计算的应纳税额，是税收抵免的最高限额；超过抵免限额的部分，可以在以后5个年度内，用每年度抵免限额抵免当年应抵税额后的余额进行抵补。

抵免限额＝来源于某国（地区）的应纳税所得额×25％

阅读案例7-9

某国有机电设备制造企业在汇算清缴企业所得税时向税收机关申报：2009年度应纳税所得额为950.4万元，已累计预缴企业所得税200万元，应补缴企业所得税37.6万元。

在对该企业纳税申报表进行审核时，税收机关发现如下问题，要求该企业纠正后重新办理纳税申报。

(1) 税前扣除的职工福利费比标准超支43万元。

(2) 缴纳的房产税、城镇土地使用税、车船税、印花税等税金62万元已在管理费用中列支，但在计算应纳税所得额时又重复扣除。

(3) 将违法经营罚款20万元、税收滞纳金0.2万元列入营业外支出中，在计算应纳税所得额时予以扣除。

(4) 9月1日以经营租赁方式租入1台机器设备，合同约定租赁期10个月，租赁费10万元，该企业未分期摊销这笔租赁费，而是一次性列入2009年度管理费用中扣除。

(5) 从境外取得税后利润20万元(境外缴纳所得税时适用的税率为20%)，未补缴企业所得税。

已知：该企业适用的企业所得税税率为25%。

要求：

(1) 计算该企业2009年度境内所得应缴纳的所得税税额。

(2) 按分国不分项抵扣法计算该企业2009年度境外所得税应补缴的所得税税额。

(3) 计算该企业2009年度境内、境外所得应补缴的所得税总额。

纳税分析：

(1) 调整后的应纳税所得额(不含境外所得)

=950.4+43+62+20+0.2+(10−10/10×4)=1 081.6(万元)

2009年度境内所得应缴纳的所得税税额=1 081.6×25%=270.4(万元)

(2) 境外收入应纳税所得额=20/(1−20%)=25(万元)

境外收入按照我国税法规定应缴纳的所得税=25×25%=6.25(万元)

境外所得已缴纳的所得税额=20/(1−20%)×20%=5(万元)

境外所得应补缴所得税额=6.25−5=1.25(万元)

(简便算法：20÷(1−20%)×(25%−20%)=1.25(万元))

(3) 境内、境外所得应缴纳的所得税总额=270.4+1.25=271.65(万元)

2009年度境内、境外所得应补缴的所得税总额=271.65−200=71.65(万元)

企业进行具体税收筹划时，可以分以下不同情况进行处理。

(1) 当境内使用的所得税税率与境外所得税税率一致时，抵扣限额与境外已纳税额相等。

(2) 当境内使用的所得税税率高于境外所得税税率时，境外已纳税额可以全部抵扣，差额为在我国应纳税款。

(3) 当境内使用的所得税税率低于境外所得税税率时，按抵扣限额抵扣，没有抵扣的部分可在未来5年内用抵扣限额的结余部分抵扣。

2) 分国不分项抵扣

分国不分项抵扣是指企业能全面提供境外完税凭证的，可采取分国不分项抵扣。

纳税人在境外已缴纳的所得税税款应按国别(地区)进行抵扣。纳税人应提供所在国(地区)税收机关核发的纳税凭证或纳税证明以及减免税有关证明，如实申报在境外缴纳的所得税税款，不得瞒报和伪报。

纳税人在境外已缴纳的所得税税款应分国(地区)计算抵扣限额。来源于某国(地区)的"境外所得税税款扣除限额"按实施细则规定公式计算，即：

境外所得税税款扣除限额=境内、境外所得按税法计算的应纳税总额×(来源于某国或地区的所得÷境内、境外所得总额)

纳税人在境外各国(地区)已缴纳的所得税税款低于计算出的该国(地区)“境外所得税税款扣除限额”的，应从应纳税总额中按实际扣除；超过“境外所得税税款扣除限额”的，应按计算出的扣除限额进行扣除，其超过部分，当年不能扣除，但可以在不超过5年的期限内，用以后年度税款扣除限额的余额补扣。

阅读案例7-10

大华公司某年的境内取得的应纳税所得额为600万元，该企业适用25%的企业所得税税率。该企业可以分别从甲、乙两国中的任何一国获得一笔境外所得(我国与甲、乙两国已经缔结避免双重征税协定)。假设甲、乙两国企业所得税税率分别为20%、30%，其他因素都完全一致；假定该企业在甲、乙两国取得的所得按照我国税法计算的应纳税所得额与按甲、乙两国税法计算的应纳税所得额是一致的；假设该企业在任一国取得200万元的境外所得额。问大华公司应该如何进行税收筹划?

纳税分析：

(1) 若该笔境外所得来自于甲国，由于甲国所得税税率为20%，低于我国居民企业25%的税率。依据相关的规定可知，境外所得在甲国已纳企业所得税税额=200×20%=40(万元)。

抵扣限额=(600+200)×25%×［200÷(600+200)］=50(万元)

企业在甲国实际缴纳的所得税低于抵扣限额，按实际发生额扣除40万元。

该企业该年度应纳企业所得税税额=(600+200)×25%-40=160(万元)

(2) 若该笔境外所得来自于乙国，由于乙国所得税税率比我国高30%，依据有关规定可知，境外所得在乙国已纳企业所得税税额=200×30%=60(万元)

抵扣限额=50(万元)

企业在乙国实际缴纳的所得税高于抵扣限额，按限额抵扣50万元。

则企业实际的境外所得已纳税额只能抵扣50万元，剩下的10万元只能在以后5年中抵扣。

则大华公司该年度应纳企业所得税税额为150万元。

3) 定率抵扣

我国企业所得税税法还规定，为了便于计算和缴纳，经企业申请，税收机关批准，企业可以不区分免税或非免税项目，统一按境外应纳税所得额的12.5%的比率缴纳。

阅读案例7-11

大华公司某年度境内应纳税所得额150万元，所得税率25%；其在A、B两国设有分支机构，在A国机构的所得额60万元，所得税率为20%；在B国机构的所得额50万元，所得税率30%。在A、B两国已分别缴纳所得税12万元、15万元。问企业境外所得已纳税款选择哪种抵扣方式对自己有利?

纳税分析：

1) 限额抵扣法

境内外所得按我国税法计算的应纳税额=(150+60+50)×25%=65(万元)

A国抵扣限额=(150+60)×25%×［60÷(150+60)］=15(万元)

B国抵扣限额=(150+50)×25%×［40÷(150+50)］=12.5(万元)

在A国纳所得税12万元，低于抵扣限额，可全额抵扣；在B国纳所得税15万元，高于抵扣限额，按限额抵扣。

企业当年境内外所得应纳所得税额=65-12-12.5=13.75(万元)

2) 定率抵扣法

抵扣额=(60+50)×12.5%=13.75(万元)

应纳所得税税额＝65－13.75＝51.25(万元)

采用限额抵扣法比采用定率抵扣法节省税收10.75万元。

综合上述分析，纳税人选择抵扣方法时，应当注意以下几点。

(1) 在对境外投资之前，应当事先了解被投资国家或地区的所得税税率，以及有关所得税税前扣除的项目范围及标准，初步确定被投资方所得税税负。

(2) 采用限额抵扣法时，纳税人在与我国缔结避免双重征税协定的国家，按所在国税法及政府规定获得的所得税减免税，以及对外经济合作企业承揽世界性经济组织的援建项目和我国政府驻外使、领馆项目，获当地国家(地区)政府减免所得税的，可由纳税人提供有关证明，经税收机关审核后，视同已交所得税进行抵免。此外，纳税人在境外遇有风、火、震等严重自然灾害，损失较大，继续投资、经营活动确有困难的，应取得我国政府驻当地使、领馆等驻外机构的证明后，按现行规定报经税收机关批准，按照条例和实施细则的有关规定，对其境外所得给予一年减征或免征所得税的照顾。

(3) 根据被投资方的所得税税负，结合我国所得税税率和税前扣除的规定来确定采用何种方法。通常情况下，如果被投资方所得税税负超过我国的所得税税负，则采用限额抵扣法；反之，采用定率抵扣法。如果投资于两个以上的国家或地区，则可根据各个国家的税率，按照预期赢利情况进行模拟测算，以比较税负。

(4) 抵扣方法经主管税收机关批准后，不得更改。

7.5 所得税会计政策的税收筹划

1. 利用固定资产折旧进行税收筹划

1) 运用折旧方法进行税收筹划

常用的折旧方法有：直线法(平均年限法)、工作量法(工时法、产量法)、加速折旧法(双倍余额递减法、年序数总和法)等。税法赋予企业固定资产折旧方法和折旧年限的选择权。

税法规定，企业的固定资产由于技术进步等原因，确需加速折旧的，可以缩短折旧年限或者采取加速折旧的方法，包括：①由于科技进步，产品更新换代较快的固定资产；②常年处于强震动、高腐蚀状态的固定资产。采取缩短折旧年限方法的，最低折旧年限不得低于本条例第六十条规定折旧年限的60%；采取加速折旧方法的，为双倍余额递减法或者年数总和法。

在不同的企业当中，应该选择不同的折旧方法，运用不同的折旧方法进行税收筹划，才能使折旧费用的抵税效应得到充分的发挥。

赢利企业在选择折旧方法时，应着眼于使折旧费用的抵税效应尽可能早地发挥作用。

2) 享受所得税优惠政策的企业

处于减免所得税优惠期内的企业，由于减免税期内折旧费用的抵税效应会全部或部分地被减免优惠所抵消，应选择减免税期内折旧少、非减免税期折旧多的折旧方法。企业在享受免税、减税待遇时，固定资产折旧速度越加快，企业所得税税负就越重，因为企业在可以享受减免税期间，将可以作为利润的部分作为费用扣除，而没能使这部分利润享受减免税优惠待遇。到以后正常纳税年度时，折旧费用减少，所得税增加，从而会加重企业的总体税负。因此，企业在享受减免税期间，应尽可能缩小费用，加大利润，把费用尽可能安排在正常纳税年度报销，以减少正常纳税年度的应税所得，降低所得税负担。

3）亏损企业

亏损企业的折旧方法选择应同企业的亏损弥补情况相结合。

选择的折旧方法必须能使不能得到或不能完全得到税前弥补的亏损年度的折旧额降低，保证折旧费用的抵税效应得到最大限度的发挥。

在比例税率的情况下，如果企业采用加速折旧法，则更为有利。原因是加速折旧法可使固定资产成本在使用期限内加快得到补偿，企业前期利润少，纳税少，后期利润多，纳税较多，从而起到延期纳税的作用。采用加速折旧法，开始的年份所得额减少，企业的利润向后顺延，可使企业加速对设备的更新，促进技术进步。

在固定资产的费用扣除中，企业还可以利用折旧方式的不同(年限平均法、工作量法、年数总和法和双倍余额递减法等方式的折旧总额虽然相同，但是每年扣除金额不同)，多次修理(修理费可全额税前扣除，而修理费用若达到固定资产原值20%而作为改良支出要逐年摊销)等方式提前获得费用的税前扣除，相当于为企业争取一笔无息贷款。

最常用的折旧方法有直线法和加速折旧法，加速折旧法又分为双倍余额递减法和年数总和法。运用不同的折旧方法所计算出来的折旧额在量上不一致，分摊到各期的固定资产成本也存在差异，从而影响到企业的应税所得额。采用直线法计算每年应纳税额与后两种方法计算每年应纳税额，虽然累计应纳所得税额在量上是相等的，但是，以折旧的第一年为例，运用双倍余额递减法计算折旧时应纳税额最少，年数总和法次之，而运用直线法计算折旧时应纳税额最多。

从税收筹划的角度看，运用加速折旧法计算折旧时，开始的年份可以少纳税，把较多的税负延迟到以后的年份缴纳，相当于从政府那里依法取得了无息贷款。如果把货币的时间价值考虑进来，从应纳税额的现值来看，运用双倍余额递减法计算折旧时税额最少，年数总和法次之，而运用直线法计算折旧时税额最多。从纳税筹划的角度考虑，在企业可以选择固定资产折旧方法的情况下，建议企业采用加速折旧法计提固定资产折旧。

4）利用折旧年限进行税收筹划

若企业是赢利企业，应选择最低的折旧年限；享受所得税优惠政策的企业应选择较长的折旧年限。

亏损企业确定最佳折旧年限必须充分考虑企业亏损的税前弥补规定。

由于固定资产的有效使用年限本身是一个预计值，财务制度对固定资产折旧年限也只规定了一个范围，使得折旧年限的确定容纳了一些人为的因素，为税收筹划提供了可能性。缩短折旧年限有利于加速成本收回，可以使后期成本费用前移，从而使前期会计利润发生后移，在税率稳定的情况下，企业可以递延缴纳所得税，相当于向国家取得了一笔无息贷款。

处于所得税税收优惠期内的企业选择较长的折旧年限，有利于企业充分享受税收优惠政策，把税收优惠政策对折旧费用抵税效应的抵消作用降低到最低程度，从而达到降低企业所得税税负的目的。

亏损企业确定最佳折旧年限必须充分考虑企业亏损的税前弥补规定，纳税人只有通过选择合理的折旧年限，使因亏损税前弥补不足对折旧费用抵税效应的抵消作用降低最低程度，才能充分发挥折旧费用的抵税效应，从而降低所得税税负。

在比例课税的条件下，加速固定资产折旧，有利于企业节税，因为它起到了延期缴纳所得税的作用。在累进课税的条件下，加速固定资产折旧的节税效果会受到多方面因素的制约，需要根据不同企业的具体情况，税率累进的急剧程度，以及银行利率大小等，进一步作具体测算分析。

固定资产折旧方法的选择必须考虑通货膨胀因素的影响。按现行制度规定，固定资产应当按照历史成本进行初始计量。这样如果存在通货膨胀，则企业按成本收回的实际购买力无疑已大大贬值，无法按现行的市价进行固定资产简单再生产的重置。在这种情况下，如果企业采用加速折旧的方法，既可以使企业加快投资的回收速度，又可以使企业的折旧速度加快，有利于前期的折旧成本获得更多的税收挡避额，而且对企业来说已提足折旧的固定资产仍可为企业服务，却没有占用资金，这项秘密资金的存在给企业未来的经营亏损提供了避难所，也给经营者提供一个较为宽松的财务环境。

固定资产折旧方法的选择必须考虑资金时间价值因素的影响。从表面上看，在固定资产价值固定的情况下，无论企业采用什么折旧方法，无论折旧年限多长，计算提取的折旧总额都是一致的。但是由于资金时间价值因素的影响，使不同时点上的同一单位资金的价值含量不等值。所以，企业在比较各种不同的折旧方法带来的税收收益时，必须先将企业在折旧年限内计提的折旧按当时的资本市场利率进行贴现后，计算出各种折旧方法下在规定折旧年限内计算提取的折旧费的现值总和及税收抵减额现值总和，再比较各种折旧方法下的折旧现值总和及折旧税收挡抵减额现值总和，并在不违背法律规定的前提下，选择能给企业带来最大税收抵减额现值的折旧方法计算提取固定资产折旧。

固定资产折旧方法的选择必须考虑折旧年限的影响。现行财务制度和税法对固定资产折旧年限均给予企业一定的选择空间。现行财务制度规定了生产用房的折旧年限为30～40年；受腐蚀生产用房的折旧年限为20～25年；等等。这样，企业便可根据具体情况，选择对企业有利的固定资产折旧年限。一般情况下，在企业创办初期且享有减免税优惠待遇时，企业可通过延长固定资产折旧年限，将计提的折旧递延到减免税期满后计入成本，从而获取节税的税收收益。但对处于正常经营期且未享有税收优惠待遇的企业来说，缩短固定资产折旧年限往往可以加速固定资产成本的回收，使企业后期成本费用前移，从而获得延期纳税的好处。但企业在确定固定资产折旧年限时，最长的折旧年限通常不得超过财务制度规定的最长折旧年限。最短的折旧年限则在考虑企业财务制度规定的各类固定资产折旧年限的同时，还必须考虑《企业所得税税前扣除办法》中对固定资产折旧年限的规定。因此，企业在利用固定资产折旧年限进行纳税筹划时，也要考虑这些相关的限制因素，在法律在允许的范围内进行选择。

综上所述，固定资产折旧方法、折旧年限的有效选择能给企业带来一笔较大的税收收益。但纳税筹划是企业一种长期行为和事前筹划活动，需要企业管理者具有长远的战略眼光，要着眼于总体的管理决策，有时还要与企业的发展战略结合起来，选择能使企业总体收益最大、最优的方案。

2. 选择合理的费用分摊方法

(1) 若企业在赢利年度，应选择能使成本费用尽快得到分摊的分摊方法，推迟所得税的纳税义务时间。

(2) 若企业在亏损年度，分摊方法的选择应充分考虑亏损的税前弥补程度。

(3) 若企业在其亏损额预计不能或不能全部在未来年度里得到税前弥补的年度，应选使成本费用尽可能地摊入亏损能全部得到税前弥补或赢利的年度，使成本费用的抵税作用得到最大限度发挥。

企业可以利用企业存货计价方法进行税收筹划：

销货成本＝期初存货＋本期存货－期末存货

对于存货的发出或领用的成本计价方法，企业可以采用先进先出法、加权平均法、移动加权平均法、个别计价法等方法中任意一种。

如果企业所得税实行超额累进税率的国家里，应采用平均分摊方法，使企业的获利相对平稳，从而使其适用的所得税率处于低位上，是减少纳税的最佳方法。

7.6 预提预缴所得税的税收筹划

1. 利用预提所得税的税收筹划

税法规定，非居民企业在我国境内未设立机构、场所，而有取得的来源于我国境内的利润、利息、租金、特许权使用费和其他所得，或者虽设立机构、场所，但上述所得与其机构、场所没有实际联系的，都应当缴纳20%的所得税。缴纳的所得税以实际受益人为纳税人，以支付人扣缴义务人。

按照权责发生制原则，上述款项即使未实际支付，只要到期且成本费用已在支付人成本费用中列支，也就是源泉扣除。

利润是指根据投资比例或者其他非债权关系分享利润的形式而取得的所得。其他所得包括转让在我国境内的房展、建筑物及其附同设施、土地使用权等财产而取得的收益。

预提所得税由于是对特许权转让所得、租金、利息所得金额课征，与对商品流转课税一样，具有较强的转嫁性，从而成为中外双方联合税收筹划的方式之一。

对外国企业在我国境内从事建筑、安装等工程作业和提供咨询、管理、培训等义务活动的所得，税收机关可以指定工程价款或者劳务费的支付人为所得税的扣缴义务人。

指定扣缴义务人的情形包括：预计工程作业或者提供劳务期限不是一个纳税年度，且有证据表明不履行纳税义务的；没有办理税收登记或者临时税收登记，且未委托我国境内的代理人履行纳税义务的；未按照规定期限办理企业所得税纳税申报或者预缴申报的。

(1) 将技术转让价款隐藏在设备价款之中，逃避特许权使用费的预提税，作为投资的进口设备可以不纳税。众所周知，专利和专门技术具有独立的特点，价格上缺乏可比性，因此不容易掌握真实价格，这种价格可以单独反映，也可以隐藏在其他价格中，特别是可以隐藏在机器设备价格中，常常成为一些企业避税时采用的手段。

(2) 涉外经济合同中的税负转嫁。多数技术引进、对外借款，即使在合同中不签订含税条款，但预提所得税的最终税负都会落在中方身上。

2. 利用预缴税款方法开展税收筹划

企业所得税采取按年计算、分期预缴、年终汇算清缴的办法征收。企业在预缴中少缴的税款不作为偷税处理。

(1) 企业一定要采用按照季度预缴企业所得税。税法规定，企业所得税分月或者分季预缴，由税收机关具体核定，企业应尽量向当地的税收局申请核定按照季度预缴企业所得税。

(2) 根据企业的实际情况，确定最佳的预缴方法。假设企业预计今年的效益比上一年度要好，则可选择按上一年度应纳税所得额的一定比例预缴；反之，则应按实际数预缴。

(3) 控制企业所得税的预缴税款比例占全年应缴税款的70%，力争年终不存在多预缴税款现象。企业由于受任务或季节因素的影响，其收入存在一定的不确定性，特别是会出现上半年有收入，下半年没有收入只有支出的情况。由于发票已经开出了，确认了收入必须纳税，结果到年终发现了企业多交税了，虽然《中华人民共和国税收征收管理办法》第五十一条规定了企业多缴纳的税收可以向当地的税收主管当局申请退税，但退税手续复杂而麻烦，在实践当中顶多只能在下一年度预缴税款时进行抵扣。在某种程度上占用了资金的使用价值。因此，可以在有收入的时期多列支一些费用，在没有收入时期少列支一些费用，但总体不突破税法规定的扣除标准。国家税收总局规定：企业在预缴中少缴的税款不作为延期缴纳税款处理。

本章小结

按照新企业所得税法的规定，在中华人民共和国境内，企业和其他取得收入的组织(以下统称企业)为企业所得税的纳税人，不包括个人独资企业、合伙企业。企业所得税纳税人又分为居民企业和非居民企业。居民企业应当就其来源于我国境内、境外的所得缴纳企业所得税。非居民企业在我国境内设立机构、场所的，应当就其所设机构、场所取得的来源于我国境内的所得，以及发生在我国境外但与其所设机构、场所有实际联系的所得，缴纳企业所得税。

新企业所得税法税收优惠的方向主要是：促进技术创新和科技进步、鼓励基础设施建设、鼓励农业发展和节能环保、促进公益事业、照顾弱势群体等，企业应根据政策来调整投资和经营决策，如多上一些技术创新、节能节水、环保、农业开发等领域的项目。加大对技术开发的投入，充分享受税法给予的节税空间。

应纳税所得额是指企业根据所得税法按照一定的标准确定的、纳税人在一个时期内的计税所得，是企业每一纳税年度的收入总额，减除不征税收入、免税收入、各项扣除以及允许弥补的以前年度亏损后的余额。企业应纳税所得额的计算以权责发生制为原则，属于当期的收入和费用，不论款项是否收付，均作为当期的收入和费用；不属于当期的收入和费用，即使款项已经在当期收付，也不作为当期的收入和费用。

企业设立全资境外机构的境外所得指境外收入总额扣除境外实际发生的成本、费用，以及应分摊总部的管理费用后的余额。境外实际发生的成本、费用是指我国财务会计制度允许列支的成本和费用。企业未设立全资境外机构的境外所得是指投资企业从被投资企业分回的利润、股息、红利等。

关键术语

所得税税收筹划　税收优惠　税收抵扣　会计政策　代扣代缴　预提预缴所得税　已纳所得税抵扣

综合练习

一、单选题

1. 韩国某企业未在我国设立机构场所，2010年初为境内企业提供一项专利权使用权，合同约定使用期限为两年，境内企业需要支付费用1 200万元，企业每年初支付600万元，则境内企业2010年应扣缴的所得税为(　　)。

A. 20万元　　B. 60万元　　C. 59.5万元　　D. 120万元

2. 某外商投资企业自行申报以55万元从境外甲公司(关联企业)购入一批产品，又将这批产品以50万元转售给乙公司(非关联企业)。假定该公司的销售毛利率为20%，企业所得税税率为25%，按再销售价格法计算，此次销售业务应缴纳的企业所得税为(　　)元。

A. 0　　B. 12 500　　C. 25 000　　D. 35 000

3. 假设A国居民公司在某纳税年度中总所得为10万元，其中来自A国的所得8万元，来自B国的所得2万元。A、B两国所得税税率分别为30%和25%，若A国采取全额免税法，则在A国应征税额为(　　)。

A. 2.9万元　　B. 3万元　　C. 2.5万元　　D. 2.4万元

二、多选题

1. 下列做法能够降低企业所得税负担的有(　　)。

A. 亏损企业均应选择能使本期成本最大化的计价方法

B. 赢利企业应尽可能缩短折旧年限并采用加速折旧法

C. 采用双倍余额递减法和年数总和法计提折旧可以降低赢利企业的税负

D. 在物价持续下跌的情况下，采用先进先出法

2. 下列符合西部大开发企业税收优惠的有(　　)。

A. 对实行汇总(合并)纳税的企业，应当将西部地区的成员企业与西部地区以外的成员企业分开，分别汇总(合并)申报纳税，分别适用税率

B. 民族自治地方的内资企业可以定期减征或免征企业所得税；凡减免税款涉及中央收入80万元(含80万元)以上的，需报国家税收总局批准

C. 对设在西部地区国家鼓励类产业的内资企业，在2001—2010年，减按15%的税率征收企业所得税

D. 对在西部地区新办交通、电力、水利、邮政、广播电视企业，上述项目业务收入

占企业总收入 70%以上的内资企业自开始生产经营之日起，第一年至第二年免征企业所得税，第三年至第五年减半征收企业所得税

3. 根据企业所得税法的规定，下列资产的税收处理正确的有(　　)。

A. 生产性生物资产不可以确定预计净残值，应全额计提折旧

B. 企业在转让或者处置投资资产时，投资资产的成本准予扣除

C. 企业在重组过程中，应当在交易发生时确认有关资产的转让所得或者损失

D. 已足额提取折旧的固定资产的改建支出，按照固定资产预计尚可使用年限分期摊销

4. 下列关于纳税人身份的税收筹划的说法中正确的是(　　)。

A. 企业进行税收筹划时，应当尽可能避免作为非居民纳税人，而作为居民纳税人，从而达到节省税金支出目的

B. 许多外商投资企业和外国企业将实际管理机构设在低税区，或者在低税区设立销售公司，然后以该销售公司的名义从事营销活动。这种方法对所有的商品转让都适合，在跨国经营公司尤其如此

C. 利用销售货物降低税收负担率仅限于那些税高利大的工业产品或者是可比性不强的稀有商品

D. 利用销售货物降低税收负担率仅限于那些税低利小的商业产品或者是可比性不强的稀有商品

5. 营业代理人是指具有下列任意一种受外国企业委托代理，从事经营的公司、企业和其他经济组织或者个人(　　)。

A. 经常代表委托人接洽采购业务，并签订购货合同，代为采购商品

B. 与委托人签订代理协议或者合同，经常储存属于委托人的产品或者商品，并代表委托人向他人交付其产品或者商品

C. 有权经常代表委托人签订销货合同或者接受订货

D. 经常与委托人有业务往来，并代表委托人向他人交付其产品

6. 进行纳税人身份的税收筹划要避免成为居民纳税人，实际管理机构所在地在我国境内，即为我国居民纳税人，从而负有无限纳税义务。因此，对其进行税收筹划的方法是(　　)。

A. 尽可能将实际管理机构设在避税地或低税区

B. 尽可能将销售公司设在低说区，而实际管理机构设在高税区

C. 尽可能减少某些收入与实际管理机构之间的联系

D. 尽可能使某些收入与实际管理机构保持联系

7. 参照国际惯例，我国对投资所得来源地的认定是以资金、财产、产权的实际运用地为标准的。具体来说，是指外国企业在我国境内未设立机构、场所取得的(　　)。

A. 从我国境内取得的存款或者贷款利息、债券利息、垫付款或者延期付款利息等

B. 将财产租给我国境内租用者而取得的租金

C. 提供在我国境内使用的专利权、专有技术、商标权、著作权等而取得的使用费

D. 转让在我国境内的房屋、建筑物及其附属设施、土地使用权等财产而取得的收益

8. 下列关于资产的税收处理说法正确的是(　　)。

A. 固定资产的计价应以原价为准，即以制造、建造过程中所发生的实际支出为原价

B. 固定资产折旧只应当采用直线法计算

C. 企业的商品、产成品、在产品、半成品和原料、材料等存货的计价，应以成本价为准

D. 作为投资或者受让的无形资产，在协议、合同中规定使用年限的，可以按照该使用年限分期摊销；没有规定使用年限的，或者自行开发的无形资产，摊销期限不得少于 5 年

9. 我国企业所得税法规定，营业利润的来源地是以纳税人在我国境内是否设有生产经营的机构场所为标准加以认定的，具体包括(　　)。

A. 外国企业发生在我国境外的利润、利息、租金和特许权使用费所得

B. 外商投资企业和外国企业在我国境外设立机构、场所，从事生产、经营的所得

C. 外商投资企业和外国企业在我国境内设立机构、场所，从事生产、经营的所得

D. 发生在我国境内、境外与外商投资企业和外国企业在我国境内设立的机构、场所有实际联系的利润(股息)、利息、租金、特许权使用费和其他所得

10. 所得来源地的标准或准则规定，为外商投资企业和外国企业进行所得税征税范围的筹划提供了空间。具体筹划方法有(　　)。

A. 尽可能将分支机构设在避税区

B. 尽可能使其他所得与外商投资企业之间失去联系

C. 尽可能将实际管理机构设在避税地

D. 尽可能使发生在我国境内、境外与外商投资企业和外国企业在我国境内设立的机构、场所有实际联系的利润(股息)、利息、租金、特许权使用费等其他所得和外商投资企业之间有所联系

11. 在日常税收筹划过程中，可以从(　　)方面来进行计税依据的税收筹划。

A. 推迟计税依据实现　　B. 设法压缩计税依据

C. 提前实现获利年度　　D. 减少企业筹建期间的费用

12. 在进行关于股权转让业务的税收筹划时应注意(　　)。

A. 股利分配不能给企业的经营带来不利影响，否则就会得不偿失

B. 能否得到董事会的同意

C. 进行股利分配的可行性

D. 若投资者为个人，则要求企业必须是合资企业，合作企业和独资企业均不能进行

13. 下列所得中，免征预提所得税的有(　　)。

A. 外国投资者从外商投资企业取得的利润

B. 在境内提供咨询服务取得的收入

C. 国际金融组织贷款给我国政府和我国国家银行的利息所得

D. 外国银行按照优惠利率贷款给我国国家银行的利息所得

14. 对减税和免税的税收筹划，要注意税收减税和免税规定的界限，主要应注意(　　)。

A. 对生产性外商投资企业，经营期限在10年以上的，从开始获利年度起，第一年和第二年免征企业所得税，第三年至第五年减半征收企业所得税

B. 减免税优惠期限的把握

C. 必须履行有关程序

D. 有关技术操作的政策把握

15. 企业所得税计税依据的筹划空间很大，在日常税收筹划过程中，可以推迟获利年度的出现，主要方法有(　　)。

A. 根据企业的行业情况选择加速折旧方法，抵消利润

B. 用好用足税前列支政策，加大有关费用的支出标准

C. 选择适当的商品销售价格压低利润

D. 做到合法地在预缴期间尽可能少预缴，特别是不要在年终形成多预缴需退税的结果

16. 企业所得税的纳税义务存在的条件是纳税人拥有计税依据，也就是有应纳税所得额。因此，可以从推迟计税依据的实现方面做好纳税筹划，包括(　　)。

A. 设法压缩计税依据

B. 合理申报推迟预缴税款

C. 推迟获利年度出现

D. 合理分摊汇兑损益中汇兑溢余

三、 判断题

1. 不组成企业法人的中外合作经营企业，由合作各方依照国家有关税收法律、法规分别计算缴纳所得税。(　　)

2. 由于在税收中外国企业属于我国“居民”，需要负全面纳税义务，而外商投资企业是非我国“居民”，只负有限纳税义务，因此，对这类企业应按其所得来源地分别确定应税所得。(　　)

3. 总机构设在A地的某外商投资企业，在B地设有一销售分机构，对分机构生产经营所得应按A地企业所得税税率，由总机构汇总缴纳所得税。(　　)

4. 要避免成为居民纳税人身份，关键在于要明确我国对公司、企业居民纳税人身份的判定标准。按我国法律注册成立或实际管理机构所在地在我国境内，即为我国居民纳税人，从而负有无限纳税义务。因此，对其进行税收筹划的方法是：一方面要尽可能将实际管理机构设在避税地或低税区；另一方面也要尽可能减少某些收入与实际管理机构之间的联系。(　　)

5. 按照国际惯例，所得来源地拥有优先征税的权力。因此，要对外商投资企业和外国企业所得税征税范围进行税收筹划，除了要明确应纳税所得的规定外，还必须搞清楚何谓来源于我国境内的所得，即必须掌握所得来源地的认定方法或标准。然后在此基础上进行征税范围的税收筹划。(　　)

6. 外资企业支付给职工的工资和福利费，包括企业在我国境内工作职工的境外社会保险费，应报送其支付标准和所依据的文件及资料，经当地税收机关审核同意后，准予列支。(　　)

7. 对外商投资企业和外国企业所得税计税依据的筹划，关键在两个方面，即时间上推移和数量上减少。因此，在外商投资企业和外国企业生产经营的各环节都可以进行计税依据的筹划。 (　　)

8. 对于股权转让业务的税收筹划，若外国投资者在股权转让之前先进行股利分配，合法地使转让价格降低，从而降低计税依据，则可以节税；对于受让方来说，也可以用较低的价款取得相同的股权。 (　　)

9. 按照企业所得税法的规定，外国投资者从外商投资企业取得的利润，须缴纳预提所得税。 (　　)

10. 有权经常代表委托人签订销货合同或者接受订货的人，也是外商投资企业和外国企业所得税的纳税人。 (　　)

四、 简答题

1. 如何利用税收优惠进行所得税税收筹划?
2. 如何利用选择固定资产折旧方式进行税收筹划?
3. 如何利用选择税率进行所得税税收筹划?
4. 如何预提预缴所得税的税收筹划?

实际操作训练

实训项目 1：技术开发费用的税收筹划

实训目的：实现技术开发费用的税收筹划。

实训内容：某企业主要生产环保设备，2008 年实现销售收入为 87 026 万元。经过 5 年的运行，公司的主打产品为企业的赢利做出了突出的贡献。但是近年来企业的销售增长率趋缓，赢利水平也越来越低。经过市场调查，发现本企业的产品在市场的领先地位逐渐消失，市场上出现了更先进的产品。

针对这个情况，2008 年 12 月 28 日，公司董事会经过反复研究决定，从 2009 年开始，利用 3 年的时间投资额 2 100 万元，计划每年投资 700 万元对企业的产品进行技术改造和技术开发。

实训要求：进行技术开发费用的税收筹划。

实训项目 2：利用公益捐赠进行税收筹划

实训目的：利用公益捐赠进行税收筹划。

实训内容：某企业 2008 年实现销售 589 万元。由于开办期间费用大，其中尤其是市场开拓发生了大量的经营费用，导致企业效益不够理想，当年的所得税前利润为 101 000 元。于是财务部向公司负责人建议：年底结账前捐赠 2 000 元，以减轻税负。

实训要求：如何利用公益捐赠进行税收筹划?

第8章 个人所得税的税收筹划

教学目标

通过本章的学习，重点掌握个人所得税在纳税人方面、应税所得方面、适用低税率方面、税收优惠政策等方面进行税收筹划的具体方法，在掌握个人所得税基本规定和尊重税法的前提下，对于个人取得的各种应税所得，能够合法地进行节税操作。

教学要求

知识要点	能力要求	相关知识
纳税人的筹划	熟悉个人所得税纳税人的分类及其划分方法 熟悉对纳税人住所、居住时间的界定 能够利用住所、居住时间的规定，对个人所得税纳税人进行筹划 能够通过选择个人投资企业组织形式进行筹划 能够利用规避应税所得进行筹划	纳税人的法律规定 居民纳税人和非居民纳税人的界定 纳税人筹划的基本思路 居民纳税人和非居民纳税人的筹划方法 个人投资创业企业组织选择的税收筹划 规避应税所得的筹划方法
缩小税基的筹划	熟悉各项应税所得内容及计税方法 能够针对工资、薪金所得进行筹划 能够对个体工商户、个人独资企业、合伙企业进行税收筹划 能够对企事业单位承包、承租经营所得进行税收筹划 能够对劳务报酬进行筹划 能够对稿酬所得进行筹划 能够对特许权适用费进行筹划 能够对财产租赁所得进行筹划 能够对利息、股息、红利所得进行筹划	各项应税所得应纳税所得额的计算方法 工资、薪金所得税收筹划 个体工商户生产经营所得税收筹划 企事业单位承包、承租经营所得税收筹划 劳务报酬税收筹划 稿酬所得税收筹划 特许权适用费税收筹划 财产租赁所得税收筹划 利息、股息、红利所得税收筹划

续表

知识要点	能力要求	相关知识
适用低税率的筹划	熟悉个人所得税税率的法律规定 能够运用应税项目的转换适用低税率 能够利用分解收入、平衡收入适用低税率 能够通过设立分支机构适用低税率 能够通过合理筹划临界点适用低税率	各项应税所得适用税率的法律规定 适用低税率税收筹划的具体方法
利用优惠政策的筹划	能够利用免征额进行筹划 能够针对公益性捐赠进行筹划 能够充分利用境外已纳税额允许抵扣政策进行筹划 能够合理利用其他优惠政策进行筹划	优惠政策的法律规定 利用优惠政策进行税收筹划的具体方法

导入案例

年终奖发放请避开“盲区”

2011年年底，单位发给小李年终奖18 800元，按照有关年终奖个人所得税政策计算，小李应为这笔收入缴税1 775元，即税后小李实际拿到手的钱是17 025元。同单位的小王年终奖是18 000元，同样方法计算，应该缴税540元，税后小王实际拿到手的钱是17 460元。这样，就造成小李比小王只是多了800元年终奖，但却要比小王多缴1235元的税，导致小李实际上是“得不偿税”，还要倒贴，结果拿到手的钱比小王少了435元。

为什么会出现这种所得与税负不匹配的情况？这就是“盲区”在作怪。

什么是“盲区”?

“盲区”，是因我国年终奖个人所得税计算方法导致的特别结果。

根据我国年终奖个人所得税计算方法，会出现这样一个规律：如果年终奖数额增加到或超过某个临界点时，使得对应的纳税税率提高一档，如从3%提高到10%，随之纳税额也相应地大幅增加，这时会出现一种特别的情况，就是年终奖数额增加“一小步”纳税额却提高“一大步”、“得不偿税”、多发不能多得的情况；不过，这种情况在奖金增加幅度大到一定数额(或称“平衡点”)时又会消失，重新回到奖金增加的幅度大于纳税额提高的幅度的状态，即多发奖金税后也能多得。

由于个人所得税税率有7档，这些临界点也有多个，每个临界点与平衡点之间的区间，在业内，人们形象地称之为“盲区”或者“无效区间”，表明在这些区间内，所得增加与税负增加不相匹配，税收调节功能的失效与盲目。

2011年8月份，有人盗用国家税务总局名义发布“47号公告”，引起全国舆论哗然。这个假“47号公告”之所以能造成那么大的反响，就是因为它不仅指出了年终奖计税方法的这一“软肋”，同时还搞出了一个新计税方法“合理地”把“盲区”抹掉。

“盲区”在哪里?

据羊城晚报记者了解，在2011年9月1日新修订的个人所得税法施行之前，年终奖“盲区”共有8个，在这之后，因为个人所得税法在费用扣除标准、税率等方面均进行了调整，导致“盲区”也随之发生变化，形成了新的“盲区”。

据北京中翰联合税务师事务所提供给羊城晚报的“全年一次性奖金临界点节税安排表”来看，新的“盲区”共有6个，分别是：[18 001，19 283.33]、[54 001，60 187.50]、[108 001，114 600]、[420 001，447 500]、[660 001，706 538.46]、[960 001，1 120 000]。

如果发给员工的年终奖数额正好落在“盲区”内，对员工、企业、单位来说，就真是“悲具”了，如上述例子中的小李，要为多发的800元年终奖多缴1 235元的税。本来企业想多发奖金奖励员工，但结果多奖励的钱却让员工实际到手的奖金“缩水”了。

多发1元多缴万元税

根据我国全年一次性奖金个人所得税计算方法，发给个人的年终奖多出1元，真的会导致税后实际奖金收入少千元甚至万元的情况。

以第一个“盲区”[18 001元，19 283.33元] 为例。

18 000元年终奖，对应税率是3%，应纳税540元，税后可以拿到17 460元。

但如果年终奖增加1元到18 001元，对应的计税税率为10%，应纳税上升到1 695.10元，结果，税后能拿到的年终奖只有16 305.9元。也就是说，多发1元年终奖会导致税后少得1 154.1元。

以第四个“盲区”[420 001元，447 500元] 为例。

420 000元年终奖，对应税率是25%，应纳税103 995元，税后可以拿到316 005元。

但若年终奖增加1元到420 001元，对应的计税税率为30%，应纳税上升到123 245.30元，结果，税后能拿到的年终奖只有296 755.7元。即多发1元年终奖会导致税后少得19 249.30元。

以“舍”来避“盲区”

如何避免好心办“坏事”?用税务界人士一句调侃的话概括就是：舍得是福。

也就是说，在发放年终奖时，只有“舍”才能“得”。

以上面的例子来看，小李的年终奖是18 800元，如果小李选择只要18 000元，捐出去800元；又或者企业选择只发18 000元；这样，不仅小李实得的奖金不会“缩水”，同时还做了善事，企业、单位也可以节省工资费用把钱花到职工其他福利上。

根据北京中翰联合税务师事务所计算出来的临界点，个人年终奖在18 000元(含)以下的，纳税额不超过540元，也不用担心“盲区”；但如果个人年终奖达到18 001～19 283.33元，那么，就会遭遇奖金增加“一小步”纳税额增加“一大步”的情况，这时，应考虑选择发18 000元；如果个人年终奖达到54 001～60 187.50元，也是如此，应考虑选择发54 000元……以此类推，避开“盲区”。

思考：

1. 我国对年终奖个税的计算方法是怎样规定的?
2. 本案例对你有何启示?

(本文节选自 http：//www.sina.com.cn 新浪财经　2011年12月4日 12：08)

个人所得税是我国税制中的一个重要税种，它是以个人(自然人)取得的各项应税所得为对象征收的一种税。我国自1994年1月1日开始实施新的《个人所得税法》，现行个人所得税采用分类所得税制，即对工资薪金所得、个体工商户的生产经营所得、劳动报酬所得、稿酬所得和利息、股息、红利所得以及财产租赁所得、财产转让所得、偶然所得等11项应税所得项目，分别适用不同的费用减除规定、不同的税率和不同的计税方法，对纳税人的应纳税额分别采取由支付单位源泉扣缴和纳税人自行申报两种办法。

由于个人所得税征税范围广泛，更重要的是税收负担的大小直接关系到每个纳税人的切身利益，因此，纳税人对个人所得税筹划的重视程度非常高。

个人所得的性质一经确定，其计算个人所得税的方法随即确定。除利息、股息、红利所得等税率一定的个人所得外，工资薪金所得、劳务报酬所得等应税项目的个人所得税的计税方法均是收入越高，税率越高，这些特点都为个税筹划提供了空间。

8.1 个人所得税纳税人的税收筹划

8.1.1 纳税人身份认定的税收筹划

1. 法律规定

我国个人所得税法按照国际通常的做法，依据住所和居住时间两个标准，将纳税义务人分为居民纳税义务人和非居民纳税义务人两种，分别承担着不同的纳税义务。

根据《中华人民共和国个人所得税法》规定，居民纳税义务人是指在我国境内有住所，或者无住所而在境内居住满1年的个人；非居民纳税义务人是指在我国境内无住所又不居住，或无住所且居住不满1年的个人。居民纳税人负无限纳税义务，即就其来源于我国境内和境外的全部所得缴纳个人所得税；非居民纳税人仅负有限责任，即仅就其来源于我国境内的所得，缴纳个人所得税。

纳税人居民身份的判定标准有两个：住所和居住时间(居住满1年)。所谓在我国境内有住所的个人，是指因户籍、家庭、经济利益关系，而在我国境内习惯性居住的个人；所谓在境内居住满1年，是指在一个纳税年度(即公历1月1日起至12月31日止，下同)在我国境内居住365日，而不是住满任意12个月。在计算居住天数时，对临时离境(在一个纳税年度内，一次不超过30日或多次累计不超过90日的离境)的，不扣减天数。如果一个纳税人在我国境内实际居住时间已超过365天(跨年度)，但从每个纳税年度看都没有居住满1年，则该个人不能被认定为我国的居民纳税人。

2. 税收筹划

个人所得税纳税人根据纳税人的住所和其在我国境内居住的时间，分为了居民纳税人和非居民纳税人，并对这两种纳税人实行了不同的税收待遇，非居民纳税人的纳税义务远轻于居民纳税人的纳税义务，因而个人在筹划时可将居民纳税人的身份变成非居民纳税人的身份，从而减轻税收负担。一般而言，利用居民和非居民身份减轻税负的方法主要有利用有关住所的规定，改变国籍变更住所，从而进行合理避税；利用临时离境的规定，恰当安排离境时间，使自己成为非居民纳税人以减轻税负。

1）利用转移住所进行税收筹划

我国个人所得税的实施细则规定，凡是在我国有户籍、家庭以及主要经济利益的个人，都被认定为在我国境内有住所，即都是居民纳税人，若非移民他国，很难改变为非居民纳税人。一个我国的居民纳税人可以通过实际的移居，使自己成为一个低税率国居民（相对于我国而言），从而减轻税负。外籍人士即使获得在我国长期居住的权力，也可以在居住方式上选择不在我国长期居住，同样可以达到节税的目的。

所以在国际上，出于对居民纳税人有住所的规定，纳税人还可以通过转移住所的方法减轻纳税负担。如将个人住所从高税区迁移到低税区居住；或者利用有关国家关于个人居民身份界限的不同规定或模糊不清，以实现虚假迁出，即仅仅在法律上不再成为高税国的居民，或者通过短暂迁出和成为别国临时居民的办法，以求得对方国家的特殊税收优惠，从而减轻所得税。

知识链接 8－1

虚假迁移和部分迁移

在国际上，出于节税目的的移居往往被视为“纯粹”的移民。通常采用住所迁移的人多是已离退休的纳税人和在一国居住而在另一国工作的纳税人。前者从原高税国(区)居住地搬迁至低税国(区)居住地，以便在支付退休金和财产、遗产税收方面获得好处，如将住所迁移到避税港或自由贸易区、经济开发区等；后者以躲避高税负为目的。以住所转移或移民方式实现节税的纳税人必须使自己成为(至少在形式上成为)“真正”的移民，避免给政府一个虚假移民或部分迁移的印象。

虚假迁移是指纳税人为获得某些收入和某些税收好处而进行的短期迁移，如迁移时间仅有半年、1年或2年。对这种旨在回避纳税义务的短期迁移，许多国家都有一些相应的限制措施。譬如荷兰政府明确规定：凡个人放弃在荷兰居住而移居国外，并在一年内未在外设置住所而回荷兰的居民应属荷兰居民，在此期间发生的收入一律按荷兰税法纳税。显然，纳税人应“彻底地”移民，才能达到避税的目的。

部分迁移是指纳税人并未实现完全迁移，而仍与原居住国保留某种社会和经济联系。譬如在原居住国仍留有住所、银行账户，并参与某些社会经济活动等。

虚假迁移和部分迁移往往为政府留下课税的依据，使跨国税收筹划达不到预期目的，甚至冒双重课税的风险。因此，纳税人税收筹划必须防止短期迁居或部分迁移。

2）利用临时离境进行税收筹划

税收筹划的对象主要是针对跨国纳税人。我国税法规定，对于在我国无住所个人，在一个纳税年度内在我国境内居住，有临时离境的，不扣减天数，视为在我国境内住满1年；临时离境是指一次临时离境不超过30天或多次离境累计不超过90天。故安排临时离境时间一次超过30天或累计超过90天，则可避免成为居民纳税人，对于来源于我国境外的所得，就不在我国缴纳所得税。

知识链接 8－2

人员流动之税收流亡

在实行居民管辖权的国家里，对个人居民身份的确立，除了采用住所标准外，不少国家还采用时间标准，即以在一国境内连续或累计停留时间达到一定标准为界限。这就给纳税人进行税收筹划提供了可利用的机会。纳税人可以不停地从这个国家向那个国家流动，确保自己不成为任何一个国家的居民，既能从这些国家取得收入，又可避免承担其中任何一个国家的居民纳税义务。上述行为，在国家税收领域里通常被称为“税收流亡”或“税收难民”。

例如，甲国规定凡在该国连续或累计逗留时间达1年以上者，为其居民。而乙国对这一居住时间的规定也为1年。丙国则规定为半年。这样，纳税人就可以通过在这些国家之间调整居住时间，即把在这些国家停留的时间压缩到短于征税规定的天数，在甲国居住10个月，在乙国居住9个月，然后再到丙国逗留5个月或更短的时间，从而可以合法地避免成为这些国家的居民。甚至有些纳税人根本不购置住所，而通过旅游的方式，如在旅馆、船舶、游艇等场所，以躲避其成为有关国家的居民。

同样，在实行收入来源地管辖权的国家里，纳税人也可以设法避免承担非居民纳税义务。各国对临时入境者和非居民大多提供税收优惠，免税项目所占比重很大。所以当个人被派往其他国家从事临时性工作时，常常可以享受某些税收优惠待遇。而提供这些优惠税收待遇的国家，往往是根据这些被派出人的临时性和非居住性特点决定具体的优惠内容。许多国家对这种临时性和非居住性的确定是以人员在这些国家逗留时间长短为标准，即对非居民取得收入的来源地的确定征税，是以非居民在这些国家逗留的时间达到有关征税起点时间为标准。如我国规定，外国人在我国境内居住时间连续或累计居住不超过90日，或者在税收协定规定的期间内连续或累计居住不超过183日的个人，其来源于我国境内的所得，由我国境外雇主支付并且不是由该雇主设在我国境内机构负担的工资、薪金所得，免于缴纳个人所得税。

此外，人员流动还有一种情况，就是在取得适当的收入之后，将财产或收入留在低税负地区，人则到高税负但费用比较低的地方去，以取得低税负、低费用的双重好处。例如，香港的收入高，税收负担比较低，但是当地的生活费用却很高，于是有的香港人在香港取得收入之后，就到我国内地来消费，既没有承担我国内地的高税收负担，又躲避了香港的高水平的消费费用。

阅读案例8-1

英国工程师萨姆是一家德国科技公司的雇员，因工作需要2009年12月27日起被派到我国境内的分支机构工作。截至2010年12月31日，马科在我国境内工作了一个纳税年度。在2010年纳税年度，萨姆多次因公离境累计不超过85天，且每次都不超过30天，该工程师在境外期间，从总公司取得薪金折合人民币85 000元，从国内分支机构取得薪金50 000元。

纳税分析：

根据税法规定，萨姆在2010年纳税年度期间的临时离境时间没有超过规定的标准，应被判定为居民纳税义务人，无论是来源于我国境内还是境外任何地方，都要在我国缴纳个人所得税。

税法还规定："在我国境内无住所，但是居住1年以上、5年以下的个人，其来源于我国境外的所得，经主管税务机关批准，可以只就我国境内公司、企业以及其他经济组织或者个人支付的部分缴纳个人所得税。"本案例萨姆取得的两项薪金收入都属于来源于境外的所得，但只需就境外所得境内支付部分纳税，故从分支机构取得的50 000元应当在我国缴纳个人所得税，而从总公司取得的85 000元则不需要在国内缴纳个人所得税。

为了避免从分支机构取得的薪金在我国缴纳个人所得税，萨姆可以从其纳税的居民身份上进行筹划，如果将每次离境时间都超过30天或多次累计超过90天，就可成为我国的非居民，可以仅就来源于我国境内的收入缴纳个人所得税，而来源于我国境外的上述两项收入，就不在我国缴纳个人所得税了。当然，上述薪金虽然不在我国缴纳个人所得税，但是萨姆在其母国应缴纳个人所得税。

本例没有考虑纳税人在国外纳税的限额抵补的问题，如果国外的税率低于我国税率，则作为非居民纳税人可以节税，相反，如果国外的税率高于或等于国内税率，则这种筹划就没有必要了。

8.1.2 个人投资创业企业组织形式选择的税收筹划

目前，个人投资创业可以选择的投资方式主要有：作为个体工商户，从事生产经营和承包、承租业务；成立个人独资企业；组建合伙制企业(前3种组织形式是个人所得税纳税人)；设立有限责任企业(企业所得税纳税人)。在对这些投资方式进行比较时，不同的企业组织形式会对应不同的税种和税率，导致的税收负担大不相同，在其他因素相同的情况下，投资者应承担的税收，尤其是所得税便成为了决定投资决策的关键。

一般来讲，在收入相同的情况下，个体工商户、个人独资企业、合伙制企业、有限责任制企业的税负是不一样的，有限责任制企业的税负最重。在收入相同的情况下，进行税收筹划，主要是从成立私营企业和作为个体工商户、个人独资企业、合伙企业等类型中进行选择。

知识链接8-3

对个人独资企业、合伙制企业征收个人所得税的相关规定

我国税法规定：个体工商户的生产、经营所得和对企事业单位的承包经营、承租经营所得，缴纳个人所得税。

从2000年1月1日起，我国对个人独资企业、合伙制企业停止征收企业所得税，个人独资企业、合伙制企业投资者的投资所得，比照个体工商户的生产、经营所得征收个人所得税。

个人独资企业、合伙制企业、有限责任制企业这3种形式的企业是法人单位，在发票领购、纳税人的认定等方面占有优势，比较容易开展业务，经营的范围也比较广，并且可以享受国家的一些税收优惠政策。

在这3种企业形式中，有限责任制企业以公司制形式出现，只承担有限责任，风险相对较小；个人独资企业和合伙制企业由于要承担无限责任，风险较大，这是在筹划时需要考虑的因素。

阅读案例8-2

假设有5个人成立一家甲公司，每人各占公司20%的股权。2011年底，公司实现的年度利润总额为350 000元。在无纳税调整事项的情况下，将税后利润全部分配给5位股东。

在甲公司采用公司制模式的情况下，甲公司需要先缴纳企业所得税；之后，5位股东分得的股息还需计算缴纳个人所得税。具体计算应纳税额如下：

应纳企业所得税＝350 000×25%＝87 500(元)

每位股东应分得的股息＝(350 000－87 500)×20%＝52 500(元)

每位股东应纳个人所得税＝52 500×20%＝10 500(元)

每位股东税后净收益＝52 500－10 500＝42 000(元)

若甲公司采用合伙制，按照规定，仅需要就每个合伙人所得征收个人所得税，甲公司本身不需要缴

纳企业所得税。依据上面资料，每位合伙人实际可分得收入为70 000万元，具体计算应纳税额如下：

每位股东应纳个人所得税=70 000×30%−9 750=11 250(元)

每位股东税后净收益=70 000−11 250=58 750(元)

经比较可知，在合伙制的情况下，甲公司每位合伙人比公司制下年税后净收益多出16 750(58 750−42 000)元。

知识链接 8-4

个人所得税税率表

个体工商户的生产、经营所得和对企事业单位的承包经营、承租经营所得适用[①]5%～35%的5级超额累进税率。5%～35%的5级超额累进税率。

级数	含税级距	不含税级距	税率(%)	速算扣除数	说明
1	不超过15 000元的	不超过14 250元的	5	0	1. 本表含税级距指每一纳税年度的收入总额，减除成本，费用以及损失的余额 2. 含税级距适用于个体工商户的生产、经营所得和对企事业单位的承包经营承租经营所得。不含税级距适用于由他人(单位)代付税款的承包经营、承租经营所得。
2	超过15 000元到30 000元的部分	超过14 250元至27 750元的部分	10	750	
3	超过30 000元至60 000元的部分	超过27 750元至51 750元的部分	20	3 750	
4	超过60 000元至100 000元的部分	超过51 750元至79 750元的部分	30	9 750	
5	超过100 000元的部分	超过79 750元的部分	35	14 750	

8.1.3 利用规避应税所得进行税收筹划

我国个人所得税采用正列举方式明确11类应税所得。在一些特殊的情况下，可以通过特定的筹划方法，使自己的收入不属于所列举的11类应税所得的情形下，获得价值相当的实际收益，就可以有效避免纳税义务。

1. 避免取得实物收入所有权

纳税人取得的实物收入一般也是要缴纳个人所得税的。我国个人所得税法规定，纳税人的所得为实物的，应当按照所取得实物的凭证上注明的价格，计算应纳税所得额；无凭证的实物或者凭证上所注明的价格明显偏低的，由主管税务机关参照当地的市场价格，核定应纳税所得额。所以，如果工作单位向个人提供实物津贴，使实物的所有权归属于个人，那么这种实物收入也要缴纳个人所得税。但如果实物的所有权不归属到个人，个人只

① 2011年6月30日第十一届全国人民代表大会常务委员会第二十一次会议通过《关于修改〈中华人民共和国个人所得税法〉的决定》第六次修正)，自2011年9月1日起施行：个体工商户的生产、经营所得和对企事业单位的承包经营、承租经营所得，适用5%至35%的5级超额累进税率。

是对其进行消费，从中得到便利，那么就可以不缴纳所得税。

因此，可以考虑纳税人不获得实物所有权而仅获得使用权，以规避成为个人所得税的征税对象，从而不需纳税。比如，纳税人获得股息、红利或者工资、薪金等实际收入，其消费意图之一是购车，那么取得收入时先要缴纳个人所得税，税后收入才能用于购车。但如果纳税人所在公司以公司名义购车，仅将车辆使用权交给个人则无须缴纳个人所得税。这样，就可以避免成为个人所得税的纳税人，达到降低税负的目的。

阅读案例 8-3

某公司为一家上市公司，2011年8月，由于其主要股东马某的住所离工作地较远，公司专门购买了一辆价值100万元的小汽车让马某使用。假定小车一年的固定使用费为2万元，一年的油耗及修理费为合税价3.51万元(取得了增值税专用发票)，小车预计使用10年，残值按原价5%估计，按直线法计提折旧，适用的所得税税率为25%。公司就小车的管理有以下两种方案。

方案一：公司购买小车后，将小车的所有权交给马某，由其自己管理并使用，除购车款外，其他费用由马某自行负担。

方案二：公司购买小车后，将小车作为办公用车，由公司作为固定资产管理，小车交由马某使用，小车使用中发生的其他费用按照一定标准由公司报销。

纳税分析：

在方案一的情况下，公司为马某购车属于红利性质的实物分配，应按规定缴纳10(100×20%×50%①)万元个人所得税，而且马某在今后10年中每年还要支付日常费用5.51万元。对于公司本身而言，由于公司是为马某购买的小车，不属于企业的财产，公司不能在企业所得税前扣除购买小车的支出以及今后年度中所发生的其他日常费用。从税收角度来说，马某和公司均承担了较高的税负。

在方案二的情况下，对马某使用小车没有任何的影响，只是马某不拥有小车的所有权，可以少缴个人所得税10万元，而又每年有3.51万元的实际开销可以不以收入的形式发放，从而不用缴纳个人所得税。假定马某用于支付3.51万元的收入来源于股息所得，那么，每年可以减少的个人所得税0.88(3.51/(1－20%)× 20%)万元。

对公司而言，同样是支付购买小车，但由于小车作为办公用车，小车的折旧及日常费用可以在所得税前扣除，油耗及修理费的增值税可作进项税额抵扣。

小车年折旧额＝(100－100× 5%)÷10＝9.5(万元)

小车每年的日常使用费可税前抵5万元，抵减的增值税进项税额为0.51万元(3.51/1.17×17%)。

公司税务筹划后的收益＝(5＋9.5)×25%＋0.51＝4.135(万元)

当然具体是采用方案一还是方案二，还需充分考虑到纳税人自身的实际利益。

2. 将收益转化为对企业投资

个人以购买股票、债券等方式向企业、公司进行投资，所获得的利息、股息和分红等收益按规定必须缴纳个人所得税。但是为了鼓励企业和个人进行投资和再投资，税法规定对公司留存的未分配收益不征所得税。这样，个人若想使自己的投资所得不被征

① 对个人投资者从上市公司取得的股息、红利所得，自2005年6月13日起暂减按50%计入个人应纳税所得额，依照现行税法规定计征个人所得税。

税，自己又对公司的发展前景比较乐观时，可以把自己的投资所得留存在公司账上，作为对企业、公司的再投资。而企业和公司则可以把这笔收益以债券或股票的形式记入个人的名下，其结果既避免了个人被课征个人所得税，又保证了个人收入及财产的完整与增值。

8.2 个人所得税缩小税基的筹划

8.2.1 工资、薪金所得的税收筹划

1. 法律规定

工资薪金支出是纳税人每一纳税年度支付给在本企业任职或与其有雇佣关系的员工的所有现金或非现金形式的劳动报酬，包括基本工资、奖金、津贴、补贴、年终加薪、加班工资，以及与任职或者受雇有关的其他支出。地区补贴、物价补贴和午餐补贴均应作为工资薪金支出。

除工资、薪金以外，奖金、年终加薪、劳动分红、津贴、补贴也被确定为工资、薪金范畴。其中，年终加薪、劳动分红不分种类和取得情况，一律按工资、薪金所得课税。津贴、补贴等则例外。

另外，税法规定了下列支出不属于个税工资薪金支出内容，因而就不予课税。

(1) 雇员向纳税人投资而分配的股息性所得。

(2) 根据国家或省级政府的规定为雇员支付的社会保障性缴款。

(3) 从已提取职工福利基金中支付的各项福利支出(包括职工生活困难补助、探亲路费等)。

(4) 各项劳动保护支出。

(5) 雇员调动工作的旅费和安家费。

(6) 雇员离退休、退职待遇的各项支出。

(7) 独生子女补贴。

(8) 纳税人负担的住房公积金。

(9) 国家税务总局认定的其他不属于工资薪金支出的项目。

企业按政府有关规定的标准发给职工的房租补贴不作为工资薪金支出。

工资薪金所得适用3%～45%的7级超额累进税率①，见表8-1。

---

① 2011年6月30日，第十一届全国人民代表大会常务委员会第二十一次会议通过《关于修改〈中华人民共和国个人所得税法〉的决定》第六次修正)，自2011年9月1日起施行：工资、薪金所得，适用超额累进税率，税率为3%至45%的7级差额累进税率。

表8-1 工资、薪金所得适用税率表

级数	含税级距	不含税级距	税率(%)	速算扣除数	说明
1	不超过1 500元的	不超过1 455元的	3	0	1. 本表含税级距指以每月收入额减除费用3 500元后的余额或者减除附加减除费用后的余额 2. 含税级距适用于由纳税人负担税款的工资、薪金所得；不含税级距适用于由他人(单位)代付税款的工资、薪金所得
2	超过1 500元至4 500元的部分	超过1 455元至4 155元的部分	10	105	
3	超过4 500元至9 000元的部分	超过4 155元至7 755元的部分	20	555	
4	超过9 000元至35 000元的部分	超过7 755元至27 255元的部分	25	1 005	
5	超过35 000元至55 000元的部分	超过27 255元至41 255元的部分	30	2 755	
6	超过55 000元至80 000元的部分	超过31 375元至45 375元的部分	35	5 505	
7	超过80 000元的部分	超过57 505的部分	45	13 505	

2. 税收筹划

工资、薪金所得的纳税筹划主要考虑：在不降低职工实际收入水平的前提下，尽量降低名义收入，从而降低应纳税所得额；收入尽量均衡发放，也就是让员工的每月工资金额尽量平均，从而适应较低的税率；减少实际应税收入，同时考虑加大费用扣除数，从而降低适用税率的级次。

1) 尽量降低名义收入

(1) 提高福利水平，降低名义收入。我国的工资薪金所得在征税时，虽然按照固定的费用扣除标准作了相应的扣除，但没有考虑个人的实际支出水平。这样，在同样的税后收入条件下，生活必需费用支出多的人与支出少的人相比，就各自觉得自己的工资相对较低。职工个人与工作有关的支出如交通费、午餐费等，如果采取职工个人先获得收入，再从获得的工资、薪金中消费的形式，只是在个人手中流通了一次，实质上是名义收入。但这部分职工获得的工资、薪金却是税后收入，如果换算成税前的，则会高于实际支付数额。既然这些支出是必需的，个人用税后工资支付又不能抵减个人所得税，如果由企业替员工个人支付，则企业可以把这些支出作为费用减少企业所得税应纳税所得额，个人在实际工资水平不变的情况下，只是降低了名义收入，不但不影响个人消费水平，还会减少应由个人负担的税款，这样可使企业和个人双方都受益。

常用的将收入项目福利化的方法有以下方面：①企业为职工提供培训机会；②提供免费午餐；③为员工提供办公设施及用品等；④为员工提供便利交通的，如免费接送员工上下班，减少工资中的交通补贴；⑤免费提供或收取部分租金提供住房，而不是支付含有购房费用或房租补贴的高工资。

这样就会在消费水平提高的前提下，通过降低所得额来达到减轻税负的目的。单纯地增加现金收入是不可取的，盲目地提供福利待遇和公费支付私人款项，是不合法的，必然会给企业的经济发展带来不利影响，最终会影响职工的收入。

阅读案例8-4

某企业经理每月工资6 800元，每月应纳的个人所得税370［(6 800－3 500)×15%－125＝370］元，税后纯收入为6 430(6 800－370)元；为保住现有职位、谋取更高职位，需要不断参加充电学习，平均每月学费1 500元。除去学费，该经理每月可支配的收入为4 930(6 430－1 500)元。同其他类似企业员工的收入相比，工资偏低。

纳税分析：

建立健全公司人才培养、培训计划，把职工参加学习、进修的任务由个人行为改变为公司行为，由公司负担费用。这笔费用从职工教育经费、工会经费、技术开发费中列支。企业可为该经理承担学费，每月工资下调为5 300元，则：

该经理应纳个人所得税额＝(5 300－3 500)×10%－25＝155(元)

可支配收入＝5 300－155＝5 145(元)

经过筹划，该经理可节省所得税额215(370－155)元，可支配支出增加215(5 145－4 930)元。而对企业来说，没有增加任何支出。

(2) 用足优惠政策减少名义工资。个人所得税法规定，企事业单位和个人按照国家或地方政府规定的比例，实际缴付的基本养老保险费、基本医疗保险费和失业保险费以及住房公积金，免征个人所得税。这里存在纳税筹划空间，以缴纳的住房公积金为例，允许在个人应纳税所得额中扣除；当员工个人购买、修缮住房或退休时，已经缴纳的住房公积金予以退还给个人，退还前存放在住房公积金管理中心还计算计息。因此员工可以与企业协商减少个人应发的工资薪金，加大住房公积金的提取比例，实际上是将一部分应税收入转化为可以免税的个人住房公积金存款。

阅读案例8-5

上海某公司职工李某每月工资8 000元，目前住房公积金提取比例为7%。不考虑其他税前扣除因素，则：

李某住房公积金个人缴存额＝8 000× 7%＝560(元)

李某应纳税所得额＝8 000－560－3 500＝3 940(元)

李某的应纳税额＝3 940×10%－105＝289(元)

公司的实际负担＝8 000＋560＝8 560(元)

李某的实际收入＝8 000＋560－289＝8 271(元)

若公积金提取比例提高到12%，为不增加企业负担，李某工资(假设为x)应满足下列条件：

$8\ 000+560=0.12x+x$

$x=7\ 642.86$(元)

所以，按12%提取住房公积金时，李某的缴税及收入情况为：

住房公积金＝7 642.86×12%＝917.14(元)

应纳税所得额＝7 642.86－3 500－917.14＝3 225.72(元)

应纳税额＝3 225.72×10%－105＝217.572(元)

实际收入＝7 642.86＋917.14－217.572＝8 342.428(元)

可见提高公积金提取比例后，李某实际收入提高71.428(8 342.428－8 271)元，也即前后两次个人所得税额之差71.428(289－217.572)元。

2）收入均衡发放，可以降低税负

（1）工资平均分摊的纳税筹划。我国个人所得税对工资、薪金所得采用的是7级超额累进税率，随着应纳税所得额的增加，其适用的税率也随之上升。因此在按月计算缴纳个人所得税的情况下，如果收入不均衡，则意味着收入较多时期，相应的个人所得税税负会适用的累进税增大，同时在较低收入的月份里甚至不需纳税，从而不能享受税法为个人所提供的种种优惠，如法定的费用扣除，较低的税率征收等。因此，可以采取推延或提前获得收入的方式，尽量使各月的工资收入大致均衡，从而在总体上达到减轻纳税义务的节税效果。

阅读案例 8-6

某公司实行效益工资制，2012年小冬1～12月份的工资情况如下：4 600元，2 500元，5 200元，2 000元，9 000元，2 200元，2 100元，4 000元，2 800元，2 200元，5 600元，8 600元。该怎样筹划才能使小冬的税负减轻？

按每月工资的实际发放情况，小冬全年的纳税情况为：

1月应纳个人所得税额＝(4 600－3 500) ×3%＝33(元)

2月应纳个人所得税额＝0(元)

3月应纳个人所得税额＝(5 200－3 500)×10%－105＝65(元)

4月应纳个人所得税额＝0(元)

5月应纳个人所得税额＝(9 000－3 500)×20%－555＝545(元)

6月应纳个人所得税额＝0(元)

7月应纳个人所得税额＝0(元)

8月应纳个人所得税额＝(4 000－3 500)×3%＝15(元)

9月应纳个人所得税额＝0(元)

10月应纳个人所得税额＝0(元)

11月应纳个人所得税额＝(5 600－3 500) ×10%－105＝105(元)

12月应纳个人所得税额＝(8 600－3 500)×20%－555＝465(元)

全年应纳个人所得税额＝33＋0＋65＋0＋545＋0＋0＋15＋0＋0＋105＋465＝1 228(元)

纳税分析：小冬的工资收入各月极不均衡，造成他在收入低时不用纳税，收入高时税负达500多元；这是由于收入高时适用税率过高导致的。如果小冬与公司达成协议，由公司根据他在以往年度的业绩，估算月平均工资，确定每月工资支付标准，到年底再根据其实际情况进行核算，则可使其节省税款。

若小冬2011年的月平均工资为4 000元，则公司在2012年1～11月可每月为其发放工资4 300元，到12月份再结清余额，发放其他应支付的工资。2012年小刘全年实际工资总额为50 800元，1～11月累计发放工资47 300(4 300×11)元，12月应发放工资3 500(50 800－47 200)元，则：

1～11月的应纳个人所得税额＝(4 300－3 500)×3%×11＝264(元)

12月应纳个人所得税额＝0(元)

小冬全年应纳个人所得税额为264元(264＋0)，少缴纳税款＝1 228－264＝964(元)。因此，小冬应与公司协商将可能不均衡的工资在各月平均发放以降低税收负担。

税法规定：特定行业的工资、薪金所得应纳的税款，可以实行按年计算、分月预缴的方式计征。明确了采掘业、远洋运输业、远洋捕捞业等特定行业(季节性生产企业)可以实行年薪制计算工资和税金。按月预缴，自年度终了之日起30日内，合计其全年工资、薪金所得，再按12个月平均并计算实际应纳的税款，多退少补。用公式表示为：

年应纳所得税额＝［(全年工资、薪金收入÷12－费用扣除标准)×适用税率－速算扣除数］×12

阅读案例 8-7

某渔业企业属于季节性生产企业，一年只有4个月生产时间，生产期间员工忙的没日没夜，平均工资为5 800元/月；其余8个月，员工没事干，每月发1 200元生活费。企业代扣个人所得税情况：

生产期间每人每月应缴个人所得税＝(5 800－3 500)×10%－105＝125(元)

其余8个月因不到起征点，不纳税。每人每年应纳税＝125×4＝500(元)

纳税分析：

企业这样代扣个税并没有执行国家的相关政策。这个渔业企业明显属于季节性生产企业，即国家圈定的特定行业，若采取“按年计算、分月预缴”的方式计征，员工的纳税情况就会随之发生变化。

平时每月按照实际应发工资计算应税税额并预交。年末，计算全年应纳税额。

员工每月平均工资＝32 800÷12＝2 733.33(元)

月平均工资没有达到3 500元的起征点，不用预缴税金；全年工资总收入也没有超过420 000元，所以全年是不必缴纳个税的，本年预缴个税应全部退还。

这样，依据国家规定改变计税方式，企业员工就不用纳税了，每年人均节税500元。

(2) 奖金均衡发放的筹划。按照税法的规定，奖金同于工资的范畴，应该按工资所适用的7级超额累进税率由扣缴义务人代扣代缴个人所得税。但是企业是按月份发放奖金，还是按季度、半年或全年发放奖金，在个人所得税法的规定上是不同的。

知识链接 8-5

年终奖有关税法条款

根据国家税务总局2005年1月21日发布的《国家税务总局关于调整个人取得全年一次性奖金等计算征收个人所得税方法问题的通知》(国税发［2005］9号)，主要有以下几种情况。

(1) 纳税人取得全年一次性奖金，单独作为一个月工资薪金所得计算纳税，并按以下计税办法，由扣缴义务人发放时代扣代缴。

① 将雇员当月内取得的全年一次性奖金，除以12个月，按其商数确定适用税率和速算扣除数。

如果在发放年终一次性奖金的当月，雇员工资薪金所得低于税法规定的费用扣除额①，应将全年一次性奖金减除“雇员当月工资薪金所得与费用扣除额的差额”后的余额，按上述办法确定全年一次性奖金的适用税率和速算扣除数。

② 将雇员个人当月内取得的全年一次性奖金，按上述确定的适用税率和速算扣除数计算征税，计算公式如下。

如果雇员当月工资薪金所得高于(或等于)税法规定的费用扣除额的，适用公式为：

应纳税额＝雇员当月取得全年一次性奖金×适用税率－速算扣除数

如果雇员当月工资薪金所得低于税法规定的费用扣除额的，适用公式为：

应纳税额＝(雇员当月取得全年一次性奖金－雇员当月工资薪金取得与费用扣除额的差额)×使用税率－速算扣除数

---

① 2011年9月1日开始，费用扣除标准提高到3 500元。

③ 在一个纳税年度内，对每一个纳税人，该计税办法只允许采用一次。

④ 实行年薪制和绩效工资的单位，个人取得年终兑现的年薪和绩效工资按上述规定执行。

(2) 雇员取得除全年一次性奖金以外的其他各种名目的奖金，如半年奖、季度奖、加班奖、先进奖、考勤奖等，一律与当月工资薪金收入合并，按税法规定缴纳个人所得税。

根据上述奖金计税方法的分类，可以从以下几个方面进行税收筹划：①正确使用年终奖金缴纳个人所得税的计征办法；合理确定最优的年终一次性奖金发放的数额，避开“盲点”，避免应税收入微小变化导致的税负跃升的问题；②尽可能避免采用季度奖和半年奖的形式。

阅读案例 8-8

孙利在一家企业的财务部工作，2012 年 1 月取得了 2011 年的年终奖金 36 000 元，当月的工资为 5 400元。

1 月工资应纳个人所得税＝(5 400－3 500)×10％－105＝85(元)

年终奖金应纳个人所得税的计算：

选择适用税率：36 000÷12＝3 000(元)

这种情况适用 10％的税率和 105 的速算扣除数。

年终奖金应纳个人所得税＝36 000×10％－105＝3 495(元)

全年纳税合计＝85×12＋3 495＝4 515(元)

阅读案例 8-9

郭先生为某公司总经理，实行年薪制，全年工资、薪金性质的应税收入 30 万元。原方案是每个月工资先发 5 000 元，年终一次性发奖金 24 万元。郭先生应如何筹划纳税？

纳税分析：

原方案下，郭先生纳税情况：

每月应纳个人所得税＝(5 000－3 500)×3％＝45(元)

年终奖金应纳个人所得税＝240 000 ×25％－1 005＝58 995(元)

全年个人所得税总额＝45×12＋58 995＝59 535(元)

经筹划，若郭先生年终奖金发 60 000 元，剩余 240 000 元分在 12 个月内发放。

每月应纳个人所得税＝(20 000－3 500)×25％－1 005＝3 120(元)

年终奖金应纳个人所得税＝60 000×20％－555＝11 445(元)

全年个人所得税总额＝3 120×12＋11 445＝48 885(元)

很明显，年终奖金发放办法的改变，使郭先生少缴个人所得税 10 650 元。

由于发放季度奖或者半年奖(以下简称数月奖金)，按规定一律与当月工资薪金收入合并缴纳个人所得税，这样将数月奖金平均到各月发放，其适用的税率即使没有降低，但由于计税基数的减少，其所缴纳的个人所得税也会减少。

阅读案例 8-10

张利在一家企业的财务部工作，单位的效益比较好。2012 年 3 月张利取得了季度奖金 6 000 元，当月的工资为 3 400 元。个人所得税的缴纳情况如下。

3 月工资应纳个人所得税＝(3 400＋6 000－3 500)×20％－555＝625(元)

在学习了新的规定以后，孙利在奖金发放的形式上进行了税收筹划，将季度奖金改为平均到每月须发的办法。仍按上例计算：

每月应纳个人所得税=(3 400+2 000−3 500)×10%−105=85(元)

两种纳税方法，税额相差540(625−85)元。

3）兼有境内和境外所得的纳税筹划

纳税人在境内、境外同时取得工资、薪金所得，应首先判断其境内、境外取得的所得是否来源于一国的所得；如果因任职、受雇、履约等而在我国境内提供劳务取得的所得，无论支付地点是否在我国境内，均为来源于我国境内的所得。

纳税人能够提供在境内、境外同时任职或者受雇及其工资、薪金标准的有效证明文件，可判定其所得是分别来自境内和境外的，应分别减除费用后计算纳税。

如果纳税人不能提供上述证明文件，则应视为来源于一国所得，若其任职或者受雇单位在我国境内，应为来源于我国境内的所得；若其任职或受雇单位在我国境外，应为来源于我国境外的所得，依照有关规定计税。

阅读案例8－11

张小姐为具有我国国籍的居民纳税义务人。2011年11月，她从我国境内获得5 000元的工资类收入，同时又从英国获得工资类收入折合人民币8 000元。张小姐该怎样减轻个人所得税税负？

纳税分析：

如果张小姐不能提供有效证明文件，则其来源于境内、境外的工资类所得应合并征税：

应纳税所得额=5 000+8 000−3 500=9 500(元)

应纳个人所得税额=9 500×25%−1 005=1 370(元)

如果张小姐能够提供有效证明文件，证明其在境内和境外任职或受雇及工资、薪金标准，那么其来源于国内和国外的收入可以分别减除费用并计算纳税，其应纳个人所得税为：

境内应纳税所得额=5 000−3 500=1 500(元)

境内所得应纳个人所得税额=1 500×3%=45(元)

境外应纳税所得额=8 000−4 800①=3 200(元)

境外所得应纳个人所得税额=3 200×10%−105=215(元)

境内外合并纳税额=45+215=260(元)

提供证明文件可使张小姐当月少缴税=1 370−260=1 110(元)。

因此，张小姐在境内、境外同时任职的条件下，应及时取得并妥善保管关于她在境内、境外同时任职或者受雇及其工资、薪金标准的有效证明文件，从而才可以享受税法分别减除费用并纳税的规定，以减轻个人所得税税负。

知识链接8－6

附加减除费用标准

《中华人民共和国个人所得税法》第六条规定，对在我国境内无住所而在我国境内取得工资、薪金所得的纳税义务人和在我国境内有住所而在我国境外取得工资、薪金所得的纳税义务人，可以根据其平均收入水平、生活水平以及汇率变化情况确定附加减除费用，附加减除费用适用的范围和标准由国务院规定。

---

① 2011年新修订的个人所得税法，普遍使用的费用减除标准为3 500元，附加减除标准为1 300元，合计减除标准还是4 800元。

条例规定，《中华人民共和国个人所得税法》第六条中所说附加减除费用，是指每月在减除3 500元费用的基础上，再减除1 300元的标准。

根据条例，附加减除费用适用的范围，是指：①在我国境内的外商投资企业和外国企业中工作的外籍人员。②应聘在我国境内的企业、事业单位、社会团体、国家机关中工作的外籍专家。③在我国境内有住所而在我国境外任职或者受雇取得工资、薪金所得的个人。④国务院财政、税务主管部门确定的其他人员。

该条例自2011年9月1日起实施。

8.2.2 个体工商户生产、经营所得的税收筹划

1. 法律规定

投资者个人，可以作为个体工商户从事生产经营、承包承租业务，也可以成立个人独资企业、组建合伙企业等。

个体工商户生产、经营所得包括以下几个方面。

(1) 个体工商户从事工业、手工业、建筑业、交通运输业、商业、饮食业、服务业、修理业以及其他行业生产、经营取得的所得。

(2) 个人经政府有关部门批准，取得执照，从事办学、医疗、咨询以及其他有偿服务活动取得的所得。

(3) 上述个体工商户和个人取得的与生产、经营有关的各项应税所得。

(4) 其他个人从事个体工商业生产、经营取得的所得。

根据现行税法规定，个体工商业户的生产经营所得和个人对企事业单位的承包、承租经营所得，适用5%～35%的5级超额累进税率，纳税人根据其生产经营情况按收入的级距计算应纳所得税额。

按照税法规定，个体工商户的生产经营所得，以每一个纳税年度的收入总额中减除成本、费用以及损失后的余额为应纳税所得额。成本、费用是指纳税人从事生产、经营所发生的各项直接支出和分配计入成本的间接费用以及销售费用、管理费用、财务费用。损失是指纳税人在生产成本、经营过程中发生的各项营业外支出。

具体计算公式为：

应纳税额＝(全年收入总额－成本、费用以及损失)×适用税率－速算扣除数

采用会计核算归集或计算得出的应纳税所得额为：

应纳税所得额＝收入总额－(成本＋费用＋税金＋损失)

个人独资企业的投资者以全部生产经营所得为应纳税所得额。

合伙企业的投资者按照合伙企业的全部生产经营所得和合伙协议约定的分配比例确定应纳税所得额；合伙协议没有约定分配比例的，以全部生产经营所得和合伙人数量平均计算每个投资者的应纳税所得额。

2. 税收筹划

1) 个体工商户的纳税筹划

(1)增加费用支出。个体工商户进行纳税筹划的有效方法是合理扩大成本费用开支。

当然，不可盲目扩大成本，在决定增加成本开支时，应合理估计成本增大或减少的利润量与税收降低之间的关系，进而分析个体企业利润下降对业主收入和税收的影响程度。利用扩大费用列支减少税收的方法主要有以下几种。

① 尽可能地把一些收入转换成费用开支。因为个人收入主要用于家庭的日常开支，而家庭的很多日常开支项目同时又是经营支出项目，如水电费、电话费等，所以应尽量分开经营用的费用，在税前列支。

② 如果使用自己的房产进行经营，可以采用收取租金的方法扩大经营费用支出。虽然收取租金会增加个人的应纳税所得额，但租金作为一项经营费用可以冲减个人的应纳税经营所得额，减少个人经营所得的纳税额；同时自己的房产维修保养费用也可列入经营费用支出，这样既扩大了经营费用支出，又保证了自己房产的完整，还可能会增值。

阅读案例 8-12

孙某是一个体工商户，其经营个体企业转产后原来投入该企业使用的房屋剩余了5间，孙某打算将这5间房屋出租，有两个方案：一是企业作为出租人，二是企业减资，房屋产权回到孙某个人名下，以孙某个人为出租人，两个方案税负是不一样的。

假如孙某个人企业2009度生产经营所得80 000元，5间房屋出租取得净收益20 000元，所在地的计税费用扣除额为2 000元/月，分析两个方案的税负。

方案一：出租财产作为企业财产，以企业名义出租。租赁收益并入生产经营所得，孙某应纳个人所税额：

应纳税额＝(80 000＋20 000－2 000×12)×30%－9 750＝13 050(元)

方案二：出租财产作为投资个人的其他财产，以个人名义出租，租赁收益按“财产租赁所得”单独纳税：

出租财产的应纳税额＝20 000×(1－20%)× 20%＝3 200(元)

生产经营所得应纳税额＝(80 000－2 000 ×12)× 20%－3 750＝7 450(元)

合计应纳税额＝3 200＋7 450＝10 650(元)

通过分析，可以看到方案二比方案一少缴税2 400(13 050－10 650)元，之所以出现这种结果，是因为在方案一中，财产出租收入并入了生产、经营所得按照30%的税率缴纳了个人所得税；方案二将该财产作为投资者个人财产出租，其出租收入按照“财产租赁所得”税目适用的20%税率征税，并又可以定额或定率减除一部分费用，从而降低了纳税人的税收负担。

③ 雇员家庭成员或临时工，扩大工资等费用支出。如果家人在企业工作，应该向其支付合理的工资报酬，这既是对其劳动的承认，又增加了税前列支的费用。

(2) 合理选择费用的摊销方法。筹划的总体思路是在可以预见的若干年内合理地安排有关费用，选择合理的费用摊销方法如折旧方法、存货计价方法、期间费用摊销方法等，尽量将费用安排在利润较多的年份，防止利润进入较高税率档次而增加纳税人的税收负担。因此可以采用提前确定费用、推后确定收益的方法以推迟收益的实现时间，从而实现递延纳税的目的。

(3) 个人独资企业的纳税筹划。从2000年1月1日起，对个人独资企业停止征收企业所得税，个人独资企业投资者的投资所得，比照个体工商户的生产、经营所得征收个人所得税。这样个人独资企业投资者所承担的税负依年应纳税所得额及适用税率的不同而有所不同，这就为纳税筹划提供了可能。主要可以通过分拆收入方式降低个人独资企业的适用税率。

阅读案例8-13

张先生和妻子开设了一家美容公司，开展美容业务的同时也销售美容产品。2011年，他们的美容业务获利2万元，美容产品的销售利润为3万元。张先生夫妻可怎样进行筹划以减轻税负？

纳税分析：

张先生夫妻的美容公司总利润为5万元，这样他们就适用20%的税率，速算扣除数为3 750元。若张先生夫妻分开经营，再成立一个个人独资企业，分别负责不同的业务，那么，美容业务获利2万元和美容产品的销售利润3万元的适用税率均为10%，速算扣除数均为750元，适用税率大大降低，张先生夫妻的税负也会大大减轻。

只有一个独资企业时：

应纳个人所得税额＝50 000×20%－3 750＝6 250(元)

实际获利＝50 000－6 250＝43 750(元)

分为两个独资企业时：

经营美容业务企业应纳个人所得税额＝20 000×10%－750＝1 250(元)

美容产品销售企业应纳个人所得税额＝30 000×10%－750＝2 250(元)

两个企业合计缴纳个人所得税额＝1 250＋2 250＝3 500(元)

实际获利＝50 000－3 500＝46 500(元)

两个独资企业比一个独资企业税负减轻2 750(6 250－3 500)元，税后多获利2 750(46 500－43 750)元。因此，张先生夫妻应通过再设立一个独资企业的方式降低适用税率，从而相应减轻税负。

(4) 合伙企业的纳税筹划。合伙企业是指依照我国《合伙企业法》在我国境内设立的，由合伙人订立合伙协议，共同出资、共担风险，并对合伙企业债务承担无限连带责任的营利性组织。合伙企业最大的特点是在合伙企业中，合伙损益由合伙人依照合伙协议约定的比例分配和分担。合伙企业比照个体工商业户的生产、经营所得征收个人所得税。

对个人独资企业和合伙企业经营所得，其个人所得税应纳税额可以采取查账征收和核定征收两种不同的征收方法。征收方法不同，纳税人的税负水平也不一样。

阅读案例8-14

北京家华公司为个人独资企业，2011年度取得销售收入40万元，其应税所得额为10万元。试分析查账征收与核定征收两种情况下，该个人独资企业的税收负担水平(假定税务机关核定的该行业的应税所得率为5%。)？

方案一：采用查账征收的方法：

应纳个人所得税额＝100 000×30%－9 750＝20 250(元)

税收负担率＝20 250÷100 000×100%＝20.25%

方案二：采用核定征收的方法：

应纳税所得额＝400 000×5%＝20 000(元)

应纳个人所得税额＝20 000×10%－750＝1 250(元)

税收负担率＝1 250÷20 000×100%＝6.25%

纳税分析：

采取核定征收比查账征收少纳税19 000(20 250－1 250)元，税收负担率减轻14%(20.25%－6.25%)。采取查账征收和核定征收两种不同的征收方法，税收负担相差很大。当然，如果纳税人当年亏损或其实际利润率小于税务机关核定的利润率时，情况则相反。

同时，国税函［2001］84号《通知》明确，个人独资企业和合伙企业对外投资分回的利息或者股息、红利，不并入企业的收入，而应单独作为投资者个人取得的利息、股息、红利所得，按“利息、股息、红利所得”应税项目计算缴纳个人所得税。因此，对纳税人取得的利息、股息和红利收入不可采取上述筹划策略。

8.2.3 企事业单位的承包、承租经营所得的税收筹划

1. 法律规定

对企事业单位的承包、承租经营所得，是指个人承包经营、承租经营以及转包、转租取得的所得，还包括个人按月或者按次取得的工资、薪金性质的所得。个人对企事业单位的承包、承租经营形式较多，分配方式也不尽相同，大体上可以分为两类。

(1)个人对企事业单位承包、承租经营后，工商登记改变为个体工商户的。这类承包、承租经营所得，实际上属于个体工商户的生产、经营所得，应按个体工商户的生产、经营所得项目征收个人所得税，不再征收企业所得税。

(2)个人对企事业单位承包、承租经营后，工商登记仍为企业的，不论其分配方式如何，均应先按照企业所得税的有关规定缴纳企业所得税。然后根据承包、承租经营者按合同(协议)规定取得的所得，依照税法规定缴纳个人所得税。

具体为：①承包、承租人对企业经营成果不拥有所有权，仅按合同(协议)规定取得一定所得的，应按工资、薪金所得项目征收个人所得税；②承包、承租人按合同(协议)规定只向发包方、出租人缴纳一定费用，缴纳承包、承租费后的企业的经营成果归承包、承租人所有的，其取得的所得，按企事业单位承包经营、承租经营所得项目征收个人所得税。

对企事业单位的承包经营、承租经营所得，以每一纳税年度的收入总额，减除必要费用后的余额，为应纳税所得额。每一纳税年度的收入总额，是指纳税义务人按照承包经营、承租经营合同规定分得的经营利润和工资、薪金性质的所得；所说的减除必要费用，是指按月减除3 500①元。

2. 税收筹划

纳税人对企事业单位的承包、承租经营方式是否变更营业执照将直接决定纳税人税负的轻重。若使用原企业营业执照，则多征一道企业所得税，如果变更为个体营业执照，则只征一道个人所得税。

阅读案例8-15

杨先生通过竞投获得某街道办集体企业的经营权，租期从2010年1月1日至2011年12月31日。租赁后，该企业主管部门不再为该企业提供管理方面的服务，其经营成果全部归杨先生个人所有，杨先生每年应缴纳租赁费6万元。2010年在未扣除上缴的租赁费情况下，取得利润12万元，本年应计提折旧5 000元。杨先生可通过怎样的方式减轻税负？

---

① 2011年9月1日开始使用。

纳税分析：

方案一：杨先生将原企业工商登记改变为个体工商户。按照规定，个体户在生产经营过程中以经营租赁方式租入固定资产的租赁费，可以据实扣除，但不得提取折旧。扣除标准为每月3 500元，则：

年应纳个人所得税额=(120 000−60 000−3 500×12)×10%−750=1 050(元)

杨先生实际收入=120 000−60 000−1 050−5 000=53 950(元)

方案二：杨先生仍使用原企业营业执照。在这种情况下，企业的固定资产提取折旧可以在税前扣除，但缴纳的租赁费不得在企业所得税前扣除(对承包、承租经营方式下企业缴纳的承包费能否在税前扣除的问题，各地做法不一，有的省市规定可以按照权责发生制据实扣除。为比较税负，这里采用不重复扣除办法)。

应纳税所得额=120 000−5 000=115 000(元)

应纳企业所得税额=115 000×25%=28 750(元)

杨先生实际取得承包承租收入额=120 000−5 000−60 000−28 750=26 250(元)

不足42 000元，不必缴纳个人所得税。杨先生实际收入为26 250元。

纳税分析：

变更营业执照使杨先生实际收入增加了27 700(53 950−26 250)元。杨先生若想减轻税负，必须变更营业执照，将原企业营业执照变更为个体营业执照，这样就能免去一道企业所得税，只征一道个人所得税，从而使实际收入增加。

8.2.4 劳务报酬所得的税收筹划

1. 法律规定

劳务报酬所得，是指个人从事设计、装潢、安装、制图、化验、测试、医疗、法律、会计、咨询、讲学、新闻、广播、翻译、审稿、书画、雕刻、影视、录音、录像、演出、表演、广告、展览、技术服务、介绍服务、经营服务、代办服务以及其他劳务报酬的所得。不同于工资薪金所得，劳务报酬是个人独立从事各种非雇佣的各种劳务的所得。

劳务报酬以每次劳务收入额减除一定的费用后的余额为计税依据。每次收入不超过4 000元的，减除费用800元；4 000元以上的，减除20%的费用，其余额为应纳税所得额。

劳务报酬所得适用20%的比例税率。对于一次性收入畸高的实行加成征收，实际上是一种特殊的、延伸的3级超额累进税率，见表8-2。

表8-2 劳务报酬所得适用税率表

级数	含税级距	不含税级距	税率(%)	速算扣除数
1	不超过20 000元的	不超过16 000元的	20	0
2	超过20 000元到50 000元的部分	超过16 000元至37 000元的部分	30	2 000
3	超过50 000元的部分	超过37 000元的部分	40	7 000

个人担任公司董事、监事，且不在公司任职、受雇情况下所取得的董事费或监事费收入，属于劳务报酬性质，按劳务报酬所得项目缴纳个人所得税；但对个人在公司(包括关联公司)任职、受雇，同时兼任董事、监事的，应将董事费、监事费与个人工资收入合并，统一按工资、薪金所得项目缴纳个人所得税。

2. 税收筹划

虽然劳务报酬适用的是20%的比例税率，但由于对于一次性收入畸高的实行加成征收，实际相当于适用3级超额累进税率。因此一次收入数额越大，其适用的税率就越高。所以劳务报酬所得筹划方法的一般思路是，通过增加费用开支尽量减少应纳税所得额，或者通过延迟收入、平分收入等方法，将每一次的劳务报酬所得安排在较低税率的范围内。具体可从以下方面进行。

1）分项申报计算的筹划

现行个人所得税法中总共列举了28种形式的劳务报酬所得，对于这些所得属于一次性收入的以取得该项收入为一次；属于同一项目性收入的，以一个月内取得的收入为一次。这里的同一项目是指劳务报酬所得列举具体劳务项目中的某一单项。个人同时取得不同项目的劳务报酬所得，应当分别减除费用，计算缴纳个人所得税，否则税负会加重。

阅读案例8-16

某歌星6月份取得多项劳务收入：参加某广播电台的录音获得劳务收入1.5万元；应邀在某电视台录像获得劳务收入2万元；给另一歌星的演唱会作演出嘉宾，获得劳务报酬收入5万元。该歌星应怎样纳税才不会加重税负？

纳税分析：

如果把不同项目的各项收入都混在一起，作为一项劳务报酬所得申报，则：

应纳税所得额=(15 000+20 000+50 000)×(1-20%)=68 000(元)

应纳个人所得税额=68 000×40%-7 000=20 200(元)

若将不同项目的劳务报酬收入分项计算，应为：

录音应纳个人所得税额=15 000×(1-20%)×20%=2 400(元)

录像应纳个人所得税额=20 000×(1-20%)×20%=3 200(元)

演出费应纳个人所得税额=50 000×(1-20%)×30%-2 000=10 000(元)

该歌星共应纳个人所得税总额=2 400+3 200+10 000=15 600(元)

分项计算比不分项计算可以少缴税额=20 200-15 600=4 600(元)

2）合理安排支付次数

根据个人所得税法的规定，对于同一项目取得连续性收入的，以每月的收入为一次。但是劳务报酬所得一般具有不固定、不经常性，不便于按月计算，因此，税法规定，对纳税人取得的劳务报酬所得采取按“次”计算征税，规定只有一次性收入的，以取得该项收入为一次；属于同一事项连续取得收入的，以一个月内取得的收入为一次。如果支付间隔超过1个月，按每次收入额分别扣除费用后计算应纳税额。所以，纳税人在提供劳务时，合理安排纳税时间内每月收取劳务报酬的数量，可以多次抵扣法定费用，从而减少每月的应纳税所得额，避免适用高税率。

(1) 提供劳务时间的纳税筹划。税法讲的是“一个月”而非30天，这就给纳税人合理安排劳务提供的时间进行次数的筹划提供了契机。纳税人可跨月安排劳务提供的时间，即在本月末和下月初提供劳务，这样，纳税人的同一笔收入就变成了两个月内取得的连续性收入，应按两次计算纳税，从而可以扣除两次费用。

阅读案例 8-17

宗教授5月应邀到外地授课，授课时间为6天，每天收入5 000元，收入总额一共为3万元，宗教授应怎样筹划以减轻其个人所得税税负？

方案一：如果授课时间为5月25日至5月30日，属于一个月内取得的连续性收入，应作为一次计算纳税。

则应纳个人所得税额＝30 000×(1－20%)×30%－2 000＝5 200(元)

方案二：如果讲课时间为5月30日至6月4日，属于两个月内取得的连续性收入，应按两次计算纳税。

5月份应纳个人所得税额＝10 000×(1－20%)×20%＝1 600(元)

6月份应纳个人所得税额＝20 000×(1－20%)×20%＝3 200(元)

应纳个人所得税额合计＝1 600＋3 200＝4 800(元)

采取方案二分"次"可减轻税负＝5 200－4 800＝400元。

(2) 提供劳务地点的纳税筹划。税法规定，对于同一项目的连续收入是以县(区)为单位计算的，是以其管辖内的1个月内的劳务服务为一次，当月跨县地域的，则分别计算。所以，可以先到A县再到B县，然后再返回A县，这样也可以成功"分次"而增加了一次费用扣除以减轻税负。在实际操作中要兼顾需要与可能，例如往返的差旅费用等，如果减轻的税负小于所支付的费用，这种做法则不可取。

阅读案例 8-18

某公司总部在北京，同时在全国各地设立了30个分公司。2011年8月，专家张先生受邀为该公司总部及30个分公司分别进行纳税风险控制辅导，共获取劳务报100 000元。

假如这笔劳务报酬由北京总部一次性支付，则张先生应该缴纳的个人所得税为：

100 000×(1－20%)×40%－7 000＝25 000(元)

假如合同约定，由北京总部支付10 000元，各地的分公司分别支付3 000元，则张先生应该缴纳的个人所得税为：

10 000×(1－20%)× 20%＝1 600(元)

(3 000－800)×20%× 30＝13 200(元)

合计应该缴纳的个人所得税为14 800(1 600＋13 200)元。

两个方案的应纳税款相差10 200(25 000－14 800)元。

(3) 取得收入次数的纳税筹划。对于劳务报酬收入通过采取一次收入多次支付的办法，既多扣了费用，又免除了一次收入畸高的加成征收，纳税人的税收负担必然减轻。个人举办培训班取得的培训收入和董事费收入均可采用此种方法。

阅读案例 8-19

张老师是一位中学数学教师，利用业余时间举办课外辅导班，辅导班每期3个月。本期共招收到25名学生，每位学生的学费是1 200元，开班时一次性缴清。张老师共获得劳务报酬30 000(1 200× 25)元，应纳个人所得税额为：

30 000 ×(1－20%)× 30%－2 000＝5 200(元)

如果张老师采取分月向学生收取学费的方式，每月收取10 000元，这样，应纳个人所得税额第1

月、第2月、第3月分别为：

10 000 ×(1−20%)× 20%=1 600(元)

合计应纳个人所得税额为4 800(1 600 ×3)元。

分次申报比一次性合并申报节约税款400(5 200−4 800)元。劳务报酬的一次收入分多次支付的办法能减轻纳税人的税负，同时也使支付者用不着一次性支付较高费用，减轻了其经济负担。

3) 利用费用转移的筹划

费用转移的纳税筹划就是由被服务方为提供劳务个人提供一定的福利，如由被服务方提供餐饮服务、报销交通住宿费、提供办公用具、安排实验设备等，将本应由服务方支付的日常开支费用改由被服务方提供，相应降低支付给服务方的劳务报酬总额，从而降低应纳税所得额，适用较低的税率。这样虽然减少了名义报酬额，但实际收益却会有所增加。

阅读案例8-20

王教授到外地某企业讲课，讲课的劳务报酬为5万元，往返交通费、住宿费、伙食费等将花费5 000元。请为王教授筹划一种方案使其实际收益最大。

纳税分析：

方案一：王教授接受企业支付的5万元讲课费，往返各项费用5 000元自己负责，那么，这些费用不能从劳务报酬收入中扣除，从而使王教授的税收负担因应纳税所得额的数额高而加重，实际收益较低。

王教授应纳个人所得税额=50 000×(1−20%)×30%−2 000=10 000(元)

王教授实际收益=50 000−10 000−5 000=35 000(元)

方案二：王教授与企业商议，由企业支付王教授讲课费4.5万元，往返交通费、住宿费、伙食费等全部由企业负责，王教授的应纳税所得额减少，税收负担降低，实际收益则会增加。

王教授应纳个人所得税额=45 000×(1−20%)×30%−2 000=8 800(元)

王教授实际收益=45 000−8 800=36 200(元)

方案一比方案二使王教授实际收益增加(36 200−35 000)1 200元。

所以，王教授应该选择将往返的各项费用由被服务方(企业)负担，以扣除费用后的报酬为自己的劳务收入，增加税后实际收益。

8.2.5 稿酬所得的税收筹划

1. 法律规定

稿酬所得，是指个人因其作品以图书、报刊形式出版、发表而取得的所得。这里所说作品，包括文学作品、书画作品、摄影作品以及其他作品。作者去世后，财产继承人取得的遗作稿酬，也应征收个人所得税。

根据规定，对报纸、杂志、出版等单位的职员在本单他的刊物上发表作品、出版图书取所得征税的问题明确如下。

(1) 任职、受雇于报刊、杂志等单件的记者、编辑等专业人员，因在本单位的报纸、杂杂志上发表作品取得的所得，属于因任职、受雇而取得的所得，应与其当月工资收入合并，按“工资、薪金所得”项目征收个人所得税。

除上述专业人员以外，其他人员在本单位的报纸、杂志上发表作品取得的所得，应按“稿酬所得”项目征收个人所得税。

（2）出版社的专业作者撰写、编写或翻译的作品，由本社以图书形式出版而取得的稿费收入，应按“稿酬所得”项目计算缴纳个人所得税。

稿酬所得按次征税，每次收入在4 000元以下的，法定扣除800元的费用后的余额为应纳税所得额。每次收入超过4 000元的，扣除20%的费用。

稿酬所得的适用税率为20%，由于税法对稿酬所得制定了特殊的优惠，即对稿酬所得应纳税额可减征30%，故其实际税率为14%。

个人以图书、报刊方式出版、发表同一作品，不论出版单位是预付还是分笔支付稿酬，或者加印该作品再付稿酬，均应合并稿酬所得按一次计征个人所得税。

2. 税收筹划

稿酬所得的税负一般不是很重，但作者在著书或者写文章时，如果能辅之纳税筹划的手段，可以进一步减轻税负。稿酬所得筹划方法的一般思路是：尽量增加费用扣除的次数或转移费用。具体可从以下几方面进行。

1）利用稿酬次数的纳税筹划

稿酬所得应纳的个人所得税是按次征收的，次数的纳税筹划即通过筹划使同一笔稿酬收入由某一个人纳一次税只扣除一次费用，变为由一个人或多个人纳多次税，使费用扣除的次数增加，减少了应纳税所得额，从而减轻了税收负担。

对稿酬次数的税务筹划有不同的角度，比如，将一本书的“一次”稿酬分解成系列丛书一套的“多次”稿酬；将一个人的“一次”稿酬分解成几个人的“多次”稿酬；将分批印刷而合并计算的“一次”稿酬，处理成再版所得“分次”计税等。

阅读案例8-21

任老师是某中学的数学教师，打算编写一本《初中数学学习辅导》的著作，预计稿费1.4万元。任老师可通过怎样的筹划减轻个人所得税税负？

纳税分析：

方案一：如果任老师只出版一本《初中数学学习辅导》，则

应纳个人所得税＝14 000×(1－20%)×20%×(1－30%)＝1 568(元)

方案二：如果任老师将一本书编写成一套《初中数学学习辅导系列丛书》，丛书一共7本，分别是《初一(上)数学学习辅导》、《初一(下)数学学习辅导》、《初二(上)数学学习辅导》、《初二(下)数学学习辅导》、《初三(上)数学学习辅导》、《初三(下)数学学习辅导》、《初中数学总复习辅导》，平均每本书稿费2 000元。

每本书稿酬应纳个人所得税＝(2 000－800)×20%×(1－30%)＝168(元)

系列丛书应纳个人所得税额合计：168×7＝1 176(元)

任老师的税负减轻了392(1 568－1 176)元。

注意：筹划时应保证每本书的平均稿酬低于4 000元，因为这种筹划方法利用的是费用扣除的临界点，只有在稿酬所得低于4 000元时，实际费用扣除标准才大于20%从而使税负减轻；若每本书的平均稿酬高于4 000元，这种筹划方法对纳税人的税负没有任何影响。

2）合理分摊稿酬

根据个人所得税法的有关规定，两个或两个以上的个人共同取得同一项目收入的，应

当对每个人取得的收入分别按照税法规定减除费用后计算纳税，即实行“先分、后扣、再税”的办法。因此在分摊稿酬时应最大限度利用费用扣除的政策，扩大免征额。

阅读案例 8-22

赵某主编出版一本教材，除赵某外参加编写的人员共有5位，预计该书出版后能获稿酬18 000元，如何在每个人之间划分稿酬才能使税负最轻?

纳税分析：

根据税法的上述相关规定，降低税负的关键是在每个人之间合理划分稿酬，使扣除额达到最大，应纳税款总额最小。

使扣除额最大的方法为充分利用免征额的规定，即5个人每人分得稿酬800元，主编赵某分得14 000元，则总的扣除额为：

800×5+14 000×20%=6 800(元)

其中，5人所得由于未超过免征额，免税。

主编赵某的应纳税额为：

应纳税额=14 000×(1-20%)×20%×(1-30%)=1 568(元)

如果一项稿酬所得预计数额较大，还可以考虑使用共同创作筹划法，即改一本书由一个人写作为多个人合作。与上一种方法一样，该种筹划方法利用的是低于4 000元稿酬的800元费用抵扣，这项抵扣的效果是大于20%抵扣标准的。

阅读案例 8-23

某出版社向某大学税收学郭教授约稿，请他编写一本关于纳税筹划的教材，出版社同意该书出版之后支付稿费3万元，郭教授怎样筹划可以少缴税?

方案一：如果采取郭教授独撰的方式，30 000元稿费收入只允许扣除一次费用。

应纳个人所得税额=30 000×(1-20%)×20%×(1-30%)=3 360(元)

方案二：如果郭教授将写作任务分配给教研室包括自己在内的10名教师，采取共同创作的方式，每人获稿费3 000元。这样3万元稿费收入可以扣除10次费用。

应纳个人所得税额=(3 000-800)×20%×(1-30%)×10=3 080(元)

共同创作的方式与比郭教授独撰的方式税负减轻280(3 360-3 080)元。

3) 增加前期写作费用

稿酬所得应纳税款的计算是用应纳税所得额乘以税率而得，税率是固定不变的，应纳税所得额越大，应纳税额应越大。如果能在现有扣除标准下，再多扣除一定的费用，减少名义稿酬所得，就可以减少应纳税额。一般的做法是可通过和出版社协商，由其尽可能前期支付写作费用，提供尽可能多的设备或服务，将费用转移给出版社，降低自己的名义稿酬所得。如可考虑由出版社负担资料费、书写工具、交通费、住宿费、实践费等。

阅读案例 8-24

某作家欲创作一本小说，需要到外地考察和体验生活。预计全部稿费收入20万元，体验生活等费用支出5万元。

纳税分析：

如果该作家自己负担费用，则其：

应纳税额=200 000×(1-20%)×20%×(1-30%)=22 400(元)

实际税后收入＝200 000－22 400－50 000＝127 600(元)

如果改由出版社支付体验生活费用，则实际支付给该作家的稿酬为15万元，则其：

应纳税额＝150 000×(1－20%)×20%×(1－30%)＝16 800(元)

实际税后收入为＝150 000－16 800＝133 200(元)

通过以上计算得知，改由出版社支付体验生活费用，则可节税5 600元，同时增加了自己的收益。

8.2.6 特许权使用费所得

1. 法律规定

特许权使用费所得，是指个人提供专利权、商标权、著作权、非专利技术以及其他特许权的使用权取得的所得。

特许权适用费按次征税，每次收入在4 000元以下的，法定扣除800元的费用后的余额为应纳税所得额。每次收入超过4 000元的，扣除20%的费用。

2. 税收筹划

特许权使用费所得的纳税筹划，在于特许权的拥有者是考虑将特许权转让以取得特许权使用费所得，还是将特许权用来投资以获得更大的回报。

阅读案例8-25

科研员成博士发明了一项新技术获得了国家专利。有两家企业与成博士有合作意向：A企业要求韩博士转让该专利使用权，提出的转让价格为300万元；另一家效益很好的B企业提出让韩博士持有该公司相同价款的股权，预计每年可获得股息收入30万元，并让他在企业中担任副总经理，主管技术研制、开发工作。预计专利使用寿命为10年。面对A、B两个企业的条件，韩博士该如何决断？

纳税分析：

面对A、B两个企业，韩博士考虑的主要问题是选择哪个企业能使自己的税后实际收益更大。

方案一：如果选择A企业，即直接转让专利获取转让费300万元，则

应纳营业税额＝300×5%＝15(万元)

应纳城建税额(假设税率为7%)＝15×7%＝1.05(万元)

应纳教育费附加＝15×3%＝0.45(万元)

应纳个人所得税额＝(300－15－1.05－0.45)×(1－20%)×20%＝45.36(万元)

应纳税费合计＝15＋1.05＋0.45＋45.36＝61.86(万元)

税后实际收益＝300－61.86＝238.14(万元)

方案二：如果选择B企业，即将专利折合成股份，拥有股权，则按照营业税有关规定，以无形资产投资入股，参与接受投资方的利润分配，共同承担投资风险的行为，不征收营业税。无需缴纳营业税15万元，相应地也就无需缴纳城市维护建设税和教育费附加1.5万元。

按照个人所得税法规定，拥有股权所取得的股息、红利，应按20%的比例税率缴纳个人所得税。

当年应纳个人所得税额＝30×20%＝6(万元)

税后收益＝30－6＝24(万元)

10年后税后总收益＝24×10＝240(万元)

因此，韩博士如果选择B企业，10年后除了可以收回全部转让收入300(30×10)万元外，税后所得将增加1.86(240－238.14)万元，而且还可得到企业300万元的股份。

但是韩博士选择B企业虽然缴税少，而且有升值的可能，但风险也大、收入不确定。选择A企业，没有什么风险，缴税之后，就可以实实在在地拥有个人所得，但它是一次性收入，税负太重，而且收入是固定的，没有升值的希望。

专利权人还可以考虑自己办企业。如果专利权人希望这项专利能够给其带来长期收益的话，还是选择投资经营为好。如果是个人投资建厂进行经营，那么只要筹集建厂资金，进行生产，就可以通过销售产品取得收入。由于新建企业大多都可以享受一定的减免税优惠，而且专利权不是转让，所以在获得收入时，不必单独为专利支付税收。

8.2.7 财产租赁所得的税收筹划

1. 法律规定

财产租赁所得是指个人出租建筑物、土地使用权、机器设备、车船以及其他财产取得的所得。

财产租赁所得一般以个人每次(一个月内取得收入为一次)取得的收入，定额或定率减除规定费用后的余额为应纳税所得额。每次收入不超过4 000元的，定额减除费用800元；每次收入在4 000元以上的，定率减除20%的费用。财产租赁所得的适用税率为20%。

应纳税所得额＝每次(月)收入－准予扣除项目－800

＝［每次(月)收入－准予扣除项目］×(1－20%)

准予扣除项目包括：①纳税人在出租财产过程中缴纳的营业税、房产税、印花税、教育费附加等，可凭完税凭证，从财产租赁收入中扣除。②由纳税人负担的该出租财产实际开支的修缮费用，必须是实际发生并能够提供有效准确凭证的支出，以每次扣除800元为限，一次扣除不完的，可以继续扣除，直至扣完为止。

个人取得的财产转租收入，属于“财产租赁所得”的征税范围。在确定纳税义务人时应以产权凭证为依据，对无产权凭证的，由主管税务机关根据实际情况确定；产权所有人死亡，在未办理产权继承手续期间，该财产出租而有租金收入的，以领取租金的个人为纳税义务人。

2. 税收筹划

财产租赁所得筹划方法的一般思路是：分次取得收入，尽量使发生的费用能全部扣除。具体可从以下几方面进行。

1）次数的纳税筹划

财产租赁所得是按次征收的，以纳税人一个月内取得的收入为一次。纳税人在取得财产租赁收入时若能将一笔收入分月取得，就能增加费用扣除的次数，从而减少应纳税所得额，减轻税收负担。

阅读案例 8－26

刘先生在某大厦拥有一间办公室，2011年1月起出租给某公司办公，租期1年，租金2.4万元。刘先生希望该公司于进驻前一次性付清房租，而该公司则希望能按月支付房租。从纳税筹划的角度为刘先生房租收入的取得方式提出建议。

纳税分析：

如果刘先生一次性取得房租，则：

应纳个人所得税额＝24 000×(1－20%)×20%＝3 840(元)

如果刘先生分月取得房租：

每月应纳个人所得税额＝(24 000÷12－800)×20%＝240(元)

全年应纳个人所得税额＝240×12＝2 880(元)

分月取得房租比一次性取得房租刘先生税负减轻960(3 840－2 880)元，所以刘先生应采取分月的方式取得房租。

2）装修费用的纳税筹划

允许扣除的修缮费用，以每次800元为限。一次扣除不完的，准予在下一次继续抵扣，直到扣完为止，但必须提供有效、准确的凭证，因此，纳税人应取得并妥善保管有关税费凭证，否则会令税负加重。

阅读案例8-27

2011年3月，魏某将一处空闲房子租给了他人，租期为9个月。地方主管税务机关核定魏某每月应纳税所得额为4 800元，每个月应纳个人所得税480元。

承租人入住后发现房子年久失修好几处都漏水，要求魏某维修，如果大修大概需要5 800元，工期10天左右；如果简单地小修也能补漏，不影响出租期的使用。分析魏某采用哪种维修方式为好。

纳税分析：

方案一：魏某简单维修出租房，其出租期内税负为：

4 800×10%× 9＝4 320(元)

方案二：魏某大修出租房，其出租期内税负为；

按照每月最高可以扣除维修费用800元的规定，魏某前7个月每月可以扣除800元，第8个月扣除200元维修费用。

前7个月的应纳税额＝(4 800－800)×10%× 7＝2 800(元)

第8个月的应纳税额＝(4 800－200)×10%＝460(元)

第9个月的应纳税额＝4 800×10%＝480(元)

9个月应纳税额合计＝2 800＋460＋480＝3 740(元)

方案二比方案一少缴税580元。

3）利用税率优惠规定的税务筹划

按照税法规定，出租房屋用于经营不能享受优惠，若出租给个人居住将享受税收优惠政策，主要有营业税税率优惠为3%(规定为5%)，房产税优惠税率为4%(规定为12%)，个人所得税税率优惠为10%(规定为20%)。所以在出租房屋时应注意考虑3点：一是出租给他人居住而非经营用，营业税、房产税、个人所得税均享受优惠；二是签订租赁合同后，按用户要求装修，符合条件的可分次扣除实际发生的维修费用，每次以800元为限额；三是计算缴纳个人所得税时，应依次扣除租赁过程中缴纳的税费、实际开支的修缮费用、法定费用扣除标准。

因此，对一处房产出租是用作经营还是居住，由于税率规定不同，税负完全不同。当然，出租房屋时还应考虑个人所得税后的收益大小，有时出租给他人经营用，虽然不能享受低税率政策，但是由于租金较高，其税后收益比享受低税率还要合适。

8.2.8 偶然所得的纳税筹划

1. 法律规定

偶然所得，是指个人得奖、中奖、中彩以及其他偶然性质的所得。其中，得奖是指参加各种有奖竞赛活动，取得名次获得的奖金；中奖、中彩，是指参加各种有奖活动，如有奖销售、有奖储蓄或购买彩票，经过规定程序，抽中、摇中号码而取得的奖金。

对偶然所得统一按照20%的比例税率征收个人所得税。

2. 税收筹划

税法规定，对个人购买福利彩票、赈灾彩票、体育彩票一次中奖收入不超过1万元的，暂免征收个人所得税；对一次中奖收入超过1万元的，应按全额征税；“1万元”就是临界点，这就为纳税筹划提供了空间。

阅读案例 8-28

王先生于2011年2月因购买体育彩票而中奖，获得奖金1.1万元，应纳个人所得税=11 000×20%=2 200元，实际获得税后收入为11 000−2 200=8 800元。如果其获得的奖金不是1.1万元，而是1万元，那么王先生就无需纳税，后者比前者反而多收益1 200元。

只有当奖金超出1万元达到一定数额时，获奖者才不会感到“吃亏”，通过设立数学方程式可以求出这个数额。

令这个数额为x，则有：$(10\ 000+x)\times(1-20\%)\geqslant 10\ 000$

解之得，$x\geqslant 2\ 500$(元)

发行彩票的单位在设立奖项时，应当考虑税收政策的规定，要么低于1万元，要么超过12 500(10 000+2 500)元。

8.3 个人所得税适用低税率的筹划

1. 法律规定

个人所得税分为不同个人所得项目，规定了超额累进税率和比例税率两种形式。

(1) 工资、薪金所得：适用3%～45%的7级超额累进税率。

(2) 个体工商户的生产经营所得和对企事业单位的承包、承租经营所得适用5%～35%的5级超额累进税率。

(3) 稿酬所得，劳务报酬所得，特许权使用费所得，财产租赁所得，财产转让所得，利息、股息、红利所得，偶然所得和其他所得适用20%的比例税率。

(4) 减征和加成征税规定。个人所得税税法对下列所得项目，规定予以减征或加成征收所得税。

① 减征规定。对稿酬所得，按20%税率征税时，给予减征30%；对个人出租房屋取得的收入，减按10%征收个人所得税。

② 加成征税规定。对劳务报酬所得一次收入较高的，规定在适用20%税率征税的基础上，实行加成征税办法。所谓“劳务报酬所得一次收入较高的”，是指个人一次取得劳务报酬，其应纳税所得额超过2万元。对应纳税所得额超过2～5万元的部分，依照税法规定计算应纳税额后，再按照应纳税额加征5成；对超过5万元的部分，按应纳税额加征10成。

2. 税收筹划

个税筹划思路，是通过一定的筹划方法，使应税所得适用高边际税率转向适用低边际税率，或者使应税所得适用累进税率转向适用比例税率，从而达到节税的目的。

1）合理安排应税所得

（1）通过应税所得平均化以适用低税率。我国个人所得税对工资、薪金所得采用超额累进税率，所以，如果收入集中在一个月或少数几个月，意味着将适用高税率，承担较高的个人所得税。如果能将收入分摊到1年或更长时间，则每个月的应纳税所得额将减少，适用的税率也会随之降低，最终整体税务减少。将收入平均到较长时间，在不增加雇主和雇员的实际支出的情况下，通过协商是一件比较容易做到的事情，所以，这也是个人所得税税率筹划的常见方法。

（2）通过经营实体的分立以适用低税率。分设多个经营实体是指将该经营实体分设为两个或两个以上的机构，自己负责其中的一个，将其余机构的所有权或经营权虚设为其他人，一般为自己的亲人或比较好的朋友，然后通过这些机构的联合经营，互相提供有利条件，以达到减轻税收负担的目的。这一筹划方法，通常是通过机构分设，使所得分散，排除适用高边际税率所带来的税负增长，使总体税负下降。

（3）通过收入多次或分次领取以适用低税率。税法规定，对于同一项目取得连续性收入的，以每一月的收入为一次。对于劳务报酬所得，一次收入畸高的，则会加成征收。这种情况下，纳税人可与支付劳务报酬的业主商议，把本应该短期内支付的劳务报酬在一年内支付，使该劳务报酬的支付每月比较平均，使得该项所得适用较低的税率，避免加成征收。同时，这种支付方式也使得业主不用一次性支付较高费用，减轻其经济负担。

（4）避免临界点以适用低税率。对于年终一次性奖金缴税，由于政策本身不合理性的原因，在某些金额区间内，可能会出现税前奖金增加后，纳税人实际获得的税后奖金反而减少的情况，达时就出现了年终奖金政策的“无效区间”，或称“不合理区间”、“盲区”，即税收临界点。由于税法规定，工资、薪金所得是按超额累进的办法计税，往往在税收临界点处存在显著的税负差异，因此，企业在发放年终奖金前，要事先做好筹划，尽量避免将税前年终奖金的余额定在所谓“盲区”内。

2）高税率项目与低税率项目转换的税收筹划

对于相同数额的应税项目，所适用的税率不同，可以利用税率的差异进行纳税筹划。

（1）劳务报酬与工资、薪金的转化的纳税筹划。税法规定，工资、薪金所得适用3%～45%的7级超额累进税率；劳务报酬所得适用20%的比例税率，对一次收入畸高的，实际上相当于适用20%、30%、40%的超额累进税率。

由此可见，工资、薪金所得与劳务报酬所得的税负是不同的。工资、薪金所得与劳务报酬所得同是劳动所得，二者的区别在于是否存在雇佣关系，将雇佣变成非雇佣，或将非雇佣变通成雇佣都能改变税收负担。而有些情况下，把两种收入合并就会节约个人所得税。因而某些情况下对其进行合理筹划会降低其税收负担。

那么，在工资、薪金所得与劳务报酬所得之间转换时，到底在多大收入水平上工资、薪金所得转换为劳务报酬是合适的？通过计算两者税负相等时的收入来加以确定。若工资、薪金所得的税率低于20%时，显然工资、薪金所得的税负低于劳务报酬的税负；而当工资、薪金所得和劳务报酬所得的税率均为20%时，就需要计算一下两者的税负水平。

设两者税负相等时的所得为x，则有下列公式成立：

$x\times(1-20\%)\times 20\%=(x-3\ 500)\times 20\%-555$

解得：$x=31\ 375$(元)

即当所得为31 375元时，两者税负相等。当所得小于31 375元时，采用工资、薪金所得的形式税负较轻；反之，则采用劳务报酬所得的形式税负较轻。

阅读案例8-29

张某在A公司兼职，收入为每月3 300元。

如果张某与A公司没有固定的雇佣关系，则按照税法规定，其收入应按劳务报酬所得征税。则其应纳税额为：

应纳税额=(3 300-800)×20%=500(元)

如果张某与A公司建立起合同制的雇佣关系，来源于A公司的所得则可作为工资、薪金所得计算缴纳个人所得税，其应纳税额为0。

因此张某应与A企业签订聘用合同，每月可节税500元。

阅读案例8-30

刘某系一高级软件工程师，2011年10月获得某公司工资类收入为50 800元。

如果刘某和该公司存在稳定的雇佣关系，则应按工资、薪金所得缴纳个人所得税。则其应纳税额为：

应纳税额=(50 800-3 500)×30%-2 755=11 435(元)

如果刘某和该公司不存在稳定的雇佣关系，则该项所得应按劳务报酬计算缴纳个人所得税，则其应纳税额：

应纳税额=50 800×(1-20%)×30%-2 000=10 192(元)

因此可考虑刘某以劳务报酬的形式取得这笔收入，可节约税款1 243元(11 435-10 192)。

在两项收入都较大的情况下，将工资、薪金所得和劳务报酬所得分开计算能节税。

阅读案例8-31

刘小姐2011年9月从公司获得工资、薪金收入共3万元。另外，该月刘小姐还获得某设计院的劳务报酬收入5万元。刘小姐可怎样筹划以减轻自己的税负？

纳税分析：

方案一：如果刘小姐将工资、薪金所得和劳务报酬所得分开。根据个人所得税法的规定，不同类型的所得应分类计算应纳税额，因此计算如下：

工资、薪金所得应纳个人所得税=(30 000-3 500)×25%-1 005=5 620(元)

劳务报酬所得应纳个人所得税=50 000×(1-20%)×30%-2 000=10 000(元)

刘小姐该月应纳个人所得税总额＝5 620＋10 000＝15 620(元)

方案二：如果刘小姐将劳务报酬所得转化为工资、薪金所得缴纳个人所得税，则

应纳个人所得税额＝(30 000＋50 000－3 500)×35%－5 505＝21 270(元)

方案三：如果刘小姐将工资、薪金所得转化为劳务报酬所得缴纳个人所得税，则

应纳个人所得税额＝(30 000＋50 000)×(1－20%)×40%－7 000＝18 600(元)

由此可见，刘小姐应将工资、薪金所得和劳务报酬所得分开计算，分别缴纳个人所得税，能减轻税负。

个人所得如果同时涉及工资、薪金所得和劳务报酬所得这两项收入的话，需要纳税人自行计算，考虑何种方式有利于合法减轻税负。但应注意，收入性质的转化必须是真实、合法的；同时，因为个人所得税一般是支付单位代扣代缴，只有在两个以上单位取得收入情况下才自行申报缴纳，因此要考虑是否有可自行选择的空间。

(2) 稿酬与特许权使用费转化的纳税筹划。有时候，将稿酬转化为特许权使用费可以减少纳税人的税负，增加纳税人的收入。

阅读案例 8－32

某著名导演创作出一部自传小说，估计该书的出版将引起轰动。某出版社决定出版此书，并愿意支付稿费100万元。有人建议作者公开拍卖小说的著作权，根据以往的拍卖情况，估计拍卖价格为110万元，支付拍卖有关费用为拍卖价的2%。该导演应如何选择?

纳税分析：

方案一：如果将该小说交出版社出版，导演将获得100万元的稿酬收入，应按稿酬所得项目纳税。

应纳个人所得税额＝1 000 000×(1－20%)×20%×(1－30%)＝112 000(元)

个人净收入＝1 000 000－112 000＝888 000(元)

方案二：如果公开拍卖小说的著作所有权，依据税法，作者将自己的文字作品手稿原件或复印件公开拍卖(竞价)取得的所得，应按特许权使用费所得项目征收个人所得税。

应纳税所得额＝1 100 000×(1－2%)＝1 078 000(元)

应纳个人所得税额＝1 078 000×(1－20%)×20%＝172 480(元)

个人净收入＝1 078 000－172 480＝905 520(元)

采取拍卖方式净收入增加17 520(905 520－888 000)元，该导演应公开拍卖小说的著作所有权。当然，并不是在所有的情况下，拍卖著作权比拿稿费更好。关键是拍卖增加的收入是否能够超过缴税增加的税额。

(3) 将股息转换成工资、薪金的筹划。由于工资、薪金所得与股息所得适用税率不同，可利用两者之间税率的差异进行税目之间的转换，即把股息所得转化为工资所得。

阅读案例 8－33

某有限责任公司由甲、乙、丙3个自然人投资组建，投资比例各占1/3。甲、乙、丙3人各月的工资均为1 600元，年底每人应分股利24 000元。

比较一下转换前后各自的税负，以确定方案是否可行。

① 转换前的纳税情况：

各月工资所得为1 600元，未超过费用扣除标准，无需计算缴纳个人所得税。

股息所得应纳税额＝24 000×20%＝4 800(元)

3人合计应纳税额＝4 800×3＝14 400(元)

② 转换后的纳税情况：

工资薪金所得每人每月增加 2 000 元(24 000÷12)，每人每月应纳税额为：

应纳税额＝(2 000＋1 600－3500)×3％＝3(元)

3 人合计年应纳税额为：3×12×3＝108(元)

通过以上计算可知，转换后比转换前税负减轻 14 292(14 400－108)元。

在运用这种筹划方法时，应注意以下几个问题。

① 如果预计企业当年亏损，则说明不会涉及股息所得的税收问题，这时企业可以适当降低工资标准，以减轻“工资、薪金所得”项目的税负。

② 如果预计公司当年有足够的盈余，在提高个人股东的工资时，必须以“工资、薪金所得”项目的税负不超过股息所得的税负为限。其限额的计算如下：

在工资、薪金所得所适用的税率在 20％(含)以下时，其适用税率低于股息所得适用税率，因此选择工资、薪金所得的形式会减轻税负；当工资、薪金所得的税率为 20％，虽然名义税率与股息所得税率相同，但由于工资、薪金所得实行的分段计算的超额累进税率，分段适用 3％、10％、20％的 3 档税率，因此其平均税率低于 20％，并且在计算工资、薪金所得时还可减除 3 500 元，因此其税负低于股息所得。当工资、薪金所得适用税率高于 20％，即为 25％时，就要比较一下两种形式的税负。设两者税负相等时的收入额为 x，即有下式成立：

$x \cdot 20\% = (x - 3\,500) \cdot 25\% - 1\,005$

解得：$x = 37\,600$(元)

即当所得为 37 600 元时，选择工资、薪金形式与选择股息所得形式两者的税负相等。据此我们可以得出，当所得小于 37 600 元时，可选择工资、薪金所得形式；当所得大于 37 600 元时，选择股息所得会减轻税负。

8.4 充分利用个人所得税优惠政策

1. 利用免征额进行税收筹划

免征额是指在课税对象全部数额中免于征税的数额。它是按照一定标准从课税对象全部数额中预先扣除的数额，免征部分不征税，只对超过免征额部分征税。纳税人取得工资、薪金所得，对企事业单位的承包经营、承租经营所得，劳务报酬所得，稿酬所得，特许权使用费所得等，以其所取得的收入中扣除规定数量的费用后的余额计算纳税。

纳税人利用免征额进行税务筹划时，应首先明确免征额的具体规定，以便制定最优纳税方案。

2. 充分利用税收优惠政策的税收筹划

为了鼓励科学发明、发展社会福利、慈善事业和照顾某些纳税人的实际困难，个人所得税法对有关所得项目，给予减免税的优惠规定。个人所得税纳税人及扣缴义务人都应当对此关注，防止因政策变动掌握不准而多缴税款。

个人取得的国债和国家发行的金融债券的利息、教育储蓄存款利息所得免税。国债利息是指个人持有中华人民共和国财政部发行的债券而取得的利息；国家发行的金融债券利息，是指个人持有经国务院批准发行的金融债券而取得的利息所得。教育储蓄是指个人按照国家有关规定在指定银行开户、存入规定数额资金、用于教育目的的专项储蓄。

为保证和支持社会保障制度和住房制度改革的顺利实施，明确按照国家或各级地方政府规定的比例交付的住房公积金、医疗保险金、基本养老保险金、失业保险基金等可在个人所得税中扣除。

个人转让自用达5年以上，并且是唯一的家庭生活用房取得的所得暂免征收个人所得税等。

在合法的情况下，纳税人应充分利用这些优惠政策进行税收筹划，尽量争取减免税待遇，争取尽可能多的项目获得减免税待遇。如将个人的存款投资于教育基金或国债，以减轻自己的税收负担。纳税人可以利用税法的优惠，合理安排子女的教育资金、家庭的住房公积金、医疗保险基金等支出。企业可以将职工部分应税收入转化为费用和为员工计提“五险一金”从而增加税收扣除额。

3. 合理安排公益性捐赠支出的筹划

1）法律规定

为了鼓励高收入者对公益、教育事业做贡献，税法规定，个人将其所得通过我国境内的社会团体、国家机关向教育和其他社会公益事业以及遭受严重自然灾害地区、贫困地区的捐赠，允许从应纳税所得额中扣除，其扣除标准一般以不超过纳税人申报应纳税所得额的30%为限，超过部分不得抵扣。

上述捐赠是指个人将其所得通过我国境内的社会团体、国家机关向教育和其他社会公益事业以及遭受严重自然灾害地区、贫困地区捐赠，以推动公益事业的发展。计算公式为：

捐赠扣除限额＝申报的应纳税所得额×30%

当实际捐赠额小于等于捐赠限额时，允许扣除的捐赠额＝实际捐赠额；如果实际捐赠额大于捐赠限额时，只能按捐赠限额扣除。

应纳税额＝(应纳税所得额－允许扣除的捐赠额)×适用税率－速算扣除数

2）税收筹划

这项政策实际上是允许纳税人将自己对外捐赠的一部分改为由税收来负担，其立法宗旨在于引导纳税人的捐赠方向，将其引入公益、救济性质，从而为社会和国家减轻负担。对于纳税人个人来说，也可通过公益、救济性捐赠名义将一部分收入从应纳税所得额中扣除，从而降低税负。

(1) 利用选择捐赠途径进行筹划。为防止纳税人随意捐赠、虚假捐赠，现行个税规定了捐赠人享受税收优惠的条件，捐赠人只有符合规定条件才能享受捐赠的税收优惠。应注意以下事项：①避免直接性捐赠。税法规定，纳税人直接对受益人的捐赠不得在税前扣除。因此纳税人应尽量避免直接性捐赠，选择通过我国境内的社会团体、国家机关等进行捐赠。②合理选择捐赠对象。税法规定对于非公益、救济性捐赠，税法是不允许扣除的；

一般的公益性捐赠的扣除限额为30%；但对个人通过非营利的社会团体和国家机关向教育事业、红十字事业、公益性青少年活动场所以及向慈善机构、基金会等非营利机构的公益性、救济性捐赠，允许全额扣除。纳税人在进行捐赠时，可通过选择以上几项全额扣除的捐赠项目进行捐赠，以使捐赠额可以得到全额税前扣除。

阅读案例 8-34

假设某大学教授取得稿酬 30 000 元，决定用 20 000 元进行损赠。有以下两个方案可供选择。

方案一：假如该教授将 10 000 元通过民政部门捐给灾区，将 10 000 元直接捐赠给受灾者个人。

捐赠扣除限额＝30 000×(1－20%)× 30%＝7 200(元)

应纳税额＝［30 000 ×(1－20%)－7 200］×20%×(1－30%)＝2 352(元)

方案二：假如该教授将 10 000 元通过民政部门捐给灾区，另外将 10 000 元通过省教育厅捐赠给农村义务教育事业。

损赠扣除限额＝30 000×(1－20%)× 30%＝7 200(元)

应纳税额＝［30 000×(1－20%)－7 200－10 000］×20%×(1－30%)＝952(元)

从本案例可以看出，由于对捐赠对象和捐赠途径进行了选择，尽管捐赠数额相同，该教授捐赠后应纳个人所得税相差 1 400(2 352－952)元。

(2) 利用选择适当的捐赠时期进行筹划。纳税人对外捐赠是出于自愿，捐多少、何时捐都由纳税人自己决定。允许按应纳税所得额的一定比例进行扣除，其前提必须是取得一定的收入，也就是说，如果纳税人本期未取得收入，而是用自己过去的积蓄进行捐赠，则不能得到税收抵免。因此应尽量选择在自己收入较多(适用税率较高)的时期进行捐赠，以获得较大的税收抵免好处。

另外对个人捐赠超过扣除限额部分不允许在税前扣除，当个人进行较大数额捐赠时，捐赠超过扣除限额，可能会面临既要捐赠又要纳税的尴尬境地。对此，纳税人可以选择捐赠款分期到账的方式进行税收筹划。

阅读案例 8-35

李先生每月取得工资薪金收入 9 000 元。2011 年 9 月他知道西部洪涝灾害后，打算将本月工资中的 4 000 元通过非营利组织捐赠给灾区。李先生该采取怎样的方式捐赠可使税负减轻？

纳税分析：

允许税前扣除的捐赠＝(9 000－3 500)×30%＝1 650(元)

方案一：如果李先生本月捐赠 4 000 元，则：

本月工薪所得应纳个人所得税额＝(9 000－3 500－1 650)×10%－105＝280(元)

次月工薪所得应纳个人所得税额＝(9 000－3 500)×20%－555＝545(元)

方案二：如果李先生本月捐赠 1 650 元，剩余的 2 350 元安排在次月捐赠，则

本月工薪所得应纳个人所得税额＝(9000－3 500－1 650)×10%－105＝280(元)

次月工薪所得应纳个人所得税额＝(9000－3 500－2 350)×10%－105＝210(元)

李先生分两次捐赠比一次捐赠减轻税负 335(825－490)元。

纳税分析：

同样是捐 4 000 元，捐赠的次数不同，税负也不相同。因此，李先生应该本月捐赠 1 650 元(即税前扣除的捐赠额)，下月再捐赠 2350 元可少缴税 335 元。

（3）用于捐赠的所得项目的纳税筹划。我国个人所得税采取分项所得税制，在计算捐赠扣除时，属于哪个项目所得捐赠的，就应从哪个项目的应纳税所得额中扣除捐赠款项，然后再按适用税率计算缴纳个人所得税。当纳税人本期取得两种或两种以上不同应税项目收入，并从中取出一部分收入对外捐赠时，一般分不清是从哪项收入中取出的，更分不清哪项收入中取出的各是多少。因此，在计算捐赠扣除额时，纳税人应当对捐赠额在不同应税项目间进行适当的划分，即将捐赠额分散在各个应税所得项目之中，最大限度地享受税前扣除。

阅读案例 8－36

何先生2011年10月份取得各项收入2万元，其中，工资薪金收入6 000元，红利收入4 000元，专利权转让收入1万元。本月通过非营利组织对遭受秋雨灾害的四川重灾区捐赠5 000元，并取得了捐赠票据。请问何先生该如何进行纳税筹划可少缴税？

纳税分析：

何先生本月有3个所得项目，各所得项目中允许扣除的捐赠额分别为：

工资薪金所得捐赠扣除额＝(6 000－3 500)×30%＝750(元)

利息、股息、红利所得捐赠扣除额＝4 000×30%＝1 200(元)

特许权使用费所得捐赠扣除额＝10 000×(1－20%)×30%＝2 400(元)

可见，何先生若只用某一个项目的所得来捐赠，任何一个项目都只能扣除税法所能允许的扣除额，每个项目允许扣除的捐赠额离何先生实际捐赠的5 000元都差得很远。

但是，如果何先生同时用3个项目的所得来捐赠，捐赠额就可以在不同项目间进行适当的划分，即：750＋1 200＋2 400＝4 350元。由于4 350元＜对外捐赠额5 000元，故，允许扣除的捐赠额为4 350元。

计算各项所得应纳税额：

工资薪金所得应纳税额＝(6 000－3 500－750)×10%－105＝70(元)

利息、股息、红利所得应纳税额＝(4 000－1 200)×20%＝560(元)

特许权使用费所得应纳税额＝［10 000×(1－20%)－2 400］×20%＝1 120(元)

本月合计应纳个人所得税＝70＋560＋1 120＝1 750(元)

何先生捐赠的5 000元，应由从工资薪金、红利和专利权转让收入各拿出的一部分所组成(譬如，工资薪金收入中拿出1 400元、红利收入中拿出1 200元、专利权转让收入中拿出2 400元)。通过以上捐赠额的适当划分，使当月捐赠额已得到充分扣除，何先生的税负为最轻。

4. 抵免境外已纳税额的纳税筹划

1）法律规定

为免除跨国纳税人的双重税负，我国税法规定，纳税人从我国境外取得的所得，准予其在应纳税额中扣除已在境外缴纳的个人所得税税额。但扣除额不得超过该纳税义务人境外所得依照我国税法规定计算的应纳税额。

已在境外缴纳的个人所得税税额，是指纳税人从我国境外取得的所得，依照该所得来源国家或者地区的法律应当缴纳并且实际已经缴纳的税款。

依照我国税法规定计算的应纳税额，是指针对纳税人从我国境外取得的所得，应当区别不同国家或者地区和不同应税项目，依照我国税法规定的费用减除标准和适用税率计算的应纳税额；同一国家或者地区内不同的应税项目的应纳税额之和，为该国家或者地区的抵免限额。

纳税人在我国境外一个国家或者地区实际已经缴纳的个人所得税税额，低于该国家或者地区抵免限额的，应当在我国缴纳差额部分的税额；超过该国家或者地区抵免限额的，其超过部分不得在本纳税年度的应纳税额中扣除，但是，可以在以后纳税年度的该国家或者地区扣除限额的余额中补扣，补扣期限最长不得超过5年。

2）税收筹划

对于境外已纳税额抵免的纳税筹划，关键在于如何才能让“超过抵免限额的部分”在5年内获得扣除，以充分削减在我国境外缴纳的超过抵扣限额的高税负。主要可以通过下列几种方法解决。

(1) 纳税人在以后年度必须继续从该国取得应税收入，而且来自该国的所有应税收入的已纳税额之和小于税法规定的抵免限额，可以获得抵扣。

(2) 如果纳税人在某个国家只有一项收入来源，而且该项收入来源在该国已纳税额超过了按照我国税法计算的应纳税额，这种情况只会使“超过抵免限额的部分”越来越高，除非该国税制变化(降低税率)，或者我国税制变化(提高税率)，否则，永远不能扣除。

(3) 以后年度来源于该国的各项应税收入中，又增加了其他应税收入项目，这些应税项目在该国的税负低于我国。

(4) 以后年度来源于该国的应税收入中，减少了一些应税收入项目，这些应税项目在该国的税负高于我国。

阅读案例 8-37

居民纳税人宋先生，2011年从甲、乙两国取得应税收入。其中：在甲国因任职，取得工资、薪金收入6万元(平均每月5 000元)，因提供一项著作权，一次取得特许权使用费收入10万元，该两项收入在甲国缴纳个人所得税1.6万元；因在乙国某大学讲学，取得劳务报酬所得2.4万元，已向乙国缴纳个人所得税4 000元。请抵免计算宋先生来自境外所得的已纳税额并为其“超过抵免限额的部分”进行纳税筹划。

纳税分析：

(1) 甲国所纳个人所得税的抵免。

工资、薪金所得全年应纳个人所得税额＝［(5 000－4 800)×3%－0］×12＝72(元)

特许权使用费所得应纳个人所得税额＝100 000×(1－20%)×20%＝16 000(元)

故，宋先生在甲国所纳个人所得税的抵免限额为16 072(72＋16 000)元。

由于宋先生在甲国实际已纳税款1.6元，低于抵免限额，可以全额抵免，并需在我国补缴差额部分的税款，计72(16 072－16 000)元。

(2) 乙国所纳个人所得税的抵免。

劳务报酬所得应纳个人所得税额＝24 000×(1－20%)×20%＝3 840(元)，故宋先生在乙国所纳个人所得税的抵免限额为3 840元。由于宋先生在乙国实际已纳税款(4 000元)超过抵免限额(3 840元)，因此不再补税，超过限额的部分160(4 000－3 840)元，不能在本年度扣除，但可以在以后5年的期限内，从乙国抵免限额的余额中补扣。

综合上述计算结果，宋先生在本纳税年度中的境外所得，应在我国补缴个人所得税120元。其在乙国缴纳的个人所得税未予抵免的160元，可按我国税法规定前提条件下补减。

宋先生若希望其在乙国出现的超过限额部分160元能够全部得到抵免，必须做到：①今后5年内继续在乙国投资；②若要增加在乙国投资项目，一定要是低税率项目；③若要减少在乙国投资项目，一定要是高税率项目。只有这样，宋先生在乙国的超过限额部分才有可能得到抵免。

本章小结

个人所得税是对个人(自然人)取得的各项应税所得征收的一种税。该税种的筹划主要表现在以下几方面。

纳税人确定方面的筹划。一般而言，减轻税负的主要方法有：利用有关住所的规定，改变国籍变更住所，从而进行合理避税；利用临时离境的规定，恰当安排离境时间，使自己成为非居民纳税人以减轻税负；个人投资创业可通过选择企业组织类型，从而避免选择税负较重的税种；纳税人还可以将收到实物收益转化为企业支付福利方式、将收益转化为对留存在业投资方式进行筹划，从而避免个税纳税义务。

应税所得项目方面的筹划。主要通过工资分布的不均衡、工资与奖金的不同纳税规定，降低、减少名义收入，附加扣除费用等方面进行税收筹划；对个人独资企业和合伙企业应充分利用增加费用支出和利用分项进行税收筹划；对企事业单位承包、承租经营所得主要是通过变更工商登记方式降低企业税负；对劳务报酬的节税操作主要是利用分解技术和合理安排“次”数进行税收筹划；对稿酬所得的筹划主要通过稿酬次数、分摊收入和增加前期费用进行税收筹划；对特许权使用费筹划主要是考虑将特许权转让以取得特许权使用费所得，还是将特许权用来投资以获得更大的回报；对利息、股息、红利所得的筹划可以通过安排教育储蓄、进行国债投资以及其他渠道进行税收筹划；对财产租赁所得则可以通过合理安排次数、尽量全额扣除费用和运用税收优惠政策进行税收筹划。

降低适用税率方面的筹划。主要是运用应税项目之间的转换选择低税率；利用分拆技术降低适用税率；设立分支机构适用低税率；合理避免临界点收入突增而适用较低税率等方式进行筹划。

充分运用税收优惠政策进行筹划。主要方式是利用免征额、公益性捐赠支出可税前扣除、境外已纳税额允许抵免等优惠政策进行筹划。

关键术语

居民纳税人　非居民纳税人　有限纳税义务　无限纳税义务　住所　居住时间　习惯性居住　临时离境　转移住所　税收流亡　个人投资企业组织形式　实物收入　工资薪金支出　应税所得平均化　分设机构　税目转换　优惠政策　免征额　公益性捐赠支出　捐赠限额　捐赠途径　境外已纳税额

综合练习

一、 单选题

1. W某、X某及Y某出资成立了一家个人合伙企业，3位合伙人各占1/3的股份，全年赢利180 000元，企业利润平分，3位合伙人的工资为每人每月3 000元，按个人所得税法现行规定，W某的所得税实际负担率是(　　)。

A. 19.84%　　B. 33.33%　　C. 33.55%　　D. 35.00%

2. 李某在一家晚报上连载某小说半年，前3个月每月月末报社支付稿酬10 000元；后3个月每月月末报社支付稿酬5 000元。李作家所获稿酬应缴纳的个人所得税为(　　)元。

A. 3 688　　B. 4 500　　C. 4 980　　D. 5 040

3. 杨女士2011年7月将自有住房按市场价格出租给张某用于居住，租期一年，每月取得租金收入3 500元，当年8月发生租房装修费用2 000元。杨女士当年应纳个人所得税为(　　)元(不考虑出租房屋的其他税费)。

A. 1 380　　B. 1 420　　C. 1 480　　D. 1 560

4. 下列不属于免纳个人所得税项目的是(　　)。

A. 国债和国家发行的金融债券利息

B. 按照国家统一规定发给的补贴、津贴

C. 依照我国有关法律规定应予免税的各国驻华使馆、领事馆的外交代表、领事官员和其他人员的所得

D. 个人转让自用达5年以上并且是唯一的家庭居住用房取得的所得

5. 我国税法规定，纳税义务人从我国境外取得的所得，准予其在应纳税额中扣除已在境外缴纳的个人所得税税额。关于该规定的具体执行，下列说法错误的是(　　)。

A. 扣除额不得超过该纳税人境外所得依照本法规定计算的应纳税额

B. 已在境外缴纳的个人所得税税款，是指纳税人从我国境外取得的所得，依照该所得来源国家或者地区的法律应当缴纳并且实际已经缴纳的税款

C. 依照税法规定计算的应纳税额，是指纳税人从中国境外取得的所得，区别不同国家或者地区，但不区分应税项目，依照税法规定的费用减除标准和适用税率计算的应纳税额

D. 纳税人在我国境外一个国家或者地区实际已经缴纳的个人所得税税额，超过该国家或者地区扣除限额的，其超过部分不得在本纳税年度的应纳税额中扣除，但是，可以在以后不超过5个纳税年度的该国家或者地区扣除限额的余额中补扣

6. 个人所得税下列所得一次收入过高的，可以实行加成征收(　　)。

A. 稿酬所得　　B. 劳务报酬所得

C. 红利所得　　D. 偶然所得

7. 甲、乙、丙3人合作承担一项安装劳务，共取得报酬40 000元，其中：甲分得4 000元，乙分得10 000元，丙分得26 000元，甲、乙、丙3人共缴纳个人所得税(　　)元。

A. 6 400　　B. 6 480　　C. 6 800　　D. 6 920

8. 个人所得税居民纳税人的临时离境是指在一个纳税年度内(　　)的离境。

A. 一次不超过30日

B. 多次累计不超过90日

C. 一次不超过30日或者多次累计不超过90日

D. 一次不超过30日或者多次累计不超过180日

9. 下列个人所得税在计算应纳税所得额时，必要减除费用每月是3 500元的有(　　)。

A. 劳务报酬所得

B. 个体工商户生产、经营所得

C. 财产转让所得

D. 对企事业单位承包、承租经营所得

10. 下列各项中，每次收入不超过 4 000 元，减除费用 800 元，其余额为应纳税所得额的是(　　)。

A. 偶然所得　　B. 利息所得

C. 财产租赁所得　　D. 财产转让所得

二、 多选题

1. 下列个人所得采取比较明显的超额累进税率形式的有(　　)。

A. 劳务报酬所得

B. 个体工商户的生产、经营所得

C. 工资薪金所得

D. 个人承包、承租所得

2. 下列个人所得适用 20%比例税率的有(　　)。

A. 劳务报酬所得

B. 偶然所得

C. 个体工商户的生产、经营所得

D. 特许权使用费所得

3. 以下可以免征个人所得税的有(　　)。

A. 购物抽奖

B. 领取住房公积金

C. 省级见义勇为奖金

D. 教育储蓄利息

4. 下列属于个人所得税纳税人的有(　　)。

A. 在我国境内有住所

B. 在我国境内无住所但居住满半年

C. 在我国境内无住所但居住满 1 年

D. 在我国境内有住所但未居住

5. 下列所得中，以每次收入额为应税所得额的是(　　)。

A. 利息　　B. 红利

C. 偶然所得　　D. 劳务报酬所得

三、 判断题

1. 国家发行的金融债券利息免征个人所得税。(　　)

2. 个人所得税纳税人分为居民纳税人和非居民纳税人。(　　)

3. 在我国境内无住所的个人，只就其在我国境内取得的所得缴纳个人所得税。(　　)

4. 我国个人所得税法规定，工资、薪金所得适用 9 级累进税率。(　　)

5. 同一作品出版、发表后，因添加印数而追加稿酬的，应与以前出版、发表时取得的稿酬合并计算为一次，计征个人所得税。（ ）

四、简答题

1. 个人所得税税务筹划的基本思路与方法是什么？谈谈你对个人所得税筹划的认识。
2. 个人所得税纳税人为降低税负如何在居民纳税人与非居民纳税人之间进行转换？
3. 个人所得税应税所得项目中，工资、薪金所得能够采用哪些筹划方法？
4. 对于劳务报酬所得，可以采用哪些税收筹划方法？分别举例说明。
5. 对于稿酬所得可以采用何种方法进行税务筹划？
6. 个体工商户的所得税与企业的所得税有何不同？应如何进行税务筹划？
7. 关于年底一次性奖金，应该怎样进行税收筹划？
8. 个人捐赠应该如何进行税务筹划？

实际操作训练

实训项目1：收入费用化的税收筹划

实训目的：利用合理安排费用对劳务报酬所得进行筹划。

实训内容：某大学教授研究应用经济学，经常受邀到全国各地讲学，2011年湖北一家公司和深圳另一家公司同时邀请他前往授课，讲课时间为6天，但是时间重叠了。湖北公司提出给该教授课酬为5.5万元，交通等费用自理；深圳公司只支付5万元，但是负责支付该教授来深圳授课的全部费用，按照该教授到深圳讲课的惯例，他的费用大概为5 000元。

实训要求：由于授课时间重叠，从税收筹划的角度来帮助该教授决策应该到何地讲学能获得最大化的税后收入？

实训项目2：应税所得项目转化的税收筹划

实训目的：工资、薪金所得和劳务报酬转化的税收筹划。

实训内容：严先生每月工资收入1 500元，由于工资太低，严先生在企业提供技术服务，每月均为企业提供技术服务一次，每次收入5 000元。

实训要求：为严先生进行税收筹划，以减轻税负。

实训项目3：年终奖的税收筹划

实训目的：年终奖的税收筹划。

实训内容：2012年王先生的每月工资为4 500元，该年王先生的奖金预计共有36 000元。

实训要求：分别对奖金按月发放、年中和年末两次发放(年中发放10 000元，年末发放26 000元)及年终一次性发放3种不同方式进行比较分析。

实训项目4：对个人取得实物收入的税收筹划

实训目的：避免取得实物收入的税收筹划。

实训内容：某上市公司的股东李某由于其住所离工作地较远，公司专门购买了一辆价值100万元的小汽车让李某使用。该小汽车预计使用10年，残值按原价的2.5%估计，按直线法计算折旧。小汽车每年的固定使用费用为1万元，每年的油耗及修理费为含税价2.34万元(均取得了增值税专用发票)。公司将车辆的所有权办到了李某的个人名下，购车款由公司支付。

实训要求：这是最好的方案吗？如果你有更好的方案，指出该方案的节税效果。

实训项目5：收入取得方式的税收筹划

实训目的：通过分次取得收入进行税收筹划。

实训内容：纳税人郑某2011年10月给几家公司提供劳务，同时取得多项收入：给某设计院设计了一套工程图纸，获得设计费1万元；给某外资企业当15天兼职翻译，获得1.5万元的翻译报酬；给某民营企业提供技术帮助，获得该企业的2万元报酬。郑某如何纳税？又有何种筹划方法使少纳税？

实训要求：试为郑某进行税收筹划。

第9章 关税及其他税种筹划

教学目标

通过本章的学习，掌握关税税收筹划方法，掌握资源税税收筹划方法，掌握土地增值税税收筹划方法，掌握城镇土地使用税税收筹划方法；掌握房产税税收筹划方法；掌握印花税税收筹划方法；掌握契税税收筹划方法。

教学要求

知识要点	能力要求	相关知识
关税税收筹划	了解关税完税价格 熟悉完税价格的避税筹划概述 掌握关税税收筹划	关税完税价格 完税价格的避税筹划 关税税收筹划
其他税种税收筹划	掌握关税税收筹划方法 熟悉资源税税收筹划 掌握土地增值税税收筹划方法 掌握城镇土地使用税税收筹划方法 掌握房产税税收筹划方法 掌握印花税税收筹划方法 掌握契税税收筹划方法	关税税收筹划方法 其他税种税收筹划

导入案例

回国探亲时的避税筹划

入境旅客行李物品和个人邮递物品是指进入我国关境的非贸易性的应税自用物品，其中包括馈赠物品。对这些物品征收的进口税包括关税、代征的国内增值税和消费税。该税的纳税人是入境行李物品的携带人和进口邮件的收付人。

从进口税率表中可以发现，在众多可以作为探亲礼品的物品中，如金银及其制品、包金饰品、纺织品和制成品、电器用具、照相机、手表、化妆品、录像机、烟、酒、汽车等，其进口税率各不相同，而且差异很大。有免税的，有100%甚至200%征税的。

例：某人为回国探亲在国外买了300美元的名酒、400美元的松下影碟机、300美元的瑞士金表作为探亲礼物，那么他所负担的进口税负为：

应纳税额＝300×200%＋400×150%＋300×100% ＝600＋600＋300 ＝1 500(美元)

也就是说某人为了探亲，光送礼就花了1 000＋1 500＝2 500(美元)。但若他带回了400美元的包金首饰和600美元的金银戒指、项链。由于金银制品及包金饰品免税，那么他所负担的税负则为零。相比之下，同样花了1 000美元，却付出了不同的代价。

9.1 关税税收筹划

9.1.1 关税完税价格

关税(Tariff)，是指货物经过一国关境时征收的税收。关税是世界各国普遍征收的一个税种，是指一国海关对进出境的货物或者物品征收的一种税。关税和非关税措施是衡量一个国家市场开放度的主要标志。1985年3月7日，国务院发布《中华人民共和国进出口关税条例》。1987年1月22日，第六届全国人民代表大会常务委员会第十九次会议通过《中华人民共和国海关法》，其中第五章为《关税》。2003年11月，国务院根据海关法从新修订并发布《中华人民共和国进出口关税条例》。作为具体实施办法，《中华人民共和国海关进出口货物征税管理办法》经2004年12月15日审议通过，自2005年3月1日起施行。

1. 进口货物完税价格的审定

进口货物的完税价格，由海关以该货物的成交价格为基础审查确定，并应当包括货物运抵我国境内输入地点起卸前的运输及其相关费用、保险费。运输及其相关费用中的“相关费用”主要是指与运输有关的费用，如装卸费、搬运费等属于广义的运费范畴的费用。

海关确定进口货物完税价格有6种估价方法：成交价格方法、相同货物成交价格方法、类似货物成交价格方法、倒扣价格方法、计算价格方法和合理方法。这6种估价方法必须依次使用，即只有在不能使用前一种估价方法的情况下，才可以顺延使用其他估价方法。如果进口货物收货人提出要求并提供相关资料，经海关同意，可以颠倒倒扣价格方法和计算价格方法的适用次序。

1）成交价格方法

成交价格方法是第一种估价方法，它建立在进口货物实际发票或合同价格的基础上，在海关估价实践中使用率最高。

成交价格是指进口货物的买方为购买该货物，并按《审价办法》第四条、第五条的规定调整后的实付或应付价格。这里的"成交价格"有特定的含义，必须是调整后的实付或应付价格，并满足这一条件，它已经不完全等同于贸易中实际发生的发票或合同价格。贸易上的发票或合同价格取决于买卖双方的约定，它有可能是实付或应付价格，有可能已经包括某些应调整的因素，还有可能已包括运保费，它的定价是自由的。

实付或应付价格是买方为购买进口货物向卖方或为卖方的利益而已付或应付的支付总额。支付可以采用多种形式，可以是直接支付，也可以是间接支付。

成交价格必须满足以下 4 个条件，否则不能适用成交价格方法。

(1) 买方对进口货物的处置和使用不受限制，但国内法律、行政法规规定的限制、对货物转售地域的限制、对货物价格无实质影响的限制除外。

(2) 货物的价格不应受到导致该货物成交价格无法确定的条件或因素的影响。

(3) 卖方不得直接或间接从买方获得因转售、处置或使用进口货物而产生的任何收益，除非按照《审价办法》第四条的规定做出调整。

(4) 买卖双方之间没有特殊关系，如果有特殊关系，应当符合《审价办法》第六条的规定。

有以下情形之一的，应当认定买卖双方有特殊关系：买卖双方为同一家族成员；买卖双方互为商业上的高级职员或董事；一方直接或间接地受另一方控制；买卖双方都直接或间接地受第三方控制；买卖双方共同直接或间接地控制第三方；一方直接或间接地拥有、控制或持有对方 5%或以上公开发行的有表决权的股票或股份；一方是另一方的雇员、高级职员或董事；买卖双方是同一合伙的成员。

成交价格的调整要素包括计入因素和扣减因素两种。

计入因素，即调整因素的加项，指符合一定条件的必须计入到实付或应付价格中的因素主要包括以下几项。

① 由买方负担的以下费用。除购货佣金以外的佣金和经纪费。"佣金"主要是指买方或卖方向其代理人所支付的一种劳务费用，包括购货佣金和销售佣金。"购货佣金"主要是指买方向其采购代理人支付的佣金，委托人向自己的经纪人支付的从事贸易活动的劳务费用，根据《审价办法》第四条的规定也应该计入完税价格中。

与进口货物视为一体的容器费用。此类容器主要指与货物成为一个整体，并归入同一个税号列的容器，如酒瓶、香水瓶等。如其价格没包括在酒、香水的实付或应付价格中的，应该计入。

包装材料和包装劳务费用。此类费用主要指进口货物在包装的过程中发生的一些成本和费用。

② 可按适当比例分摊的，由买方直接或间接免费提供或以低于成本价的方式销售给卖方或有关方的，未包括在实付或应付价格之中的货物或服务的价值，具体包括：进口货物所包含的材料、部件、零件和类似货物的价值；在生产进口货物过程中使用的工具、模

具和类似货物的价值；在生产进口货物过程中消耗的材料的价值；在境外进行的为生产该货物所必需的工程设计、技术研发、工艺及制图等工作的价值。

③ 与该货物有关的并作为卖方向中华人民共和国销售该货物的一项条件，应当由买方直接或间接支付的特许权使用费。

④ 卖方直接或间接从买方对货物进口后转售、处置或使用所得中获得的收益。

上述所有应计入到实付或应付价格中的调整因素的价值或费用，必须同时满足 3 个条件：由买方负担、未包括在进口货物的实付或应付的价格中、有客观量化的数据资料。如果没有客观量化的数据资料，海关可以不采用成交价格的方法而依次使用其他估价方法估价。

扣减因素，价格调整因素的减项主要包括以下 3 个方面。

① 厂房、机械、设备等货物进口后的基建、安装、装配、维修和技术服务的费用。这些费用实际上是一种对劳务的支付，而不是对进口货物本身的支付。

② 货物运抵境内输入地点之后的运输费用。

③ 进口关税和国内税。

上述 3 项费用扣除的前提条件是：必须是其能与进口货物的实付或应付价格相区分，否则不能扣除。

成交价格方法是海关估价中使用频率最高的一种估价方法，但由于种种原因，并不是所有的进口货物都能采用这一方法，如不存在买卖关系的进口货物以及不符合成交价格条件的进口货物，就不能采用成交价格方法，而应按照顺序考虑采用相同或类似进口货物的成交价格方法。相同或类似进口货物的成交价格方法，除了货物本身有区别以外，在其他方面的适用条件均与成交价格方法一样。据以比照的相同或类似货物应共同具备以下 5 个要素：一是须与进口货物相同或类似；二是须与进口货物在同一国家或地区生产；三是须与进口货物同时或大约同时进口；四是商业水平和进口数量须与进口货物相同或大致相同，如没有相同商业水平和大致相同数量的相同或类似进口货物，可采用不同商业水平和不同数量销售的相同或类似进口货物，但必须对商业水平和数量、运输距离和方式的不同所产生的价格方面的差异做出调整，这种调整应建立在客观量化的数据资料的基础上；五是当存在两个或更多的价格时，选择最低的价格。

2）相同货物和类似货物成交价格方法

“相同货物”是指与进口货物在同一国家或地区生产的，在物理性质、质量和信誉等所有方面都相同的货物，但表面的微小差异允许存在。

“类似货物”是指与进口货物在同一国家或地区生产的，虽然不是在所有方面都相同，但却具有类似的特征、类似的组成材料、同样的功能，并且在商业中可以互换的货物。

“时间要素”是指相同或类似货物必须与进口货物同时或大约同时进口，其中的“同时或大约同时”，为在进口货物接受申报之日的前后各 45 天以内。

采用相同或类似货物成交价格估价方法，必须使用与进口货物相同商业水平、大致相同的数量的相同或类似货物。如果没有相同商业水平和大致相同的数量，可以采用不同商业水平和不同数量销售的相同或类似进口货物，但必须因商业水平和数量、运输距离和方式的不同所产生的价格方面的差异做出调整，调整必须建立在客观量化的数据资料的基础上。

3）倒扣价格方法

倒扣价格方法是以被估的进口货物、相同或类似进口货物在境内销售的价格为基础估定完税价格的方法。

按用以倒扣的价格销售的货物应同时符合以下条件。

(1) 在被估货物进口时或大约同时销售。

(2) 按照进口时的状态销售。

(3) 在境内第一环节销售。

(4) 合计的货物销售总量最大。

(5) 向境内无特殊关系方的销售。

必须以进口货物、相同或类似进口货物按进口时的状态销售的价格为基础。如果没有按进口时的状态销售的价格，可以使用经过加工后在境内销售的价格作为倒扣的基础。

必须是在被估货物进口时或大约同时转售给国内无特殊关系方的价格，其中“进口时或大约同时”为在进口货物接受申报之日的前后各45天以内。这一时间范围跟相同或类似货物成交价格方法的“同时或大约同时进口”的范围是一致的。如果找不到同时或大约同时的价格，可以采用被估货物进口后90天内的价格作为倒扣价格的基础。

必须使用被估的进口货物、相同或类似进口货物以最大总量单位售予境内无特殊关系方的价格为基础估定完税价格。

倒扣价格方法应扣除的费用包括以下几点。

(1) 该货物的同等级或同种类货物在境内销售时的利润和一般费用及通常支付的佣金。

(2) 货物运抵境内输入地点之后的运费、保险费、装卸费及其他相关费用。

(3) 进口关税、进口环节税和其他与进口或销售该货物有关的国内税。

(4) 加工增值额。加工增值额主要是指如果使用经过加工后在境内转售的价格作为倒扣的基础，必须扣除这部分价值。

4）计算价格方法。计算价格方法与前4种方法有很大的区别，它既不是以成交价格，也不是以在境内的转售价格作为基础，而是以发生在生产国或地区的生产成本价格作为基础的。因此，使用这种方法必须依据境外的生产商提供的成本方面的资料。这种方法也是使用率最低的一种方法。

采用计算价格方法的进口货物的完税价格由下列各项目的总和构成。

(1) 生产该货物所使用的原材料价值和进行装配或其他加工的费用。

(2) 与向我国境内出口销售同级或同类货物相符的利润和一般费用。

(3) 货物运抵我国境内输入地点起卸前的运输及其相关费用、保险费。

5）合理方法

合理的估价方法，实际上不是一种具体的估价方法，而是规定了使用方法的范围和原则，即运用合理方法，必须符合《审价办法》的公平、统一、客观的估价原则，必须以境内可以获得的数据资料为基础。合理方法应当是再次按顺序使用相同或类似货物成交价格方法、倒扣价格方法、计算价格方法，但采用这些方法时有合理的灵活性。

在使用合理方法估价时，禁止使用以下6种价格。

(1) 境内生产的货物在境内销售的价格，也就是国内生产的商品在国内的价格。

(2) 在备选价格中选择高的价格，也就是从高估价的方法。

(3) 依据货物在出口地市场的销售价格，也就是出口地境内的市场价格。

(4) 依据《审价办法》第十条规定之外的生产成本价格，也就是说在使用计算价格方法时。

(5) 依据出口到第三国或地区货物的销售价格。

(6) 依据最低限价或武断、虚构的价格。

知识链接 9－1

特殊进口货物完税价格的审定

这里所讲的“特殊”并不是指货物本身和上文规定的进口货物有不同，而是指以特殊的贸易方式或交易方式进口的货物，所以上文所讲的估价方法同样适用于以下所述的进口货物。

(一) 加工贸易进口料件和制成品的完税价格。

加工贸易进口货物估价的核心问题是按制成品征税还是按料件征税，以及征税的环节是在进口环节还是在内销环节。

主要规定有以下几点。

(1) 进口时需征税的进料加工进口料件，以该料件申报进口时的价格估定。进口时需征税的进料加工进口料件，主要是指需要按比例征税的进料加工进口料件。一般来讲，进料加工进口料件在进口环节都有成交价格，因此以该料件申报进口时的价格确定。

(2) 内销的进料加工进口料件或其制成品(包括残次品、副产品)，以料件原进口时的价格估定。制成品因故转为内销时，以制成品所含料件原进口时的价格确定。

(3) 内销的来料加工进口料件或其制成品(包括残次品、副产品)，以料件申报内销时的价格估定。来料加工的料件在原进口时是没有成交价格的，因此以进口料件申报内销时的价格确定。

(4) 出口加工区内的加工企业内销的制成品(包括残次品、副产品)，以制成品申报内销时的价格确定。

(5) 保税区内的加工企业内销的进口料件或其制成品(包括残次品、副产品)，分别以料件或制成品申报内销时的价格估定。如果内销的制成品中含有从境内采购的料件，则以所含从境外购入的料件原进口时的价格确定。

(6) 加工贸易加工过程中产生的边角料，以申报内销时的价格确定。

(二) 从保税区进入非保税区、从出口加工区运往区外、从保税仓库出库内销的非加工贸易货物的完税价格。

从保税区或出口加工区销往区外、从保税仓库出库内销的进口货物(加工贸易进口料件及其制成品除外)，以海关审定的从保税区或出口加工区销往区外、从保税仓库出库内销的价格估定完税价格。对经审核销售价格不能确定的，海关按照《审价办法》第七条至第十一条的规定确定完税价格。如果销售价格中未包括在保税区、出口加工区或保税仓库中发生的仓储、运输及其他相关费用的，海关按照客观量化的数据资料予以计入。

(三) 出境修理货物的完税价格。

运往境外修理的机械器具、运输工具或其他货物，出境时已向海关报明，并在海关规定期限内复运进境的，海关以审定的境外修理费和料件费以及该货物复运进境的运输及其相关费用、保险费确定完税价格。

（四）出料加工进口货物的完税价格。

运往境外加工的货物，出境时已向海关报明，并在海关规定期限内复运进境的，海关以审定的境外加工费和料件费以及该货物复运进境的运输及其相关费用、保险费确定完税价格。

（五）暂时进口货物的完税价格。

对于经海关批准的暂时进境的货物，按照《审价办法》第七条至第十一条的规定确定完税价格。

（六）租赁进口货物的完税价格。

(1) 以租金方式对外支付的租赁货物，在租赁期间以海关审定的租金作为完税价格。

(2) 留购的租赁货物以海关审定的留购价格作为完税价格。

(3) 承租人申请一次性缴纳税款的，经海关同意，按照《审价办法》第二章的规定确定完税价格。

（七）留购的进口货样、展览品和广告的完税价格。

对于境内留购的进口货样、展览品和广告陈列品，以海关审定的留购价格作为完税价格。

（八）特定减免税货物的完税价格。

减税或免税进口的货物需予补税时，海关以审定的该货物原进口时的价格，扣除折旧部分价值作为完税价格。

（九）其他特殊进口货物的完税价格。

以易货贸易、寄售、捐赠、赠送等其他方式进口的货物，海关按照《审价办法》第七条至第十一条的规定确定完税价格。

进口税率分为普通税率和优惠税率两种。对于原产地是与我国未订有关税互惠协议的国家或地区的进口货物，按普通税率征税；对于原产地是与我国订有关税互惠协议的国家或地区的进口货物，按优惠税率征税。

关于原产地的确认，海关总署在《关于进口货物原产地的暂行规定》中设定了两种标准：一是全部产地标准。即对于完全在一个国家内生产或制造的进口货物，其生产或制造国就是该货物的原国。二是实质性加工标准，指经过几个国家加工、制造的进口货物，以最后一个对货物进行经济上可以视为实质性加工的国家作为有关货物原产国。这里所说的实质性加工是指产品经过加工后，在《海关税则》中已不按原有的税目税率征税，而应归入另外的税目征税，或者其加工增值部分所占新产品总值的比例已经超过30%以上。两个条件具备一项，即可视为实质性加工。

实质性加工标准给避税的带来了可能。首先就实质性加工标准的具体规定来看，即经过几个国家加工、制造的进口货物，以最后一个对货物进行经济上可以视为实质性加工的国家作为该货物的原产国。何谓实质性加工？就其中第一个条件而言，从税收角度来看，重要的是它必须表现为税目税率的改变。从另外一条件来说，就是加工增值部分所占新产品总值的比例已经超过30%以上，可视为实质性加工。

9.1.2 完税价格的避税筹划概述

1. 进口货物完税价格避税筹划

在关税和所得税是由两个不同机构征管的国家，如果两个不同征管机构之间各行其事的话，就给纳税人提供了节税的空间。进口关税的完税价格“以高报低”。应税所得“高进低出”，即进货报高价，虚增成本；销货报低价，少列收入。也就是说，同是一种商品，不同的国家有不同的关税课征范围，适用税率也不尽相同。对于那些不属于课征关税的商品品目，如收入来源国所得税率低于居住国，高进低出的结果对纳税人肯定有利。对于属于课征关税的商品品目，如果关税税率较低，所得税率较高，算起总账，纳税人还是有好处的。当然也不可否认存在这样的事实，或是海关，或是税务局，实施的估价方法脱离实际，不尽合理。更遗憾的有时出现各执一端，同时是一种进口商品，海关按高价，税务局按低价，损害了纳税人的正当利益。关税筹划的目标放在维护纳税人的正当权益上是无可非议的。

根据《中华人民共和国进出口关税条例》第 9 条规定：出口货物以海关审定的正常成交价格为基础的到岸价格作为完税价格。到岸价格包括货价，加上货物运抵中华人民共和国关境内输入地点起卸前的包装费、运费、保险费和其他劳务费等费用。这是我国海关估价对进口货物完税价格所规定的定义。依据成交价格所作的规定，我国对进口货物的海关估价主要有两种情况：一是海关审查可确定的完税价格；二是成交价格经海关审查未能确定的价格。因此要分别就这两种情况进行避税筹划。

第一种情况是审定成交价格法。该方法是指进口商向海关申报的进口货物价格，如果经海关审定认为符合成交价格的要求和有关规定，就可以此作为计算完税价格的依据，然后经海关对货价费用和运、保、杂等项费用进行必要的调整后，即可确定其完税价格。这种审定成交价格法是我国以及其他各国海关在实际工作中最基本、最常用的海关估价方法。我国进口货物一般也都按此方法确定完税价格。故在审定成交价格下，如何缩小进口货物的申报价格而又能为海关审定认可为“正常成交价格”就成为避税的关键所在。

而成交价格实际上是指进口货运的买方为购买该项货物而向卖方实际支付的或应当支付的价格。该成交价格的核心内容是货物本身的价格(即不包括运、保、杂费的货物价格)。该价格除包括货物的生产、销售等成本费用外，还包括买方在成交价格之外另行同卖方支付的佣金。由此看来，要想达到避税的目的，要选择同类产品中，成交价格比较低的、运输、杂项费用相对小的货物进口，方能降低完税价格。

第二种情况是按审定成交价格法经海关审查未能确定的价格。对此，海关主要按以下方法依次估定完税价格，其分别为：相同货物成交价格法、类似货物成交价格法、国际市场价格法、国内市场价格倒扣法，由海关按其他合理方法估定的价格。

2. 出口货物完税价格避税筹划

依据《中华人民共和国海关对出口商品审价暂行办法》的最新规定，出口商品的海关估价应是成交价格，即该出口商品售予境外的应售价格。应售价格应由出口商品的境内生产成本、合理利润及外贸所需的储运、保险等费用组成。概而言之，就是扣除关税后的离岸价格。所以如何合理地确定成交价格可以说是本环节避税的重心所在。

出口货物的离岸价格，应以该项货物运离国境前的最后一个口岸的离岸价格为实际离岸价格。如果该项货物从内地起运，则从内地口岸至国境口岸所支付的国内段运输费用应予扣除。另外出口货物的成交价格如为货价加运费价格，或为国外口岸的到岸价格时，应先扣除运费并再扣除保险费后，再按规定公式计算完税价格。

此外，如果在商品成交价格以外，还存在着支付给国外的与此项业务有关的佣金，那么在申报表上应该单独列明，加以确认反映。因为税法明确规定，该项佣金应予扣除。如单独列明的，可不予以扣除。

不能把完税价格的避税方法片面地理解为降低申报价格。如果为了少缴关税而降低申报价格的话，那么就构成了偷税。海关对此区别情况做出相应的处理如下。

(1) 申报价格低于海关审定价格的，应由出口商品的发货人或其代理人缴纳相当于申报价格与海关审定价格的差额保证金后，由海关放行货物，并通知有关进出口商会和国家外汇管理部门进行调查。经调查，对有确凿证据属低报价格逃、套外汇的，用外汇管理部门依据《违反外汇管理处罚实施细则》的规定处理，并由海关处以货物等值以下的罚款或罚金。

(2) 申报价格明显低于海关审定价格，经海关调查构成隐瞒价格行为的，海关可将货物予以扣留，不准出口，并处货物等值以下的罚款；同时通知有关进出口商会和国家外汇管理部门。

3. 进口商品时的增值税避税筹划

对于出口商品按照惯例，我国实行出口退税；对于进口商品，在征收关税之外，同国内商品一样，按照相应的税率和纳税环节，要缴纳增值税。所以说，进出口商品的增值税筹划，主要就是对进口商品的纳税进行避税筹划，以及对出口商品的退税进行避税筹划。

按规定：在我国境内销售货物，或者提供加工、修理修配、劳务以及进口货物的单位与个人为增值税的纳税义务人，应当依照本条例缴纳增值税。这表明，只要进口商品，就负有缴纳增值税的义务。商品的税收负担主要是由税率体现的，因此，进口商品的增值税避税筹划，主要在税率的选择上，而高低不同的税率又是与不同的课税对象相对应的，并且也因纳税人的不同而有所差异。所以对于进口环节所负担的增值税而言，要想达到避税的效果，其重要的一点就是能否选择优惠税率，或者说是选择具有优惠税率的货物进口。根据税法规定，部分进口商品在报关进口时可享受低税率和免税的优惠待遇。因此为在一定程度上这些商品提供了避税的空间。

知识链接 9-2

纳税人销售或进口货物税率为13%的项目

(1) 粮食、食用植物油。

(2) 自来水、暖气、冷气、热水、煤气、石油液化气、天然气、沼气、居民用煤制品。

(3) 图书、报纸、杂志。

(4) 饲料、化肥、农药、农机、农膜、农用柴油机。

(5) 国务院规定的其他货物。

免征增值税项目

(1) 农业生产者销售的自产农业产品。

(2) 避孕药品与用具。

(3) 古旧图书。

(4) 外国政府、国际组织无偿援助的进口物资和设备。

(5) 直接用于科学研究、科学试验和教学的进口仪器和设备。

(6) 来料加工、来件加工装配和补偿贸易所需的进口设备。

(7) 供残疾人使用的假肢、轮椅、矫形器等。

(8) 销售自己使用过的物品。

4. 进口商品时的消费税避税筹划

申报进入我国关境内的货物均应缴纳消费税。进口货物的收货人或办理报关手续的单位和个人，为进口货物消费税的纳税义务人。通过《进口环节消费税税目税率表》可以看到消费税最高可达45%的分类分项差别税率，决定了其在企业的避税筹划中占有重要的地位。

根据进口货物消费税的应纳税额的计算公式，只要对完税价格进行筹划，减小分子，就可以达到避税的目的。另外，根据税法规定，如果存在下列情况，应按适用税率中最高税率征税。

(1) 纳税人兼营不同税率的应税消费品，即进口生产销售两种税率以上的应税消费品时，应当分别核算不同税率应税进口消费品的进口额或消费品时，应当分别核算不同税率应税进口消费品的进口额或销售数量，未能分别核算的，按最高税率征税。

(2) 纳税人将应税消费品与非应税消费品，以及适用不同税率的应税消费品组成成套消费品销售的，应根据组合产品的销售金额按应税消费品的最高税率征税。

金银首饰，以金银为基底的包镀及其他贵金属的首饰，以及上述首饰的镶嵌首饰，免征进口环节消费税。

5. 增值税出口时的避税筹划

出口商品退税制度是我国海关税收的一个重要内容，其主要是指在出口环节中退还或免征增值税和消费税的各项有关规定。

我国当前出口商品的税收扶持主要有两种形式：一种是先征税后退税，另一种是免税形式。这两种措施对出口货物的影响是不同的。采取免税方法时，只能免征出口货物最终生产环节的原材料、零部件等所包含的税款无法扣除的部分，从而不能使出口货物真正以不含税价格进入国际市场。采用先征后退的方式就不存在这样的问题。

对出口公司而言，应准确掌握出口货物退税税额的计算。

出口企业将出口货物单独设立库存账和销售账记载的，应以购进出口货物的增值税专用发票所列明的进项金额和税额计算。

对库存和销售均采用加权平均价核算的企业，也可以按适用不同税率的货物分别依下列公式计算：

应退税额＝出口货物数量×加权平均进价×税率

对于出口企业兼营内销和出口货物且其出口货物不能单独设账户核算的，应先对内销货物计算销项税额并扣除当期进项税额后，再依下列公式计算出口货物的应退税额：

销项金额×税率≥未抵扣完的进项税额应退税款＝未抵扣完的进项税额

销项金额×税率＜未抵扣完的进项税额应退税款＝销项金额×税率结转下期抵扣进项税额＝当期未抵扣完的进项税额－应退税额

这里销项金额是指依出口货物离岸价和外汇牌价计算的人民币金额。税率则是指计算该项货物退税的税率。

6. 反倾销税的避税筹划

反倾销税的避税筹划的目的主要在于：

其一是尽量减少被控诉的可能。提高产品附加值，取消片面的低价策略。我国出口产品基本上是属于资源密集型和劳动密集型，初级产品比重高，产品档次低，附加值少，价格很难提高。从长远来看，我国企业应大力着手从初低级产品的形象中走出来，使我国出口产品结构日趋成熟；组建出口企业商会，加强内部协调和管理，塑造我方整体战略集团形象；分散出口市场，降低受控风险。

其二是顺利通过调查，避免被认为倾销，如果出口产品在国际市场上面临反倾销调查，可以选用以下技术手段灵活地应付。

(1) 及时上调价格。这是因为欧美商业裁决机构于每征满一年反倾销税时会重新申报调查该倾销商是否仍有倾销行为，这时及时上调价格，就能被认为不具倾销行为，从而出口产品所被征的反倾销税也立即取消。

(2) 调整产品利润预测，改进企业会计财务核算，以符合国际规范和商业惯例；同时还要密切注意国际外汇市场的浮动状况。

(3) 将国外进口商组织起来，推动其反贸易保护活动。因为一旦我方产品被征收反倾销税，受损失的还有外国进口商。可通过加强与当地工商组织的交流，以实际的商业利益为砝码促使其向政府施加压力。

7. 利用保税制度的避税筹划

在国际贸易中，经常会发生货物虽已进境，但却不一定在该国市场上销售的情况，这就意味着货物缴纳关税与否，需视该货物决定为进口还是复运出口而定。如果是后者，那么，将该货物置于某种可以免纳进口关税的海关监管之下，不仅符合进口商的利益，而且还能促进该国的转口贸易和出口贸易。这正是保税制度的本质所在。

保税是一个包含众多环节的过程。现假设进口货物最终将复运出境，则其基本环节就是进口和出口，避税筹划的人手处就是这两个环节。在这两个环节中，既是进口公司又是出口公司的外向型公司都必须向海关报关，在该公司填写的报关表中有单耗计量单位一栏，避税筹划的突破口就是这一个栏目。所谓单耗计量单位，即生产一个单位成品耗费几个单位原料，通常有以下几种形式：一种是度量衡单位/度量衡单位，如 m/m、t/m^2 等；一种是度量衡单位/自然单位，如吨/块、米/套等；还有一种是自然单位/自然单位，如件/套、匹/件等。度量衡单位容易测量，而自然单位要具体测量则很困难，所以将利用第三种形式做出避税筹划。

9.1.3 关税完税价格相关阅读

关税是由海关依法对进出国境或关境的货物、物品征收的一种税。国境是一个国家以边界为界限，全面行使主权的境域，包括领土、领海、领空。关境是指海关征收关税的领域。关税税则又称海关税则，是根据国家关税政策和经营政策，通过一定的国家立法程序制定公布实施的，对进出口的应税和免税商品加以系统分类的一览表，是关税政策的具体体现。

自2006年1月1日起执行的《中华人民共和国进出口税则》，对税目、税率进行了调整，关税税则税目增加到了7 605个。

关税是对外贸易过程中的一个重要税种。从税收筹划的角度观察，关税作为一个世界性的税种，税负弹性较小。在税目、税基、税率以及减免税优惠等方面都是规定的相当详细、具体，不像所得税那样有那么大的伸缩余地。

关税弹性较大的是完税价的确定。关税的计税依据有两种：一是从量计征；二是从价计征，另外还有些物品采取从量和从价混合计征的办法。从量计征适用的范围窄，从价计征适用的范围宽。凡是适用从价计征的物品，完税价就是它的税基。因此在同一税率下，完税价如果高税负则重，如果低税负则轻，所以征纳双方对关税价格都极为关注。政府还以海关价格作为对外贸易统计的价格依据，海关作价制度的主要内容是确立完税价格准则及价格基础。例如：以到岸价格、离岸价格、出口价格、审定价格等作为价格依据和以规定的价格依据与一些价格因素组成的价格标准为价格依据。

有些国家在税率被国际协定约束而不能随意变动的情况下，设法在完税价格上作文章，这样税率即使不变，课税额也可以增加。

知识链接 9-3

中华人民共和国海关审定进出口货物完税价格办法

第一章　总　　则

第一条　为了正确审查确定进出口货物的完税价格，根据《中华人民共和国海关法》、《中华人民共和国进出口关税条例》的规定，制定本办法。

第二条　海关审查确定进出口货物的完税价格，应当遵循客观、公平、统一的原则。

第三条　海关审查确定进出口货物的完税价格，应当适用本办法。

准许进口的进境旅客行李物品、个人邮递物品以及其他个人自用物品的完税价格和涉嫌走私的进出口货物、物品的计税价格的核定，不适用本办法。

第四条　海关应当按照国家有关规定，妥善保管纳税义务人提供的涉及商业秘密的资料，除法律、行政法规另有规定外，不得对外提供。

纳税义务人可以书面向海关提出为其保守商业秘密的要求，并具体列明需要保密的内容，但是不得以商业秘密为理由拒绝向海关提供有关资料。

第二章　进口货物的完税价格

第一节　进口货物完税价格确定方法

第五条　进口货物的完税价格，由海关以该货物的成交价格为基础、审查确定，并应当包括货物运抵中华人民共和国境内输入地点起卸前的运输及其相关费用、保险费。

第六条　进口货物的成交价格不符合本章第二节规定的，或者成交价格不能确定的，海关经了解有关情况，并与纳税义务人进行价格磋商后，依次以下列方法审查确定该货物的完税价格。

（一）相同货物成交价格估价方法。

（二）类似货物成交价格估价方法。

（三）倒扣价格估价方法。

（四）计算价格估价方法。

（五）合理方法。

纳税义务人向海关提供有关资料后，可以提出申请，颠倒前款第(三)项和第(四)项的适用次序。

第二节　成交价格估价方法

第七条　进口货物的成交价格，是指卖方向中华人民共和国境内销售该货物时买方为进口该货物向卖方实付、应付的价格，并且按照本章第三节的规定调整后的价款总额，包括直接支付的价款和间接支付的价款。

第八条　进口货物的成交价格应当符合下列条件。

（一）对买方处置或者使用进口货物不予限制，但是法律、行政法规规定实施的限制、对货物销售地域的限制和对货物价格无实质性影响的限制除外。

（二）进口货物的价格不得受到使该货物成交价格无法确定的条件或者因素的影响。

（三）卖方不得直接或者间接获得因买方销售、处置或者使用进口货物而产生的任何收益，或者虽然有收益但是能够按照本办法第十一条第一款第(四)项的规定做出相应调整。

（四）买卖双方之间没有特殊关系，或者虽然有特殊关系但是按照本办法第十七条的规定未对成交价格产生影响。

第九条　有下列情形之一的，应当视为对买方处置或者使用进口货物进行了限制。

（一）进口货物只能用于展示或者免费赠送的。

（二）进口货物只能销售给指定第三方的。

（三）进口货物加工为成品后只能销售给卖方或者指定第三方的。

（四）其他经海关审查，认定买方对进口货物的处置或者使用受到限制的。

第十条　有下列情形之一的，应当视为进口货物的价格受到了使该货物成交价格无法确定的条件或者因素的影响。

（一）进口货物的价格是以买方向卖方购买一定数量的其他货物为条件而确定的。

（二）进口货物的价格是以买方向卖方销售其他货物为条件而确定的。

（三）其他经海关审查，认定货物的价格受到使该货物成交价格无法确定的条件或者因素影响的。

第三节　成交价格的调整项目

第十一条　以成交价格为基础审查确定进口货物的完税价格时，未包括在该货物实付、应付价格中的下列费用或者价值应当计入完税价格。

（一）由买方负担的下列费用。

(1) 除购货佣金以外的佣金和经纪费。

(2) 与该货物视为一体的容器费用。

(3) 包装材料费用和包装劳务费用。

（二）与进口货物的生产和向中华人民共和国境内销售有关的，由买方以免费或者以低于成本的方式提供，并可以按适当比例分摊的下列货物或者服务的价值。

(1) 进口货物包含的材料、部件、零件和类似货物。

(2) 在生产进口货物过程中使用的工具、模具和类似货物。

(3) 在生产进口货物过程中消耗的材料。

(4) 在境外进行的为生产进口货物所需的工程设计、技术研发、工艺及制图等相关服务。

（三）买方需向卖方或者有关方直接或者间接支付的特许权使用费，但是符合下列情形之一的除外。

(1) 特许权使用费与该货物无关。

(2) 特许权使用费的支付不构成该货物向中华人民共和国境内销售的条件。

(四) 卖方直接或者间接从买方对该货物进口后销售、处置或者使用所得中获得的收益。

纳税义务人应当向海关提供本条所述费用或者价值的客观量化数据资料。纳税义务人不能提供的，海关与纳税义务人进行价格磋商后，按照本办法第六条列明的方法审查确定完税价格。

第十二条 在根据本办法第十一条第一款第(二)项确定应当计入进口货物完税价格的货物价值时，应当按照下列方法计算有关费用。

(一) 由买方从与其无特殊关系的第三方购买的，应当计入的价值为购入价格。

(二) 由买方自行生产或者从有特殊关系的第三方获得的，应当计入的价值为生产成本。

(三) 由买方租赁获得的，应当计入的价值为买方承担的租赁成本。

(四) 生产进口货物过程中使用的工具、模具和类似货物的价值，应当包括其工程设计、技术研发、工艺及制图等费用。

如果货物在被提供给卖方前已经被买方使用过，应当计入的价值为根据国内公认的会计原则对其进行折旧后的价值。

第十三条 符合下列条件之一的特许权使用费，应当视为与进口货物有关。

(一) 特许权使用费是用于支付专利权或者专有技术使用权，且进口货物属于下列情形之一的。

(1) 含有专利或者专有技术的。

(2) 用专利方法或者专有技术生产的。

(3) 为实施专利或者专有技术而专门设计或者制造的。

(二) 特许权使用费是用于支付商标权，且进口货物属于下列情形之一的。

(1) 附有商标的。

(2) 进口后附上商标直接可以销售的。

(3) 进口时已含有商标权，经过轻度加工后附上商标即可以销售的。

(三) 特许权使用费是用于支付著作权，且进口货物属于下列情形之一的。

(1) 含有软件、文字、乐曲、图片、图像或者其他类似内容的进口货物，包括磁带、磁盘、光盘或者其他类似介质的形式。

(2) 含有其他享有著作权内容的进口货物。

(四) 特许权使用费是用于支付分销权、销售权或者其他类似权利，且进口货物属于下列情形之一的。

(1) 进口后可以直接销售的。

(2) 经过轻度加工即可以销售的。

第十四条 买方不支付特许权使用费则不能购得进口货物，或者买方不支付特许权使用费则该货物不能以合同议定的条件成交的，应当视为特许权使用费的支付构成进口货物向中华人民共和国境内销售的条件。

第十五条 进口货物的价款中单独列明的下列税收、费用，不计入该货物的完税价格。

(一) 厂房、机械或者设备等货物进口后发生的建设、安装、装配、维修或者技术援助费用，但是保修费用除外。

(二) 进口货物运抵中华人民共和国境内输入地点起卸后发生的运输及其相关费用、保险费。

(三) 进口关税、进口环节海关代征税及其他国内税。

(四) 为在境内复制进口货物而支付的费用。

(五) 境内外技术培训及境外考察费用。

同时符合下列条件的利息费用不计入完税价格。

(一) 利息费用是买方为购买进口货物而融资所产生的。

(二) 有书面的融资协议的。

（三）利息费用单独列明的。

（四）纳税义务人可以证明有关利率不高于在融资当时当地此类交易通常应当具有的利率水平，且没有融资安排的相同或者类似进口货物的价格与进口货物的实付、应付价格非常接近的。

第四节　特殊关系

第十六条　有下列情形之一的，应当认为买卖双方存在特殊关系。

（一）买卖双方为同一家族成员的。

（二）买卖双方互为商业上的高级职员或者董事的。

（三）一方直接或者间接地受另一方控制的。

（四）买卖双方都直接或者间接地受第三方控制的。

（五）买卖双方共同直接或者间接地控制第三方的。

（六）一方直接或者间接地拥有、控制或者持有对方5%以上（含5%）公开发行的有表决权的股票或者股份的；

（七）一方是另一方的雇员、高级职员或者董事的。

（八）买卖双方是同一合伙的成员的。

买卖双方在经营上相互有联系，一方是另一方的独家代理、独家经销或者独家受让人，如果符合前款的规定，也应当视为存在特殊关系。

第十七条　买卖双方之间存在特殊关系，但是纳税义务人能证明其成交价格与同时或者大约同时发生的下列任何一款价格相近的，应当视为特殊关系未对进口货物的成交价格产生影响。

（一）向境内无特殊关系的买方出售的相同或者类似进口货物的成交价格。

（二）按照本办法第二十二条的规定所确定的相同或者类似进口货物的完税价格。

（三）按照本办法第二十四条的规定所确定的相同或者类似进口货物的完税价格。

海关在使用上述价格进行比较时，应当考虑商业水平和进口数量的不同，以及买卖双方有无特殊关系造成的费用差异。

第五节　除成交价格估价方法以外的其他估价方法

第十八条　相同货物成交价格估价方法，是指海关以与进口货物同时或者大约同时向中华人民共和国境内销售的相同货物的成交价格为基础，审查确定进口货物的完税价格的估价方法。

第十九条　类似货物成交价格估价方法，是指海关以与进口货物同时或者大约同时向中华人民共和国境内销售的类似货物的成交价格为基础，审查确定进口货物的完税价格的估价方法。

第二十条　按照相同或者类似货物成交价格估价方法的规定审查确定进口货物的完税价格时，应当使用与该货物具有相同商业水平且进口数量基本一致的相同或者类似货物的成交价格。使用上述价格时，应当以客观量化的数据资料为基础，对该货物与相同或者类似货物之间由于运输距离和运输方式不同而在成本和其他费用方面产生的差异进行调整。

在没有前款所述的相同或者类似货物的成交价格的情况下，可以使用不同商业水平或者不同进口数量的相同或者类似货物的成交价格。使用上述价格时，应当以客观量化的数据资料为基础，对因商业水平、进口数量、运输距离和运输方式不同而在价格、成本和其他费用方面产生的差异做出调整。

第二十一条　按照相同或者类似货物成交价格估价方法审查确定进口货物的完税价格时，应当首先使用同一生产商生产的相同或者类似货物的成交价格。

没有同一生产商生产的相同或者类似货物的成交价格的，可以使用同一生产国或者地区其他生产商生产的相同或者类似货物的成交价格。

如果有多个相同或者类似货物的成交价格，应当以最低的成交价格为基础，审查确定进口货物的完税价格。

第二十二条　倒扣价格估价方法，是指海关以进口货物、相同或者类似进口货物在境内的销售价格为基础，扣除境内发生的有关费用后，审查确定进口货物完税价格的估价方法。该销售价格应当同时符合下列条件。

（一）是在该货物进口的同时或者大约同时，将该货物、相同或者类似进口货物在境内销售的价格。

（二）是按照货物进口时的状态销售的价格。

（三）是在境内第一销售环节销售的价格。

（四）是向境内无特殊关系方销售的价格。

（五）按照该价格销售的货物合计销售总量最大。

第二十三条　按照倒扣价格估价方法审查确定进口货物完税价格的，下列各项应当扣除。

（一）同等级或者同种类货物在境内第一销售环节销售时，通常的利润和一般费用（包括直接费用和间接费用）以及通常支付的佣金。

（二）货物运抵境内输入地点起卸后的运输及其相关费用、保险费。

（三）进口关税、进口环节海关代征税及其他国内税。

如果该货物、相同或者类似货物没有按照进口时的状态在境内销售，应纳税义务人要求，可以在符合本办法第二十二条规定的其他条件的情形下，使用经进一步加工后的货物的销售价格审查确定完税价格，但是应当同时扣除加工增值额。

前款所述的加工增值额应当依据与加工成本有关的客观量化数据资料、该行业公认的标准、计算方法及其他的行业惯例计算。

按照本条的规定确定扣除的项目时，应当使用与国内公认的会计原则相一致的原则和方法。

第二十四条　计算价格估价方法，是指海关以下列各项的总和为基础，审查确定进口货物完税价格的估价方法。

（一）生产该货物所使用的料件成本和加工费用。

（二）向境内销售同等级或者同种类货物通常的利润和一般费用（包括直接费用和间接费用）。

（三）该货物运抵境内输入地点起卸前的运输及相关费用、保险费。

按照前款的规定审查确定进口货物的完税价格时，海关在征得境外生产商同意并提前通知有关国家或者地区政府后，可以在境外核实该企业提供的有关资料。

按照本条第一款的规定确定有关价值或者费用时，应当使用与生产国或者地区公认的会计原则相一致的原则和方法。

第二十五条　合理方法，是指当海关不能根据成交价格估价方法、相同货物成交价格估价方法、类似货物成交价格估价方法、倒扣价格估价方法和计算价格估价方法确定完税价格时，海关根据本办法第二条规定的原则，以客观量化的数据资料为基础，审查确定进口货物完税价格的估价方法。

第二十六条　海关在采用合理方法确定进口货物的完税价格时，不得使用以下价格。

（一）境内生产的货物在境内的销售价格。

（二）可供选择的价格中较高的价格。

（三）货物在出口地市场的销售价格。

（四）以本办法第二十四条规定之外的价值或者费用计算的相同或者类似货物的价格。

（五）出口到第三国或者地区的货物的销售价格。

（六）最低限价或者武断、虚构的价格。

第三章　特殊进口货物的完税价格

第二十七条　加工贸易进口料件或者其制成品应当征税的，海关按照以下规定审查确定完税价格。

（一）进口时应当征税的进料加工进口料件，以该料件申报进口时的成交价格为基础审查确定完税价格。

（二）进料加工进口料件或者其制成品（包括残次品）内销时，海关以料件原进口成交价格为基础审查确定完税价格。料件原进口成交价格不能确定的，海关以接受内销申报的同时或者大约同时进口的与料件相同或者类似的货物的进口成交价格为基础审查确定完税价格。

（三）来料加工进口料件或者其制成品(包括残次品)内销时，海关以接受内销申报的同时或者大约同时进口的与料件相同或者类似的货物的进口成交价格为基础审查确定完税价格。

（四）加工企业内销加工过程中产生的边角料或者副产品，以海关审查确定的内销价格作为完税价格。

加工贸易内销货物的完税价格按照前款规定仍然不能确定的，由海关按照合理的方法审查确定。

第二十八条　出口加工区内的加工企业内销的制成品(包括残次品)，海关以接受内销申报的同时或者大约同时进口的相同或者类似货物的进口成交价格为基础，审查确定完税价格。

出口加工区内的加工企业内销加工过程中产生的边角料或者副产品，以海关审查确定的内销价格作为完税价格。

出口加工区内的加工企业内销制成品(包括残次品)、边角料或者副产品的完税价格按照本条前两款规定不能确定的，由海关按照合理的方法审查确定。

第二十九条　保税区内的加工企业内销的进口料件或者其制成品(包括残次品)，海关以接受内销申报的同时或者大约同时进口的相同或者类似货物的进口成交价格为基础，审查确定完税价格。

保税区内的加工企业内销的进料加工制成品中，如果含有从境内采购的料件，海关以制成品所含从境外购入的料件原进口成交价格为基础，审查确定完税价格。料件原进口成交价格不能确定的，海关以接受内销申报的同时或者大约同时进口的与料件相同或者类似货物的进口成交价格为基础，审查确定完税价格。

保税区内的加工企业内销的来料加工制成品中，如果含有从境内采购的料件，海关以接受内销申报的同时或者大约同时进口的与制成品所含从境外购入的料件相同或者类似货物的进口成交价格为基础，审查确定完税价格。

保税区内的加工企业内销加工过程中产生的边角料或者副产品，以海关审查确定的内销价格作为完税价格。

保税区内的加工企业内销制成品(包括残次品)、边角料或者副产品的完税价格按照本条前四款规定仍然不能确定的，由海关按照合理的方法审查确定。

第三十条　从保税区、出口加工区、保税物流园区、保税物流中心等区域、场所进入境内，需要征税的货物，海关应当参照本办法第二章的有关规定，以从上述区域、场所进入境内的销售价格为基础，审查确定完税价格，加工贸易进口料件及其制成品除外。

如果前款所述的销售价格中未包括上述区域、场所发生的仓储、运输及其他相关费用的，应当按照客观量化的数据资料予以计入。

第三十一条　运往境外修理的机械器具、运输工具或者其他货物，出境时已向海关报明，并在海关规定的期限内复运进境的，应当以境外修理费和料件费为基础，审查确定完税价格。

出境修理货物复运进境超过海关规定期限的，由海关按照本办法第二章的规定审查确定完税价格。

第三十二条　运往境外加工的货物，出境时已向海关报明，并在海关规定期限内复运进境的，应当以境外加工费和料件费以及该货物复运进境的运输及其相关费用、保险费为基础审查确定完税价格。

出境加工货物复运进境超过海关规定期限的，由海关按照本办法第二章的规定审查确定完税价格。

第三十三条　经海关批准的暂时进境货物，应当缴纳税款的，由海关按照本办法第二章的规定审查确定完税价格。经海关批准留购的暂时进境货物，以海关审查确定的留购价格作为完税价格。

第三十四条　租赁方式进口的货物，按照下列方法审查确定完税价格。

（一）以租金方式对外支付的租赁货物，在租赁期间以海关审查确定的租金作为完税价格，利息应当予以计入。

（二）留购的租赁货物以海关审查确定的留购价格作为完税价格。

（三）纳税义务人申请一次性缴纳税款的，可以选择申请按照本办法第六条列明的方法确定完税价格，或者按照海关审查确定的租金总额作为完税价格。

第三十五条　减税或者免税进口的货物应当补税时，应当以海关审查确定的该货物原进口时的价格，扣除折旧部分价值作为完税价格，其计算公式如下：

$$完税价格＝海关审查确定的该货物原进口时的价格\times\left(1-\frac{补税时实际已进口的时间(月)}{监管年限\times 12}\right)$$

上述计算公式中“补税时实际已进口的时间”按月计算，不足1个月但是超过15日的，按照1个月计算；不超过15日的，不予计算。

第三十六条　易货贸易、寄售、捐赠、赠送等不存在成交价格的进口货物，海关与纳税义务人进行价格磋商后，按照本办法第六条列明的方法审查确定完税价格。

第三十七条　进口载有专供数据处理设备用软件的介质，具有下列情形之一的，应当以介质本身的价值或者成本为基础，审查确定完税价格。

（一）介质本身的价值或者成本与所载软件的价值分列。

（二）介质本身的价值或者成本与所载软件的价值虽未分列，但是纳税义务人能够提供介质本身的价值或者成本的证明文件，或者能提供所载软件价值的证明文件。含有美术、摄影、声音、图像、影视、游戏、电子出版物的介质不适用前款规定。

第四章　进口货物完税价格中的运输及其相关费用、保险费的计算

第三十八条　进口货物的运费，应当按照实际支付的费用计算。如果进口货物的运费无法确定的，海关应当按照该货物的实际运输成本或者该货物进口同期运输行业公布的运费率(额)计算运费。

运输工具作为进口货物，利用自身动力进境的，海关在审查确定完税价格时，不再另行计入运费。

第三十九条　进口货物的保险费，应当按照实际支付的费用计算。如果进口货物的保险费无法确定或者未实际发生，海关应当按照“货价加运费”两者总额的3‰计算保险费，其计算公式如下：

保险费＝(货价＋运费)×3‰

第四十条　邮运进口的货物，应当以邮费作为运输及其相关费用、保险费。

第四十一条　以境外边境口岸价格条件成交的铁路或者公路运输进口货物，海关应当按照境外边境口岸价格的1%计算运输及其相关费用、保险费。

第五章　出口货物的完税价格

第四十二条　出口货物的完税价格由海关以该货物的成交价格为基础，审查确定，并应当包括货物运至中华人民共和国境内输出地点装载前的运输及其相关费用、保险费。

第四十三条　出口货物的成交价格，是指该货物出口销售时，卖方为出口该货物应当向买方直接收取和间接收取的价款总额。

第四十四条　下列税收、费用不计入出口货物的完税价格。

（一）出口关税。

（二）在货物价款中单独列明的货物运至中华人民共和国境内输出地点装载后的运输及其相关费用、保险费。

（三）在货物价款中单独列明由卖方承担的佣金。

第四十五条　出口货物的成交价格不能确定的，海关经了解有关情况，并与纳税义务人进行价格磋商后，依次以下列价格审查确定该货物的完税价格：

（一）同时或者大约同时向同一国家或者地区出口的相同货物的成交价格。

（二）同时或者大约同时向同一国家或者地区出口的类似货物的成交价格。

（三）根据境内生产相同或者类似货物的成本、利润和一般费用（包括直接费用和间接费用）、境内发生的运输及其相关费用、保险费计算所得的价格。

（四）按照合理方法估定的价格。

9.2 其他税种税收筹划

9.2.1 资源税的税收筹划

1. 利用准确核算进行税收筹划

知识链接 9－4

《中华人民共和国资源税暂行条例》

第一条　在中华人民共和国领域及管辖海域开采本条例规定的矿产品或者生产盐（以下称开采或者生产应税产品）的单位和个人，为资源税的纳税人，应当依照本条例缴纳资源税。

根据《资源税暂行条例》规定，纳税人的减税、免税项目，应当单独核算课税数量；未单独核算或者不能准确提供减、免税产品课税数量的，不予减税或者免税。同时还规定，纳税人开采或生产不同税目应税产品的，应当分别核算不同税目应税产品的课税数量；未分别核算或者不能准确提供不同税目应税产品的课税数量的，从高适用税额缴税。

纳税人可以通过精确核算各税目的课税数量，清楚区分应税与免税项目、数量，分清税率不同的应税资源产品，合适选择适用税率，达到节省资源税税款的目的。

2. 利用税收优惠进行税收筹划

知识链接 9－5

《中华人民共和国资源税暂行条例》

第七条　有下列情形之一的，减征或者免征资源税。

（一）开采原油过程中用于加热、修井的原油，免税。

（二）纳税人开采或者生产应税产品过程中，因意外事故或者自然灾害等原因遭受重大损失的，由省、自治区、直辖市人民政府酌情决定减税或者免税。

（三）国务院规定的其他减税、免税项目。

第八条　纳税人的减税、免税项目，应当单独核算销售额或者销售数量；未单独核算或者不能准确提供销售额或者销售数量的，不予减税或者免税。

3. 利用折算比例进行税收筹划

纳税人不能准确提供应税产品销售数量或移送使用数量的，以应税产品的产量或主管税收机关确定的折算比，换算成的数量为课税数量。

阅读案例 9-1

某企业生产煤炭并连续加工生产某种煤炭制品，生产出的最终产品为 1 000 吨，同行业综合回收率为 40%。由于该企业采用的加工技术相对落后，使得其产品的加工生产综合回收率相对同行业企业较低，仅为 25%。该企业煤炭的资源税额为每吨 1 元。

在确知自己企业综合回收率相对较低、不能准确提供应税产品销售数量或移送数量，税收机关在根据同行企业的平均综合回收率折算应税产品数量时，就会相对少算课税数量，减轻纳税义务。资源税采用的是从量定额缴税纳，课税数量的减少会明显地减少应纳资源税额。

企业实际课税数量是 1 000÷25%=4 000(吨)，税收机关认定数量为 1 000÷40%=2 500(吨)。

企业应纳资源税额=4 000×1
=4 000(元)

企业实际缴纳资源税额=2 500×1
=2 500(元)

4. 恰当利用结算方式进行税收筹划

根据资源税的有关规定，不同的结算方式，使得纳税义务发生的时间有较大的差异。纳税人可以根据这些规定，恰当利用结算方式进行税收筹划。

知识链接 9-6

《中华人民共和国资源税暂行条例实施细则》

第十一条　条例第九条所称资源税纳税义务发生时间具体规定如下。

(一) 纳税人销售应税产品，其纳税义务发生时间如下。

(1) 纳税人采取分期收款结算方式的，其纳税义务发生时间，为销售合同规定的收款日期的当天。

(2) 纳税人采取预收货款结算方式的，其纳税义务发生时间，为发出应税产品的当天。

(3) 纳税人采取其他结算方式的，其纳税义务发生时间，为收讫销售款或者取得索取销售款凭据的当天。

(二) 纳税人自产自用应税产品的纳税义务发生时间，为移送使用应税产品的当天。

(三) 扣缴义务人代扣代缴税款的纳税义务发生时间，为支付货款的当天。

9.2.2 土地增值税的税收筹划

1. 利用适当增值税进行税收筹划

按照我国《土地增值税暂行条例》的规定，纳税人建造普通标准住宅出售，增值额未超过扣除项目金额的 20%时，免征土地增值税；增值额超过扣除项目金额的 20%时，应就其全部增值额按规定缴纳土地增值税。同时还规定，纳税人既建造普通标准住宅，又搞其他房地产开发的，应分别核算增值额；不分别核算增值额或不能准确核算增值额的，其建造的普通标准住宅不享受免税优惠。

阅读案例 9-2

某房地产开发企业，2006 年商品房销售收入为 15 000 万元，其中普通住宅的销售额为 10 000 万元，豪华住宅的销售额为5 000万元。税法规定的可扣除项目金额为11 000万元，其中普通住宅的可扣除项目金额为8 000万元，豪华住宅的可扣除项目金额为3 000万元。

(1) 不分开核算时：

增值额与扣除项目金额的比例：(15 000－11 000)/11000×100%＝36%

适用30%的税率。

应纳土地增值税税额＝(15 000－11 000)×30%＝1 200(万元)

(2) 分开核算时：

普通住宅和豪华住宅应纳税合计：1 250万元。分开核算比不分开核算多缴纳土地增值税50万元。

普通标准住宅的增值税率为25%，超过20%的，还需缴纳土地增值税。税收筹划需要通过适当减少销售收入使普通住宅的增值税控制在20%以内。这样做的目的有两个：一是降低房价或提高房屋质量、改善房屋的配套设施等，在激烈的销售战中取得优势。

2. 利用分散收入进行税收筹划

在确定土地增值税时，重要的就是确定售出房地产的增值额。增值额是纳税人转让房地产所取得的收入减去规定扣除项目金额后的余额。纳税人转让房地产所取得的收入对其应纳税所得额有较大的影响。如果能采取措施使转让收入变少，就可以减少纳税人的增值额，从而达到节省税款的目的。

3. 选择多元化方式处置开发产品

多元化方式处置开发产品的方式包括：销售、出租、先出租后销售、售后返租、股权投资、产权转让、转作经营性资产(开发产品自用自营)等。

对于房地产开发企业将开发的部分房地产转为企业自用或用于出租等商业用途时，如果产权未发生转移，不征收土地增值税，在税款清算时不列收入，不扣除相应的成本和费用。这标志着长期持有型物业开发商可免交土地增值税。而这一因素或可导致未来大量开发商将物业变出售为自持。房地产开发公司可以根据自己的发展战略和实际情况来进行相应的筹划，降低土地增值税的税负或延迟土地增值税的纳税时间。对一些从事商业物业开发的房地产发展商来说，现在要把过去以销售为主转向以自己持有为主，因为自己持有没有增值就不用交土地增值税。

将自己开发的房地产商品的用途改变为自用自营，即可享受不征收土地增值税的税收优惠。据了解，有的公司可能计划将一些项目的商铺留在自己的手里，不租也不卖，不形成收入，这样做既可以不超过85%以上已销售的门槛，还可以坐享房产升值。这一筹划思路首先要服从于企业经营规划和现实，不卖出而改自用、自营，这种情况在实际工作中可行性并不很强。其次要从延缓即时缴纳土地增值税的时间上考虑，因为对于房地产开发企业来说，自用房产发生产权转让时仍然要征缴土地增值税。特别值得注意的是，这里既要考虑由此延缓即时缴纳土地增值税所获得的资金时间价值，也要预测资金的风险价值，同时应兼顾再转让时的房产市值以及旧房扣除额的收益等。至于如何利用"企业兼并转让房地产的征免税规定"的税收优惠，从原理上看，仍然应当从属于这一筹划思路。

4. 三项预提费用可以税前扣除

国税发［2009］31号第三十二条允许三项预提费用在预提时依法税前扣除对纳税人比

较有利，也在一定程度上突破了以票控税的机械性规定。除以下几项预提(应付)费用外，计税成本均应为实际发生的成本。

出包工程未最终办理结算而未取得全额发票的，在证明资料充分的前提下，其发票不足金额可以预提，但最高不得超过合同总金额的10%。

公共配套设施尚未建造或尚未完工的，可按预算造价合理预提建造费用。此类公共配套设施必须符合已在售房合同、协议或广告、模型中明确承诺建造且不可撤销，或按照法律法规规定必须配套建造的条件。

应向政府上交但尚未上交的报批报建费用、物业完善费用可以按规定预提。物业完善费用是指按规定应由企业承担的物业管理基金、公建维修基金或其他专项基金。

5. 地下停车场作为公共配套设施处理

当一个房地产开发项目存在地下车库情况时，对地下室车位面积能否计入可售面积，有不同的看法。有的税收机关认为应计入可售面积，有的则认为不应计入可售面积。

相关土地增值税税收政策：对于房地产开发企业将开发的部分房地产转为企业自用或用于出租等商业用途时，如果产权未发生转移的，不征收土地增值税，在税款清算时不列收入，不扣除相应的成本和费用。

某市地方税收机关认定：地下车库应计入可售面积，并且该项地下室成本并不可以全部一次性结转销售成本，而是进入计算可售面积单位工程成本的总成本，当期实际销售车位面积计入已售面积，结转销售成本，与当期实现的车位销售收入形成配比。

国税发［2009］31号第三十二条：企业单独建造的停车场所，应作为成本对象单独核算。利用地下基础设施形成的停车场所，作为公共配套设施进行处理。

6. 充分运用加计扣除政策

《土地增值税实施细则》规定，对从事房地产开发的纳税人允许按取得土地使用权时所支付的金额和房地产开发成本之和，加计20%的扣除。

土地增值税扣除项目中开发间接费用的归集是企业筹划时值得关注的一个点。开发间接费用是指直接组织、管理开发项目发生的费用，包括工资、职工福利费、折旧费、修理费、办公费、水电费、劳动保护费、周转房摊销等，实施细则规定开发间接费用属于开发土地和新建房及配套设施费，应全额计入扣除项目金额中，在计算土地增值税时有效地扣除，同时政策还规定这部分费用房地产企业可以享受20%的加计扣除。这些内容由于界线不是很明确，会计账务处理时容易把这项费用的一部分计入管理费用或销售费用。土地增值税实施细则规定管理费用及销售费用在土地使用权所支付的金额和开发土地、新建房及配套设施之和的5%以内计算扣除(或财务费用、销售费用、管理费用在土地使用权所支付的金额和开发土地、新建房及配套设施之和的10%以内计算扣除)。如果管理费用及销售费用总和超过了此限额，误入管理费用和销售费用的开发间接费用在计算土地增值税时就不能全额扣除，需交土地增值税。这些费用如果正确归集到开发间接费用中，不仅可以全额扣除，还能享受20%加计扣除。所以企业对开发间接费用归集时要谨慎，用足用好税收政策。

7. 巧用特殊扣除项目规定

《土地增值税暂行条例实施细则》规定，“财务费用中的利息支出，凡能够按转让房地产项目计算分摊并提供金融机构证明的，允许据实扣除，但最高不能超过按商业银行同类同期贷款利率计算的金额。其他房地产开发费用，按本条(一)、(二)项规定计算的金额之和的5%以内计算扣除。凡不能按转让房地产项目计算分摊利息支出或不能提供金融机构证明的，房地产开发费用按本条(一)、(二)项规定计算的金额之和的10%以内计算扣除。

在实际操作中，以上两种方法计算的“房地产开发费用”必然存在差异。因为第一种方法中允许“据实扣除”的利息和第二种方法中“合计数”的5%(即因包括利息费用而增加的部分)不一定相等。如果企业进行纳税筹划，就要比较这两者的高低，选择其中扣除利息较高者对应的方法，作为企业的最后选择。如果允许“据实扣除”的利息费用较高，应选用第一种方法，单独计算利息支出；否则，应选用后一种方法，按“合计数”的10%扣除全部费用。

企业判断是否提供金融机构证明，关键在于所发生的能够扣除的利息支出占税法规定的开发成本的比例，如果超过5%，则提供证明比较有利，如果没有超过5%，则不提供证明比较有利。据此，若企业主要依靠负债筹资，利息费用占的比例较大，应提供金融机构贷款证明，将利息费计入房地产开发费用。反之，若主要依靠权益资本筹资，则可利用另外一种方法。

8. 选择有利的地价成本分配方法

国税发［2009］31号第三十条 下列企业成本应按以下方法进行分配：土地成本，一般按占地面积法进行分配。如果确需结合其他方法进行分配的，应经商税收机关同意。土地开发同时连结房地产开发的，属于一次性取得土地分期开发房地产的情况，其土地开发成本经商税收机关同意后可先按土地整体预算成本进行分配，待土地整体开发完毕再行调整。

阅读案例9-3

某房地产开发企业开发用地面积136 500m²(一期88 600m²，二期47 900m²)，地价费用12 549万元，一期摊销地价金额9 914万元，二期地价费用分配计算方法可作以下选择：

A. 按一期减余面积、费用计算摊销的单位土地成本(余数摊销)：

(12 549－9 914)/ 47 900＝550.10元/m²

B. 按实际面积分别计算摊销的单位土地成本(平均摊销)

12 549/136 500＊47 900＝919.34元/m²

C. 两种地价费用分配计算方法的单位土地成本差异：

364.24元/m²(550.10元/m²－919.34元/m²)

上述按占地面积法计算摊销单位土地成本的方法，应经主管税收机关同意后进行分配。

以上是进行土地增值税税收筹划的几种常见方法，在实际操作中，纳税人应当具体问题具体分析，灵活运用税收政策。其前提应是在合理和不违法的情况下，合理节税，减轻税收负担，这样才能减少纳税风险，找到不违反税法的筹划空间。增加税后利润，实现企业价值的最大化。总之，房地产企业税收筹划的途径有多种，但都必须合法、可操作，并能给企业带来实际效益。

9. 利用税收优惠政策进行税收筹划

(1) 这是对国家征用收回的房地产的税收优惠。

其中，因国家建设需要依法征用、收回的房地产，免征土地增值税。

(2) 这是对个人转让房地产的税收优惠。

个人因工作调动或改善居住条件而转让原自用住房，经向税收机关申报核准，凡居住满5年或5年以上的，免予缴纳土地增值税；居住满3年未满5年的，减半缴纳土地增值税。居住未满3年的，按规定计缴土地增值税。自1999年8月1日起，个人拥有的普通住宅，转让时，暂免计税。

阅读案例 9-4

某人在某市有一套住房，市价60万元，扣除项目金额15万元。已经居住满4年零10个月，这时他因工作需要，调动到省会城市，需要出售其原有住房。何时售出才可能减少纳税义务?

某人至少可以选择两种时点转让住房。

(1) 现在出售。

增值额 ＝ 60－15＝45(万元)

增值额与扣除项目金额的比例

＝ 45÷15×100％＝300％

应纳土地增值税税额 ＝(45×60％－15×35％)×50％＝10.88(万元)

(2) 两个月后出售。两个月后某人的住房已经住满5年，在其出售时可享受免缴土地增值税的优惠。即其应纳土地增值税税额为零。

9.2.3 房产税的税收筹划

1. 利用合理确定房产原值进行税收筹划

房产税是以房产价格或房产租金收入为计税依据的。房产税采用比例税率，分为从价计缴、从租计缴两种方式。第一种是房产税依照房产原值一次减除10％～30％后的余值，按1.2％的税率计算缴纳。第二种是按照房产出租的租金收入，按12％征税。

年应纳税额＝年租金收入× 适用税率

阅读案例 9-5

某企业想兴建一座花园式工厂，除厂房、办公用房外，还包括厂区围墙、水塔、变电站、停车场、露天凉亭、游泳池、喷泉设施等建筑物，总造价1亿元。如果1亿元都作为房产原值的话，该企业自工厂建成的次月起就应缴纳房产税，扣除比例为30％时，每年应纳税额为：

应纳税额＝10 000 ×(1－30％)× 1.2％＝84(万元)

2. 利用税收优惠政策进行税收筹划

依据房产税的相关规定，以下行为享受减免税优惠待遇。

（1）国家机关、人民团体、军队自用的房产免征房产税。

（2）由国家财政部门拨付事业经费的单位，其本身业务范围内使用的房产免征房产税。

（3）宗教寺庙、公园、名胜古迹自用的房产免征房产税。

（4）个人所有的非营业用的房产免征房产税。个人所有的非营业用房，主要是指居民住房，不分面积多少，一律免征房产税。对个人拥有的营业用房或者出租的房产，不属于免税房产，应照章纳税。

（5）经财政部批准免税的其他房产。

9.2.4 印花税的税收筹划

本节在介绍印花税的纳税人、征税范围、计税依据、税率、减免税优惠、应纳税额的计算、纳税环节、缴纳方法、纳税地点和违章处理等纳税法规的基础上，重点分析了选择低税率、降低计税依据等印花税纳税筹划的具体做法的案例。

印花税是对经济活动和经济交往中书立、领受的应税经济凭证所征收的一种税。因纳税人主要是通过在应税凭证上粘贴印花税票来完成纳税义务，故名印花税。

知识链接9-7

印花税相关知识

一、纳税人

凡在我国境内书立、领受属于征税范围内所列凭证的单位和个人，都是印花税的纳税义务人。具体包括：国内各类企业、事业、机关、团体、部队以及中外合资企业、合作企业、外资企业、外国公司企业和其他经济组织及其在华机构等单位和个人。按照征税项目划分的具体纳税人是：①立合同人；②立账簿人；③立据人；④领受人。

二、征税范围

现行印花税只对印花税条例列举的凭证征收，没有列举的凭证不征税。列举征税的凭证分为5类：即经济合同、产权转移书据、营业账簿、权利、许可证照和经财政部门确认的正式的其他凭证。其征税范围如下。

（一）经济合同

我国印花税只对依法订立的经济合同征税。印花税税目中的合同比照我国《经济合同法》对经济合同的分类，在税目税率表中列举了10大类合同。

(1) 购销合同。包括供应、预购、采购、购销结合及协作、调剂、补偿、易货等合同供应、预购、采购、购销结合及协作、调剂、补偿、易货等合同。

(2) 加工承揽合同。包括加工、订做、修缮、修理、印刷、广告、测绘、测试等合同。

(3) 建设工程勘察设计合同。包括勘察、设计合同的总包合同、分包含同和转包合同。

(4) 建筑安装工程承包合同。包括建筑、安装工程承包合同。

(5) 财产租赁合同。包括租赁房屋、船舶、飞机、机动车辆、机械、器具、设备等。

(6) 货物运输合同。包括民用航空、铁路运输、海上运输、内河运输、公路运输和联运合同。

(7) 仓储保管合同。包括仓储、保管合同或作为合同使用的仓单、栈单(或称入库单)。对某些使用不规范的凭证不便计税的，可就其结算单据作为计税贴花的凭证。

(8) 借款合同。银行及其他金融组织和借款人(不包括银行同业拆借)所签订的借款合同。

(9) 财产保险合同。包括财产、责任、保证、信用等保险合同。

(10) 技术合同。包括技术开发、转让、咨询、服务等合同。

(二) 产权转移书据

产权转移即财产权利关系的变更行为，表现为产权主体发生变更。产权转移书据是在产权的买卖、交换、继承、赠与、分割等产权主体变更过程中，由产权出让人与受让人之间所订立的民事法律文书。我国印花税税目中的产权转移书据，包括财产所有权和版权、商标专用权、专利权、专有技术使用权等转移书据。

(三) 营业账簿

营业账簿、生产经营用账册按照反映的内容不同，在税目中分为：记载资金的账簿和其他营业账簿两类，以便于分别采用按金额计税和按件计税两种计税方法。

(1) 资金账簿。是指载有固定资产原值和自有流动资金的总分类账簿，或者专门设置的记载固定资产原值和自有流动资金的账簿。

(2) 其他营业账簿。是反映除资金资产以外的其他生产经营活动内容的账簿，即除资金账簿以外的归属于财务会计体系的生产经营用账册。

(四) 权利、许可证照

权利、许可证照是政府授予单位、个人某种法定权利和准予从事特定经济活动的各种证照的统称。包括政府部门发给的房屋产权证、工商营业执照、商标注册证、专利证、土地使用证等。

(五) 经财政部门确定征税的其他凭证

除了税法列举的以上5大类应税经济凭证之外，在确定经济凭证的征免税范围时，需要注意以下3点。

(1) 由于目前同一性质的凭证名称各异，不够统一，因此，各类凭证不论以何种形式或名称书立，只要其性质属于条例中列举征税范围内的凭证，均应照章征税。

(2) 应税凭证均指在我国境内具有法律效力，受我国法律保护的凭证。

(3) 适用于我国境内并在我国境内具备法律效力的应税凭证，无论在我国境内或者境外书立，均应依照印花税的规定贴花。

三、计税依据

印花税根据不同征税项目，分别实行从价计征和从量计征两种方法。

(一) 从价计征的计税依据

实行从价计税的凭证，以凭证所载金额为计税依据。具体规定如下。

(1) 各类经济合同，以合同上所记载的金额、收入或费用为计税依据。

① 购销合同的计税依据为购销金额，不得作任何扣除，特别是调剂合同和易货合同，均应包括调剂、易货的全额。

② 加工承揽合同的计税依据，是加工或承揽收入的金额。

③ 建设工程勘察设计合同计税依据，为勘察、设计收取的全部费用。

④ 建筑安装工程承包合同的计税依据为承包金额，不得剔除任何费用。如果施工单位将自己承包的建设项目再分包或转包给其他施工单位，其所签订的分包或转包合同，仍应按所载金额另行贴花。

⑤ 财产租赁合同的计税依据为租赁金额。

⑥ 货物运输合同计税依据，为取得的运输费金额，不包括装卸费等。

⑦ 仓储保管合同的计税依据为仓储保管的费用。

⑧ 借款合同的计税依据为借款金额。

⑨ 财产保险合同的计税依据为支付(收取)的保险费金额，不包括所保财产的金额。不包括所保财产的金额。

⑩ 技术合同的计税依据为合同所载的价款、报酬或使用费。

(2) 产权转移书据以书据中所载的金额为计税依据。

(3) 记载资金的营业账簿，以实收资本和资本公积的两项合计金额为计税依据。

(4) 在确定合同计税依据时应当注意的问题是，有些合同在签订时无法确定计税金额，如技术转让合同中的转让收入，是按销售收入的一定比例收取或是按实现利润分成的，财产租赁合同只是规定了月(天)租金标准而无期限的。对于这类合同，可在签订时先按定额5元贴花。以后结算时再按实际金额计税，补贴印花。

(二) 从量计征的计税依据

实行从量计税的其他营业账簿和权利、许可证照，以实际数量为计税依据。

四、税率

现行印花税采用比例税率和定额税率两种税率。

(一) 比例税率

比例税率分为5档：1‰、0.5‰、0.3‰、0.05‰和4‰。其具体规定如下。

(1) 财产租赁合同、仓储保管合同、财产保险合同的税率为1‰。

(2) 加工承揽合同、建设工程勘察设计合同、货物运输合同、产权转移书据、营业账簿税目中记载资金的账簿，其税率为0.5‰。

(3) 购销合同、建筑安装工程承包合同、技术合同的规定税率为0.3‰。

(4) 借款合同的税率为0.05‰。

(二) 定额税率

其他营业账簿、权利许可证照，采取按件规定固定税额，单位税额均为每件5元。

五、减免税优惠

根据印花税暂行条例及实施细则和其他有关税法的规定，下列凭证免纳印花税。

(1) 已缴纳印花税的凭证副本或抄本。

(2) 财产所有人将财产赠给政府、社会福利单位、学校所立的书据。

(3) 国家指定的收购部门与村民委员会、农民个人书立的农副产品收购合同。

(4) 无息、贴息贷款合同。

(5) 外国政府或国际金融组织向我国政府及国家金融机构提供优惠贷款所书立的合同。

(6) 房地产管理部门与个人订立的房租合同，凡房屋属于用于生活居住的，暂免贴花。

(7) 军事货物运输、抢险救灾物资运输，以及新建铁路临管线运输等的特殊货运凭证。

六、应纳税额的计算

(一)按比例税率计算应纳税额的方法

应纳税额＝计税金额×适用税率

(二)按定额税率计算应纳税额的方法

应纳税额＝凭证数量×单位税额

例如：设于广州市区的A企业2002年10月开业，领取执照、房产证、土地使用证各一件(3件)，注册资本500万元，设立营业账簿6本，资金账簿1本。当年发生下列经济业务。

(1) 订立购销合同3份，记载金额300万元，由于销货方违约，有1份合同还未能按期履行，价值50万元。

(2)订立借款合同1份，所载借款金额100万元。

(3)开发国家重点项目，签订无息贷款合同一份，金额80万元。

(4)与B公司签订技术转让合同，金额60万元。

(5)年底实收资本400万元，资本公积30万元。

有关计算如下。

(1)资金账簿贴花＝(400＋30)×0.5‰＝2 150(元)

(2)购销合同贴花＝300×0.3‰＝90(元)

(3)营业账簿、证件贴花(不含资金账簿)＝9×5＝45(元)

(4)借款合同贴花＝100×0.05‰＝50(元)

(5)技术转让合同贴花＝60×0.3‰＝18(元)

合计贴花＝2 150＋90＋45＋50＋18＝2 353(元)

七、纳税环节

印花税的纳税环节规定为，纳税人必须在书立或领受时贴花。具体是指，在合同签订时、账簿启用时和证照领受时贴花。

八、印花税的缴纳方法

印花税由纳税人根据国家税法的规定，自行计算应纳税额，自行购买印花税票，自行完成纳税义务。同时，对特殊情形采取特定的纳税贴花方法。印花税由纳税人根据规定自行计算应纳税额，购买并一次贴足印花税票，完纳税款纳税人向税收机关购买印花税票，就税收机关来说，印花税票一经售出，国家就取得印花税收人。但就纳税人来说，购买了印花税票，不等于履行了纳税义务，纳税人将印花税票粘贴在应税凭证后，并按规定的办法给予注销。

九、纳税地点

印花税一般实行就地纳税。但对全国性商品物资订货会上所签订合同应纳的印花税，由纳税人回其所在地后及时办理贴花完税手续。

十、违章处理

印花税实行轻税重罚政策。对纳税人不按照税法规定纳税的，应区别不同情况给予下列处罚：

(1) 在应纳税凭证上未贴或者少贴印花税票的，税收机关除责令其补贴印花税票外，可处以应补贴印花税票金额20倍以下的罚款。

(2) 对纳税人不按规定注销或画销已贴用的印花税票的，税收机关可处以未注销或者画销印花税票金额10倍以下的罚款。

(3) 纳税人把已贴用的印花税票揭下重用的，税收机关可处以重用印花税票金额30倍以下的罚款。

(4) 对假造印花税票的，由税收机关提请司法机关依法追究刑事责任。

1. 选择低税率的筹划案例

依据印花税条例规定：各类经济合同订立后，不论合同是否履行，都应按合同上所记载的金额、收入或费用为计税依据，依照不同项目的适用税率，计算缴纳印花税。

对订立合同纳税筹划的重点之一是：选择低税率的项目。下面通过例子来说明其具体做法。

阅读案例 9-6

某家具厂接受本市一家私城的委托，负责加工一批家具，总价值为1 000万元，加工所需原材料700万元，零配件100万元。

其纳税筹划方法：

(1) 按总价值签订合同，其应缴纳印花税为：

应纳税额＝1 000×0.5‰＝5 000(元)

(2) 按材料和加工费分开签订合同，其应缴纳印花税为：

应纳税额＝800×0.3‰＋200×0.5‰＝3 400(元)

(3) 只是就加工费部分签订合同，则其应缴纳印花税为：

应纳税额＝200×0.5‰＝1 000(元)

2. 降低计税依据的筹划案例

对订立合同纳税筹划的另一重点是：降低计税依据。下面通过例子来说明其具体做法。

阅读案例 9-7

某房地产开发公司，2002 年 1 月与某建筑工程公司签订甲工程施工合同，金额为 8 500 万元，合同签订后，印花税已缴纳。由于该工程建筑图纸做重大修改，2003 年 1 月，工程竣工时实际工程决算金额为 5 500 万元。该公司 2003 年 1 月签订乙工程建筑施工合同，合同金额为 8 000 万元，以甲工程多缴印花税为由，冲减合同金额 3 000 万元，然后计算缴纳印花税。

虽然存在甲工程合同金额减少等现象，但该公司以冲减后的金额为依据，缴纳印花税的做法是错误的。因为，印花税是对经济活动和经济交往中书立、使用、领受具有法律效力的凭证的单位和个人征收的一种税。印花税是一种具有行为税性质的凭证税，凡发生书立、使用、领受应税凭证的行为，就必须依照印花税法的有关规定，履行纳税义务。应税合同在签订时纳税义务即已发生，应计算缴纳印花税，但如果合同未载明金额的，则先按每件 5 元贴花，待合同执行后按实际金额计算贴花。家具厂接受本市一家私城的委托，负责加工一批家具，总价值为 1 000 万元，加工所需原材料 700 万元，零配件 100 万元。

其纳税筹划方法是：尽可能先签订框架合同，或签订不确定金额或确定的合同金额较低的合同，待工程竣工时，按实际工程决算金额计算缴纳印花税，这样就可少交或避免多交印花税。

3. 利用最少转包进行税收筹划

根据印花税的规定，建筑安装工程承包合同的计税依据为合同上记载的承包金额，其适用税率为 0.3‰。施工单位将自己承包的建设项目分包或者转包给其他施工单位所签订的分包合同或者转包合同，应按照新的分包合同或者转包合同上所记载的金额再次计算应纳税额。因为印花税是一种行为性质的税种，只要有应税行为发生，就应按税法的相关规定纳税。

4. 利用征管的有关规定进行税收筹划

《印花税暂行条例》关于印花税的缴纳，有以下规定。

(1) 应税凭证所载金额为外国货币的，应按照凭证书立当日国家外汇管理局公布 的外汇牌价折合人民币，然后计算应纳税额。

(2) 应纳税额不足 1 角的，免纳印花税；1 角以上的，其税额尾数不满 5 分的不计，满 5 分的按 1 角计算。

(3) 商品购销活动中，采用以货换货方式进行商品交易签订的合同，是反映既购又销双重经济行为的合同。对此，应按合同所载的购销合计金额计税贴花。

(4) 对国内各种形式的货物联运，凡在起运地统一结算全程运费的，应以全程运费作为计税依据，由起运地运费结算双方缴纳印花税；凡分程结算运费的，应以分程的运费作为计税依据，分别由办理运费结算的各方缴纳印花税。

(5) 对国际货运，凡由我国运输企业运输的，不论在我国境内还是境外起运或中转分程运输的，我国运输企业所持的一份运费结算凭证，均按本程运费计算应纳税额；托运方所持的一份运输结算凭证，按全程运费计算应纳税额。

5. 利用减免税优惠进行税收筹划

(1) 对已缴纳印花税的凭证的副本或者抄本免税。

(2) 对财产所有人将财产赠给政府、社会福利单位、学校所立的书据免税。

(3) 对国家指定的收购部门与村民委员会、农民个人书立的农副产品收购合同免税。

(4) 对无息、贴息贷款合同免税。

(5) 对外国政府或者国际金融组织向我国政府及国家金融机构提供优惠贷款所书立的合同免税。

(6) 对房地产管理部门与个人签订的用于生活居住的租赁合同免税。

(7) 对农牧业保险合同免税。

(8) 对特殊货运凭证免税。

9.2.5 契税的税收筹划

在我国境内转移土地、房屋权属，承受的单位和个人为契税的纳税人，应当依照本条例的规定缴纳契税。

1. 利用税收优惠进行税收筹划

进行契税税收筹划时，应该充分利用下列的税收优惠政策。有下列情形之一的，减征或者免征契税。

(1) 国家机关、事业单位、社会团体、军事单位承受土地、房屋用于办公、教学、医疗、科研和军事设施的，免征。

(2) 城镇职工按规定第一次购买公有住房的，免征。

(3) 因不可抗力灭失住房而重新购买住房的，酌情准予减征或者免征。

(4) 财政部规定的其他减征、免征契税的项目。

条例所称用于办公的，是指办公室(楼)以及其他直接用于办公的土地、房屋。

条例所称用于教学的，是指教室(教学楼)以及其他直接用于教学的土地、房屋。

条例所称用于医疗的，是指门诊部以及其他直接用于医疗的土地、房屋。

条例所称用于科研的，是指科学试验的场所以及其他直接用于科研的土地、房屋。

条例所称用于军事设施的，是指：地上和地下的军事指挥作战工程；军用的机场、港口、码头；军用的库房、营区、训练场、试验场；军用的通信、导航、观测台站；其他直接用于军事设施的土地、房屋。

本条所称其他直接用于办公、教学、医疗、科研的以及其他直接用于军事设施的土地、房屋的具体范围，由省、自治区、直辖市人民政府确定。

2. 利用购买住房的类型进行税收筹划

利用购买住房的类型进行税收筹划，具体可以分不同情况分别处理。

(1) 个人购买自用的普通住宅，是指建筑面积在 120m² 以下的住宅，减半缴纳契税。契税实行 3%～5%的幅度税率，各省、自治区、直辖市人民政府可以在此幅度税率规定的范围内，按照本地区的实际情况决定。

(2) 个人购买 1998 年 6 月 30 日以后建成的非普通住宅，也就是建筑面积在 120m² 以上的住宅，或者是在 1999 年 8 月 1 日之前税收优惠政策尚未执行时购买的商品住宅，个人要缴纳契税的适用税率为房屋全部售价的 4%，不能享受减半或是免税。

3. 利用等价交换进行税收筹划

当纳税人交换土地使用权或房屋所有权的时候，应该是尽量的使两者的价差缩小。

阅读案例 9-8

A、B、C 3 位当事人，A 和 C 各拥有一套价值 60 万元的房屋，B 想购买 A 的房屋，A 也想购买 C 的房屋后出售其原有房屋。

方案 1：如果不进行筹划，A 购买 C 的住房

应缴纳契税，其计算如下(假定税率为 5%)：

A 应纳税额 ＝ 60×5%＝3(万元)

同样，当 A 向 B 出售其住所时，B 也应缴纳契税，税款为：

B 应纳税额 ＝ 60×5%＝3(万元)

交易的全部税额为 6 万元。

方案 2：如果 3 方进行一下调整，先由 A 和 C 交换房屋，再由 C 将房屋出售给 B，这同样可以达到上述买卖的结果，但应纳税款就会有天壤之别。因为 A 和 C 交换房屋所有权为等价交换，没有价格差别，不用缴纳契税。只是在 C 将房屋出售给 B 时，应由 B 缴纳契税。其计算如下：

B 应纳税额＝60×5% ＝3(万元)

方案 2 较方案 1 可以节省税款 3 万元。

4. 利用合理确定计税依据进行税收筹划

契税计税依据为不动产的价格。纳税人可以按照不同情况下的计税依据进行税收筹划。

国有土地使用权出让、土地使用权出售、房屋买卖，计税依据为成交价格。

土地使用权赠与、房屋赠与的计税依据，由缴纳机关参照土地使用权出售、房屋买卖的市场价格核定。

土地使用权交换、房屋交换，计税依据为所交换的土地使用权、房屋的价格的差额。

以划拨方式取得土地使用权，经批准转让房地产时，由房地产转让者补交契税。计税依据为补交的土地使用权出让费用或土地收益。

5. 利用准确把握缴纳办法进行税收筹划

契税的纳税义务发生时间，为纳税人签订土地、房屋权属转移合同的当天，或者纳税人取得其他具有土地、房屋权属转移合同性质凭证的当天。纳税人应当自纳税义务发生之日起 10 日内向土地、房屋所在地的契税缴纳机关办理纳税申报，并在契税缴纳机关核定的期限内缴纳税款。应纳税额以人民币计算。转移土地、房屋权属以外汇结算的，按照纳税义务发生之日中国人民银行公布的人民币市场汇率中间价折合成人民币计算。

9.2.6 城镇土地使用税的税收筹划

所谓城镇土地使用税(以下简称土地使用税)，就是对在城市、县城、建制镇和工矿区内使用土地的单位和个人，以其实际占用的土地面积为计税依据，按照规定的定额税率计算征收的一个税种。对于经营者来说，土地使用税虽然不与经营收入的增减变化相挂钩，但作为一种费用必然是经营纯收益的一个减项。

纵观现行土地使用税的法律、行政法规，可以从以下 5 个方面进行筹划。

1. 从经营用地的所属区域上考虑节税

经营者占有并实际使用的土地，其所在区域直接关系到缴纳土地使用税数额的大小。因此经营者可以结合投资项目的实际需要在下列几方面进行选择：①在征税区与非征税区之间选择；②在经济发达与经济欠发达的省份之间选择；③在同一省份内的大中小城市以及县城和工矿区之间作出选择。在同一省份内的大中小城市、县城和工矿区内的土地使用税税额同样有差别；④在同一城市、县城和工矿区之内的不同等级的土地之间作出选择，例如广州市的市区土地就划分了 10 个级别，最高一级与最低一级相差 6.5 元/m^2。

2. 从纳税人身份的界定上考虑节税

(1) 在投资兴办企业的属性上进行选择，即指是开办外资企业还是内资企业。财税字 [1988] 260 号明确规定“外资企业、机构在华用地不征收土地使用税”。

(2) 在经营范围或投资对象上考虑节税。根据《中华人民共和国城镇土地使用税暂行条例》规定，下列经营用地可以享受减免税的规定：①市政街道、广场、绿化地带等公共用地；②直接用于农、林、牧、渔业的生产用地(不包括农副产品加工场地和生活、办公用地)；③能源、交通、水利设施用地和其他用地；④民政部门举办的安置残疾人占一定比例的福利工厂用地；⑤集体和个人办的各类学校、医院、托儿所、幼儿园用地；⑥高校后勤实体。

(3) 当经营者租用厂房、公用土地或公用楼层时，在签订合同中要有所考虑。根据国税地字 [1988] 15 号中“土地使用权未确定或权属纠纷未解决的，由实际使用人纳税”、以及“土地使用权共有的，由共有各方分别纳税”之规定，经营者在签订合同时，应该把是否成为土地的法定纳税人这一因素考虑进去。

3. 从所拥有和占用的土地用途上考虑节税

纳税人实际占有并使用的土地用途不同，可享受不同的土地使用税政策。主要包括以下几点。

(1) 根据国家税收局关于印发《关于土地使用税若干具体问题的补充规定》的通知(国税地字［1989］140号)中“对厂区以外的公共绿化和向社会开放的公园用地，暂免征城镇土地使用税”之规定，企业可以把原绿化地只对内专用改成对外公用即可享受免税的照顾。

(2) 根据《国家税收局关于水利设施土地征免土地使用税问题的规定》(国税地字［1989］14号)中“对水利设施及其管护以及对兼有发电的水利设施用地，可免征土地使用税”的规定，企业可以考虑把这块土地的价值在账务核算上明确区分开来，以达到享受税收优惠的目的。

(3) 根据对煤炭、矿山和建材行业的特殊用地可以享受减免土地使用税的规定，企业既可以考虑按政策规定明确划分出采石(矿)厂、排土厂、炸药库等不同用途的用地，也可以把享受免征土地使用税的特定用地在不同的土地等级上进行合理布局，使征税的土地税额最低。

4. 从纳税义务发生的时间上考虑节税

(1) 发生涉及购置房屋的业务时考虑节税。涉及房屋购置业务时，土地使用税规定了如下纳税义务发生时间。

①纳税人购置新建商品房的，自房屋交付使用的次月起纳税。

②纳税人购置存量房，自办理房屋权属转移、变更登记手续，房地产权属登记机关签发房屋权属证书之次月起纳税。

因此，对于购置方来说，应尽量缩短取得房屋所有权与实际经营运行之间的时间差。

(2) 对于新办企业或需要扩大规模的老企业，在征用土地时，可以在是否征用耕地与非耕地之间作筹划。因为政策规定，纳税人新征用耕地，自批准征用之日起满一年时开始缴纳土地使用税，而征用非耕地的，则需自批准征用的次月就应该纳税。

(3) 选择经过改造才可以使用的土地。政策规定，经批准开山填海整治的土地和改造的废弃土地，从使用月份起免征土地使用税5～10年。

5. 从纳税地点上考虑节税

关于土地使用税的纳税地点，政策规定为“原则上在土地所在地缴纳”。但对于跨省份或虽在同一个省、自治区、直辖市但跨地区的纳税人的纳税地点上，也是有文章可作的。节税途径的实质就是尽可能选择税额标准最低的地方纳税。这对于目前不断扩大规模的集团性公司显得尤为必要。

本章小结

关税(Tariff)，是指货物经过一国关境时征收的税收。关税是世界各国普遍征收的一个税种，是指一国海关对进出境的货物或者物品征收的一种税。关税和非关税措施是衡量一个国家市场开放度的主要标志。

我国对进口货物的海关估价主要有两种情况：一是海关审查可确定的完税价格；二是成交价格经海关审查未能确定的价格。因此要分别就这两种情况进行避税筹划。

纳税人可以通过精确核算各税目的课税数量，清楚区分应税与免税项目、数量，分清税率不同的应税资源产品，合理选择适用税率等一系列方法，达到节省资源税税款的目的。

在确定土地增值税时，重要的就是确定售出房地产的增值额。增值额是纳税人转让房地产所取得的收入减去规定扣除项目金额后的余额。纳税人转让房地产所取得的收入对其应纳税所得额有较大的影响。如果能采取措施使转让收入变少，就可以减少纳税人的增值额，从而达到节省税款的目的。

本章内容包括介绍印花税的纳税人、征税范围、计税依据、税率、减免税优惠、应纳税额的计算、纳税环节、缴纳方法、纳税地点和违章处理等纳税法规的基础上，重点分析了选择低税率、降低计税依据等印花税纳税筹划的具体做法的案例。

城镇土地使用税，就是对在城市、县城、建制镇和工矿区内使用土地的单位和个人，以其实际占用的土地面积为计税依据，按照规定的定额税率计算征收的一个税种。可以运用相关方法进行税收筹划。

关键术语

关税　关税完税价格　关税税收筹划　资源税　资源税税收筹划　房产税　房产税税收筹划　印花税　印花税税收筹划　契税　契税税收筹划　土地增值税　土地增值税税收筹划　城镇土地使用税　城镇土地使用税税收筹划

综合练习

一、 单选题

1. 关税纳税义务人因不可抗力或者在国家税收政策调整的情形下，不能按期缴纳税款的，经海关总署批准，可以延期缴纳税款，但最多不得超过(　)。

A. 3个月　　B. 6个月　　C. 9个月　　D. 12个月

2. 以下进口的货物，海关可以酌情减免关税的是(　　)。

A. 进口1年内在境内使用的货样

B. 为制造外销产品而进口的原材料

C. 在境外运输途中遭受损坏的物品

D. 外国政府赠送的物资

3. 任何国家或者地区对其进口的原产于我国的货物征收歧视性关税或者给予其他歧视性待遇的，我国对原产于该国家或者地区的进口货物征收(　　)。

A. 保障性关税　　B. 报复性关税

C. 反倾销税　　D. 反补贴税

4. 因收发货人或者他们的代理人违反规定而造成的少征或漏征的税款，自纳税义务应缴纳税之日起，海关在(　　)内可以追征。

A. 1年　　B. 2年　　C. 3年　　D. 5年

5. 下列进口货物可以同时免征进口关税、增值税的是(　　)。
A. 学校不以营利为目的进口的，直接用于科学研究或教学的用品
B. 进口的残疾人个人专用品
C. 境外捐赠人无偿捐赠给我国各级政府，直接用于扶贫事业的进口物资
D. 康复机构直接进口的残疾人专用品
6. 关于进出口货物完税价格中的运费、保险费的计算，说法正确的为(　　)。
A. 陆运进口的货物如成交价格中包含运、保、杂费支付至内地到达口岸的，关境的第一口岸至内地一段的运费和相关费用、保险费应扣除
B. 进口货物以离岸价格成交的，应加上途中实际支付的运保费，如实际支付的运保费无法确定时，进口人可按以往的运费率和保险费率计算
C. 进口货物的保险费无法确定时，可按“货价加运费”两者总额的5‰计算保险费
D. 出口货物的离岸价格应以该项货物运离关境前的最后口岸价格为实际价格
7. 下列不属于关税征税对象的是(　　)。
A. 从国外进口的设备
B. 入境旅客随身携带的行李物品
C. 企业出口的设备
D. 国家禁止出口的物品
8. 下列各项中，属于关税法定纳税义务人的有(　　)。
A. 进口货物的收货人　　B. 进口货物的代理人
C. 出口货物的发货人　　D. 出口货物的代理人
9. 下列(　　)费用，如能与该货物实付价格区分，不得列入完税价格。
A. 进口关税及其他国内税
B. 货物运抵境内输入地点之后的运输费用
C. 买方为购进货物向代表双方利益的经纪人支付的劳务费
D. 工业设施、机械设备类货物进口后发生的基建、安装、调试、技术指导等费用
10. 关于完税价格，下列说法正确的是(　　)。
A. 加工贸易进口料件及制成品凡内销需补税的，要按一般进口货物的完税价格规定来审定完税价格
B. 租赁方式进口的留购货物，应以该同类货物进口时到岸价格作为完税价格
C. 接受捐赠进口的货物如有类似货物成交价格的，应按该类似货物成交价格作为完税价
D. 出口的货物一般以境外买方向卖方实付或应付的货价为基础确定完税价格

二、多选题

1. 下列费用中，如能与该货物实付或者应付价格区分，不得计入完税价格的有(　　)。
A. 进口关税及其他国内税收
B. 货物运抵境内输入地点之后的运输费用、保险费和其他相关费用
C. 与该货物有关并作为卖方向我国销售该货物的一项条件，应当由买方直接或间接支付的特许权使用费

D. 厂房、机械、设备等货物进口后的基建、安装、装配、维修和技术服务的费用

2. 下列说法正确的是(　　)。

A. 我国进口关税税率共有最惠国税率、协定税率、特惠税率、普通税率等

B. 目前，我国对啤酒、胶卷和原油计征从量税

C. 滑准税的特点是关税税率随进口商品价格由高到低而由低至高的变化

D. 从1997年7月1日起，关税税率计征办法有从价税、从量税、复合税等

3. 进口货物的买方和卖方存在特殊关系，但收货人能证明其提交的价格与下列任一价格相近的，海关应该接受此价格作为计算进口货物关税的完税价格(　　)。

A. 向境内无特殊关系的买方出售的相同或类似货物的15天前的成交价格

B. 按照使用倒扣价格有关规定所确定的相同或类似货物30天后的完税价格

C. 按照使用计算价格有关规定所确定的相同或类似货物的50天后的完税价格

D. 由第三方提供的相同或类似货物的完税价格

4. 下列各项中，属于《海关法》规定，可以自缴纳税款之日起一年内申请退税的有(　　)。

A. 进口后因不可抗力遭受损失或损坏的

B. 因海关误征，多纳税款的

C. 已征出口关税的货物，因故未装运出口，申报退关，经海关查验属实的

D. 海关核准免验进口的货物，在完税后，发现有短卸情况，经海关审查认可的

5. 下列出口货物完税价格确定方法中，符合关税法规定的有(　　)。

A. 海关依法估价确定的完税价格

B. 以成交价格为基础确定的完税价格

C. 根据境内生产类似货物的成本、利润和费用计算出的价格

D. 以相同或类似的进口货物在境内销售价格为基础估定的完税价格

6. 根据《进出口关税条例》的规定，下列情形中，纳税人或其代理人可以向海关申请退税的有(　　)。

A. 进口货物起卸后海关放行前，因不可抗力遭受损坏或损失的

B. 因海关误征，多纳税款的

C. 已征出口关税的货物，因故未装运出口，申报退税，经海关查验属实的

D. 海关核准免验进口的货物，在完税后，发现有短缺情况，经海关审查认可的

7. 下列属于法定减免关税的是(　　)。

A. 进料加工剩余的料件内销的收入　　B. 进口供保税区使用的机器

C. 无商业价值的货样　　D. 外国政府无偿赠送的物资

三、判断题

1. 我国对少数进口商品计征关税时所采用的滑准税实质上是一种特殊的从价税。(　　)

2. 在海关对进出口货物进行完税价格审定时，如海关不接受申报价格，而认为有必要估定完税价格时，可以与进出口货物的纳税义务人进行价格磋商。(　　)

3. 在确定进口货物完税价格时，货物成交价格中含进口人向卖方支付的佣金，应该从完税价格中扣除。（　　）

4. 江苏某企业将一批产品从南京出口到日本，日本到岸价格为500万元(其中含有运费40万元，保险费20万元，支付国外的佣金30万元)，另外还支付包装费10万元，出口关税税率为40%，则应纳关税为300万元。（　　）

5. 某企业向海关报明后将一台价值65万元的机械运往境外修，机械修复后准时复运进境。假设该机械的关税税率为5%，支付的修理费和料件费为35万元(经海关审查确定)，该企业缴纳的关税应为1.75万元。（　　）

6. 从境外租借进口的设备以海关审查确定的成交价格作为完税价格。（　　）

7. 世贸组织成员国中的任何国家对原产于我国的货物征收歧视性关税的，我国对原产于该国家的进口货物征收报复性关税。（　　）

8. 征收特别关税的货物、适用国别、税率、期限和征收办法，由国家税务总局和海关总署共同决定。（　　）

9. 在纳税义务人同海关发生纳税争议时，可以向海关申请复议，对有争议的应纳税款可以缓纳。（　　）

10. 空运、海运和陆运进口货物的运费和保险费，应当按照实际支付的费用计算。（　　）

11. 按海关现行规定，因收发货人或者他们的代理人违反规定而造成的少征或漏征税款，海关应当自纳税人缴纳税款或者货物放行之日起1年内，向收货人或者他们的代理人追征。（　　）

12. 进口货物成交价格中已包括进口人向其境外代理人支付的经纪费，并且能够单独分列的，可从完税价格中扣除。（　　）

13. 进出口货物完税后，如发现少征或者漏征关税税款，海关应当自缴纳税款或者货物放行之日起一年内，向收发货人或者他们的代理人补征。（　　）

14. 边境小额贸易企业通过指定边境口岸进口原产于毗邻国家的所有商品，进口关税和进口环节增值税减半征收。（　　）

15. 运往境外加工的货物，出境时向海关报明，并在海关规定期限内复运进境的，应当以加工后的货物进境时的到岸价格作为完税价格。（　　）

四、 简答题

1. 土地增值税的开发成本与开发费用是如何规定的？如何有效地进行筹划？

2. 印花税在合同类型区别上决定其税负高低，如何有效利用合同类型进行筹划？

3. 车辆购置税的税率是一定的，决定其税负高低的关键因素在于计税价格的高低，如何有效地在实践中加以筹划？

4. 能否在契税筹划通过减少流通环节加以节约税收？举例说明。

5. 资源税是对在我国境内开采自然资源所征的一种税，这个税种一个重要的课征因素就是对不同品位的矿产资源评级的问题，在我国税收实践中，如何有效利用这点进行相应的税收筹划？

6. 如何进行关税税收筹划？

实际操作训练

实训项目1：房地产税收筹划

实训目的：房地产税税收筹划。

实训内容：2006年5月份，北京某开发商开出发两幢普通商品房A幢与B幢，拟售。其中：A幢位北京市三环以内，可扣除项目总金额为1亿元，共10 000m^2，拟销售总价为2亿元；而B幢楼盘位于北六环以外，尽管可扣除项目总金额也为1亿元，共10 000m^2，其拟销售总价仅为1.3亿元左右。由于这家开发商经营规模不大，财务核算上很难将这两个楼盘的开发费用明确区分开来，导致这家公司的财务非常困惑，如果聘请你作这家税收顾问，应该如何有效地开展税收筹划工作？

实训要求：如何税收筹划？

实训项目2：中外合资经营企业税收筹划

实训目的：中外合资经营企业税收筹划。

实训内容：某市某内资企业准备与某外国企业联合投资设立中外合资经营企业，投资总额为8 000万元，注册资本为4 000万元，其中：中方1 600万元，占40%；外方2 400万元，占60%。中方准备用使用过的机器设备1 600万元和房屋、建筑物1 600万元作为注册资本投入，投入的方式有两种：一种是以机器设备作价1 600万元作为注册资本投入，而房屋、建筑物作价1 600万元作为其他投入；另一种是以房屋建筑物作价1 600万元作为注册资本投入，而机器设备作价1600万元作为其他投入。试对这两种不同投入方式做出综合税负分析，并提出合理化税收建议？

实训要求：如何税收筹划？

实训项目3：土地增值税税收筹划

实训目的：土地增值税税收筹划。

实训内容：新发房地产开发公司是某市一家以开发转让土地及房产为主要业务的中型公司。1996年7月初，公司按该市普通住宅标准建造了一幢住宅，并以市场价格销售给本市居民，共取得收入240万元，共发生如下费用：①取得土地使用权所支付的金额为100万元；②房地产开发成本50万元；③其他扣除额为60万元。

同月，公司转让另一房地产取得收入400万元，共发生以下费用：①取得土地使用权所支付的金额20万元；②房地产开发成本30万元；③房地产开发费用16万元；④与房地产有关的税金24万元。

面对激烈的市场竞争，考虑到规模经济，开兴房地产开发公司决定兼并新发房地产公司，以促进市场占有额的扩大。7月中旬，开兴房地产公司以400万元市场价格收购了新发房地产的标志性建筑大楼，并于7月底最终成立了开新房地产公司，兼并业务正式完成。新发房地产公司在建筑该楼时共发生费用扣除额100万元。该月公司共缴纳土地增值税税额270万元。

试问：新发房地产在7月份缴纳的土地增值税是否存在问题？如果有，该如何为这公司开发商做出筹划安排？

实训要求：如何进行税收筹划？

第10章 企业生命周期中的税收筹划

教学目标

通过本章的学习，了解企业多种融资渠道，熟悉租赁形式的选择，掌握租赁筹划、借款筹划，掌握投资产业及项目的税收筹划、利用居民企业之间的股息及红利的税收筹划、小型微利企业的税收筹划、招聘国家鼓励安置人员的税收筹划、利用利润分配时间的税收筹划，了解资产重组的方式，掌握企业合并中的税收筹划、企业分立的税收筹划、企业清算的税收筹划、企业债务重组的税收筹划、企业资产收购的税收筹划、企业股权收购的税收筹划。

教学要求

知识要点	能力要求	相关知识
企业筹资的税收筹划	了解企业多种融资渠道 熟悉租赁形式的选择 掌握租赁筹划 掌握借款筹划	租赁筹划 借款筹划
企业投资的税收筹划	掌握投资产业及项目的税收筹划 掌握利用居民企业之间的股息及红利的税收筹划 掌握小型微利企业的税收筹划 掌握招聘国家鼓励安置人员的税收筹划 掌握利用利润分配时间的税收筹划	投资产业及项目的税收筹划 利用居民企业之间的股息及红利的税收筹划 小型微利企业的税收筹划 招聘国家鼓励安置人员的税收筹划 利用利润分配时间的税收筹划
企业资产重组的税收筹划	了解资产重组的方式 掌握企业合并中的税收筹划 掌握企业分立的税收筹划 掌握企业清算的税收筹划 掌握企业债务重组的税收筹划 掌握企业资产收购的税收筹划 掌握企业股权收购的税收筹划	企业合并的税收筹划 企业分立的税收筹划 企业清算的税收筹划 企业债务重组的税收筹划 企业资产收购的税收筹划 企业股权收购的税收筹划

导入案例

联想收购IBM的筹划秘密

2004年12月8日，联想集团以总价12.5亿美元收购了IBM的全球PC业务，正式拉开了联想全球布局的序幕。可是，如果仔细研究，在这场我国并购市场上前所未有的大宗并购案中，总共为12.5亿美元的收购价格，联想集团为什么要采用“6.5亿美元现金+6亿美元联想股票”的支付方式？这种支付方式背后隐含着怎样的策略呢？

也许有人会说，如果全部现金收购，联想一时付出12.5亿美元的现金太多，而如果全部换股，按照6亿美元的联想股票相当于18.5%左右的股份来计算，全部换股后，IBM将持有联想集团38.5%的股份，联想控股所拥有的股份将减少为25%，这样一来，不是联想并购了IBM的PC业务，而是IBM吃掉了联想。

那么，大家可能会问，联想为什么不出“5.5亿美元现金+7亿美元的联想股票”或“4.5亿美元现金+8亿美元的联想股票”呢？

大家可能没有想到，这里面一个很重要的问题就是税收。事实上，在任何一场并购案中，并购企业在选择并购目标及其出资方式前都需要进行税收筹划。一般来说，并购企业若有较高赢利水平，为改变其整体的纳税状况，可选择一家具有大量净经营亏损的企业作为并购目标。通过赢利与亏损的相互抵消，实现企业所得税的减少。这是并购税收筹划的通行规则。比照这一规则，来看联想并购IBM PC时双方企业的赢利能力。

在2004年底并购前的4个月，也就是2004年8月11日，联想集团在香港宣布2004/2005财年第一季度(2004年4月1日至2004年6月30日)业绩，整体营业额为58.78亿港元，较去年同期上升10%，纯利大幅度增加21.1%。同时，联想宣称：从1999年到2003年，其营业额从110亿港元增加231亿港元，利润从4.3亿港元增长到11亿港元，5年内实现了翻番。

2005年1月，IBM向美国证交会提交的文件显示，其上月(2004年12月)卖给联想集团的个人电脑业务持续亏损已达3年半之久，累计亏损额近10亿美元。

一个是年利润超过10亿港元，承担着巨额税负的新锐企业，一个是累计亏损额近10亿美元、亏损可能还在持续上涨但亏损递延及税收优惠仍有待继续的全球顶尖品牌，在这样一个时段，这样一种状况，两者走到一起，恐怕不单纯是一种业务上的整合，很大程度上带有税收筹划的色彩。如果合并纳税中出现亏损，并购企业还可以通过亏损的递延推迟纳税。因此，目标公司尚未弥补的亏损和尚未享受完的税收优惠应当是决定是否并购的一个重要因素。也就是说，如果两个净资产相同的目标公司，假定其他条件都相同，一个公司有允许在以后年度弥补的亏损，而另一个公司没有可以弥补的亏损，那么亏损企业应成为并购的首选目标公司。

IBM提交美国证交会的文件披露后，曾引起联想股民的不满，联想股价曾一度下滑，事实上，这样的并购对联想来说是非常划算的。如果说有什么担心，恐怕也只是警惕并购后可能带来业绩下降的消极影响及资金流不畅造成的“整体贫血”，并防止并购企业被拖入经营困境。不过，现在看来，联想有能力成为奥运TOP合作伙伴，及其后续的一系列举措，暗示了其现金流并不存在太大问题，反而是IBM的巨亏在很大程度上减少了联想的税负，成为了并购案例中进行税收筹划的典范。

还要提醒大家注意的是，在股权收购中，如果是以现金购买股票，也会使被并购企业形成大量的资本利得，进而产生资本利得税或所得税的问题，有时被收购企业还会把这些税负转嫁给收购企业，这种时候，并购企业需要考虑“以股票换取资产”或“以股票换取股票”。

因为后两种以股票出资的方式对目标企业股东来说，在并购过程中，不需要立刻确认其因交换而获得并购企业股票所形成的资本利得，即使在以后出售这些股票需要就资本利得缴纳所得税，也已起到了延迟纳税的效果。

不过，正像前文联想并购案中所提到的，纯粹的“以股票换取资产”或“以股票换取股票”有可能形成目标企业反收购并购企业的情况，所以，企业在出资方式上往往是在满足多方需求的利益平衡状况下，计算出税负成本最低、对企业最有利的一种方式。

最终采纳的方式往往是复合的，就像联想的一部分是现金收购，一部分用股票收购。打个比方说，如果IBM不是美国企业，而是中国企业，IBM的PC业务市值与联想集团相当。那么，6亿美元的联想股票相当于18.5%的联想股份时，6.5亿美元的现金，恰好相当于联想市值的20%。按照国家税务总局《关于企业合并分立业务有关所得税问题的通知》(国税发［2000］119号)的规定：合并企业支付给被合并企业或其股东的收购价款中，除合并企业股权以外的现金、有价证券和其他资产(简称非股权支付额)不高于所支付股权票面价值(或支付股本的账面价值)20%的，可以不计算所得税。美国税法中也存在着类似的免税重组政策。《美国收入法典》规定：一项B类重组(以股票换取股票的重组)属于免税重组，必须具备两个条件：其一，收购公司必须用它的可选举权股票去收购被并公司股票；其二，在收购之后，收购公司必须控制被收购公司。如果收购公司在B类重组中没有100%来用股票去换取对方权益，但应当至少保证收购支付的要素中不少于80%的股票。

试回答以下问题：

(1) 本案例主要采用哪些税收筹划方法?

(2) 联想收购IBM的PC业务后，怎样进一步开展税收筹划活动?

答案：(1) 主要利用免税优惠政策进行筹划。

(2) 第一，联想业务拓展逐渐走向国际化，要考虑国际投资及融资中的税收筹划。第二，联想收购IBM的PC业务后，在经营活动中要注意在境外设立业务基地，注意技术服务和产品服务的结合，因为技术服务和产品服务的税收政策存在极大差异。

10.1 企业筹资的税收筹划

1. 融资渠道的选择

一般来说，企业的融资渠道包括：①财政资金；②金融机构贷款；③企业之间的拆借；④企业自我积累；⑤企业组织内部集资；⑥发行债券融资；⑦发行股票融资；⑧商业信用融资。

这些融资方式无论采用哪一种或几种并用，都能满足企业的资金需求。但从企业纳税角度考虑，这些融资渠道产生的纳税效果有很大的差异，对一些融资渠道的合理利用可有效地帮助企业减轻税负，获得税收上的好处，而一些融资渠道则不能获得税收上的好处。通常情况下，企业自我积累融资所承担的税收负担要重于向金融机构贷款所承受的税收负担，向金融机构贷款所承受的税收负担要重于企业之间拆借融资所承受的税收负担，企业之间拆借融资所承担的税收负担要重于企业组织内部集资所承担的税收负担。从筹划节税的角度出发，企业组织内部集资与企业之间拆借方式效果最好，金融机构贷款次之，自我积累效果最差。其原因在于企业组织内部集资与企业之间的拆借涉及到的部门和机构较多，容易增加融资成本，也会因税收收益分散而降低负债抵税效应。企业利用金融机构融资，可以实现特殊业务的拓展和健全资金链条的相配合、相协调，降低资金占用成本，获取一定的税收利益。

在上述融资渠道中，财政资金来源逐渐减少，而商业信用融资方式与企业之间的拆借稍微有点差别，也是一种较好的融资方式，虽然融资成本很低，但是融资规模和融资时间不太理想。

比较发行股票融资与发行债券融资，由于发行债券融资的利息支出可以作为财务费用税前列支，具有抵税作用，所以，这种融资方式使所得税税基缩小，税负得以减轻。而发行股票融资方式则不能实现股利的税前分配。

融资活动不可避免地要涉及到还本付息的问题。利用利息摊入成本的不同方法和资金往来双方的关系及所处经济活动地位的不同往往是实现合理节税的关键所在。金融机构贷款其核算利息的方法和利率比较稳定、幅度变化较小，节税的空间不大。而企业之间的资金拆借在利息计算和资金回收期限方面均有较大弹性和回旋余地，从而为节税提供了有利条件。

2. 租赁筹划

按照与租赁资产所有权相关的风险和报酬是否转移进行分类，租赁分为融资租赁与经营租赁两种形式。

1）租赁的分类与税务处理

融资租赁是指实质上转移了与资产所有权有关的全部风险和报酬的租赁。所有权最终可能转移，也可能不转移。如果一项租赁实质上转移了与资产所有权有关的全部风险和报酬，那么该项租赁应划分为融资租赁。

对于融资租赁，其涉税处理如下：①融资租赁发生的租赁费不得直接扣除，承租方支付的手续费，以及安装交付使用后支付的利息等可在支付时直接扣除；②融资租赁设备可以计提折旧并在税前扣除，而租赁费高于折旧的差额也可以税前扣除；③租赁费通过举债支付，其利息可以在税前列支。

知识链接 10-1

《中华人民共和国企业所得税法》的相关规定

第十三条　在计算应纳税所得额时，企业发生的下列支出作为长期待摊费用，按照规定摊销的，准予扣除。

（一）已足额提取折旧的固定资产的改建支出。

（二）租入固定资产的改建支出。

（三）固定资产的大修理支出。

（四）其他应当作为长期待摊费用的支出。

《中华人民共和国企业所得税法实施条例》的相关规定

第六十八条　企业所得税法第十三条第(一)项和第(二)项所称固定资产的改建支出，是指改变房屋或者建筑物结构、延长使用年限等发生的支出。

企业所得税法第十三条第(一)项规定的支出，按照固定资产预计尚可使用年限分期摊销；第(二)项规定的支出，按照合同约定的剩余租赁期限分期摊销。

改建的固定资产延长使用年限的，除企业所得税法第十三条第(一)项和第(二)项规定外，应当适当延长折旧年限。

第六十九条　企业所得税法第十三条第(三)项所称固定资产的大修理支出，是指同时符合下列条件的支出。

(一) 修理支出达到取得固定资产时的计税基础50%以上。

(二) 修理后固定资产的使用年限延长2年以上。

企业所得税法第十三条第(三)项规定的支出，按照固定资产尚可使用年限分期摊销。

第七十条　企业所得税法第十三条第(四)项所称其他应当作为长期待摊费用的支出，自支出发生月份的次月起，分期摊销，摊销年限不得低于3年。

如果一项租赁实质上并没有转移与资产有关的全部风险和报酬，那么该项租赁应归类为经营租赁。所以，一项租赁归类为融资租赁还是经营租赁依赖于租赁的实质而不是合同的形式。

对于经营租赁，其涉税处理如下：①可以避免因长期拥有设备而承担的负担和风险；②支付的租金冲减企业的利润，减少应纳税所得额；③当出租人和承租人同属一个大的利益集团时，租赁形式最终将会使该利益集团可以实现利润合理转移，这是典型的租赁节税效应。

2) 租赁形式的选择

对于融资性租赁，由于会计处理要求确认租赁资产和租赁负债，作为一种表内筹资方式，会给承租人带来不利影响：由于企业债务金额上升，已获利息倍数、净利润率、资产收益率、股本收益率等指标就会下降，资产负债率就会上升。承租人一般不喜欢租赁合同被划分为融资租赁，那么如何才能规避呢?

我国《企业会计准则第21号——租赁》规定，对租赁的分类，应当全面考虑：租赁期届满时租赁资产所有权是否转移；承租人是否有购买租赁资产的选择权；租赁期占租赁资产尚可使用年限的比例；就承租人而言，租赁开始日最低租赁付款额的现值几乎相当于租赁开始日租赁资产的公允价值；就出租人而言，最低租赁收款额的现值几乎相当于租赁开始日租赁资产的公允价值，几乎相当于是指在90%以上。租赁资产性质特殊，如果不作较大修整，只有承租人才能使用。同时依据实质重于形式原则，考察与租赁资产所有权有关的风险和报酬是否转移，来具体区分融资租赁与经营租赁。一般在租赁合同中不要涉及资产所有权的转移和廉价购买权问题，或将租赁期设定为租赁资产有效经济年限的75%即可，这样可以避免被认定为融资租赁。

3. 借款筹划

企业借款的用途不一，有的作为流动资金用于日常生产经营活动，有的作为资本性支出用于购置固定资产和无形资产，还有的作为资本运营用于对外投资等。

企业在借款时必然发生借款费用。借款费用指的是与借入资金相关的，由纳税人为经营活动需要承担的利息费用，包括长期、短期借款的利息；与债券相关的折价或溢价的摊销；安排借款时发生的辅助费用的摊销；与借入资金有关，作为利息费用调整额的外币借款产生的差额等。

《中华人民共和国企业所得税法实施条例》第三十七条规定：企业在生产经营活动中发生的合理的不需要资本化的借款费用，准予扣除。企业为购置、建造固定资产、无形资产和经过12个月以上的建造才能达到预定可销售状态的存货发生借款的，在有关资产购置、建造期间发生的合理的借款费用，应当作为资本性支出计入有关资产的成本，并依照本条例的规定扣除。第三十八条规定：企业在生产经营活动中发生的下列利息支出，准予扣除：①非金融企业向金融企业借款的利息支出、金融企业的各项存款利息支出和同业拆借利息支出、企业经批准发行债券的利息支出；②非金融企业向非金融企业借款的利息支出，不超过按照金融企业同期同类贷款利率计算的数额的部分。有关资产交付使用后发生的，可在发生当期扣除。纳税人借款未指明用途的，其借款费用应按经营性活动和资本性支出占用资金的比例，合理计算应计入有关资产成本的借款费用和可直接扣除的借款费用。

阅读案例 10-1

甲公司根据财务收支预测当年资金缺口2 000万元，拟通过一年期的银行借款来弥补资金缺口。企业当年除了正常的生产经营外，为了提高管理的信息化水平，拟请某软件公司为自己开发ERP软件，软件开发期预计为一年，当年末即可投入使用，需支付软件费用1 000万元。假定企业当年及以后两年的税前利润为2 000万元，银行一年期正常贷款利率为10%；企业处于正常的纳税期，没有享受企业所得税减免优惠，所得税率为25%。那么企业在向银行借款2 000万元时，应以什么名目借款好呢？这里有两个方案可供选择。

方案一。全部为流动资金借款。

企业如以流动资金名义借款，当年扣除借款费用后的应纳税所得额为1 800万元，应缴所得税为450(1 800×25%)万元。

企业的净现金流量=(税前利润－利息－应缴所得税)×复利现值系数，则：

第一年的净现金流量=(2 000－200－450)×0.9091=1 227.29(万元)

第二年的净现金流量=(2 000－500)×0.8264=1 239.6(万元)

第三年的净现金流量=(2 000－500)×0.7513=1 126.95(万元)

3年净现金流量累计额=3 593.84元

方案二：以组合名义借款：1 000万元用于购置软件，另外1 000万元用于流动资金。

企业购置软件的借款利息不能直接在税前扣除，应计入无形资产成本的借款费用可以在以后两年分期摊销，第二、第三年每年可摊销的费用为50万元。

企业当年扣除借款费用后的应纳税所得额为1 900万元，应缴所得税为475(1 900×25%)万元。

企业的净现金流量=(税前利润－利息－摊销无形资产费用－应纳所得税)×复利现值系数，则：

第一年的净现金流量=(2 000－200－475)×0.9091=1 204.56(万元)

第二年的净现金流量=(2 000－1 950×25%)×0.8264=1 249.93(万元)

第三年的净现金流量=(2 000－1 950×25%)×0.7513=1 136.34(万元)

3年净现金流量累计额=3 590.83万元

经比较可知，以流动资金的名义借款比以组合名义借款3年净现金流量累计多3.01万元。如果企业处于免税优惠期间，则情况相反。

所以，企业在借款时，要根据自身实际情况，按照税法对不同借款费用的处理规定，在合理、合法和有效的前提下做好筹划，以节约借款的筹资成本。

阅读案例 10-2

甲公司为上市公司，甲公司由于业务发展计划筹资 10 000 万元。财务人员根据目前情况及新年度发展计划提出了 3 种筹资方式，供公司领导决策。筹资方式如下。

1. 银行借款集资

这种观点认为，企业发展生产，急需资金，可同银行协商解决。去年年底，年贷款利率为 9%，筹资费率估计为 1%，以后贷款利率可能会提高，本企业所得税税率为 25%。

2. 股票集资

这种观点认为，公司发展前景被投资者普遍看好，发行股票有良好的基础。因此，在新的一年里可申请增发股票筹集所需要的全部资金，筹资费率 5%。公司目前普通股市价 30 元，每股股利 2 元，预计年股利增长额为 10%。

3. 联合经营集资

这种观点认为，公司可以与下游厂家联合经营，由公司提供原材料物资，成员厂加工成产品配件，再卖给公司，由公司组装成最终产品，并负责对外销售。这样，公司试制成功的新产品可利用成员厂的场地、劳力、设备和资源等进行批量生产，从而形成专业化生产能力，保证产量、产值和税利的稳步增长。

试分析，该上市公司采取什么方案筹集资金较好?

由于 3 种筹资方式都有其资金成本，因此，采取比较资金成本率的方法。

1. 银行贷款

借款资金成本率＝借款年利息×(1－所得税率)÷［借款本金×(1－筹资费用率)］＝10 000×9%×(1－25%)÷［10 000×(1－1%)］＝6.82%

2. 股票集资时

普通股资金成本率＝预期年股利额÷［普通股市价×(1－普通股筹资费用率)］＋股利年增长率＝2×(1＋10%)÷［30×(1－5%)］＋10%＝17.72%

3. 联合经营集资时

此时，资金成本率分为以下两种情况。

(1) 当成立一个联营实体时，资金成本率就是联营企业分得利润占联营企业出资总额的比例。比例越高，联营企业获得的利润越多，资金成本率越高。用公式表示为：

资金成本率＝联营企业获得利润/联营企业出资总额×100%

(2) 当仅为一个项目合资生产时，资金成本率就是联营企业获得利润占整个实现利润总额的百分比，即：

资金成本率＝联营企业获得利润÷利润总额×100%

显然，上面两种情况都会导致资金成本率增大，在 3 种选择中为最次者。

在上述 3 种方案中，银行贷款的资金成本最低。这是由于借款的利息支出可以在税前扣除，而发行股票所支付的股利只能在税后利润中分配，从而使得股票资金成本大大提高。但是，并不能据此认为负债筹资是绝对最好的，因为企业的财务决策还需要考虑到风险问题，负债比率必须保持在适当的水平，以减少企业的财务风险。这就是说，企业筹资必须考虑对资本结构的影响。

10.2 企业投资的税收筹划

企业投资是非常关键的环节，往往关系到企业发展的成败。所以，企业在投资产业及投资项目的选择中要特别谨慎。不但要考虑投资成本的回收、每年实现的利润，同时也要考虑税收成本的问题。投资决策中的税收筹划是税收筹划的第一步。从企业的设立到企业营运的整个过程都涉及投资决策的问题。企业投资的税收筹划方式很多，主要介绍投资产业及项目的税收筹划、利用居民企业之间的股息及红利进行的税收筹划、小型微利企业的税收筹划、招聘国家鼓励安置人员的税收筹划、利用利润分配时间的税收筹划等。

1. 投资产业及项目的税收筹划

企业或个人进行投资，首先需要选择的是投资产业及投资项目。投资产业及项目的选择需要考虑很多因素，其中包括税收因素，国家对于不同产业的税收政策是不同的。有些产业是国家重点扶持的，有些产业是国家限制甚至禁止发展的。在税收政策中，最重要的是所得税政策，因为所得税是直接税，一般情况下所得税是不能转嫁的。国家减免所得税，就相当于直接增加了企业的经济利益。目前，国家通过减免所得税的方式重点扶持的产业主要包括以下方面。

知识链接 10-2

《中华人民共和国企业所得税法实施条例》的相关规定

第八十六条　企业所得税法第二十七条第(一)项规定的企业从事农、林、牧、渔业项目的所得，可以免征、减征企业所得税，具体如下。

(一) 企业从事下列项目的所得，免征企业所得税。

(1) 蔬菜、谷物、薯类、油料、豆类、棉花、麻类、糖料、水果、坚果的种植。

(2) 农作物新品种的选育。

(3) 中药材的种植。

(4) 林木的培育和种植。

(5) 牲畜、家禽的饲养。

(6) 林产品的采集。

(7) 灌溉、农产品初加工、兽医、农技推广、农机作业和维修等农、林、牧、渔服务业项目。

(8) 远洋捕捞。

(二) 企业从事下列项目的所得，减半征收企业所得税。

(1) 花卉、茶以及其他饮料作物和香料作物的种植。

(2) 海水养殖、内陆养殖。

企业从事国家限制和禁止发展的项目，不得享受本条规定的企业所得税优惠。

第八十七条　企业所得税法第二十七条第(二)项所称国家重点扶持的公共基础设施项目，是指《公共基础设施项目企业所得税优惠目录》规定的港口码头、机场、铁路、公路、城市公共交通、电力、水利等项目。

企业从事前款规定的国家重点扶持的公共基础设施项目的投资经营的所得，自项目取得第一笔生产经营收入所属纳税年度起，第一年至第三年免征企业所得税，第四年至第六年减半征收企业所得税。

企业承包经营、承包建设和内部自建自用本条规定的项目，不得享受本条规定的企业所得税优惠。

第八十八条　企业所得税法第二十七条第(三)项所称符合条件的环境保护、节能节水项目，包括公共污水处理、公共垃圾处理、沼气综合开发利用、节能减排技术改造、海水淡化等。项目的具体条件和范围由国务院财政、税务主管部门商国务院有关部门制定，报国务院批准后公布施行。

企业从事前款规定的符合条件的环境保护、节能节水项目的所得，自项目取得第一笔生产经营收入所属纳税年度起，第一年至第三年免征企业所得税，第四年至第六年减半征收企业所得税。

第八十九条　依照本条例第八十七条和第八十八条规定享受减免税优惠的项目，在减免税期限内转让的，受让方自受让之日起，可以在剩余期限内享受规定的减免税优惠；减免税期限届满后转让的，受让方不得就该项目重复享受减免税优惠。

第九十条　企业所得税法第二十七条第(四)项所称符合条件的技术转让所得免征、减征企业所得税，是指一个纳税年度内，居民企业技术转让所得不超过500万元的部分，免征企业所得税；超过500万元的部分，减半征收企业所得税。

第九十三条　企业所得税法第二十八条第二款所称国家需要重点扶持的高新技术企业，是指拥有核心自主知识产权，并同时符合下列条件的企业。

(一) 产品(服务)属于《国家重点支持的高新技术领域》规定的范围。

(二) 研究开发费用占销售收入的比例不低于规定比例。

(三) 高新技术产品(服务)收入占企业总收入的比例不低于规定比例。

(四) 科技人员占企业职工总数的比例不低于规定比例。

(五) 高新技术企业认定管理办法规定的其他条件。

国家需要重点扶持的高新技术企业，减按15%的税率征收企业所得税。

第九十五条　企业所得税法第三十条第(一)项所称研究开发费用的加计扣除，是指企业为开发新技术、新产品、新工艺发生的研究开发费用，未形成无形资产计入当期损益的，在按照规定据实扣除的基础上，按照研究开发费用的50%加计扣除；形成无形资产的，按照无形资产成本的150%摊销。

第九十七条　企业所得税法第三十一条所称抵扣应纳税所得额，是指创业投资企业采取股权投资方式投资于未上市的中小高新技术企业2年以上的，可以按照其投资额的70%在股权持有满2年的当年抵扣该创业投资企业的应纳税所得额；当年不足抵扣的，可以在以后纳税年度结转抵扣。

第九十九条　企业所得税法第三十三条所称减计收入，是指企业以《资源综合利用企业所得税优惠目录》规定的资源作为主要原材料，生产国家非限制和禁止并符合国家和行业相关标准的产品取得的收入，减按90%计入收入总额。

前款所称原材料占生产产品材料的比例不得低于《资源综合利用企业所得税优惠目录》规定的标准。

第一百条　企业所得税法第三十四条所称税额抵免，是指企业购置并实际使用《环境保护专用设备企业所得税优惠目录》、《节能节水专用设备企业所得税优惠目录》和《安全生产专用设备企业所得税优惠目录》规定的环境保护、节能节水、安全生产等专用设备的，该专用设备的投资额的10%可以从企业当年的应纳税额中抵免；当年不足抵免的，可以在以后5个纳税年度结转抵免。

享受前款规定的企业所得税优惠的企业，应当实际购置并自身实际投入使用前款规定的专用设备；企业购置上述专用设备在5年内转让、出租的，应当停止享受企业所得税优惠，并补缴已经抵免的企业所得税税款。

企业可以充分利用上述税收优惠政策进行税收筹划。

2. 利用居民企业之间的股息及红利的税收筹划

知识链接 10-3

《中华人民共和国企业所得税法》的相关规定

第二十六条　企业的下列收入为免税收入。

（一）符合条件的居民企业之间的股息、红利等权益性投资收益。

（二）在我国境内设立机构、场所的非居民企业从居民企业取得与该机构、场所有实际联系的股息、红利等权益性投资收益。

第十八条　企业纳税年度发生的亏损，准予向以后年度结转，用以后年度的所得弥补，但结转年限最长不得超过5年。

《中华人民共和国企业所得税法实施条例》的相关规定

第八十三条　企业所得税法第二十六条第(二)项所称符合条件的居民企业之间的股息、红利等权益性投资收益，是指居民企业直接投资于其他居民企业取得的投资收益。企业所得税法第二十六条第(二)项和第(三)项所称股息、红利等权益性投资收益，不包括连续持有居民企业公开发行并上市流通的股票不足12个月取得的投资收益。

企业在有亏损需要弥补，同时还将从被投资企业获得股息、红利的情况下，应当尽可能用应当纳税的所得去弥补亏损，而不用免税的股息、红利所得来弥补亏损，这样就可以最大限度地减轻企业的税收负担。因为，企业如果用免税的股息、红利来弥补亏损就相当于对股息、红利征税了。

阅读案例 10-3

甲公司是乙公司的全资子公司。2009年年初，乙公司累计未弥补亏损为1 000万元。2009年5月，甲公司向乙公司分配利润1 100万元。2009年，在不考虑甲公司分配的利润及以前年度亏损的情况下，乙公司应纳税所得额为0。2010年，乙公司实现利润1 000万元。计算B公司两个纳税年度分别缴纳的企业所得税，并且提出税收筹划方案。

2009年年底，乙公司累计未弥补亏损为1 000万元，甲公司向B乙公司分配的利润1 100万元应当首先用于弥补该项亏损，弥补亏损后的所得额为100万元。根据企业所得税法的规定，这100万元不需要缴纳企业所得税。所以，2009纳税年度乙公司应纳税额为0。2010纳税年度，乙公司应纳企业所得税：

1 000×25%=250(万元)

两个纳税年度乙公司共缴纳企业所得税为250万元。

进行纳税筹划时，甲公司可以推迟分配利润的时间，在2010年向乙公司分配利润。乙公司在2010年年初，累计未弥补亏损仍然是1 000万元。2010纳税年度，乙公司的赢利1 000万元，首先用于弥补亏损，应纳税所得额为0。乙公司从甲公司分配的1 100万元利润不用缴纳企业所得税。两个纳税年度，乙公司共缴纳企业所得税为0。因此，总体上可以减轻税收负担250万元。

3. 小型微利企业的税收筹划

知识链接 10-4

《中华人民共和国企业所得税法实施条例》的相关规定

符合条件的小型微利企业，减按20%的税率征收企业所得税。

第九十二条　企业所得税法第二十八条第一款所称符合条件的小型微利企业，是指从事国家非限制和禁止行业，并符合下列条件的企业。

(一) 工业企业，年度应纳税所得额不超过30万元，从业人数不超过100人，资产总额不超过3 000万元。

(二) 其他企业，年度应纳税所得额不超过30万元，从业人数不超过80人，资产总额不超过1 000万元。

如果企业的规模超过了上述标准，但是企业各个机构之间可以相对独立地开展业务，可以采取分立企业的方式来享受小型微利企业的税收优惠政策。

4. 招聘国家鼓励安置人员的税收筹划

知识链接 10-5

《中华人民共和国企业所得税法实施条例》的相关规定

第九十六条　企业所得税法第三十条第(二)项所称企业安置残疾人员所支付的工资的加计扣除，是指企业安置残疾人员的，在按照支付给残疾职工工资据实扣除的基础上，按照支付给残疾职工工资的100%加计扣除。残疾人员的范围适用《中华人民共和国残疾人保障法》的有关规定。

企业所得税法第三十条第(二)项所称企业安置国家鼓励安置的其他就业人员所支付的工资的加计扣除办法，由国务院另行规定。

由于企业雇佣国家鼓励安置的残疾人员可以享受工资支出加计扣除100%的优惠政策，因此，如果企业的部分生产经营活动由残疾人员完成，就可以通过雇佣残疾人员进行税收筹划。

阅读案例 10-4

甲公司由于生产经营需要准备招聘80名普通职工，由于该项工作不需要职工具备特殊技能而且是坐着工作，所以可以招聘一定的残疾人员。该公司原计划招收非残疾人员，人均月工资1 800元，合同期限为3年。试对该公司的招聘计划进行税收筹划。

由于甲公司的工作残疾人员也可以胜任，所以，甲公司可以通过招聘残疾人员进行税收筹划。根据《中华人民共和国企业所得税法实施条例》第九十六条的相关规定，甲公司可以享受按实际支付给残疾职工工资的100%加计扣除的优惠政策。3年内，支付给残疾职工的工资可以为企业节约企业所得税：

1 800×80×12×3×25%=1 296 000(元)

5. 利用利润分配时间的税收筹划

如果投资公司在被投资公司利润分配之前直接转让该股权，可以获得较多的股权转让所得，应当缴纳较多的企业所得税；如果投资公司在被投资公司利润分配之后转让该股权，可以获得较少的股权转让所得，应当缴纳较少的企业所得税。企业可以利用被投资公司利润分配的时间进行税收筹划。

阅读案例 10-5

甲公司于2007年4月20日以银行存款1 000万元投资于乙公司，占乙公司(属于非上市公司)股本总额的70%，乙公司当年获得净利润500万元。乙公司保留盈余不分配。2009年10月，甲公司将其拥有的乙公司70%的股权全部转让给丙公司，转让价1 210万元。转让过程中发生的税费0.7万元。甲公司应当如何进行纳税筹划?

纳税分析：

如果甲公司直接转让该股权，可以获得股权转让所得：

1 210－1 000－0.7＝209.3(万元)

应当缴纳企业所得税：209.3×25%＝52.325(万元)

税后所得为：209.3－52.325＝156.975(万元)

如果甲公司先获得分配的利润，然后再转让股权，则可以减轻税收负担。方案如下：

2009年4月，乙公司董事会决定将税后利润的30%用于分配，甲公司分得利润105万元。2009年10月，甲公司将其拥有的乙公司70%的股权全部转让给丙公司，转让价1 100万元。转让过程中发生的税费0.6万元。在这种方案下，甲公司获得105万元股息不需要缴纳企业所得税(根据《中华人民共和国企业所得税法实施条例》第八十三条的相关规定)。甲公司得股权转让所得：

1 100－1 000－0.6＝99.4(万元)

应当缴纳企业所得税：99.4×25%＝24.85(万元)

税后所得为：105＋99.4－24.85＝179.55(万元)

通过纳税筹划，多获得利润：179.55－156.975＝22.575(万元)。

10.3 企业资产重组的税收筹划

企0业合并与分立作为一种资源优化配置方式，不可避免地影响着产权关系，甚至还会打破原来的企业边界，实现资产的转移及产权结构的变动，而资产的转移和产权结构的变动会影响企业的税收负担和发展战略。税收因素影响着并购重组的动机和过程：首先，不同企业的纳税差别形成不同的税收收益；其次，不同重组出资方式造成纳税金额和纳税时间的差别。因此，在并购重组中寻找税收筹划的节税空间极为重要，这也是优化企业财税管理、实现价值增长的重要方式。

1. 企业合并中的税收筹划

合并，是指一家或多家企业(以下称为被合并企业)将其全部资产和负债转让给另一家现存或新设企业(以下称为合并企业)，被合并企业股东换取合并企业的股权或非股权支付，实现两个或两个以上企业的依法合并。

1) 企业合并中的筹划方式

企业合并是实现资源流动和有效配置的重要方式，在企业并购过程中不可避免地涉及企业的税收负担及筹划节税问题。合并筹划是指企业利用并购及资产重组手段，改变其组织形式及股权关系，实现税负降低的筹划方法。合并筹划一般应用于以下方面：一是合并、重组后的企业可以进入新的领域、新的行业，享受税收优惠政策。许多税收优惠政策都是通过减免部分税收，鼓励一部分纳税人投资于国家鼓励的行业和部门；二是合并有大量亏损的企业，纳税额得到减免或抵扣，可以实现低成本扩张；三是企业合并可以实现关联性企业或上下游企业流通环节的减少，合理规避流转税和印花税；四是企业合并可能改变纳税主体性质，比如，企业可能因为合并而由小规模纳税人变为一般纳税人；五是企业合并因规模扩充能够提高应提取折旧的资产总额，这也是一个强有力的税收刺激。

2）选择合并目标的税收筹划

（1）合并类型选择中的税收筹划。合并类型的选择是合并决策中最为首要的问题，若选择同行业同类企业作为目标企业，则属于横向并购，可以消除竞争，扩大市场份额，形成规模效应。从税收角度考察，由于横向并购不改变经营主业和所处的行业，所以一般不会对纳税环节和税种有过多影响。从纳税主体属性上看，增值税小规模纳税人可能会因规模的扩大而转变为一般纳税人，中小企业可能会扩张为大企业。

若选择与供应商或客户的合并，则属于纵向合并，纵向合并实现上下游一体化，实现了协作化生产，甚至创造了范围经济。对合并企业来说，与供应商及客户的交易变成了企业内部调拨行为，其流转环节减少，相应的流转税负也会降低甚至消失。由于纵向合并拓宽了生产经营范围，所以很可能增加纳税环节及税种。例如，钢铁企业合并汽车企业，将增加消费税税种，由于税种增加，相应纳税主体属性也有了变化，企业生产经营行为中也增加了消费税的纳税环节。

（2）目标企业的财务状况与税收筹划。合并企业若有较高赢利水平，为改变其整体的税收负担，则可选择一家有大量净经营亏损的企业作为合并目标。通过合并后赢利与亏损的相互抵消，可以实现企业所得税的免除。如果合并纳税中出现亏损，合并企业还可以实现亏损的递延，推迟纳税。因此，目标公司尚未弥补的亏损和尚未享受完的税收优惠应当是决定是否合并的一个重要因素。

合并亏损企业一般采用吸收合并的方式，不采用新设合并方式。因为新设合并的结果，被并企业的亏损已经核销，无法抵减合并后的企业利润。但此类合并活动必须警惕亏损企业可能给合并后的整体带来不良影响，特别是利润下降给整体企业市场价值带来的消极影响，甚至会由于向目标企业过度投资，可能导致不但没有获得税收抵免递延效应，反而将优势企业也拖入亏损的境地。

（3）目标企业所在地与税收筹划。我国对在经济特区、经济技术开发区注册经营的企业实行一系列所得税优惠政策。从税收角度考察，在其他条件相同的情况下，税负最低的是经济特区、经济技术开发区、高新技术开发区、“老、少、边、穷”地区等。合并方若从税收战略角度出发，选择能享受到这些优惠政策的目标企业作为合并对象，在合并后可以继续享受相关税收优惠政策。

企业合并的当事各方应按下列规定进行处理。

知识链接 10-6

财税［2009］59号

《财政部 国家税务总局关于企业重组业务企业所得税处理若干问题的通知》相关规定

四、企业重组，除符合本通知规定适用特殊性税务处理规定的外，按以下规定进行税务处理：

(四)企业合并，当事各方应按下列规定处理。

(1) 合并企业应按公允价值确定接受被合并企业各项资产和负债的计税基础。

(2) 被合并企业及其股东都应按清算进行所得税处理。

(3) 被合并企业的亏损不得在合并企业结转弥补。

五、企业重组同时符合下列条件的，适用特殊性税务处理规定。

(一)具有合理的商业目的，且不以减少、免除或者推迟缴纳税款为主要目的。

(二)被收购、合并或分立部分的资产或股权比例符合本通知规定的比例。

(三)企业重组后的连续12个月内不改变重组资产原来的实质性经营活动。

(四)重组交易对价中涉及股权支付金额符合本通知规定比例。

(五)企业重组中取得股权支付的原主要股东，在重组后连续12个月内，不得转让所取得的股权。

六、企业重组符合本通知第五条规定条件的，交易各方对其交易中的股权支付部分，可以按以下规定进行特殊性税务处理。

(四)企业合并，企业股东在该企业合并发生时取得的股权支付金额不低于其交易支付总额的85%，以及同一控制下且不需要支付对价的企业合并，可以选择按以下规定处理。

(1) 合并企业接受被合并企业资产和负债的计税基础，以被合并企业的原有计税基础确定。

(2) 被合并企业合并前的相关所得税事项由合并企业承继。

(3) 可由合并企业弥补的被合并企业亏损的限额＝被合并企业净资产公允价值×截至合并业务发生当年年末国家发行的最长期限的国债利率。

(4) 被合并企业股东取得合并企业股权的计税基础，以其原持有的被合并企业股权的计税基础确定。

九、在企业吸收合并中，合并后的存续企业性质及适用税收优惠的条件未发生改变的，可以继续享受合并前该企业剩余期限的税收优惠，其优惠金额按存续企业合并前一年的应纳税所得额(亏损计为零)计算。

因此，企业在与亏损企业合并时，应当尽量满足特殊企业重组的条件，能够按照特殊企业重组进行税务处理。

阅读案例 10-6

甲公司账面应收账款为9 000万元，多数债权虽经法院判决，但大多数债务人已经被吊销营业执照或者已经破产，这些债权基本上没有收回的希望。经过初步估计可以扣除的资产损失为8 500万元。甲公司全部资产的计税基础是10 000万元，公允价值为3 000万元。乙公司与甲公司的经营范围基本相同，乙公司在2008纳税年度实现利润8 000万元，预计2009纳税年度将实现利润9 000万元。试设计乙公司的税收筹划方案。

纳税分析：

乙公司可以和甲公司的股东达成协议，甲公司和乙公司合并组成新的乙公司，甲公司的全部资产和负债并入乙公司，甲公司的股东取得乙公司10%的股权，该10%股权的公允价值为3 000万元。甲公司和乙公司的合并符合特殊企业合并的条件，乙公司取得甲公司资产的计税基础为10 000万元，甲公司股东取得乙公司股权的计税基础也为10 000万元。乙公司可以将甲公司的资产损失8 500万元在税前扣除，因此，可以少缴企业所得税：8 500×25%=2 125(万元)。甲公司的股东可以在以后年度转让乙公司的股权，假设该10%股权的公允价值已经增加到10 000万元，由于甲公司的股东取得该股权的计税基础是10 000万元，因此，甲公司的股东转让该股权没有所得，不需要缴纳企业所得税。而实际情况是，甲公司的股东获得的所得为：10 000－3 000=7 000(万元)。

2. 企业分立的税收筹划

企业分立与企业合并一样，也是企业产权变革、资产重组的重要形式。企业分立税收筹划方案设计技巧可以实现财产和所得在两个或多个纳税主体之间进行分割，一方面可以发挥专业分工优势，促进企业生产经营能力的提高，另一方面可以有效开展税收筹划，减轻企业税负。

1）分立筹划规律及适用范围

分立，是指一家企业(以下称为被分立企业)将部分或全部资产分离转让给现存或新设的企业(以下称为分立企业)，被分立企业股东换取分立企业的股权或非股权支付，实现企业的依法分立。企业分立有利于企业更好地适应环境和利用税收政策获得税收方面的利益。

分立筹划利用分拆手段，可以有效地改变企业组织形式，降低企业整体税负。分立筹划一般应用于以下方面：一是企业分立为多个纳税主体，可以形成有关联关系的企业群，实施集团化管理和系统化筹划；二是企业分立可以将兼营或混合销售中的低税率业务或零税率业务独立出来，单独计税降低税负；三是企业分立使适用累进税率的纳税主体分化成两个或多个适用低税率的纳税主体，税负自然降低；四是企业分立可以增加一道流通环节，有利于流转税抵扣及转让定价策略的运用。

阅读案例 10-7

甲公司是一家小型制药企业(小型微利企业)，属增值税一般纳税人，除生产常规药品外，还从事免税药品等项目的生产经营。该企业2009年共实现销售额100万元(不含税)，企业购进生产用料的进项税额为10万元；2009年企业应纳税所得额为13万元。经过内部大概核算，其中免税项目的销售额为30万元，购进生产用料的进项税额为2万元，应纳税所得额为2.94万元。因为财务管理和生产工艺等原因，未能准确划分应税和免税项目的进项税额、销售额，因此，本来应免税的部分一并缴纳了增值税。

纳税分析：

应纳增值税额=100×17%－10=7(万元)

符合条件的小型微利企业，减按20%的税率征收企业所得税。

企业所得税=13×20%=2.6(万元)，应纳增值税和所得税额合计为9.6万元。

对此，可以筹划如下：企业应在2010年将生产免税药品及用具的部门分离出来设立独立企业。从增值税角度分析，甲公司生产经营的免税药品及用具，属于增值税免税项目，在企业分立前往往会因为未独立核算等问题而一并征收增值税，没有享受到应有的税收优惠，这对于企业来讲是不利的。当免税项目的生产部门分立出来成立独立企业后，实行独立核算，这样免税项目的产品便不用再因“无法单独核算”而缴纳增值税了。

该企业2010年增值税和企业所得税的具体税负为：

应纳增值税额=70×17%－8=3.9(万元)

应纳企业所得税额＝10.6×20%＋2.94×20%＝2.6(万元)

增值税和企业所得税合计金额为6.5万元，比企业未分立时降低税负3.1万元。但是读者应注意两个问题：一是企业分立需要办理各种手续，同时会打破原企业的生产格局；二是企业分立后，如果失去了增值税一般纳税人资格，会给企业的生产经营造成影响。因此对分立的利弊要仔细衡量，以免得不偿失。

2）利用分立中的税收优惠政策合理筹划

企业分立是一种产权关系的调整，这种调整不可避免地会影响到税收。在我国企业分立实务中，税法规定了免税分离与应税分立两种模式，对于纳税人来说，在实施企业分立时，应尽量利用免税分立进行筹划，合理降低税负。

对于企业分立，在通常情况下，被分立企业应视为按公允价值转让其被分离出去的部分或全部资产，并按规定计算被分立资产的财产转让所得或损失，依法缴纳企业所得税。在分立实务中，分立资产按照公允价值计价是为了防止因资产账面价值的低估而造成资产流失，凡是超出原分立资产账面价值的部分，应按财产转让所得缴纳企业所得税。

知识链接 10－7

财税［2009］59号

《财政部　国家税务总局关于企业重组业务企业所得税处理若干问题的通知》相关规定

四、企业重组，除符合本通知规定适用特殊性税务处理规定的外，按以下规定进行税务处理：

（五）企业分立，当事各方应按下列规定处理。

(1) 被分立企业对分立出去资产应按公允价值确认资产转让所得或损失。

(2) 分立企业应按公允价值确认接受资产的计税基础。

(3) 被分立企业继续存在时，其股东取得的对价应视同被分立企业分配进行处理。

(4) 被分立企业不再继续存在时，被分立企业及其股东都应按清算进行所得税处理。

(5) 企业分立相关企业的亏损不得相互结转弥补。

五、企业重组同时符合下列条件的，适用特殊性税务处理规定。

（一）具有合理的商业目的，且不以减少、免除或者推迟缴纳税款为主要目的。

（二）被收购、合并或分立部分的资产或股权比例符合本通知规定的比例。

（三）企业重组后的连续12个月内不改变重组资产原来的实质性经营活动。

（四）重组交易对价中涉及股权支付金额符合本通知规定比例。

（五）企业重组中取得股权支付的原主要股东，在重组后连续12个月内，不得转让所取得的股权。

六、企业重组符合本通知第五条规定条件的，交易各方对其交易中的股权支付部分，可以按以下规定进行特殊性税务处理。

（五）企业分立，被分立企业所有股东按原持股比例取得分立企业的股权，分立企业和被分立企业均不改变原来的实质经营活动，且被分立企业股东在该企业分立发生时取得的股权支付金额不低于其交易支付总额的85%，可以选择按以下规定处理。

(1) 分立企业接受被分立企业资产和负债的计税基础，以被分立企业的原有计税基础确定。

(2) 被分立企业已分立出去资产相应的所得税事项由分立企业承继。

(3) 被分立企业未超过法定弥补期限的亏损额可按分立资产占全部资产的比例进行分配，由分立企业继续弥补。

(4) 被分立企业的股东取得分立企业的股权(以下简称“新股”)，如需部分或全部放弃原持有的被分立企业的股权(以下简称“旧股”),“新股”的计税基础应以放弃“旧股”的计税基础确定。如不需放弃“旧股”,则其取得“新股”的计税基础可从以下两种方法中选择确定:直接将“新股”的计税基础确定为零;或者以被分立企业分立出去的净资产占被分立企业全部净资产的比例先调减原持有的“旧股”的计税基础,再将调减的计税基础平均分配到“新股”上。

九、在企业存续分立中,分立后的存续企业性质及适用税收优惠的条件未发生改变的,可以继续享受分立前该企业剩余期限的税收优惠,其优惠金额按该企业分立前一年的应纳税所得额(亏损计为零)乘以分立后存续企业资产占分立前该企业全部资产的比例计算。

企业在分立中,在条件许可的情况下,应当尽量选择采取免税企业分立的形式。这样延迟缴纳所得税,在一定条件下,还可以免除缴纳企业所得税。

阅读案例 10-8

甲公司将其一家分公司(公允价值为 9 000 万元)变为独立的乙公司,甲公司的股东取得乙公司 100%的股权,同时取得 2 500 万元现金。在该交易中,甲公司和乙公司应当如何纳税?如何对该交易进行税收筹划?

纳税分析:

在该交易中,非股权支付额占整个交易的比例为:2 500÷9 000=27.78%,不符合免税企业分立的条件。如果甲公司的股东是公司,则甲公司应当缴纳企业所得税:2 500×25%=625(万元)。

如果甲公司的股东取得乙公司的全部股权,同时将取得的现金降到 1 200 万元。在该交易中,非股权支付额占整个交易的比例为:1 200÷8 000=13.33%,符合免税企业分立的条件。则甲公司应当缴纳企业所得税:1 200×25%=300(万元)。比前述分立时降低税负 325 万元。

3. 企业清算的税收筹划

企业清算是指企业宣告终止以后,除因合并与分立事由外,了结终止企业法律关系,消灭其法人资格的法律行为。企业清算中的税收筹划主要包括两个方面:一是通过推迟或提前企业清算开始日期,合理调整清算所得和正常经营所得,降低企业整体税收负担;二是将原有减免税到期的企业消灭后,重新设立新的企业继续享受有关优惠政策。

1) 调整清算所得与正常经营所得

所谓清算所得是指纳税人清算时的全部资产或者财产扣除清算费用、损失、负债、企业未分配利润、公益金和公积金后的余额,超过实缴资本的部分。

具体计算公式如下。

(1) 纳税人全部清算财产变现损益=存货变现损益+非存货变现损益+清算财产损益

(2) 纳税人的净资产或剩余财产=纳税人全部清算财产变现损益-应付未付职工工资、劳动保险费等-清算费用-拖欠的各项税金-尚未偿负的各项债务-收取债券损失+偿还负债的收入

(3) 纳税人的清算所得=企业的净资产或剩余财产-企业累计未分配利润-税后利润提取的各项基金结余-企业的资本公积金-企业的盈余公积金+企业法定财产重估增值+企业接受捐赠的财产价值-企业的注册资本金

2) 调整企业清算日期,进行税收筹划

通过改变企业清算日期,可以减少企业清算期间的应税所得数额,实现税收筹划的目的。

阅读案例 10－9

甲公司董事会于2009年8月18日向股东会提交了公司解散申请书，股东会8月20日通过决议，决定公司于8月31日宣布解散，并于9月1日开始正常清算。甲公司在成立清算组前进行的内部清算中发现，2009年1至8月份公司预计赢利100万元(公司适用税率为25%)。于是在尚未公告和进行税务申报的前提下，股东会再次通过决议将公司解散日期推迟至9月25日，并于9月26日开始清算。甲公司在9月1日至9月25日共发生费用160万元。

纳税分析：

按照我国现行税制规定，企业清算期间应单独作为一个纳税年度，即这160万元费用本应属于清算期间费用，但因清算日期的改变，甲公司经营年度由赢利100万元变为亏损60万元。清算日期变更后，假设该公司清算所得为90万元，则其纳税情况如下。

(1) 清算开始日为9月1日时：

2009年1～8月应纳所得税额＝100×25%＝25(万元)

清算所得为：90－160＝－70(万元)，亏损70万元，不纳税。

(2) 清算开始日为10月1日时：

2009年1～9月亏损60万元，本期不纳企业所得税。

清算所得为90万元，应先抵减上期60万元亏损后，再纳税。清算所得税额＝(90－60)×25%＝7.5(万元)。

两个方案比较，通过税收筹划，后者减轻税收负担17.5万元(25万元－7.5万元)。

4. 企业债务重组的税收筹划

债务重组，是指在债务人发生财务困难的情况下，债权人按照其与债务人达成的书面协议或者法院裁定书，就其债务人的债务作出让步的事项。

知识链接 10－8

财税［2009］59号

《财政部 国家税务总局关于企业重组业务企业所得税处理若干问题的通知》相关规定

四、企业重组，除符合本通知规定适用特殊性税务处理规定的外，按以下规定进行税务处理。

(二) 企业债务重组，相关交易应按以下规定处理。

(1) 以非货币资产清偿债务，应当分解为转让相关非货币性资产、按非货币性资产公允价值清偿债务两项业务，确认相关资产的所得或损失。

(2) 发生债权转股权的，应当分解为债务清偿和股权投资两项业务，确认有关债务清偿所得或损失。

(3) 债务人应当按照支付的债务清偿额低于债务计税基础的差额，确认债务重组所得；债权人应当按照收到的债务清偿额低于债权计税基础的差额，确认债务重组损失。

(4) 债务人的相关所得税纳税事项原则上保持不变。

五、企业重组同时符合下列条件的，适用特殊性税务处理规定。

(一) 具有合理的商业目的，且不以减少、免除或者推迟缴纳税款为主要目。

(二) 被收购、合并或分立部分的资产或股权比例符合本通知规定的比例。

(三) 企业重组后的连续12个月内不改变重组资产原来的实质性经营活动。

(四) 重组交易对价中涉及股权支付金额符合本通知规定比例。

（五）企业重组中取得股权支付的原主要股东，在重组后连续12个月内，不得转让所取得的股权。

六、企业重组符合本通知第五条规定条件的，交易各方对其交易中的股权支付部分，可以按以下规定进行特殊性税务处理。

（一）企业债务重组确认的应纳税所得额占该企业当年应纳税所得额50%以上，可以在5个纳税年度的期间内，均匀计入各年度的应纳税所得额。

企业发生债权转股权业务，对债务清偿和股权投资两项业务暂不确认有关债务清偿所得或损失，股权投资的计税基础以原债权的计税基础确定。企业的其他相关所得税事项保持不变。

企业在条件许可的情况下，应当尽量选择采取债权转股权的方式进行债务重组。这样可以免除缴纳企业所得税。

阅读案例 10-10

甲公司欠乙公司9 000万元债务，甲公司和乙公司准备签署一项债务重组协议：甲公司用计税基础为8 000万元、公允价值为9 000万元的不动产抵偿乙公司的债务。在该交易中，甲公司和乙公司应当分别缴纳多少税款？应当如何进行税收筹划？

纳税分析：

在该交易中，甲公司需要缴纳营业税及附加：9 000×5.5%＝495(万元)。甲公司需要缴纳企业所得税：(9 000－8 000－495)×25%＝126.25(万元)。乙公司需要缴纳契税：9 000×3%＝270(万元)。两个公司合计纳税：495＋126.25＋270＝891.25(万元)。

如果乙公司将其债权转化为股权并且符合特殊债务重组的其他条件，则甲公司和乙公司不需要缴纳任何税款，即使将来乙公司将其股权转让给甲公司或者其他企业，也只需要缴纳企业所得税，不需要缴纳营业税和契税。

5. 企业资产收购的税收筹划

资产收购，是指一家企业（以下称为受让企业）购买另一家企业（以下称为转让企业）实质经营性资产的交易。受让企业支付对价的形式包括股权支付、非股权支付或两者的组合。

知识链接 10-9

财税［2009］59号

《财政部 国家税务总局关于企业重组业务企业所得税处理若干问题的通知》相关规定

四、企业重组，除符合本通知规定适用特殊性税务处理规定的外，按以下规定进行税务处理：

(三)企业股权收购、资产收购重组交易，相关交易应按以下规定处理。

(1) 被收购方应确认股权、资产转让所得或损失。

(2) 收购方取得股权或资产的计税基础应以公允价值为基础确定。

(3) 被收购企业的相关所得税事项原则上保持不变。

五、企业重组同时符合下列条件的，适用特殊性税务处理规定。

（一）具有合理的商业目的，且不以减少、免除或者推迟缴纳税款为主要目的。

（二）被收购、合并或分立部分的资产或股权比例符合本通知规定的比例。

（三）企业重组后的连续12个月内不改变重组资产原来的实质性经营活动。

（四）重组交易对价中涉及股权支付金额符合本通知规定比例。

（五）企业重组中取得股权支付的原主要股东，在重组后连续12个月内，不得转让所取得的股权。

六、企业重组符合本通知第五条规定条件的，交易各方对其交易中的股权支付部分，可以按以下规定进行特殊性税务处理。

（三）资产收购，受让企业收购的资产不低于转让企业全部资产的75%，且受让企业在该资产收购发生时的股权支付金额不低于其交易支付总额的85%，可以选择按以下规定处理。

(1) 转让企业取得受让企业股权的计税基础，以被转让资产的原有计税基础确定。

(2) 受让企业取得转让企业资产的计税基础，以被转让资产的原有计税基础确定。

企业在资产收购中，在条件许可的情况下，应当尽量选择采取免税资产收购的形式。这样延迟缴纳所得税，在一定条件下，还可以免除缴纳企业所得税。

阅读案例 10 - 11

甲公司准备用9 000万元现金收购乙公司90%的资产。这些资产包括计税基础为3 000万元，公允价值为4 000万元的不动产，以及计税基础为5 500万元，公允价值为5 000万元的无形资产。在该交易中，甲公司和乙公司应当任何纳税？如何对该交易进行税收筹划？

纳税分析：

在上述交易中，乙公司应当缴纳营业税及附加：(4 000＋5 000)×5.5%＝495(万元)。乙公司应当确认不动产转让所得：4 000－3 000＝1 000(万元)。乙公司应当确认无形资产转让损失：5 000－5 500＝－500(万元)。乙公司需要缴纳企业所得税：(1 000－500－495)×25%＝1.25(万元)。乙公司合计纳税：495＋1.25＝496.25(万元)。

如果甲公司用自己的股权来收购乙公司的资产，并且符合免税资产收购的条件，则乙公司不需要缴纳任何税款，即使将来乙公司将其股权转让给甲公司或者其他企业，也只需要缴纳企业所得税，不需要缴纳营业税。

6. 企业股权收购的税收筹划

股权收购，是指一家企业(以下称为收购企业)购买另一家企业(以下称为被收购企业)的股权，以实现对被收购企业控制的交易。收购企业支付对价的形式包括股权支付、非股权支付或两者的组合。

知识链接 10 - 10

财税［2009］59号

《财政部　国家税务总局关于企业重组业务企业所得税处理若干问题的通知》相关规定

四、企业重组，除符合本通知规定适用特殊性税务处理规定的外，按以下规定进行税务处理。

（三）企业股权收购、资产收购重组交易，相关交易应按以下规定处理。

(1) 被收购方应确认股权、资产转让所得或损失。

(2) 收购方取得股权或资产的计税基础应以公允价值为基础确定。

(3) 被收购企业的相关所得税事项原则上保持不变。

五、企业重组同时符合下列条件的，适用特殊性税务处理规定。

（一）具有合理的商业目的，且不以减少、免除或者推迟缴纳税款为主要目的。

（二）被收购、合并或分立部分的资产或股权比例符合本通知规定的比例。

（三）企业重组后的连续12个月内不改变重组资产原来的实质性经营活动。

（四）重组交易对价中涉及股权支付金额符合本通知规定比例。

（五）企业重组中取得股权支付的原主要股东，在重组后连续12个月内，不得转让所取得的股权。

六、企业重组符合本通知第五条规定条件的，交易各方对其交易中的股权支付部分，可以按以下规定进行特殊性税务处理。

（二）股权收购，收购企业购买的股权不低于被收购企业全部股权的75%，且收购企业在该股权收购发生时的股权支付金额不低于其交易支付总额的85%，可以选择按以下规定处理。

(1) 被收购企业的股东取得收购企业股权的计税基础，以被收购股权的原有计税基础确定。

(2) 收购企业取得被收购企业股权的计税基础，以被收购股权的原有计税基础确定。

(3) 收购企业、被收购企业的原有各项资产和负债的计税基础和其他相关所得税事项保持不变。

企业在股权收购中，在条件许可的情况下，应当尽量选择采取免税股权收购的形式。这样延迟缴纳所得税，在一定条件下，还可以免除缴纳企业所得税。

阅读案例 10-12

甲公司准备用9 000万元现金收购乙公司90%的股权。乙公司90%股权的计税基础为5 000万元。在该交易中，甲公司和乙公司应当任何纳税？如何对该交易进行税收筹划？

纳税分析：

在上述交易中，如果乙公司的股东是企业，应当缴纳企业所得税：(9 000－5 000)×25%＝1 000(万元)。

如果甲公司采取免税股权收购的方式取得乙公司的股权，可以向乙公司的股东支付10%的股权(公允价值为8 000万元)以及1 000万元的现金。由于股权支付额占交易总额的比例为：8 000÷9 000＝88.89%，因此属于免税股权收购。乙公司的股东取得1 000万元非股权支付额，应当缴纳企业所得税：1 000×25%＝250(万元)。节税额为：1 000－250＝750(万元)。即使将来乙公司将其股权转让给甲公司或者其他企业，也可以取得延期纳税的利益。

本章小结

本章阐述了企业融资的筹划、企业投资的筹划以及企业资产重组的筹划等内容。

企业的融资渠道很多，包括向金融机构贷款、企业之间的拆借、企业自我积累、企业组织内部集资、发行债券融资、发行股票融资、商业信用融资以及租赁。这些融资方式无论采用哪一种或几种并用，都能满足企业的资金需求。但从企业纳税角度考虑，这些融资渠道产生的纳税效果有很大的差异，对一些融资渠道的合理利用可有效地帮助企业减轻税负，获得税收上的好处。而一些融资渠道则不能获得税收上的好处。

对于融资性租赁，由于会计处理要求确认租赁资产和租赁负债，作为一种表内筹资方式，会给承租人带来不利影响。一般在租赁合同中不要涉及资产所有权的转移和廉价购买权问题，或将租赁期设定为租赁资产有效经济年限的75%即可，这样可以避免被认定为融资租赁。企业在借款时，要根据自身实际情况，按照税法对不同借款费用的处理规定，在合理、合法和有效的前提下做好筹划，以节约借款的筹资成本。

企业投资的税收筹划方式很多，主要介绍投资产业及项目的税收筹划、利用居民企业之间的股息及红利的税收筹划、小型微利企业的税收筹划、招聘国家鼓励安置人员的税收筹划以及利用利润分配时间的税收筹划等。

企业或个人进行投资，首先需要选择的是投资产业及投资项目。投资产业及项目的选择需要考虑税收因素，国家对于不同产业的税收政策是不同的。有些产业是国家重点扶持的，有些产业是国家限制甚至禁止发展的。在税收政策中，最重要的是所得税政策。企业在有亏损需要弥补，同时还将从被投资企业获得股息、红利的情况下，应当尽可能用应当纳税的所得去弥补亏损，而不用免税的股息、红利所得来弥补亏损，这样就可以最大限度地减轻企业的税收负担。符合条件的小型微利企业，减按20%的税率征收企业所得税。由于企业雇佣国家鼓励安置的残疾人员可以享受工资支出加计扣除100%的优惠政策，因此，就可以通过雇佣残疾人员进行税收筹划。

企业资产重组的方式包括企业合并、企业分立、企业清算、企业债务重组、企业资产收购、企业股权收购等方式。企业在与亏损企业合并时，应当尽量满足特殊企业重组的条件，能够按照特殊企业重组进行税务处理。企业在分立中，在条件许可的情况下，应当尽量选择采取免税企业分立的形式。企业清算中的税收筹划主要包括两方面：一是通过推迟或提前企业清算开始日期，合理调整清算所得和正常经营所得，降低企业整体税收负担；二是将原有减免税到期的企业消灭后，重新设立新的企业继续享受有关优惠政策。企业在条件许可的情况下，应当尽量选择采取债权转股权的方式进行债务重组。企业在资产收购中，在条件许可的情况下，应当尽量选择采取免税资产收购的形式。企业在股权收购中，在条件许可的情况下，应当尽量选择采取免税股权收购的形式。

关键术语

融资渠道　融资租赁　经营租赁　企业合并　企业分立　企业清算　债务重组　资产收购　股权收购

综合练习

一、单选题

1. 下列哪种融资方式融资成本最低？(　　)

A. 发行优先股股票融资　　B. 发行普通股股票融资

C. 企业自我积累　　D. 发行债券融资

2. 债权筹资与股权筹资比较起来，其具有的优势是(　　)。

A. 降低企业的财务风险

B. 按期还本付息

C. 具有税收屏蔽作用

D. 增加企业财务风险

3. 企业纳税年度发生的亏损，准予向以后年度结转，用以后年度的所得弥补，但结转年限最长不得超过(　　)。

A. 2 年　　B. 3 年　　C. 5 年　　D. 7 年

4. 企业合并，企业股东在该企业合并发生时取得的股权支付金额不低于其交易支付总额的(　　)，可以按照规定进行特殊性税务处理。

A. 70%　　B. 75%　　C. 80%　　D. 85%

5. 按照规定进行特殊性税务处理时，企业债务重组确认的应纳税所得额占该企业当年应纳税所得额(　　)以上，可以在5个纳税年度的期间内，均匀计入各年度的应纳税所得额。

A. 20%　　B. 50%　　C. 25%　　D. 30%

二、 多选题

1. 在有关资产购置、建造期间发生的下列哪些借款费用，应当作为资本性支出计入有关资产的成本？(　　)

A. 企业为购置、建造固定资产发生的借款费用

B. 企业为购置、建造无形资产发生的借款费用

C. 经过12个月以上的建造才能达到预定可销售状态的存货发生的借款费用

D. 经过8个月的建造达到预定可销售状态的存货发生的借款费用

2. 企业从事下列哪些项目的所得，可以免征企业所得税？(　　)

A. 坚果的种植　　B. 农作物新品种的选育

C. 中药材的种植　　D. 花卉的种植

3. 在选择合并目标的税收筹划中，合并方应该考虑合并目标的哪些因素？(　　)

A. 选择同行业同类企业作为目标企业

B. 选择供应商或客户作为目标企业

C. 目标企业的财务状况

D. 目标企业所在地

4. 在企业债务重组中，按规定进行特殊性税务处理的，企业发生债权转股权业务时，应当(　　)。

A. 对债务清偿和股权投资两项业务暂不确认有关债务清偿所得或损失

B. 股权投资的计税基础以原债权的计税基础确定

C. 股权投资的计税基础以原债权的公允价值确定

D. 企业的其他相关所得税事项保持不变。

5. 在资产收购中，受让企业支付对价的形式包括(　　)。

A. 股权支付

B. 非股权支付

C. 股权支付和非股权支付两者的组合

D. 现金支付

6. 企业清算中的税收筹划主要包括(　　)。

A. 通过推迟企业清算开始日期

B. 提前企业清算开始日期

C. 将原有减免税到期的企业消灭

D. 重新设立新的企业继续享受有关优惠政策

三、判断题

1. 从筹划节税的角度出发，企业组织内部集资与企业之间拆借方式效果最好，金融机构贷款次之，自我积累效果最差。 ( )

2. 最终转移了租赁资产所有权的租赁为融资租赁，否则，就为经营租赁。 ( )

3. 企业在有亏损需要弥补，同时还将从被投资企业获得股息、红利的情况下，应当尽可能用应当纳税的所得去弥补亏损，而不用免税的股息、红利所得来弥补亏损，这样就可以最大限度地减轻企业的税收负担。 ( )

4. 在企业分立中，按规定进行特殊性税务处理的，分立企业接受被分立企业资产和负债的计税基础，以被分立企业的资产和负债的公允价值确定。 ( )

5. 在企业股权收购中，按规定进行特殊性税务处理的，收购企业取得被收购企业股权的计税基础，以被收购股权的原有计税基础确定。 ( )

四、简答题

1. 企业合并符合特殊性税务处理要求时，如何进行税务处理?
2. 企业分立符合特殊性税务处理要求时，如何进行税务处理?
3. 企业清算中的税收筹划主要包括哪两个方面?
4. 企业债务重组符合特殊性税务处理要求时，如何进行税务处理?
5. 企业资产收购符合特殊性税务处理要求时，如何进行税务处理?
6. 企业股权收购符合特殊性税务处理要求时，如何进行税务处理?

实际操作训练

实训项目1：企业融资的税收筹划

实训目的：利用融资阶段的选择进行税收筹划。

实训内容：某企业预计2008年度应纳税所得额为35万元，2009年度由于进行重大投资，将亏损10万元，2010年度预计应纳税所得额为0，2011年度将实现赢利10万元，2012年将实现赢利20万元。该企业计划在2009年度开始从银行贷款，贷款期限为3年，每年支付贷款利息约为5万元。该企业应当如何进行税收筹划?（该企业从业人数为80人，资产总额为1 000万元）

实训要求：如何选择融资阶段?

实训项目2：企业投资的税收筹划

实训目的：掌握利用居民企业之间的股息及红利进行税收筹划。

实训内容：甲公司是乙公司的全资子公司。2008年初，乙公司累计未弥补亏损为800万元。2008年5月，甲公司决定向乙公司分配利润900万元。2008年，在不考虑甲公司分配的利润及以前年度亏损的情况下，乙公司应纳税所得额为0。2009年，乙公司实现利润800万元。计算乙公司两个纳税年度分别缴纳的企业所得税，并且提出税收筹划方案。

实训要求：如何利用居民企业之间的股息及红利的税收筹划？

实训项目 3：企业合并的税收筹划

实训目的：实现免税合并。

实训内容：甲公司账面应收账款为 8 000 万元，多数债权虽经法院判决，但大多数债务人已经被吊销营业执照或者已经破产，这些债权基本上没有收回的希望。经过初步估计可以扣除的资产损失为 7 800 万元。甲公司全部资产的计税基础是 9 000 万元，公允价值为 2 000 万元。乙公司与甲公司的经营范围基本相同，乙公司在 2008 纳税年度实现利润 8 000万元，预计 2009 纳税年度将实现利润 9 000 万元。请设计乙公司的税收筹划方案。

实训要求：如何实现免税合并？

第11章 国际税收筹划

教学目标

通过本章的学习，了解国际税收筹划的概念，熟悉国际税收筹划产生的原因和条件，掌握国际税收筹划的方法。

教学要求

知识要点	能力要求	相关知识
国际税收筹划的概念	了解国际税收筹划的界定 了解税收管辖权 了解国际税收协定 了解各国税制差异	国际税收筹划的界定 税收管辖权 国际税收协定 各国税制差异
国际税收筹划产生的原因和条件	熟悉国际税收筹划产生的原因 熟悉国际税收筹划产生的条件	国际税收筹划产生的内在原因 国际税收筹划产生的外在原因 国际税收筹划产生的条件
国际税收筹划的方法	掌握通过财务决策和选择适合的会计政策进行税收筹划 掌握避免国际双重缴税的基本方法 掌握人的流动税收筹划法 掌握物的流动税收筹划法 掌握人的非流动税收筹划法 掌握物的非流动税收筹划法 掌握流动与非流动的结合税收筹划法	通过财务决策和选择适合的会计政策进行税收筹划 避免国际双重缴税的基本方法 人的流动税收筹划法 物的流动税收筹划法 人的非流动税收筹划法 物的非流动税收筹划法 流动与非流动的结合税收筹划法

导入案例

西班牙服装公司在荷兰阿姆斯特丹建立机构

西班牙一家服装公司在荷兰阿姆斯特丹建立了一个机构，此机构负责为该服装公司搜集北欧国家纺织服装的信息。西班牙政府与荷兰政府的税收协定中规定，此类搜集信息、情报的机构为非常设机构，不承担纳税义务。然而，该机构在实际运作中执行的职能已远远超出了简单的搜集信息，并为服装公司承担了有关借贷和订货合同的谈判和协商，但因为该机构未在合同和订单上代表服装公司签字，因而荷兰税务部门无法据以对其征税。

这是运用假办事机构的办法滥用税收协定的例子。通过设立办事机构，同时避免充当常设机构，既可获利，又逃脱了一部分税收义务。

11.1 国际税收筹划的概念

1. 国际税收筹划的界定

20世纪90年代是跨国经营兴盛的年代。一切高水平、高科技、大规模的投资和贸易活动大都以跨国公司为主体或载体进行的，而将来国际经济竞争也将以跨国公司的竞争为主要形式展开。就我国来讲，随着改革开放的不断深入和社会主义市场经济体制的逐步确立与完善，对外经济活动日益扩大，不仅各种类型及不同行业的外商独资、中外合资、中外合作企业纷纷建立，国内的众多企业也开始走出国门，积极从事国际贸易和国际投资，积极参与国际竞争。这些从事跨国经营活动的公司在国际经济大舞台上扮演了重要角色，对推动世界经济的发展起到了重要的作用。与此同时，这些跨国经营投资者为了使自己在纷繁复杂的国际市场上站稳脚跟，最大限度地实现获利目标，在进行国际投资经营可行性研究时，常常把拟订各种不同国际税收纳税方案与其投资地区、组织形式和经营方式等设想联系在一起，作为投资经营决策的重要内容。

越来越多的跨国投资经营者精心研究国际间合理减轻税负的办法，充分利用国际税收上的种种差异及国际税收协定的有关条款，尽量获得税收上的优待，以期通过合法方式消除或减轻税负的目的，从而使国内税收筹划在国际范围内得到延伸和发展。

国际税收筹划是指跨国纳税义务人运用合法的方式，在税法许可的范围内减轻或消除税负的行为。具体来讲，它是纳税人在国际税收的大环境下，为了保证和实现最大的经济利益，以合法的方式，利用各国税收法规的差异和国际税收协议上的缺陷，采取人(法人或自然人)或物(货币或财产)跨越税境的流动(指纳税人跨越税境，从一个税收管辖权向另一个税收管辖权范围的转移)或非流动，以及变更经营地点或经营方式等方法，来谋求最大限度的规避，减少或消除纳税义务的经济现象和经济活动。

国际税收筹划与国内税收筹划既有联系又有区别，联系在于国际税收筹划是国内税收筹划在国际范围内的延伸和发展，两者使用的方式和所要达到的目的基本相同，国内税收筹划的某些原则也同样适用于国际税收筹划；区别在于国际税收筹划是在国际经济大环境中存在的，其产生的客观原因是国家间的税收差别。另外，跨国纳税人跨越了国境，其经济活动涉及两个以上的国家，纳税面对两国以上的税制，其所得的来源、渠道、种类、数目等也都比较复杂，所以跨国纳税人必须对错综复杂的税务环境制订不同的纳税计划，其着眼点不在于在一个征收国家内税负最小，而是追求全球范围内总体税负最小，因而国际税收筹划较国内税收筹划更复杂、更普遍。

2. 税收管辖权

税收管辖权是指主权国家根据其法律所拥有和行使的征税权力，是国际法公认的国家基本权利。除《维也纳外交关系公约》(1961)和《维也纳领事关系公约》(1963)对外国使、领馆官员的税收管辖权规定有限制的条款以外，主权国家有权按照各自政治、经济和社会制度，选择最适合本国权益的原则确定和行使其税收管辖权，规定纳税人、课税对象及应征税额，外国无权干涉。

一国采用何种税收管辖权，由该国根据其国家权益、国情、政策和在国际所处的经济地位等因素来决定。一般地说，资本技术输入较多的发展中国家，多侧重维护地域管辖权；而资本技术输出较多的发达国家，则多侧重维护居民(公民)管辖权。大多数国家为维护本国权益，一般都同时行使两种税收管辖权。各国同时行使两种不同的税收管辖权必然导致国际双重征税的扩大化。

一国行使税收管辖权的范围，在地域上，指该国的领土疆域；在人员上，指该国的所有公民和居民，包括本国人、外国人、双重国籍人、无国籍人和法人。

国际上确定税收管辖权通常有：①属人原则，亦称属人主义，即按纳税人(包括自然人和法人)的国籍、登记注册所在地或者住所、居所和管理机构所在地为标准，确定其税收管辖权凡属该国的公民和居民(包括自然人和法人)，都受该国税收管辖权管辖，对该国负有无限纳税义务；②属地原则，亦称属地主义，即按照一国的领土疆域范围为标准，确定其税收管辖权。该国领土疆域内的一切人(包括自然人和法人)，无论是本国人还是外国人，都受该国税收管辖权管辖，对该国负有有限纳税义务。

世界各国行使的税收管辖权大体分为居民管辖权、公民管辖权和地域管辖权。实质上，前两者是基于属人原则所确立的税收管辖权，后者是基于属地原则所确立的税收管辖权。故税收管辖权亦可归纳为居民(公民)管辖权和地域管辖权。

3. 国际税收协定

国际税收协定是指两个或两个以上的主权国家为了协调相互间在处理跨国纳税人征纳事务方面的税收关系，本着对等原则，通过政府间谈判所签订的确定其在国际税收分配关系的具有法律效力的书面协议或条约，也称为国际税收条约。它是国际税收重要的基本内容，是各国解决国与国之间税收权益分配矛盾和冲突的有效工具。

国际税收协定为解决国际双重征税的问题，往往规定以下内容。

1) 税收管辖权的划分

对各种所得征税权的划分是双边税收协定中包括的一项主要内容。各国对所得的征税有不同的内容，涉及的所得范围各不一样，但总地来看，可分为4大项：一是对营业所得的征税，对缔约国一方企业的营业所得，双边税收协定奉行居住国独占征税的原则，对常设机构的营业利润，一般规定适用来源地国优先征税的原则；二是对投资所得的征税，国际税收协定一般适用来源地国与居住国分享收入的原则；三是对劳务所得的征税，区分不同情况，对居住国、来源地国的征税权实施不同的规范和限制；四是对财产所得的征税，在各国所缔结的双边税收协定中，对上述各项所得如何征税，应有一个明确的权限划分，并对有关问题加以规定，如对各项所得由哪方先行使税收管辖权，先行使税收管辖权的一方应由什么样的条件限制，征税国应对某些收入采取什么样的税率征税等。

2）避免双重征税的方法

在签订税收协定时，还应考虑采用什么样的方法来避免对优先行使征税权而已征税的那部分所得的重复征税。如何在免税法、抵免法和扣除法中选择采用什么方法以避免国际间重复征税，如果缔约国双方确定给与对方跨国纳税人的全部或部分优惠以饶让，也必须在协定中列出有关条款加以明确。

3）税收无差别待遇原则

税收无差别原则在国际税收协定条款规定中具体表现如下。

(1) 国籍无差别条款，即缔约国一方国民在缔约国另一方负担的税收或者有关条件，不应与缔约国另一方国民在相同情况下负担或可能负担的税收或有关条件不同或者比其更重，禁止缔约国基于国籍原因实行税收歧视。

(2) 常设机构无差别条款，即缔约国一方企业设在缔约国另一方的常设机构的税收负担，不应高于缔约国另一方进行同样业务活动的企业。

(3) 扣除无差别条款，缔约国一方企业支付给缔约国另一方居民的利息、特许权使用费和其他款项，应与在同样情况下支付给本国居民的一样，准予列为支出。

(4) 所有权无差别条款，即资本无差别条款，是指缔约国一方企业的资本不论是全部还是部分、直接或间接为缔约国另一方一个或一个以上的居民所拥有或控制，该企业税负或有关条件，不应与该缔约国其他同类企业不同或比其更重要。

4. 各国税制差异

世界各国总体税负上存在着差别，造成这种差别的一个明显因素是各国税种和税率的不同。这只是问题的一个方面，实际上各国的税收制度在所得税的税收管理制度、应税所得的范围、费用的确认和分配上等都存在区别。

1）所得税的税收管理制度

国际上现行的税收管理制度主要有两种，即传统制度和综合制度。

(1) 传统制度(Classical System)。在传统制度下，公司和股东被分别课税。公司就其利润缴纳公司所得税，税后利润分配给股东时，股东就其分配所得的股息再缴纳个人所得税，这样，对分配的利润来说，要征公司所得税和个人所得税两次税收。

可见，采用传统制度会产生双重征税的问题，公司所得税实际税率远远大于法定税率。过去意大利、卢森堡、荷兰、西班牙、瑞典及大部分英联邦国家以及美国都使用传统制度，而近年来，除美国外，其他国家已转向采用综合制度。

(2) 综合制度(Integrated System)。在综合制度下，公司和股东被视为同一整体纳税人进行所得税的计征，采用这种制度，可以减少甚至消除重复课税的现象。

综合制度具体又分为税率分割制(Split-rate System)、税收抵免制(Tax Cred-it System)两种。在税率分割制下，对公司的未分配利润和已分配利润分别实行不同的税率，前者从高，后者从低，从而在一定程度上缓解了对已分配利润的双重征税。如在挪威，未分配利润按 50.8%纳税，已分配的利润按 23%纳税。在税收抵免制下，公司依法缴纳所得税，但当股东根据分配的股息计算应纳个人所得税时，税务当局将公司所得税的相应部分视为股东已缴纳的税款，部分或全部加以抵免。税收抵免制很大程度上缓解了对公司所得的双重征税现象。目前使用的国家有加拿大、比利时、法国、德国、意大利和英国等欧洲国家，欧盟也把积极倡导采用这种转嫁制度作为其努力协调成员国税制差异工作的一部分。

从发展趋势看，使用传统制度的国家正逐渐减少，绝大多数国家开始使用综合制度，而且并不限定只采用分割税率制或税收抵免制，而是两者结合使用。如德国就采用了税率分割制、税收抵免制相结合的税收管理制度。

2) 应税所得的范围

应税所得的确认是纳税的前提。由于各国在所得税等直接税方面实行不同的税收管辖权，这就给应税所得特别是跨国收益的应税所得的确认带来了一定的复杂性。税收管辖权包括两种类型：①收入来源管辖权，又称地域管辖权，是指国家对来源于该国境内的全部所得以及存在于本国领土范围内的财产行使征税权力，而不考虑取得收入者和财产所有者是否为本国的居民或公民；②居民或公民管辖权，也称居住管辖权，即国家对该国居民(包括自然人和法人)在世界范围的全部所得和财产行使征税权力，而不考虑该纳税居民的所得是来源于国内还是国外。纵观世界各国的税收现状，除极少数国家和地区放弃对所得税的税收管辖权以外，大多数国家和地区都是收入来源管辖权和居民管辖权同时并用，即既对来源于本国境内的所得征税，又对本国居民的世界所得征税。只有少数国家如阿根廷、巴拿马、委内瑞拉等单独实行收入来源管辖权。

就跨国公司的全部所得而言，不外乎来自于国内所得和国外所得两个方面。来自于国内的所得按收入来源管辖权的原则应缴纳所得税，因此是应税所得。而来源于国外所得，又包括向国外出口产品或提供劳务所得以及国外附属公司的所得两种。各国政府为了鼓励出口，对于跨国公司来自于向国外出口产品或提供劳务的所得，往往采取某些优惠政策。如美国 1984 年的《国外销售公司法》(The Foreign Sales Corporation Act)，就规定国外销售公司的部分收入可以免于征收美国公司所得税。再如，欧盟对许多出口产品给成员国减免增值税的优惠，以提高它们在国际市场上的竞争力。而对于来源于国外附属公司的所得，存在两种方法，即属地原则(Territorial Approach)和全球原则(Worldwide Approach)。根据属地原则，对跨国公司来自国外附属公司的所得不征税；而根据全球原则，对于跨国公司的国内收入和国外收入全部征税。这就会产生双重征税的可能，使国外附属公司的所得既要向东道国政府缴税又要向母国政府缴税，产生双重征税的问题。

另外，跨国公司国外经营组织形式不同，也会对应税所得产生不同的影响。如美国分别对国外子公司和分公司所得规定了不同的征税办法，对于国外分公司，由于它与国内总公司属于同一经济实体，因此分公司所取得的收益，不管是否汇回母公司，都应该在国内全额纳税；而对于国外子公司，由于它是独立的经济实体，因此，子公司所得在作为股利汇交母公司前，母公司不需为之纳税，即实行所谓的”递延纳税”（Tax Deferral）。

3) 费用的确认和分配

各国税收制度中，对同下费用允许采用的处理方法不尽相同，因而也会造成各国税负的差异。

出于不同的目的，各国税法对可扣减应税所得的费用有不同的规定。如对于固定资产折旧，在美国，税法允许企业采用加速折旧法；在德国，税法则规定企业对厂房、建筑物采用直线折旧法；在英国，税法规定，企业可在厂房、建筑物购置当年，将成本一次性转作费用，即所谓“第一年减免”，各公司有权根据经营情况在规定的幅度内选择有利的固定资产折旧期间；在南美，如阿根廷、巴西，通货膨胀率非常高，因此税法要求企业根据价格水平调整资产价值，同时提高折旧额；在日本，对国家利益相对重要的固定资产如控制污染及生产能源的设备，允许以更高的折旧率提取折旧。对于存货的计价，美国允许企业在物价上涨时采用后进先出法，从而增加当期销货成本，减少当期应税收益，相当于给企业提供长期无息贷款；而英国只允许用先进先出法。除此以外，一些国家对职工的福利津贴支出给予税前扣减的优惠，其结果导致了企业以各种各样津贴代替部分工资发放。如英国以提供汽车、免费停车场、免费度假旅游形式向职员支付津贴，这样做，不仅降低了企业的税负，而且可以使职员少缴个人所得税。

11.2 国际税收筹划产生的原因和条件

1. 国际税收筹划产生的原因

1) 国际税收筹划产生的内在原因

国际税收筹划产生的内在根源在于每个纳税义务人都有着减轻自身纳税义务，实现自身利益最大化的强烈愿望。在所得一定的情况下，纳税义务越轻，企业税后利润就越大。因此，跨国纳税人和国内纳税人一样都要根据自身情况进行税务筹划和财务安排。跨国纳税人作为独立经济主体，追求物质利益最大化是国际税收筹划产生的内在原因。

2) 国际税收筹划产生的外在原因

国际税收筹划的产生也有其外在原因。国际税收筹划的产生和存在主要是由不同国家对税收管辖权、税收构成要素、经济源和税源等税收经济活动各方面所做的制度及法律上的不同规定造成的。国家间的税收差别是国际税收筹划产生的客观基础。跨国纳税人对国家间的税收差异和不同规定的发现和利用，不仅维护了他们的既得利益，而且为他们消除和减轻跨国纳税找到了强有力的制度及法律保证。

从实践来看，国际税收筹划产生和存在的条件，主要有以下几个方面。

(1) 税收管辖权的差别。税收管辖权是一国政府税收领域内所行使的具有法律效力的管理权力。它可分别按属地原则和属人原则建立。核属地原则建立的税收管辖权称为地域管辖权。地域管辖权按照本国主权达到的地域范围确立。按属人原则建立的税收管辖权有两种类型：一是居民管辖权，是指征收国对其境内所有居民的全部所得行使征税权力；二是公民管辖权(又叫国籍管辖权)，是指征收国对其有本国国籍的公民在世界各地取得的收入行使征税的权力，而不考虑其是否在国内。在实践中，世界上几乎没有哪一个国家单纯地行使一种税收管辖权，大多数国家以一种税收管辖权为主，以另一种税收管辖权为补充，而美国则实行三权并行。这样在一定程度上就存在了相互之间的差异，使纳税人利用这种差异进行税收筹划成为可能。

(2) 课税范围和方式的差别。有些国家对法人或自然人的所得、财产及财产转让都不课税，大多数国家对此都征税，有的国家则只对所得征税，对财产及财产转让不征税。即使是都征税，但对同一种税，税目的多少、税负的高低、课税的具体范围和方式也因国而异，从而可能导致各国纳税人之间的税负差别。

(3) 税率的差别。税率常常是各国税收制度差别最大的一个要素。如同样是对所得征税，有的国家采用比例税率征收，如巴西、德国、加拿大等；有的国家采用累进税率征收，如美国、沙特阿拉伯等。即使是实行同一税率制度，各国也根据本国的政治经济状况，确定适合本国国情的税率，对累进级次、级距、起征点、免征额和最高税率的规定也是千差万别，高低悬殊等。如同是实行比例税制，巴西现行的公司所得税税率为25%，加拿大为38%，德国高达45%，而黎巴嫩则仅有10%。因此，只要简单地比较一下各国的税率表，就会发现税收筹划的巨大潜力。

(4) 税基的差别。税基是课税的基础和依据。一般而言，税基不外乎有3种：①对收入课税，即以纯收入或总收入为课税基础；②对财产课税，即以财产的实物量或价值量作为课税基础；③对商品流转额和非商品流转额课税。对于从事跨国经营活动的人，需要掌握每类税基所包括的具体范围及其各国的差异。例如，对作为所得税课税基础的所得来源，由于各国制定税法时所考虑的侧重点不同，同为所得课税的税基，但其外延在不同国家可能有很大的差异，对其各种扣除项目的规定也会有很大的不同。在税率一定的条件下，税基的大小决定着税负的高低。因此，它也是跨国纳税人进行税收筹划时所考虑的主要因素。

(5) 税收优惠措施的差别。出于各种经济或政治目的，各国在税收上实行一些优惠政策，尤其是发展中国家，发展经济迫切需要大量资金。为达到吸引外国投资的目的，许多国家采用大量的税收优惠措施，为投资者提供减免税及各种税纳税扣除，不惜代价竞争国际投资。各种纳税优惠措施的存在使得税收实际税率大大低于名义税率，为跨国纳税人创造了国际税收筹划的良机，而各国税收优惠措施存在不同程度上的差异，又为跨国纳税人选择从事经营活动的国家和地区提供了回旋的余地。

(6) 避免双重征税方法的差别。国际双重征税是指两个或两个以上国家的税务当局，对同一纳税人的同一应税收入或所得进行重复征税。导致重复征税的根本原因是各国税收管辖权的重叠行使。国际双重征税既违反了税收公平负担原则，又不利于经济效率的提高。所以，减少、避免或消除国际双重征税是各国政府和从事国际经济活动的人们的共同要求，也是国际税收领域中所要解决的一个主要问题。要解决这个问题，必然会涉及国家之间的税收主权与税制，这是任何一个企业或个人都无法做到的，必须通过各国税法和国际税收协定与合作来实现。目前，在各国税法和国际税收协定中通常采用的免除国际双重征税的方法有免税法、扣除法、抵免法和减免法。其中免税法会给跨国纳税人带来减轻税负的机会。

2. 国际税收筹划产生的条件

1）各国税制体系的差别

各国由于经济发展程度和法律制度的差别，其税收体系中的税种构成明显不同。虽然多数国家特别是发达国家基本上都实现了以所得税为主体税种的税制格局，但如果略加详细比较就会发现，各国所得税各税种结构有很大的不同。有的国家公司所得税、个人所得税、资本利得税同时开征，且征收管理规范而严格；而有的国家则基本上不征资本利得税，即便开征，开征范围也比较狭窄，宽免项目多。在个人所得税申报征收过程中，有的国家实行综合课征制，而有的国家则采用分类课征制；而且即使是相同名称的税种，如个人所得税或公司所得税，其具体内涵和外延也都存在不同。税制体系的差异必然造成各国纳税负担的差异因此也是跨国纳税筹划的基础条件。

2）各国税收管辖权的差别

国际税收的存在是因为各国坚持不同的税收管辖权，故税收管辖权的差异就成为跨国纳税筹划的重要条件。税收管辖权是指一国在征税方面行使具有法律效力的管理权力，它按属人、属地原则及属人兼属地原则可分为居民管辖权、公民管辖权(也称国籍管辖权)、地域管辖权 3 种。世界上除美国实行三权并行外，其他各国一般都是以一种管辖权为主，以另一种管辖权为辅；但也有单一行使一种管辖权的国家(即地域管辖权)，如法国。各国行使税收管辖权的不同，导致各国判断是否纳税的法律根据不同，从而使得纳税人在某国负有纳税义务而在另一国可能就没有纳税义务。这就使得跨国纳税筹划成为可能。

3）各国税基范围宽窄不同

跨国纳税筹划主要涉及直接税，即所得税和资本利得税是其筹划的着力点。间接税在消费地征税的原则比较统一，销售收入的确认也缺乏弹性，故它不是筹划的重点税类。所得税的税基是应纳税所得额，即收入减除成本、费用，各国法律对税前可减除的成本、费用的范围和标准有很大不同。在有些国家法律规定中可以扣除的项目，另一些国家却不允许扣除，使得各国所得税税基宽窄不同。而在税率一定的条件下，税基的大小又决定着税负的高低。因此，它也是跨国纳税人进行纳税筹划时要考虑的主要因素。

4）各国的税率高低不同

应纳税额的多少除了税基的宽窄之外，还取决于税率的高低。税率是世界各国税收制度中差别最大的一个要素，是跨国纳税筹划所要考虑的重要因素之一。各国税种特别是公司所得税多采用两种税率形式，即比例税率和累进税率。同样是对所得额征税，有的国家采用比例税率征收，有的国家则采用累进税率征收。即使实行同一税率形式，各国的规定也是千差万别。例如，现行公司所得税，黎巴嫩为 10%的比例税率，匈牙利是 17%的比例税率，巴西是 25%的比例税率，加拿大的税率则为 38%；而美国、阿曼、沙特阿拉伯则分别适用不同的超额累进税率。也正因为不同的税率规定，而使得跨国纳税筹划有了不小的运作空间。从 20 世纪 90 年代起，全球各国普遍降低税率，但有些国家仍保持过高税率，税率的高低空间的加大进一步刺激了跨国的避税活动。

5）税收优惠措施的差别

各国出于各种经济或政治目的往往会在税收上实行一些优惠政策。尤其是发展中国家，资金的短缺严重制约其发展，为了吸引更多的国际投资，它们对外国投资者独资或合资开办的企业提供大量税收优惠，在纳税方面给予外商超国民待遇。虽然WTO的重要原则是国民待遇，各种企业平等纳税，但因各国情况差别太大，税收优惠一时还难以消除。税收优惠的存在使实际税率大大低于名义税率，形成了不少使纳税人减轻和消除税负的良机。

6）避免国际双重征税方法的差别

两个或两个以上的国家对跨国纳税人的同一项跨国所得同时课税，就是国际双重征税。为了避免这一现象，各国采取了各种方法：有些国家采用免税法，有些国家采用抵免法；有些国家的抵免法采用分国抵免限额，有些国家则采用综合抵免限额。各国不同的避免双重征税的方法也给纳税筹划者提供了机会。

7）征收管理水平和效果的差别

各国在税收征收管理方面都有相应的法律规定，但在管理水平和执法效果上却存在较大差异。一般来讲，市场经济成熟的发达国家征管水平较高，征管漏洞少；而市场经济初期的发展中国家，征管效果较差，存在税款大量的漏失。有的国家税收管理水平更为低下，本国的税收法规几乎如废纸一张。如此一来，不仅出现了很多合法的税务筹划，就连非法的逃税也层出不穷。加之各国税收情报交换不力(特别是征管水平差异大的国家之间)，更给跨国纳税筹划提供了客观条件。

8）各国反避税措施的差别

避税与反避税是一对矛盾体，政府不断针对纳税人的避税手段出台应对措施。但各国的反避税的措施规定是有差别的，有些国家明文规定避税属于非法的行为；有些国家由于反避税措施的缺乏，其仍属于合法行为，这又给跨国避税提供发挥的空间。

11.3 国际税收筹划的方法

1. 通过财务决策选择适合的会计政策进行税收筹划

1）利用各国优惠政策

世界各国都规定有多种税收优惠政策，如加速折旧、投资抵免、差别税率、专项免税、亏损结转等。特别是发展中国家的税收优惠政策更多。因此，跨国纳税人应重视研究各国的税法，尽量利用税收优惠政策进行税收筹划。

例如，英国允许对厂房和设备等固定资产的购置成本做100%的折旧扣除。假如一家在英国注册的公司，其年计提折旧前的利润为100万英镑，从中拿出60万英镑购置设备，则该公司应纳所得税额为13.2［(100－60)×33%］万英镑。若以计提折旧前的100万英镑利润为基础比较，实际所得税税率仅为13.2%。

又如西班牙税法规定："在该国的某些费用和投资，有资格获得5%的税收抵免形式的税收减除，以鼓励在该国购置资产。""公司用以新产品开发或工业加工的有形资产，可以得到15%和3%的抵免。”日本税法规定：“设在避税港的公司企业，如5%以上的股权由日本居民所拥有，这家公司就视为基地公司，其税后利润即使没有作为股息汇回日本，也要申报合并计税。”显然只要不让日本国居民拥有的股权超过5%的比例，就可以享受到延期交税的好处。我国税法规定：“生产性的中外合资企业，经营期在10年以上的，从赢利开始年起，可享受2年免征，3年减半征收所得税的优惠。”可见，只要能够详细掌握各国的税收优惠政策，就可以获得相当大的收益。

2）选择低税点

任何一个国家的税收制度，不管考虑得如何周全，税收负担在不同的纳税人、不同征税对象之间，很难做到绝对公平，总有有失偏颇之处，这就给纳税人留下选择低税点的余地，最终达到增资节税的目的。

例如，许多国家税法规定，合伙企业的营业利润不按公司征税，而按各个合伙人征收个人所得税。这样，某纳税人在进行一项经营活动之前，就可以在组建公司和合伙企业之间做出抉择。

3）成本费用的分摊与否定

这种方法是通过费用摊销调剂成本和利润，或通过费用转移，否定利润，以规避一些特殊征税的费用。

例如，平均费用分摊是最大限度的抵消利润，减少纳税的最佳方法，企业应把长期经营活动中发生的各项费用尽量平均分摊在各期中，使其所获得利润平均，不会出现某阶段纳税过高的现象；在不同的物价环境下，选择不同的存货计价方法和折旧方法，会对企业的纳税水平和税后利润产生不同的影响，如在物价上涨的情况下，采用后进先出存货计价法和加速折旧法，可以有效地减轻企业的纳税负担。

又如某些费用如交际费、保密费等，许多国家是要交税的。在市场经济竞争日益激烈的今天，企业为了进一步发展，这部分费用就不得不日益扩大。为此，企业可以将这部分费用按每人的经营业绩作为包干一次性交付，税收的征管对象便转移到个人。企业也可以把交际费用等计入制造成本。通过这些方法，最终可以达到节税的目的。

4）收入所得的分散与转化

在公司所得采用累进税率的国家，如美国、伊朗等，由于所得的集中会增大税负，此时，纳税人应尽量合理合法地分散公司所得：通过子公司转移利息、特许权使用费和其他类似的费用支付，将税负较高的所得分散出去；通过建立信托财产，利用在他国(通常是税负较低国或避税地)设置的机构分割所得和财产；通过在避税地设立持股公司的办法，分散公司所得；通过联营，将免税企业或低税企业作为联营的伙伴，分散公司所得；等等。

在免征资本所得税或资本利得税率低于所得税率的国家和地区，跨国纳税人如果能及时调整财务决策和会计政策，尽量将流动收益转化为资本性收益，减税的数额将是相当可观的。一般发展中国家设有特别的资本利得税；而在发达国家，为达到鼓励资本流动，活跃资本市场的目的，对资本利得采用较轻或免税的政策。因此，跨国纳税人在进行股利分配决策时，应对此予以关注。

5）运用财务分析进行税收筹划

可以采用量本利分析和盈亏临界分析来进行税收筹划。例如，一笔企业所得，是留在企业缴纳所得税，还是转移给个人缴纳个人所得税等，都存在一个临界点。通过临界分析，可以作为是否转移这笔所得的参考。

2. 避免国际双重缴税的基本方法

国际双重征税是指两个或两个以上的国家，对同一跨国纳税人的同一项跨国所得进行重复的课税。之所以产生双重征税，是由于当今世界上大多数国家都同时行使两种税收管辖权的结果。当两种税收管辖权同时实行于某一跨国纳税人的所得时，就产生了征税权力的交叉。例如，一个美国人长期在我国从事生产经营，其收入有从我国取得的部分，也有从美国取得的部分。我国政府可以根据地域管辖权对从我国取得的收入进行课税，也可以根据他长期居住在我国利用居民管辖权对他在美国的收入进行课税。而美国政府也可以用类似的理由对他在我国和美国的收入进行课税。这样，这个美国人就负担了双重税负。双重税负的产生导致一系列消极后果：从微观看，刺激了避税活动，减少了投资人再投资能力，削弱了纳税人在生产经营中的地位等；从宏观上看，它阻碍了国际间资金、技术、文化等的交流，阻碍了各国经济的合作与发展，也不利于发展中国家的经济开发。因此，消除国际间双重征税是需要跨国纳税人和当局共同解决的课题。

在各国税法和国际税收协定中，往往用以下3种基本方法使跨国纳税人避免国际双重缴税：免税法、扣除法和抵免法。下面重点介绍抵免法。

抵免法是当今国际上最为流行的避免国际重复征税的方法。实行抵免法的国家在向本国居民或公民征收所得税时，准许他们将在国外已向外国政府缴纳的所得税税额，从应向本国缴纳的所得税税额中扣除，以达到避免重复课税的目的。由于抵免法的实质是使本国跨国纳税人仍按本国标准税率纳税(只有当本国纳税人的外国收入所纳外国税收标准超过本国税率标准时才免于征税)，因此给跨国避税带来一定困难。但是这并不是说在实行抵免法的国家里跨国避税不可能，而是要求在这种情况下运用一些技巧和提高操作水平。这种技巧和水平的提高主要在收入来源地进行。

抵免法一般分直接抵免和间接抵免两种。

(1) 直接抵免适用于自然人和同一法人中的总公司与分公司。自然人作为国外所得的纳税人，在向本国政府缴纳税款时，政府允许其将国外所得已纳税部分扣除，直接抵免在国外的已纳税额。总公司与分公司属同一法人的内部税收抵免是指居住国的某家总公司与其本国外的分公司在法律上同属一个法人和同一纳税人。分公司在国外所纳的所得税款视同总公司缴纳的税款，居住国政府允许总公司就其分公司在国外缴纳的所得税额，从总公司应向本国缴纳的税款总额中扣除。

直接抵免又可以分全额抵免和普通抵免及补足差额抵免3种方法。

① 所谓全额抵免，是指居住国政府将居民的国内、国外所得汇总计算，允许居民将其向外国政府缴纳的所税税税额在应向本国缴纳的所得税中全部扣除。

阅读案例 11-1

某居民一年内共获得50 000元收入，其中从居住国获得40 000元，在国外获得10 000元，国外适用税率为30%，居住国税率也为30%。居住国允许居民将在国外已纳缴款从应向本国缴纳税款总额中扣除，于是：

居民总所得应纳本国税额：50 000×30％＝15 000(元)

居民在国外收入来源国所纳税额为：10 000×30％＝3 000(元)

居住国实收税额：15000－3 000＝12 000(元)

纳税人实纳税额：12 000＋3 000＝15 000(元)

居住国实行全额抵免，放弃对纳税人国外收入10 000元的征税权力，即放弃3 000元税收收入。

② 普通抵免是居住国将本国居民的国内、国外所得汇总计算，允许居民将其已向外国缴纳的所得税税额在应向本国缴纳的税额中抵免。但在当外国所得税税率高于本国税率时，税率抵免额不得超过国外所得额按照本国税率计算的应纳税额。仍以上述为例，只是假设外国税率不是30％，而是40％，于是得出以下结论。

居民总所得应纳本国税额：50 000×30％＝15 000(元)

居民在国外收入来源国所纳税额为：10 000×40％＝4 000(元)

居民实纳税额：40 000×30％＋10 000×40％＝16 000(元)

国外收入按国外税率和本国税率计算的差额是：

10 000×40％－10 000×30％＝1 000(元)

居住国实行普通抵免，放弃税额3 000元。居住国不能抵免的税额为1 000元。

③ 补足差额抵免法是指一国政府在向本国居民或公民征税时，允许将其在国外已纳税额从其应向本国纳税总额中扣除。在国外税率低于本国税率的情况下，居住国政府往往采取补足差额抵免方法，即只对该居民或公民在国外已纳税额部分实行抵免。国外实纳税额低于按国内税率计算的税额，差额部分要如数上缴居住国政府。仍以上述例子加以说明，并假设国外所得税率为20％，于是得出以下结论。

居民全部所得应向居住国缴纳的税额为：50 000×30％＝15 000(元)

居民在居住国所得收入应纳税额为：40 000×30％＝12 000(元)

居民在国外收入来源国应纳税额为：10 000×20％＝2 000(元)

居民因国内外税率不同使其国外收入纳税差额为：

10 000×30％－10 000×20％＝1 000(元)

居民向居住国实纳税额为：12 000＋1 000＝13 000(元)

居住国放弃税收额为2 000元。

从上述例子中，不难发现，全额抵免和补足差额抵免基本上消除了国际重复征税，而普通抵免只是在一定程度上起了缓和重复课税的作用。对跨国避税者来说，熟悉和掌握直接抵免的具体作法有助于计算和测度其可躲避国内税负的程度。一般来说，到国际上投资常常会遇到这样的问题，即吸引外来投资的国家，对外国投资和从事各种经营活动的企业和个人所规定的名义税率和实际税负之间，总是存在这样或那样的差距。这种差异是制度上的因素造成的。如政府提供的各种税收优惠和鼓励；有执行管理造成的差异，形成收入来源国税收制度上的漏洞和缺陷，利用这些漏洞和缺陷就成了跨国纳税人避税可利用条件，然后再根据纳税人母国对国内纳税人海外纳税抵免方法完成避税的最终步骤。事实上，直接抵免方法已把能实现避税的关键问题明确地显示出来，即在母国实行直接抵免的情况下，纳税人在国外的纳税活动是其能否避税的核心所在。

(2) 间接抵免是指本国政府在征税时，允许本国母公司将其从国外子公司取得的已纳过税的股息收入，从应向本国政府缴纳的税款中扣除。这是因为，居住国母公司与其国外子公司并非同一经济实体，而是两个独立的法人。居住国公司在本国缴纳所得税款时，不能把其国外子公司的所得并入母公司总所得内计算，母公司所能计算的只是它作为国外子公司的股东所取得的股息，还原为从子公司取得所得的部分。

还原所得为：

母公司所得股息＋国外子公司所得税×母公司股息/国外子公司纳税后的所得

由于居住国母公司不能把国外子公司的所得全部并入自己的总所得内计算，因此它不能把国外子公司缴纳的国外所得税税款全部从本身应缴纳所得税额内直接进行抵免。母公司所能抵免的，只是按照这取得的股息占国外子公司纳税后净所得的比例，推算出母公司承担的国外子公司所得税额。

母公司所承担的国外子公司所得税税额为：

国外子公司所得税×母公司所得的股息/国外子公司纳税后的所得

或者母公司所承担的国外子公司所得税额为：

国外子公司所得税×母公司从子公司取得的股息/(1－国外子公司所得税税率)

在运用这两个公式时，如果母公司承担的国外子公司的所得税没有超过抵免限额，可以从母公司应纳税中进行抵免。下面举例说明间接抵免的计算方法。

阅读案例 11-2

假设一个美国公司在国内没有所得，但从其国外子公司获得股息收入 100 万美元，在扣除向外国政府缴纳预提税 15 万美元之后，净收入为 55 万美元。该公司要向美国政府缴纳税率为 50%的所得税款。若国外子公司所得税应为 40%，那么在直接抵免的情况下就是下面这样的结果：

外国所得来源：100 万美元

在美国的纳税义务：(100×50%) 50(万美元)

减去外国税收直接抵免：15 万美元

应付美国税款：(50－15)＝35(万美元)

但是在实行间接抵免情况下，结果就大不一样。

外国股息所得按外国税率还原：100÷(1－40%)＝166.70(万美元)

在美国应纳税额：166×50%＝83.35(万美元)

间接抵免额。166.70×40%＝66.40(万美元)

直接抵免额：15 万美元

美国公司应向本国纳税：83.0－(66.70＋15)＝1.7(万美元)

可见，在仅有直接抵免情况下，该美国公司要向本国政府缴纳 35 万美元税款，而在间接抵免的情况下，该公司只须向本国缴纳 1.7 万美元的税款。这对跨国纳税人来说，间接抵免和避税效果已基本趋于一致，如跨国纳税人没有更多的途径和方法实现更彻底的避税，间接抵免已对其产生了最大的避税效益。

当然，实行间接抵免并非是无条件的。相反，许多国家在实行间接抵免时往往要附带一些条件。这些条件主要是：①要求本国公司至少直接或间接地控制着被投资的国外公司一定比例的股份；②国外子公司必须从事母公司所在国认为是积极性的经营活动，否则难以享受间接抵免待遇；③要求抵免的外国税种必须相当于母公司的所得税。不难发现，这些条件对跨国纳税人来说并不算苛刻，在正常情况下应当是不难实现的。

值得强调的是，间接抵免不仅适用于母公司从国外子公司取得的股息收入，而且也适用于子公司从国外子公司取得股息收入。以此类推，为解决子公司以下各层公司的国际重复征税，产生了多层次的间接抵免方法，这些方法与上述母公司与子公司之间税收抵免方法基本相同。

3. 人的流动税收筹划法

按照国际惯例，纳税义务的确定取决于一方为税收管辖权，另一方为人或物(以及行为等客体)之间存在的一项联系因素。纳税人应尽最大限度消除自身与税收管辖权之间的各种联系因素，或阻断税收管辖权从联系因素中获取的信息流，使税务当局无法有效行使其征管权。回避税收管辖权包括多种方法，其中最具权威性的分类是将其分为人的流动、人的非流动、物的流动、物的非流动以及流动与非流动的结合。

1）纳税人住所的真正迁移——成为低税国居民

高税国的纳税人所承担的纳税义务要比低税国的纳税人所承担的纳税义务重。纳税人住所承担的纳税义务重。纳税人住所的真正迁移可以使一个高税国的纳税人成为一个低税国的纳税人。

(1) 永久迁移法，纳税人把其住所永久的迁徙往低税国的国际税务筹划方法。一个住所在高税国的企业纳税人需要缴纳的企业所得税、财产税、预提税等税款，相对来讲比在低税国缴纳的税款要多。

(2) 部分迁移法，纳税人把法律规定构成住所的部分迁往低税国的国际税收筹划方法。“部分”迁移是指纳税人利用法律的漏洞，只把法律规定构成住所的部分迁往低税国，在高税国还保留着其他一些构成其住所的东西。

2）纳税人住所的真正迁移——成为高税国非居民

纳税人可以用成为高税国非居民的方法来进行国际税收筹划。非居民身份有时对跨国企业纳税人非常有利，因为它意味着跨国企业纳税人对高税国只负有非居民纳税义务。

4. 人的非流动税收筹划法

人的非流动就是跨国纳税人并不所在国，更不必成为真的移民，而是通过别人在他国为自己建立一个相应的机构或媒介，主要是采用信托或其他信托协议的形式，用来转移自己的一部分所得或财产，达到回避税收管辖权、减轻税负的目的。

利用信托形式转移所得或财产造成纳税人与其财产或所得的分离，从而在法律形式上消除人与物之间的某种联系因素，但又使分离出去的财产或所得仍受法律保护。

其他信托协议形式是指一些跨国纳税人与银行之间的契约性关系。由于其涉及国家之间的双边税收协定，所以这种税务筹划方式就有了滥用税收协定的含意。

5. 物的流动税收筹划法

在国际税务筹划中，物的流动方法主要包括以下几点。

1）常设机构法

在确定对非居民(公民)的所得是否课税时，一些欧洲国家仍沿用“常设机构”概念，即对构成常设机构的经营组织征税；否则，就不征税。经合组织(OECD)和联合国分别起草的《经合组织范本》和《联合国范本》中为常设机构规定了以下判别标准。

(1) 它是企业进行全部或部分营业的固定场所。

(2) 当对非居民在一国内利用代理人从事活动，而该代理人(不论是否具有独立地位)有代表该非居民经常签订合同、接受订单的权利，就可以由此认定该非居民在该国有常设机构。

2) 收入成本转移法

作为国际税务筹划中物的流动最常用的方法之一，收入成本转移法被公认为“避税魔术”。它主要是利用纳税人在国外某地设立的常设机构来转移各种收入和成本，达到减轻税负的目的。其主要内容是利润、利息、特许权使用费等和其他类型支付。

当一个跨国公司进行国外投资时，可选择设立常设机构(如分公司)和组建子公司两种方法。如果公司选择了设立常设机构，那么下一步就涉及利润分配方式了。国际上通行的两种方式：一是直接分配法，即将常设机构视为独立的经济实体，自行计算成本利润进行独立经济核算，选择这种方式，成本和收入就难以转移，进行税务筹划的意义不大；二是间接分配法，就是将总机构和国外各常设机构视为一个法律实体，并将其发生的全部费用和利润分摊到每一常设机构身上，一般是采用平均分配法，按照这种方式，成本利润的转移常依据总机构所在国和各常设机构所在国对常设机构的利润分配情况而定，这就为税务筹划提供了可能性。

3) 转让定价法

转让定价在国际税收事务中是指有关联各方之间在交易往来中人为确定的价格，而非独立各方在公平市场中按正常交易原则确定的价格。转让定价法是纳税人(一般为公司或企业)为达到转移利润、躲避税收的目的，按高于或低于正常市价确定的内部价格成交的方法。这种方法也应用于国内，但在跨国经济活动中，因涉及面极宽，为企业减轻税负提供了广阔的天地。其优于在国内使用的条件是：第一，国家间的税收差别比国内行业间的税收差别要大得多、显著得多；第二，母公司与子公司、总公司与分公司以及总机构和驻外常设机构之间的相对独立形式，以及彼此之间业务、财务联系的广泛性，使它们更能从容地实现价格转让。跨国纳税人使用转让定价法，一般是为了减轻关税税负、减轻公司所得税负、规避预提所得税。

4) 利用国际租赁

租赁或利用租赁是减轻税负的重要方法之一。它不但可以得到税务方面的优惠，还可以使租赁企业以支付租金的方式冲减企业利润，减少纳税额。所以，跨国纳税人就利用它进行国际税务筹划。例如，某跨国纳税人将本应对子公司直接投资的资产转为租赁形式，这不仅增加了公司的费用支出，减少了应纳税额，又可在有关国家享受到租金税收减免的优惠。若这个跨国纳税人所在国为欧共体国家，那这种租赁形式应为融资租赁，把获得的收入由一般利得转为资本利得，还可享受到减免税负的优惠。若采取杠杆融资租赁，除了以上好处外，还可以利用财务杠杆作用获取税收受益。因为资产的所有者(出租人)提供取得资产所需的10%～40%的资金，而其余部分则以无追索权为依据从金融机构债权人那里借入。资产所有权带来的全部税收受益归出租人所得，即使出租人在租赁中只占10%～40%的产权。这种财务杠杆作用为出租人创造了比按比例得到的税金节减额更高的收益。

此外，纯为利用租赁而租赁的应用也很广泛。这种国际租赁中最基本的筹划方法是：

由一个设在高税国的关联企业购置资产，以尽可能的低价租赁给一个设在低税国(如避税的相关联企业，后者再以尽可能的高价租赁给设在另一高税国的关联企业)。它通过租金费用的转移，将在高税国所得向低税国转移，又分别由出租方和承租方多次提取折旧，大规模减轻了税负。

5）滥用税收协定

为解决国际双重征税问题和调整两国间税收利益分配，世界各国普遍采用缔结双边税收协定这一有效途径。为了避免国际双重征税，缔约国双方都要做出相应的让步，从而达成缔约国双方居民都享有优惠的共识，而且这种优惠只有缔约国一方或双方的居民有资格享受。但是，当今资本的跨国自由流动和新经济实体的跨国自由建立，使其可以与税收协定方的结合成为可能，这便为跨国纳税人进行国际税务筹划和财务安排开辟了新的领域。比较常见的做法是：跨国纳税人试图把从一国向另一国的投资通过第三国迂回进行，以便从适用不同国家的税收协定和国内税法中受益。

实践中，主要有以下 3 类做法。

(1) 直接传输公司。例如，K、L 两国之间来计税收协定，但都分别与 M 国订有双边互惠协定。K 国的甲公司要向 L 国的乙公司支付股息，乙公司就在 M 国组建丙公司，由甲先把股息支付给丙，再由丙付给乙。丙公司就是一个传输公司，它好像一个输送导管，使股息迂回于 M 国，达到减轻税负的目的。

(2) 脚踏石式的传输公司。沿用上例条件，不同的是 L、M 之间也没有税收协定，但 M 国规定：丙公司支付给他国公司的投资所得允许作为费用扣除，并按常规税率课征预提税。这时 L 国的乙公司在同样与 L 国订立税收协定的 N 国(该国对所有公司实行优惠政策)建立丁公司，甲公司先把股息付给丙，丙再付给丁，由丁付给乙。采用更加迂回的策略使丙公司的所得可以大量扣除乙公司投资的支出，又使其在 M 国缴纳的预提税可在 N 国得到抵免，还使丁公司的收入享受优惠待遇。丁公司则被称为脚踏石式的传输公司。

(3) 设置外国低股权的控股公司。许多国家与国家之间的税收协定都有这样的规定；享受预提税优惠的必要条件是该支付股息的本国公司由外国投资者控制的股权不得超过一定比例。例如，德国签订税收协定的惯例就是将这一比例定为 25%。这样，非缔约国纳税人则可以精心组建外国低职权的控股公司，以谋求最大限度减轻税负。假若我国的跨国公司拥有在德国的全资子公司，中德两国之间签有一般性税收协定《中德避免双重征税和防止偷漏税协定》。那么，该跨国公司可以在我国境内先组建 5 个子公司，分别注明拥有德国于公司少于 25%的股份，从而在中德之间的税收协定中享受优惠待遇。

6）精心选择在国外的经营方式

当某跨国纳税人决定在国外投资和从事经营活动时，可以在两种经营方式中择一而行，即组建子公司和建立常设机构(主要是分支机构，如分公司、分行、分店等)。如何在两者之间选择，取决于许多财务性的和非财务性的条件，因而需要纳税人高瞻远瞩，从总体和长远把握，做出谨慎选择。

常见的选择方案是：在营业初期以分支机构形式经营，当分支机构由亏转盈后，再变为子公司。但需要注意：该种转变产生的资本利得可能要纳税，事前也许还要征得税务和外汇管制当局的同意。

6. 物的非流动税收筹划法

物的非流动就是纳税人并不着眼于资金、货物和劳务的转移，而只是利用税法中的某些规定，就可达到减轻税负的目的。

1）延期纳税

在实行居民(或公民)管辖权的国家，税务会计处理一般采取收付实现制原则，即该征收国在外国子公司没有把股息等汇给母公司之前，对这项利润不予征税。这样跨国纳税人就可以通过在低税国等地的一个法人实体进行所得或财产的积累。

2）改变所得性质

在进行国际税务筹划时，如果采用改变所得的性质，把子公司改为分公司或相反，物虽不流动，却可获得与物的流动一样的好处。

7. 流动与非流动的结合税收筹划法

流动与非流动都是特指相对的一段时间而言的。其实以上所说的 4 种形式很多已包括了这种结合。在国际税务筹划中，流动和非流动的不断交叉、结合可以变幻出许多花样，是实现国际税务筹划的重要方法和途径。可能的结合方式如下。

1）人和物的同步流动

人和物的同步流动是指纳税人连同其全部或部分收入来源或其资产移居国外的行为。这是打算全部消除本国税收的一种税务筹划。但如果该国坚持公民(国籍)管辖权，除非纳税人改变国籍或达到了该国税法规定的某些期限，否则还是不能做到真正彻底免除本国税收。这种同步流动对税收的避免虽是一劳永逸的，但还必须有一个前提条件：无论人或物都有充分的流动自由而不受任何限制。

2）人的流动与物的非流动

这是指纳税人移居国外而把财产或所得留在国内。纳税人可采取将财产所得置于一低税国(或地区)，将自己的活动安排在低费用国(或地区人在不同国家来去自由的先决条件下，纳税人可以移居国外而仍在原移出国工作，以获得人的流动和物的非流动的双重好处)。但是，这种方法的纯粹形式并不多见，因为纳税人必须选择低税国，且其工作所得并不仅是其收入的唯一来源(否则随着工作，其收入已全被带到自己的活动所在地了)，才有可能实现人的流动与物的非流动。

3）人的非流动与物的流动

其主要形式有两种：转移收入或利润和建立“基地公司”。

首先，跨国纳税人可以通过在低税国(或避税地)以扩大经营规模为名建立公司，或者建立服务性公司以向其付服务费等形式，转移收入和费用。其次，还可以采取在低税国建立基地公司的形式。基地公司(Base Company)是指在一个对国外收入不征或少征税的国家建立公司。该公司的主要业务并非发生在所在国，而是以公司分支机构或子公司的名义在国外进行活动，当其国外收入汇回该公司时可以不履行或少履行纳税义务。所以，基地公司通过公司内部的业务及财务往来很容易完成税务筹划的既定目标。前面介绍的信箱公司就是其基本形式之一。

4）人和物的同步非流动

这种结合可获得纳税的好处。例如，跨国纳税人可能临时在国外取得收入，该纳税人不必返回居住国或者直到财政年度终了或者直到这个收入来源被确认已不存在，因而不再是居住国的课税对象时为止，该纳税人不再向其母国汇回收入，达到回避纳税义务的目的。因为其隐蔽性，该种结合很容易获得成功。

本章小结

国际税收筹划是指跨国纳税义务人运用合法的方式，在税法许可的范围内减轻或消除税负的行为。具体来讲，它是纳税人在国际税收的大环境下，为了保证和实现最大的经济利益，以合法的方式，利用各国税收法规的差异和国际税收协议上的缺陷，采取人(法人或自然人)或物(货币或财产)跨越税境的流动(指纳税人跨越税境，从一个税收管辖权向另一个税收管辖权范围的转移)或非流动，以及变更经营地点或经营方式等方法，来谋求最大限度的规避，减少或消除纳税义务的经济现象和经济活动。

税收管辖权是指主权国家根据其法律所拥有和行使的征税权力，是国际法公认的国家基本权利。

国际税收协定是指两个或两个以上的主权国家为了协调相互间在处理跨国纳税人征纳事务方面的税收关系，本着对等原则，通过政府间谈判所签订的确定其在国际税收分配关系的具有法律效力的书面协议或条约，也称为国际税收条约。

国际税收筹划产生的内在根源在于每个纳税义务人都有着减轻自身纳税义务，实现自身利益最大化的强烈愿望。国际税收筹划的产生和存在主要是由不同国家对税收管辖权、税收构成要素、经济源和税源等税收经济活动各方面所做的制度及法律上的不同规定造成的。

国际税收的存在是因为各国坚持不同的税收管辖权，故税收管辖权的差异就成为跨国纳税筹划的重要条件。

跨国纳税人应重视研究各国的税法，尽量利用税收优惠政策进行税收筹划。纳税人还可以运用通过财务决策选择适合的会计政策、人的流动税收筹划法、物的流动税收筹划法等一系列方法进行税收筹划。

关键术语

国际税收筹划　税收管辖权　国际税收协定　税制差异　国际双重缴税　人的流动税收筹划法　物的流动税收筹划法　人的非流动税收筹划法　物的流动税收筹划法　流动与非流动的结合税收筹划法

综合练习

一、单选题

1. 国际税收是一个(　　)。

A. 经济范畴　　B. 历史范围

C. 社会范畴　　D. 制度范畴

2. 国际税收是关于(　　)。

A. 发生在国家之间的一切税务关系

B. 本国税制中有关涉外的部分

C. 发生在国家之间的税收分配关系

D. 对某些外国税制所进行的比较研究

3. 下列选项中，属于国际税收的研究对象的是(　　)。

A. 各国政府处理与其管辖范围内的纳税人之间征纳关系的准则和规范

B. 各国政府处理与其管辖范围内的外国纳税人之间征纳关系的准则和规范

C. 各国政府处理与其它国家之间的税收分配关系的准则和规范

D. 各国政府处理它同外国籍跨国纳税人之间的税收征纳关系和与其他国家之间的税收分配关系的准则和规范

4. 下列选项中属于国际税收的研究范围的是(　　)。

A. 所得税问题　　B. 土地税问题

C. 关税问题　　D. 消费税问题

5. 下列关于国际税收与国际税务关系的区别表述正确的是(　　)。

A. 前者协调国家间经济贸易关系，后者协调国家间税收分配关系

B. 前者主要涉及流转税和关税，后者主要涉及所得税和财产税

C. 前者涉及国家间的财权利益分配，后者涉及国家间经济贸易关系

D. 前者涉及国家间的经济贸易关系，后者涉及国家间的财权利益分配

二、多选题

1. 下列各项属于国际税收含义的有(　　)。

A. 国际税收不能脱离国家税收而单独存在

B. 国际税收是指发生在国家间的一切税收关系

C. 国际税收是对跨国所得的征税

D. 国际税收是指各国税制中有关涉外的部分

2. 下列税种属于国际税收的研究范围的有(　　)。

A. 增值税　　B. 房产税

C. 公司所得税　　D. 遗产税

3. 下列税种中，不会引起国家间财权利益分配问题的有(　　)。

A. 所得税　　B. 商品税

C. 遗产税　　D. 关税

4. 下列关于国际税务关系与国际税收的区别表述正确的有(　　)。

A. 前者协调国家间经济贸易关系，后者协调国家间税收分配关系

B. 前者主要涉及流转税和关税，后者主要涉及所得税

C. 前者涉及国家间的财权利益分配，后者涉及国家间税收关系

D. 前者不涉及国家间的税收利益分配，后者涉及国家间的财权利益分配

5. 下列项目中，属于国际税收研究对象的有(　　)。

A. 各国政府处理与其管辖范围内的纳税人之间征纳关系的准则和规范
B. 各国政府处理与其管辖范围内的外国纳税人之间征纳关系的准则和规范
C. 各国政府处理与其他国家之间的税收分配关系的准则和规范
D. 各国政府处理它同外国籍跨国纳税人之间的税收征纳关系和与其他国家之间的税收分配关系的准则和规范

三、判断题

1. 国际税收的形成不但取决于跨国所得的产生，而且取决于世界各国普遍征收关税。（　）
2. 下列选项中，属于国际税收产生前提条件的是跨国所得的产生。（　）
3. 下列选项中，与国际税收的产生有着本质联系的是增值税的产生。（　）
4. 对于同时具有两个国家居民身份且在其中任何一国都无永久性住所的跨国自然人的最终居民身份的判定，税收协定所规定的首要标准是永久性住所。（　）
5. 属地原则属于各国行使管辖权最基本的原则。（　）

四、简答题

1. 什么是国际税收筹划?
2. 如何利用税收优惠政策进行国际税收筹划?
3. 如何利用人的流动税收筹划法?
4. 如何利用物的流动税收筹划法?
5. 如何利用流动与非流动的结合税收筹划法?

实际操作训练

实训项目1：避免国际重复征税

实训目的：避免国际重复征税。

实训内容：甲公司是A国的居民企业，2001年在全球所获取所得1 000万元，其中来自A国的所得800万元，来自甲公司在B国设有分公司的所得200万元，A国的所得税税率为40%；B国的所得税税率为60%。

实训要求：分别用免税法、扣除法、抵免法计算甲公司在A国缴纳的所得税和在全球的所得税负担，并进行分析。

实训项目2：股息预提税的税收协定

实训目的：股息预提税的税收协定税收筹划。

实训内容：A国一家公司原打算在B国拥有一家子公司，但B国要对B国公司汇往A国的股息征收较高的25%的预提税。B国与C国缔结有相互减按5%征收股息预提税的税收协定，A国与C国缔结也签订相互减按5%征收股息预提税条款的税收协定。

实训要求：如果A国这家公司预期B国子公司将有大量股息汇出，这家公司如何进行税收筹划，才能降低预提税负担?

参 考 文 献

[1] 计金标. 税收筹划 [M]. 北京：中国人民大学出版社，2010.
[2] 黄桦，蔡昌. 纳税筹划 [M]. 北京：北京大学出版社，2010.
[3] 应小陆. 税务筹划 [M]. 上海：复旦大学出版社，2010.
[4] 蔡昌. 企业纳税筹划方案设计技巧 [M]. 北京：中国经济出版社，2008.
[5] 梁文涛. 纳税筹划 [M]. 北京：清华大学出版社，2010.
[6] 盖地. 税务筹划 [M]. 北京：首都经济贸易大学出版社，2009.
[7] 于长春. 企业税务筹划 [M]. 北京：北京大学出版社，2009.
[8] 翟继光. 新税法下企业纳税筹划 [M]. 北京：电子工业出版社，2010.
[9] 盖地. 企业税务筹划理论与实务 [M]. 大连：东北财经大学出版社，2010.
[10] 王素荣. 税务会计与税收筹划 [M]. 北京：机械工业出版社，2009.
[11] 王韬，刘芳. 企业税收筹划 [M]. 北京：科学出版社，2009.
[12] 徐泓. 企业纳税筹划 [M]. 北京：中国人民大学出版社，2009.
[13] 吕晓青，鲁爱民. 税法与企业纳税筹划 [M]. 北京：经济科学出版社，2007.
[14] 毛夏鸾. 企业纳税筹划操作实务 [M]. 北京：首都经济贸易大学出版社，2005.
[15] 翟继光. 企业纳税筹划优化设计方案 [M]. 北京：电子工业出版社，2009.
[16] 庄粉荣. 纳税筹划实战精选百例 [M]. 北京：机械工业出版社，2010.
[17] 朱国平. 纳税筹划 [M]. 北京：中国财政经济出版社，2007.
[18] 蔡昌. 新会计准则与纳税筹划 [M]. 北京：东方音像电子出版社，2006.
[19] 刘兆华. 纳税筹划实务与案例 [M]. 大连：东北财经大学出版社，2008.
[20] 王智勇. 企业税收政策解析·实务·纳税筹划 [M]. 北京：企业管理出版社，2009.

北京大学出版社本科财经管理类实用规划教材（已出版）

财务会计类

序号	书 名	标准书号	主 编	定价	序号	书 名	标准书号	主 编	定价
1	基础会计（第2版）	7-301-17478-4	李秀莲	38.00	18	税法与税务会计	7-81117-497-7	吕孝侠	45.00
2	基础会计学	7-301-19403-4	窦亚芹	33.00	19	税法与税务会计实用教程	7-81117-598-1	张巧良	38.00
3	会计学	7-81117-533-2	马丽莹	44.00	20	初级财务管理	7-301-20019-3	胡淑姣	42.00
4	会计学原理（第2版）	7-301-18515-5	刘爱香	30.00	21	财务管理学	7-5038-4897-1	盛均全	34.00
5	会计学原理习题与实验（第2版）	7-301-19449-2	王保忠	30.00	22	财务管理学实用教程（第2版）	7-301-21060-4	骆永菊	42.00
6	会计学原理与实务（第2版）	7-301-18653-4	周慧滨	33.00	23	基础会计学学习指导与习题集	7-301-16309-2	裴 玉	28.00
7	会计学原理与实务模拟实验教程	7-5038-5013-4	周慧滨	20.00	24	财务管理理论与实务	7-301-20042-1	成 兵	40.00
8	会计实务	7-81117-677-3	王远利	40.00	25	财务管理学原理与实务	7-81117-544-8	严复海	40.00
9	高级财务会计	7-81117-545-5	程明娥	46.00	26	财务管理理论与实务（第2版）	7-301-20407-8	张思强	42.00
10	高级财务会计	7-5655-0061-9	王奇杰	44.00	27	公司理财原理与实务	7-81117-800-5	廖东声	36.00
11	成本会计学	7-301-19400-3	杨尚军	38.00	28	审计学	7-81117-828-9	王翠琳	46.00
12	成本会计学	7-5655-0482-2	张红漫	30.00	29	审计理论与实务	7-81117-955-2	宋传联	36.00
13	成本会计学	7-301-20473-3	刘建中	38.00	30	会计综合实训模拟教程	7-301-20730-7	章洁倩	33.00
14	管理会计	7-81117-943-9	齐殿伟	27.00	31	财务分析学	7-301-20275-3	张献英	30.00
15	管理会计	7-301-21057-4	彤芳珍	36.00	32	银行会计	7-301-21155-7	宗国恩	40.00
16	会计规范专题	7-81117-887-6	谢万健	35.00	33	税收筹划	7-301-21238-7	都新英	38.00
17	企业财务会计模拟实习教程	7-5655-0404-4	董晓平	25.00					

工商管理、市场营销、人力资源管理、服务营销类

序号	书 名	标准书号	主 编	定价	序号	书 名	标准书号	主 编	定价
1	管理学基础	7-5038-4872-8	于干千	35.00	19	市场营销学	7-81117-676-6	戴秀英	32.00
2	管理学基础学习指南与习题集	7-5038-4891-9	王 珍	26.00	20	市场营销学（第2版）	7-301-19855-1	陈 阳	45.00
3	管理学	7-81117-494-6	曾 旗	44.00	21	市场营销学新论	7-5038-4879-7	郑玉香	40.00
4	管理学原理	7-5655-0078-7	尹少华	42.00	22	国际市场营销学	7-5038-5021-9	范应仁	38.00
5	管理学原理与实务（第2版）	7-301-18536-0	陈嘉莉	42.00	23	市场营销理论与实务（第2版）	7-301-20628-7	那 薇	40.00
6	管理学实用教程	7-5655-0063-3	邵喜武	37.00	24	现代市场营销学	7-81117-599-8	邓德胜	40.00
7	管理学实用教程	7-301-21059-8	高爱霞	42.00	25	消费者行为学	7-81117-824-1	甘瑁琴	35.00
8	通用管理知识概论	7-5038-4997-8	王丽平	36.00	26	商务谈判（第2版）	7-301-20048-3	郭秀君	49.00
9	现代企业管理理论与应用	7-5038-5024-0	邸彦彪	40.00	27	商务谈判实用教程	7-81117-597-4	陈建明	24.00
10	管理运筹学（第2版）	7-301-19351-8	关文忠	39.00	28	消费者行为学	7-5655-0057-2	肖 立	37.00
11	统计学原理	7-301-21061-1	韩 宇	38.00	29	客户关系管理实务	7-301-09956-8	周贺来	44.00
12	统计学原理	7-5038-4888-9	刘晓利	28.00	30	公共关系学	7-5038-5022-6	于朝晖	40.00
13	统计学	7-5038-4898-8	曲 岩	42.00	31	公共关系理论与实务	7-5038-4889-6	王 玫	32.00
14	应用统计学（第2版）	7-301-19295-5	王淑芬	48.00	32	公共关系学实用教程	7-81117-660-5	周 华	35.00
15	管理定量分析方法	7-301-13552-5	赵光华	28.00	33	公共关系理论与实务	7-5655-0155-5	李泓欣	45.00
16	新编市场营销学	7-81117-972-9	刘丽霞	30.00	34	跨国公司管理	7-5038-4999-2	冯雷鸣	28.00
17	市场营销学	7-5655-0064-0	王槐林	33.00	35	质量管理	7-5655-0069-5	陈国华	36.00
18	市场营销学实用教程	7-5655-0081-7	李晨耘	40.00	36	跨文化管理	7-301-20027-8	晏 雄	35.00

序号	书 名	标 准 书 号	主 编	定价	序号	书 名	标 准 书 号	主 编	定价
37	企业战略管理	7-5655-0370-2	代海涛	36.00	52	人力资源管理实用教程（第2版）	7-301-20281-4	吴宝华	45.00
38	企业文化理论与实务	7-81117-663-6	王水嫩	30.00	53	人力资源管理：理论、实务与艺术	7-5655-0193-7	李长江	48.00
39	企业战略管理	7-81117-801-2	陈英梅	34.00	54	员工招聘	7-301-20089-6	王 挺	30.00
40	企业战略管理实用教程	7-81117-853-1	刘松先	35.00	55	服务营销理论与实务	7-81117-826-5	杨丽华	39.00
41	产品与品牌管理	7-81117-492-2	胡 梅	35.00	56	服务企业经营管理学	7-5038-4890-2	于干千	36.00
42	东方哲学与企业文化	7-5655-0433-4	刘峰涛	34.00	57	服务营销	7-301-15834-0	周 明	40.00
43	运营管理	7-5038-4878-0	冯根尧	35.00	58	会展服务管理	7-301-16661-1	许传宏	36.00
44	生产运作管理（第2版）	7-301-18934-4	李全喜	48.00	59	现代服务业管理原理、方法与案例	7-301-17817-1	马 勇	49.00
45	运作管理	7-5655-0472-3	周建亨	25.00	60	服务性企业战略管理	7-301-20043-8	黄其新	28.00
46	组织行为学	7-5038-5014-1	安世民	33.00	61	服务型政府管理概论	7-301-20099-5	于干千	32.00
47	组织行为学行为教程	7-301-20466-5	冀 鸿	32.00	62	新编现代企业管理	7-301-21121-2	姚丽娜	48.00
48	流程型组织的构建研究	7-81117-519-6	岳 澎	35.00	63	创业学	7-301-15915-6	刘沁玲	38.00
49	人力资源管理（第2版）	7-301-19098-2	颜爱民	60.00	64	管理学	7-301-17452-4	王慧娟	42.00
50	人力资源管理经济分析	7-301-16084-8	颜爱民	38.00	65	公共关系学实用教程	7-301-17472-2	任焕琴	42.00
51	人力资源管理原理与实务	7-81117-496-0	邹 华	32.00					

经济、国贸、金融类

序号	书 名	标 准 书 号	主 编	定价	序号	书 名	标 准 书 号	主 编	定价
1	政治经济学原理与实务	7-81117-498-4	沈爱华	28.00	20	国际金融实用教程	7-81117-593-6	周 影	32.00
2	宏观经济学原理与实务（第2版）	7-301-18787-6	崔东红	57.00	21	国际商务	7-5655-0093-0	安占然	30.00
3	宏观经济学	7-5038-4882-7	蹇令香	32.00	22	金融市场学	7-81117-595-0	黄解宇	24.00
4	微观经济学原理与实务	7-81117-818-0	崔东红	48.00	23	金融工程学理论与实务	7-81117-546-2	谭春枝	35.00
5	微观经济学	7-81117-568-4	梁瑞华	35.00	24	财政学	7-5038-4965-7	盖 锐	34.00
6	西方经济学实用教程	7-5038-4886-5	陈孝胜	40.00	25	保险学原理与实务	7-5038-4871-1	曹时军	37.00
7	西方经济学实用教程	7-5655-0302-3	杨仁发	49.00	26	东南亚南亚商务环境概论	7-81117-956-9	韩 越	38.00
8	西方经济学	7-81117-851-7	于丽敏	40.00	27	证券投资学	7-301-19967-1	陈汉平	45.00
9	现代经济学基础	7-81117-549-3	张士军	25.00	28	金融学理论与实务	7-5655-0405-1	战玉峰	42.00
10	国际经济学	7-81117-594-3	吴红梅	39.00	29	货币银行学	7-301-15062-7	杜小伟	38.00
11	发展经济学	7-81117-674-2	赵邦宏	48.00	30	国际结算（第2版）	7-301-17420-3	张晓芬	35.00
12	管理经济学	7-81117-536-3	姜保雨	34.00	31	国际贸易规则与进出口业务操作实务（第2版）	7-301-19384-6	李 平	54.00
13	计量经济学	7-5038-3915-3	刘艳春	28.00	32	金融风险管理	7-301-20090-2	朱淑珍	38.00
14	外贸函电	7-5038-4884-1	王 妍	20.00	33	国际贸易实务	7-301-20919-6	张 肃	28.00
15	国际贸易理论与实务（第2版）	7-301-18798-2	缪东玲	54.00	34	国际贸易理论、政策与案例分析	7-301-20978-3	冯 跃	42.00
16	国际贸易（第2版）	7-301-19404-1	朱廷珺	45.00	35	国际结算	7-301-21092-5	张 慧	42.00
17	国际贸易实务（第2版）	7-301-20486-3	夏合群	45.00	36	金融工程学	7-301-18273-4	李淑锦	30.00
18	国际贸易结算及其单证实务	7-5655-0268-2	卓乃坚	35.00	37	证券投资学	7-301-21236-3	王 毅	45.00
19	国际金融	7-5038-4893-3	韩博印	30.00					

法律类

序号	书 名	标 准 书 号	主 编	定价	序号	书 名	标 准 书 号	主 编	定价
1	经济法原理与实务	7-5038-4876-6	杨士富	32.00	5	劳动法学	7-81117-495-3	李 瑞	32.00
2	经济法实用教程	7-81117-547-9	陈亚平	44.00	6	金融法学理论与实务	7-81117-958-3	战玉锋	34.00
3	国际商法理论与实务	7-81117-852-4	杨士富	38.00	7	国际商法	7-301-20071-1	丁孟春	37.00
4	商法总论	7-5038-4887-2	任先行	40.00					

电子商务与信息管理类

序号	书 名	标 准 书 号	主 编	定价	序号	书 名	标 准 书 号	主 编	定价
1	网络营销	7-301-12349-2	谷宝华	30.00	3	电子商务概论（第2版）	7-301-17475-3	庞大莲	42.00
2	数据库技术及应用教程（SQL Server版）	7-301-12351-5	郭建校	34.00	4	网络营销	7-301-16556-0	王宏伟	26.00

序号	书　名	标准书号	主　编	定价	序号	书　名	标准书号	主　编	定价
5	网络信息采集与编辑	7-301-16557-7	范生万	24.00	20	电子商务概论	7-301-16717-5	杨雪雁	32.00
6	电子商务案例分析	7-301-16596-6	曹彩杰	28.00	21	电子商务英语	7-301-05364-5	覃　正	30.00
7	管理信息系统	7-301-12348-5	张彩虹	36.00	22	网络支付与结算	7-301-16911-7	徐　勇	34.00
8	电子商务概论	7-301-13633-1	李洪心	30.00	23	网上支付与安全	7-301-17044-1	帅青红	32.00
9	管理信息系统实用教程	7-301-12323-2	李　松	35.00	24	企业信息化实务	7-301-16621-5	张志荣	42.00
10	电子商务法	7-301-14306-3	李　瑞	26.00	25	电子化国际贸易	7-301-17246-9	李辉作	28.00
11	数据仓库与数据挖掘	7-301-14313-1	廖开际	28.00	26	商务智能与数据挖掘	7-301-17671-9	张公让	38.00
12	电子商务模拟与实验	7-301-12350-8	喻光继	22.00	27	管理信息系统教程	7-301-19472-0	赵天唯	42.00
13	ERP 原理与应用教程	7-301-14455-8	温雅丽	34.00	28	电子政务	7-301-15163-1	原忠虎	38.00
14	电子商务原理及应用	7-301-14080-2	孙　睿	36.00	29	商务智能	7-301-19899-5	汪　楠	40.00
15	管理信息系统理论与应用	7-301-15212-6	吴　忠	30.00	30	电子商务与现代企业管理	7-301-19978-7	吴菊华	40.00
16	网络营销实务	7-301-15284-3	李蔚田	42.00	31	电子商务物流管理	7-301-20098-8	王小宁	42.00
17	电子商务实务	7-301-15474-8	仲　岩	28.00	32	管理信息系统实用教程	7-301-20485-6	周贺来	42.00
18	电子商务网站建设	7-301-15480-9	臧良运	32.00	33	电子商务概论	7-301-21044-4	苗　森	28.00
19	网络金融与电子支付	7-301-15694-0	李蔚田	30.00	34	管理信息系统实务教程	7-301-21245-5	魏厚清	34.00

物流管理与工程类

序号	书　名	标准书号	主　编	定价	序号	书　名	标准书号	主　编	定价
1	物流工程	7-301-15045-0	林丽华	30.00	25	营销物流管理	7-301-18658-9	李学工	45.00
2	现代物流决策技术	7-301-15868-5	王道平	30.00	26	物流信息技术概论	7-301-18670-1	张　磊	28.00
3	物流管理信息系统	7-301-16564-5	杜彦华	33.00	27	物流配送中心运作管理	7-301-18671-8	陈　虎	40.00
4	物流信息管理	7-301-16699-4	王汉新	38.00	28	物流项目管理	7-301-18801-9	周晓晔	35.00
5	现代物流学	7-301-16662-8	吴　健	42.00	29	物流工程与管理	7-301-18960-3	高举红	39.00
6	物流英语	7-301-16807-3	阚功俭	28.00	30	交通运输工程学	7-301-19405-8	于　英	43.00
7	第三方物流	7-301-16663-5	张旭辉	35.00	31	国际物流管理	7-301-19431-7	柴庆春	40.00
8	物流运作管理	7-301-16913-1	董千里	28.00	32	商品检验与质量认证	7-301-10563-4	陈红丽	32.00
9	采购管理与库存控制	7-301-16921-6	张　浩	30.00	33	供应链管理	7-301-19734-9	刘永胜	49.00
10	物流管理基础	7-301-16906-3	李蔚田	36.00	34	现代企业物流管理实用教程	7-301-17612-2	乔志强	40.00
11	供应链管理	7-301-16714-4	曹翠珍	40.00	35	供应链设计理论与方法	7-301-20018-6	王道平	32.00
12	物流技术装备	7-301-16808-0	于　英	38.00	36	物流管理概论	7-301-20095-7	李传荣	44.00
13	现代物流信息技术	7-301-16049-7	王道平	30.00	37	供应链管理	7-301-20094-0	高举红	38.00
14	现代物流仿真技术	7-301-17571-2	王道平	34.00	38	企业物流管理	7-301-20818-2	孔继利	45.00
15	物流信息系统应用实例教程	7-301-17581-1	徐　琪	32.00	39	物流项目管理	7-301-20851-9	王道平	30.00
16	物流项目招投标管理	7-301-17615-3	孟祥茹	30.00	40	供应链管理	7-301-20901-1	王道平	35.00
17	物流运筹学实用教程	7-301-17610-8	赵丽君	33.00	41	现代仓储管理与实务	7-301-21043-7	周兴建	45.00
18	现代物流基础	7-301-17611-5	王　侃	37.00	42	物流系统仿真案例	7-301-21072-7	赵　宁	25.00
19	逆向物流	7-301-19809-4	甘卫华	33.00	43	物流管理实验教程	7-301-21094-9	李晓龙	25.00
20	现代物流管理学	7-301-17672-6	丁小龙	42.00	44	物流学概论	7-301-21098-7	李　创	44.00
21	物流运筹学	7-301-17674-0	郝　海	36.00	45	物流信息系统	7-301-20989-9	王道平	28.00
22	供应链库存管理与控制	7-301-17929-1	王道平	28.00	46	物流与供应链金融	7-301-21135-9	李向文	30.00
23	物流信息系统	7-301-18500-1	修桂华	32.00	47	物流信息系统	7-301-20989-9	王道平	28.00
24	城市物流	7-301-18523-0	张　潜	24.00	48	物料学	7-301-17476-0	肖生苓	44.00

请登录 www.pup6.cn 免费下载本系列教材的电子书（PDF 版）、电子课件和相关教学资源。
欢迎免费索取样书，并欢迎到北京大学出版社来出版您的大作，可在 www.pup6.cn 在线申请样书和进行选题登记，也可下载相关表格填写后发到我们的邮箱，我们将及时与您取得联系并做好全方位的服务。
联系方式：010-62750667，wangxc02@163.com，dreamliu3742@163.com，lihu80@163.com，欢迎来电来信。